Wissen, Kommunikation und Gesellschaft

Schriften zur Wissenssoziologie

Reihe herausgegeben von

Hans-Georg Soeffner, Kulturwissenschaftliches Institut Essen (KWI), Essen, Deutschland

Ronald Hitzler, Fakultät 17, Sozialwissenschaften, Technische Universität Dortmund, Dortmund, Deutschland

Hubert Knoblauch, Institut für Soziologie, Technische Universität Berlin, Berlin, Deutschland

Reiner Keller, Philosophisch- Sozialwissenschaftliche Fakultät, Universität Augsburg, Augsburg, Deutschland

Michaela Pfadenhauer, Institut für Soziologie, Universität Wien, Wien, Österreich

Jo Reichertz, Institut für Kommunikationswissenschaft, Universität Duisburg-Essen, Essen, Deutschland

Wissenssoziologie hat sich schon immer mit der Beziehung zwischen Gesellschaft(en), dem in diesen verwendeten Wissen, seiner Verteilung und der Kommunikation (über) dieses Wissen(s) befasst. Damit ist auch die kommunikative Konstruktion von wissenschaftlichem Wissen Gegenstand wissenssoziologischer Reflexion. Das Projekt der Wissenssoziologie besteht in der Abklärung des Wissens durch exemplarische Re- und Dekonstruktionen gesellschaftlicher Wirklichkeitskonstruktionen. Die daraus resultierende Programmatik fungiert als Rahmen-Idee der Reihe. In dieser sollen die verschiedenen Strömungen wissenssoziologischer Reflexion zu Wort kommen: Konzeptionelle Überlegungen stehen neben exemplarischen Fallstudien und historische Rekonstruktionen neben zeitdiagnostischen Analysen.

Weitere Bände in der Reihe https://link.springer.com/bookseries/12130

René Wilke

Wissenschaft kommuniziert

Eine wissenssoziologische
Gattungsanalyse des akademischen
Group-Talks am Beispiel der
Computational Neuroscience

 Springer VS

René Wilke
Fachgebiet Allgemeine Soziologie
Technische Universität Berlin
Berlin, Deutschland

Berlin, Technische Universität, Diss., 2021. Gesamturteil: summa cum laude.

Diese Publikation wurde aus dem Open-Access-Publikationsfonds der Technischen Universität Berlin unterstützt.

ISSN 2626-0379 ISSN 2626-0387 (electronic)
Wissen, Kommunikation und Gesellschaft
ISBN 978-3-658-36703-9 ISBN 978-3-658-36704-6 (eBook)
https://doi.org/10.1007/978-3-658-36704-6

Planung/Lektorat: Stefanie Eggert
Springer VS ist ein Imprint der eingetragenen Gesellschaft Springer Fachmedien Wiesbaden GmbH und ist ein Teil von Springer Nature.
Die Anschrift der Gesellschaft ist: Abraham-Lincoln-Str. 46, 65189 Wiesbaden, Germany

Danksagung

Mein Dank gilt meinen Kolleg/-innen am Institut für Soziologie der Technischen Universität Berlin, vor allem Juliane Haus, Eric Lettkemann und René Tuma, die mir in zahlreichen Gesprächen wichtige Anregungen für meine eigenen soziologischen Reflexionen gegeben haben.

Mein besonderer Dank gilt den Gutachtern meiner Dissertationsschrift, Prof. Dr. Hubert Knoblauch und Prof. Dr. Bernt Schnettler, deren Arbeiten mich besonders beeinflusst haben und mir den Weg in die Begriffswelt der gesellschaftlichen bzw. kommunikativen Konstruktion von Wirklichkeit wiesen.

Last but not least bedanke ich mich bei meiner Familie, insbesondere bei meiner Mutter für ihre immerwährende Unterstützung.

Berlin   René Wilke
im November 2020

Inhaltsverzeichnis

1   **Einleitung** 1
   1.1   Gegenstand und Hauptthese 1
   1.2   Forschungsfeld und –design 4
      1.2.1   Wissenschaft und Wissenskommunikation 5
      1.2.2   Das Feld der CNS 10
      1.2.3   Fokussierte Ethnographie 14
   1.3   Überblick über die weiteren Kapitel der Arbeit 32

2   **Vorannahmen und Grundbegriffe** 35
   2.1   Verstehende Soziologie 36
      2.1.1   Exkurs: Akteurskonzepte 37
      2.1.2   Subjekt, Objekt und Intersubjektivität 39
      2.1.3   Verstehende Handlungstheorie 44
   2.2   Der kommunikative Konstruktivismus 62
      2.2.1   Die Triade des kommunikativen Handelns 64
      2.2.2   Exkurs. Institutionalisierung und Internalisierung 68
      2.2.3   Zeitdiagnose 72

3   **Gattungen und Gattungsanalyse** 87
   3.1   Bausteine der wissenssoziologischen GA 88
      3.1.1   Die Entwicklung der Soziolinguistik 88
      3.1.2   Luckmanns Sprachsoziologie 92
      3.1.3   Der Begriff: Speech Genres 95
      3.1.4   Die ethnomethodologische Konversationsanalyse 102
      3.1.5   Die Interaktionsordnung 107
   3.2   Die wissenssoziologische GA 116

3.2.1   Die Binnenstruktur 119
3.2.2   Die Außenstruktur 122
3.2.3   Die tatsächliche bzw. situative Realisierung 125
3.3   Weitere Ansätze der GA 131
3.3.1   GA in der Organisationsforschung 133
3.3.2   Weitere GA-Ansätze im Überblick 138

4   Die Gattungsanalyse des Group-Talks 141
4.1   Der Group-Talk und seine Außenstruktur 142
4.1.1   Die Universität und das Fachgebiet 144
4.1.2   Normen und Erwartungen 153
4.1.3   Die Förderungsstruktur 180
4.1.4   Resümee 185
4.2   Der Group-Talk und seine Binnenstruktur 186
4.2.1   Bild-Kommunikation I: Alltagssprache und -bilder 189
4.2.2   Bild-Kommunikation II: Komplexe
        Modelldarstellungen 209
4.2.3   Bild-Kommunikation III: statistische
        Visualisierungen 214
4.2.4   Resümee 222
4.3   Der Group-Talk und seine situative Realisierung 224
4.3.1   Talk in Interaction I: Die kollektive Erzeugung von
        Konsens 224
4.3.2   Talk in Interaction II: Dissens 232
4.3.3   Resümee 244

5   Zusammenfassung 247

Literaturverzeichnis 263

Abkürzungsverzeichnis

BH	Basishermeneutik
BMBF	Bundesministerium für Bildung und Forschung
BMWF	Bundesministerium für wissenschaftliche Forschung
CA	Konversationsanalyse
CNS	Computational Neuroscience
DFG	Deutsche Forschungsgemeinschaft
ELF	Englisch als Lingua Franca
EU	Europäische Union
EW	ethnographisches Wissen
GA	Gattungsanalyse
HFSP	Human Frontier Science Program
IuK	Informations- und Kommunikationstechnologien
KI-Forschung	Künstliche Intelligenzforschung
KoKo	Kommunikativer Konstruktivismus
NNCN	Nationales Bernstein Network Computational Neuroscience
RC	Theorie rationaler Wahl
SoKo	Sozialkonstruktivismus
VIA	Video-Interaktionsanalyse

Abbildungsverzeichnis

Abbildung 1.1   Das Feld der CNS mit den typischen
                 Schwerpunkten: Theoretische Hirnforschung,
                 Künstliche Intelligenz Forschung und
                 experimentelle Verhaltensforschung   11

Abbildung 1.2   Typische Visualisierungen auf Digitalfolien
                 (anonymisiert) im Group-Talk: Alltagsbilder
                 (A + B), kybernetische Darstellungen (C + D),
                 statistische Visualisierungen (E)   13

Abbildung 1.3   Schematische Darstellung des räumlichen Settings
                 und der Kamerapositionen: Publikumsperspektive
                 (A) und Sprecherperspektive (B)   17

Abbildung 1.4   Räumliches Setting des Group-Talks aus
                 Perspektive der beiden Kamerapositionen
                 (links Perspektive B, recht Perspektive A (vgl.
                 vorhergehende Abbildung)   18

Abbildung 1.5   Eigene schematische Darstellung der Positionen
                 der Hauptsprecher/-in (1), des Publikums (2) und
                 der Technik (3)   19

Abbildung 1.6   Schematische Darstellung meines
                 Forschungsdesigns: von den Aspekten
                 des empirischen Phänomens, über die Datensorten
                 der Fokussierten Ethnographie (teilnehmende
                 Beobachtung, Expert/inneninterviews,
                 Videographie) zu den analytischen Ebenen
                 der GA (Außenstruktur, situative Realisierung,
                 Binnenstruktur)   32

Abbildung 4.1   räumliches Setting des Group-Talks: Ein- und
                 Ausgänge (I, III) und Whiteboard (II) 146
Abbildung 4.2   Beginn der Sequenz – Der Blick von Ern ruht
                 in der Ecke des Raumes (links) und wendet sich
                 Olaf zu (rechts) 160
Abbildung 4.3   Der „Zettel" – Trotz Schwärzung gut zu erkennen,
                 die vielen Korrekturen etc 163
Abbildung 4.4   Olaf steht auf als Wolf sich setzt (links) und
                 wendet sich der Folienprojektion zu (rechts); die
                 Präsequenz endet und der Group-Talk beginnt 174
Abbildung 4.5   „Neuroscience" im englischsprachigen Korpus
                 von Google Books 183
Abbildung 4.6   „Hirnforschung" im deutschsprachigen Korpus
                 von Google Books 183
Abbildung 4.7   Gegenüberstellende Strukturierung der beiden
                 Folien 191
Abbildung 4.8   Analogische Bilder auf den Folien zu den
                 Konzepten von „expected" (links) und
                 „unexpected uncertainty" (rechts) 192
Abbildung 4.9   Detailansicht I (links) und II (rechts) aus
                 Abbildung 4.8 (links) 199
Abbildung 4.10   Detailansicht aus Abbildung 4.8 (rechts) 200
Abbildung 4.11   Mehrebenendarstellung eines Modells zur
                 automatisierten Verkehrssteuerung auf Basis
                 eines neurobiologischen Modells visueller
                 Informationsverarbeitung 210
Abbildung 4.12   Systematisierung der inhaltlichen Strukturierung
                 der Folie (Abbildung 4.11) 213
Abbildung 4.13   Die von Axel verwendeten statistischen Bilder
                 (Heatmap) – links oben die Darstellung
                 der ursprünglichen Funktion, in der
                 Mitte die komprimierten Funktionen von
                 12 Hauptkomponenten, rechts oben die
                 Linearkombination der 12 Hauptkomponenten 216
Abbildung 4.14   Ausschnitt, obere Hälfte von Abbildung 4.13 218
Abbildung 4.15   Björn möchte die Folie seiner digitalen
                 Präsentation wechseln, als er vom Gruppenleiter
                 Wolf eine weitere Nachfrage gestellt bekommt 225

Abbildung 4.16   Björn möchte sein Vorgehen mittels einer
                 skizzierten Matrix am Whiteboard erläutern 227
Abbildung 4.17   Axel bittet um den Stift und führt seine
                 Erläuterung am Whiteboard aus 228
Abbildung 4.18   Die Einleitungsfolie mit Spiegelstrichen (li.)
                 und *Visualisierungen* (re.); Textelemente wurden
                 teilweise unkenntlich gemacht – Zu sehen sind
                 zwei Grafiken (oben V1, unten V2), die Axel zur
                 Veranschaulichung einer Analogie dienen 232
Abbildung 4.19   Axel möchte die Folie wechseln, als er erneut zu
                 seiner Einleitung befragt wird 235
Abbildung 4.20   (wie Abbildung 4.11) Die schematische
                 Darstellung von Axels Modell beinhaltet
                 ‚biologisierende' Elemente (Affe und Auge),
                 informatische Elemente (Pfeile, die einen
                 Datenverarbeitungsprozess symbolisieren) und
                 mathematische Elemente (Rechenoperatoren und
                 Funktionen). Rechts die eingangs erläuterten
                 Grafiken V1 und V2 240

Tabellenverzeichnis

Tabelle 1.1   Interviewleitfaden 25

Tabelle 4.1   Transkriptionszeichen 157

Tabelle 4.2   Protokoll der Datenanalyse VID_8_Sequ_1 159

Einleitung 1

1.1 Gegenstand und Hauptthese

Wissenschaft kommuniziert. Mit diesem Titel möchte ich Wissenschaft *nicht* ‚personifizieren': Anstatt in der dritten grammatischen Person des Singulars (er/sie/es kommuniziert), steht *kommuniziert* im Titel dieser Arbeit für das adjektivisch gebrauchte Partizip Perfekt. So betone ich, dass es sich bei der im Folgenden beschriebenen empirischen Fallstudie, im Ergebnis, um eine Analyse des praktischen Vollzugs von Wissenschaft im Prozess der Kommunikation handelt. Gegenstand meiner Arbeit sind Face-to-face-Kommunikationen zwischen menschlichen Akteuren, die ich für das, was ich hier unter Wissenschaft verstehe, als konstitutiv betrachte (Collins 1998, 25ff). Was für den Alltag aus wissenssoziologischer Perspektive generell gilt, nämlich dass sozial relevant nur das ist bzw. gemacht werden kann, was auch kommuniziert wird (Knoblauch 2013, 27), trifft auch für den Alltag der Wissenschaft zu. Dies gilt umso mehr, wenn im Kontext von Inter- und Transdisziplinarität und jenseits eingespielter Kommunikation kommuniziert wird: Was relevant gemacht werden soll, muss zunächst (erfolgreich) kommuniziert werden, um innerhalb einer Gruppe und über sie hinaus verstanden und geteilt werden zu können. Erst im Ablauf einer gemeinsamen Geschichte wird sich ein, für eine gegebene Gruppe, spezifischer Wissens- und Ausdruckskanon entwickeln und etablieren, der dann retrospektiv als Identitätskern dieser Gruppe betrachtet werden kann.

Aus dieser Tatsache geht ein Umstand hervor, der für die kommunikationssoziologische Perspektive meiner Fallstudie, im Bereich der wissenschaftsinternen interdisziplinären Wissenskommunikation, von größter Bedeutung ist: Kommunikation zielt hier, im Sinne der Relevantmachung von (eigenen) Konzepten,

© Der/die Autor(en) 2022
R. Wilke, *Wissenschaft kommuniziert*, Wissen, Kommunikation und Gesellschaft,
https://doi.org/10.1007/978-3-658-36704-6_1

Methoden und Ergebnissen, vor allem auf den Verstehensprozess der anderen.[1] Vornehmlich werde ich in dieser Arbeit daher, am Beispiel des „Group-Talks" einer von mir beobachteten interdisziplinären Forschungsgruppe, die ‚Hürden' und ‚Gräben' sowie die ‚Leitern' und ‚Brücken' fokussieren, die Prozesse der Kommunikation als *Verstehens*prozesse in der interdisziplinären Wissenskommunikation charakterisieren.

Mit *Kommunikation* möchte ich im vorliegenden Kontext zunächst allgemein all jene Vorgänge intersubjektiver Wechselwirkung bezeichnen, die sowohl den verbalen (Sprache), paraverbalen (Sprechweise) und nonverbalen (Mimik und Gestik) Austausch von (subjektivem und objektivem) Sinn, als auch die Chance der gleichzeitigen Erzeugung von (intersubjektivem) Verstehen und (objektiviertem) Wissen umfassen.[2] Mit dem spezifischeren Begriff der *Wissenskommunikation* bezeichne ich solche Kommunikationsprozesse, in denen Forscher/-innen ihre z. T. subjektiv gewonnenen wissenschaftlichen Erkenntnisse, vor allem Forschungsansätze, -methoden und/oder -ergebnisse, anderen Wissenschaftler/-innen (in Kopräsenz) vorstellen und mit ihnen diskutieren. Solche Kommunikation ist Gegenstand dieser Arbeit.

Die dieser Dissertationsschrift zugrundeliegende Hauptthese besagt, dass das relativ junge, interdisziplinäre Forschungsfeld der Computational Neuroscience (im Folgenden CNS) praktisch aus einer spezifischen Form kommunikativen Handelns resultiert, durch die es im Interaktionsprozess (re-)produziert wird. Innerhalb dieses kommunikativen Vollzugsprozesses manifestieren sich, gleichsam ko-evolutionär oder dialektisch, sowohl die inkrementelle Ausdifferenzierung und Stabilisierung (Institutionalisierung) einer spezifischen Kommunikationsweise, als auch das korrespondierende wissenschaftliche Feld (Bourdieu und Wacquant 1996) selbst. Beides wird in den Sozialwissenschaften meist diskret

---

[1] Einen ähnlichen Kommunikationsbegriff entwickelt bereits Wilhelm von Humboldt. Er weist darauf hin, dass Sprechen dem *intersubjektiven Verstehen* diene (Welbers 2001, 574) und dabei vor der Herausforderung stehe, dass „aller objectiven Wahrnehmung unvermeidlich Subjectivität beigemischt ist" (v. Humboldt, *Grundzüge des allgemeinen Sprachtypus*, zitiert nach (Welbers 2001, 576)). Einen ähnlichen Kommunikationsbegriff benutzt auch Margaret Mead in *The Small Conference* (M. Mead 1968, 5). Allerdings werde ich mich in dieser Arbeit an dem sozialtheoretisch wie methodologisch elaborierten Kommunikationsbegriff des *Kommunikativen Konstruktivismus* (im Folgenden KoKo; (Knoblauch 2013) (Knoblauch 2017)) orientieren, jedoch ohne diesen voll auszuschöpfen (vgl. Fußnote 2).

[2] Der hier umrissene Kommunikationsbegriff wird im weiteren Verlauf dieser Arbeit noch detaillierter ausbuchstabiert werden (siehe insbesondere Kapitel 2). Er zeigt sich aber bereits hier charakteristisch, nämlich weit und eng zugleich: Einerseits umfasst er mehr als nur Lautsprache (weit wie im KoKo), andererseits exkludiert er für den vorliegenden Zweck weitgehend solche Formen, die Kopräsenz nicht voraussetzen (enger als im KoKo).

betrachtet, wohingegen meine kommunikativ konstruktivistisch informierte Fallanalyse die Frage aufwirft, ob eine dichotome Betrachtung dem tatsächlichen
empirischen Phänomen angemessen wäre.

Eine wichtige Rolle für den von mir vor dem Hintergrund dieser These
gewählten Forschungsansatz spielt eine Beobachtung, die bereits aus der Soziolinguistik bzw. der kulturanthropologischen *Ethnographie der Kommunikation*
(Hymes 1964) und den hier anschließenden soziologischen Ansätzen bekannt
ist, nämlich dass Kommunikation häufig weder spontan noch zufällig verläuft,
sondern Muster, Formen und Gattungsmerkmale aufweist, derer sich Sprecher/-
innen bedienen, um situationsangemessen miteinander kommunizieren zu können.
Eine (sprach-)soziologische Ausarbeitung erfuhr diese Idee in den Arbeiten von
Thomas Luckmann, der Mitte der 1980er Jahre, aufbauend auf Dell Hymes
und anderen, die wissenssoziologische *Gattungsanalyse* (im Folgenden GA) entwickelte (Luckmann 1986). (Für eine ausführliche Darstellung der GA siehe
Kapitel 3.)

In der GA wird davon ausgegangen,

> dass kommunikative Gattungen gleichsam die Inseln im Strom kommunikativen Han-
> delns bilden [...] [und] dass in verschiedenen institutionellen Zusammenhängen nicht
> nur besondere Gattungen vorgezogen werden, sondern dass sie sich durch die Ver-
> wendung solcher Gattungen geradezu definieren lassen (Luckmann und Knoblauch
> 2000, 544).

Dass (soziale) Wirklichkeit, wie ich auch in meiner Hauptthese annehme, in
Interaktionsprozessen erzeugt und institutionalisiert wird, ist eine aus der *Wissenssoziologie* bzw. dem *Sozialkonstruktivismus* (im Folgenden SoKo; (Berger
und Luckmann 1986/1969[engl. 1966])) bereits wohlbekannte Erkenntnis. Dass
diese Erzeugung maßgeblich durch kommunikatives Handeln prozessiert wird,
ist spätestens seitdem (im Gegensatz zu Luckmanns Ansatz nicht länger *sprach*-
sondern *kommunikations*soziologischen) KoKo (Keller, Knoblauch und Reichertz
2013, Knoblauch 2017) bekannt. Zentral in meiner Analyse ist daher die spezifische Form des kommunikativen Handelns, das besondere Format, in dem die
CNS, als relativ junger und interdisziplinärer Forschungskontext von den disziplinär heterogenen Wissenschaftler/-innen im Feld *kommunikativ* (re-)konstruiert
wird. Ich werde argumentieren, dass sich die spezifische Form der Wissenskommunikation hier nicht zufällig als „Group-Talk" beobachten lässt, sondern dass
sich die CNS selbst im Rahmen ihres institutionellen Zusammenhangs durch
diese spezifische *Kommunikationsform* (Lettkemann und Wilke 2016) definieren
lässt.

Group-Talk ist die Feldbezeichnung für die wöchentlichen Arbeitstreffen einer von Kolleg/-innen und mir teilnehmend beobachteten CNS-Forschungsgruppe. Die strukturelle Rekonstruktion des Group-Talks als von mir fokussierter Forschungsgegenstand ist die zentrale Absicht dieser Dissertationsschrift. Analytisch werde ich ihn als *kommunikative Gattung* betrachten. Die GA erlaubt mir, das Kommunikationsgeschehen im Group-Talk zugleich im Rahmen gesellschaftlicher Strukturkontexte zu besehen, um so die Frage zu beantworten, auf welche Weise und für welche Probleme konkret das Format eine wesentliche Kommunikationslösung darstellt. Gerade hierin besteht der methodologisch-heuristische Wert einer kommunikationssoziologischen GA für die vorliegende Arbeit: Sie ermöglicht es, den reinen Situationalismus, der etwa für die Ethnomethodologie (Garfinkel 1984[1967]) prägend ist, zu überschreiten und die soziologische Mikroanalyse (Handeln), vor dem Hintergrund einer fokussiert-ethnographischen Feldstudie, mit gesellschaftlichen Emergenzphänomenen auf Meso- und Makroebene (Baur, et al. 2016) zu verknüpfen. Erst diese systematische Verbindung des direkt beobachtbaren *Wie* der Kommunikation mit dem durch ethnographisches Wissen rekonstruierten *Warum*, überschreitet den Horizont reiner Beschreibung und führt so in die Bereiche des soziologischen Verstehens und Erklärens (Weber 1922, 1).

1.2   Forschungsfeld und –design

Die Gelegenheit, entsprechende Kommunikationsvorgänge in einem interdisziplinären Forschungskontext selbst beobachten zu können, ergab sich für mich durch meine Tätigkeit als wissenschaftlicher Mitarbeiter in dem für dreieinhalb Jahre (2013–2017) durch die *Deutsche Forschungsgemeinschaft* (DFG) geförderten Forschungsprojekt: *Bildkommunikation in der Wissenschaft am Fallbeispiel der Computational Neuroscience* (Leitung: Hubert Knoblauch)[3,4]. Diese Position konnte ich nach Abschluss meines Masterstudiums in Soziologie mit der Abgabe

---

[3] Weiterführende Informationen siehe hier: http://gepris.dfg.de/gepris/projekt/230927066.

[4] An dieser Stelle möchte ich mich sehr herzlich bei meinem Kollegen Eric Lettkemann für die ausgezeichnete und lehrreiche Zusammenarbeit im Projekt bedanken. Mein Dank gilt außerdem den studentischen Mitarbeiter/-innen im Projekt (Jakob Gerber, Anja Schünzel, Julia Rothenburg und Arne Janz) sowie last but not least unserem Projektleiter Hubert Knoblauch.

meiner Master-Thesis zum Thema *Bilder der Wissenschaft. Die kommunikative Konstruktion von (wissenschaftlicher) Wirklichkeit* (Wilke 2013) einnehmen.[5] Das Projekt *Bildkommunikation* ist im Bereich der wissenssoziologischen Kommunikationsforschung anzusiedeln. Ursprünglich entstand der DFG-Forschungsantrag im Nachgang einer am Fachgebiet durchgeführten Diplomarbeit, die sich bereits empirisch mit der CNS beschäftigt hatte. Aufbauend auf diesen Vorarbeiten von Lisa-Marian Schmidt (Schmidt 2013), hatte Hubert Knoblauch anschließend den DFG-Antrag zur *Bildkommunikation* entwickelt.[6] In dem Projekt übernahm ich, gemeinsam mit Eric Lettkemann, die *Fokussierte Ethnographie* (Knoblauch 2001). Dabei stellte sich heraus, welche hervorgehobene Rolle der Group-Talk als wöchentliches Forschungsgruppentreffen für die beobachtete Gruppe und die Produktion ihres spezifischen Wissens im Feld der CNS spielte.

1.2.1 Wissenschaft und Wissenskommunikation

Die im Rahmen der *Bildkommunikation* fokussierte CNS ist ein gutes Beispiel für den Übergang der Wissenschaft zu dem, was in wissenschaftssoziologischen Zeitdiagnosen als ‚Modus 2' (Gibbons, et al. 1994) bezeichnet wird. Diese

---

[5] Zuvor war ich bereits während meines Studiums für ca. drei Jahre als Tutor am Fachgebiet von Hubert Knoblauch, *Allgemeine Soziologie, insbesondere Theorie moderner Gesellschaften*, an der Technischen Universität Berlin beschäftigt. In dieser Zeit war ich zum einen damit betraut, die Lehre im Rahmen des Tutoriums für Erst- und Zweitsemesterstudierende zu organisieren bzw. durchzuführen. Zum anderen erlaubte mir diese Tätigkeit auch interessante Einblicke in die Forschung sowie die Methoden- und Theorieentwicklung am Fachgebiet. Insbesondere mit Videographie, Wissenssoziologie und dem KoKo durfte ich mich dabei intensiver auseinandersetzen. Maßgeblich hierdurch wurden die Weichen für meine Herangehensweise als Novize im Projekt *Bildkommunikation* – und darüber hinaus, für meine Forschungsperspektive bis heute – gestellt.

[6] „Ursprüngliches Ziel des Projekts war es, die Entstehungsprozesse neurowissenschaftlicher Visualisierungen, u. a. von fMRT-Bildern, zu begleiten und ihnen über die einzelnen Instanzen der Wissenskommunikation von Wissenschaftler/-innen hinweg zu ‚folgen' (Bildtrajekte). Noch als uns ein entsprechender Feldzugang im Bereich der Computational Neuroscience (CNS) erschlossen wurde, stellte die Optimierung entsprechender Bildgebungsverfahren einen wesentlichen Forschungsgegenstand innerhalb der Forschungsgruppe dar, die ausgewählt wurde. Als das Projektteam im Dezember 2013 die Arbeit schließlich aufnahm, hatten sich die Forschungsschwerpunkte der einzelnen Teilprojekte der Forschungsgruppe allerdings stark verändert, sodass auch die ursprünglichen Fragestellungen und Zielsetzungen bzgl. der Bildtrajekte von fMRT-Bildern und ähnlichen Visualisierungen, gemäß den aktuellen Schwerpunkten im Feld, angepasst wurden." (Knoblauch, Wilke und Lettkemann 2017, 2).

Entwicklung ist davon gekennzeichnet, dass die wissenschaftliche Wissensproduktion von klassisch abgrenzbaren Einzeldisziplinen (Modus 1) zunehmend
auf interdisziplinäre[7] Forschungsgruppen (Modus 2) (Gibbons, et al. 1994, 3ff)
übergeht, die insbesondere komplexe und gesellschaftlich relevante Problemstellungen fokussieren (Stichweh 1979, 94). Dabei wird die ‚alte‘, in geschlossenen
Fachgemeinschaften und auf Grundlage eines sich nach außen abgrenzenden,
homogenen Fachvokabulars prozessierte, disziplinäre Wissensproduktion (ebd.,
S. 83), von einer neuen Produktionsweise des Wissens abgelöst, die durch die
Diversifizierung der Ausdrucks- und Auslegungsschemata und eine zunehmende
Diskursivierung gekennzeichnet ist. Diese Entwicklung führte, seit den frühsten Anfängen in den 1960er Jahren, wohin auch die Pionierarbeiten der CNS
verweisen, zur raschen Zunahme von gänzlich neuen Forschungsfeldern.

Die CNS stellt damit auch ein Beispiel für die gesamtgesellschaftlich
gewachsene Bedeutung der Kommunikation dar, die im Rahmen der *Kommunikationsgesellschaft* (Knoblauch 2017, 329ff) zentral verhandelt wird. Dieser
Bedeutungszuwachs ist seinerseits in Differenzierungsprozesse eingebettet, die,
vor der Wissenschaft, bereits im Alltag beobachtet werden konnten: Schon seit
Beginn des 20. Jahrhunderts, insbesondere aber nach dem Zweiten Weltkrieg,
scheint der Alltag durch Desintegration charakterisiert (Simmel 1903[2016],
Berger, Berger und Kellner 1975, Schulze 1992[2005]), während die Wissenschaft seit den 1960er Jahren zunehmend durch *Innendifferenzierung* (Stichweh
1979, 82ff) gekennzeichnet ist. In Alltag und Wissenschaft wuchs seither, im
Kontext einer dabei zunehmend als komplex wahrgenommenen, emanzipato-
risch thematisierten Umwelt (Beck 1986) und vor dem Hintergrund eines daraus
hervorgegangenen forschungspolitischen *Interdisziplinaritäts-Imperativs* (Metzger und Zare 1999, Mansilla, Irwin und Gardner 2006), die Notwendigkeit von
Kommunikation und neuen Kommunikationsweisen (siehe Abschnitt 2.2).

---

[7] Während in der Wissenschaftssoziologie keine einheitlichen Definitionen vorliegen (Schützenmeister 2008, 33, Maasen, Lengwiler und Guggenheim 2006, 394), verstehe ich a) unter
Disziplinarität die Produktion von Wissen auf Grundlage eines strukturell geschlossenen,
wissenschaftlichen Ausdrucks- und Auslegungsschemas, b) unter *Interdisziplinarität* eine
Form der Wissensproduktion, die unterschiedliche wissenschaftliche Ausdrucks- und Auslegungsschemata kombiniert, sowie c) unter *Transdisziplinarität* eine Form der Wissensproduktion, die auch nicht-wissenschaftliche Ausdrucks- und Auslegungsschemata integriert.
Ausschlaggebend für meine Definitionen ist also der Kode der jeweiligen Kommunikation bzw. die grundlegende Annahme, dass Wissen in (unterschiedlichen) Kommunika-
tion(sweisen) produziert wird.

1.2.1.1 Computational, interdisziplinär, kommunikativ

In der Wissenschaft verdient die Entwicklung des Personal Computers (PC) dabei besondere Beachtung, die ihrerseits zum einen die Wissensproduktion revolutionierte und andererseits dazu beitrug, dass Wissenschaft bzw. wissenschaftliches Wissen heute vielfach (inter- und transdisziplinär) kommuniziert wird. Computertechnologische Infrastrukturen und komplexe Informatik erweisen sich seit den 1950er Jahren von rasant wachsender Bedeutung für das Wissenschaftssystem, sowohl als innenstrukturelles, subdisziplinäres Differenzierungsmerkmal (z. B. zwischen Hirnforschung und CNS) als auch als (re-)integrativer Konnex. Dieser Doppelcharakter lässt sich zum einen wissenschaftssoziologisch anhand eines Differenzierungsmodells erklären: Dadurch, dass sich Subdisziplinen, wie sie sich z. B. in den seither vielerorts gegründeten Computational Departments klassischer Disziplinen manifestieren, entlang der Außengrenzen ihrer (Herkunfts-) Disziplinen bzw. an den Rändern vom deren institutionalisiertem Wissens- und *Umweltausschnitt* (Stichweh 1979, 85 f.) bilden, gehen sie häufig mit personeller und thematischer Interdisziplinarisierung einher (ebd., S. 94 f.). Daher führt diese Form der desintegrierenden Innendifferenzierung letztlich selbst wieder zur Reintegration der disziplinären Spezialdiskurse, in die die Wissenschaft im Prozess ihrer Primärdifferenzierung in Einzeldisziplinen zerfällt (ebd., S. 95). Dies gilt auch und insbesondere für *Computational Sciences* (Gramelsberger 2015), die, wie z. B. die CNS, zahlreiche Disziplinen überspannen und diese dabei, im Sinn einer gemeinsamen globalen Problemstellung, reintegrieren.

Dieser, im Sinne von Innendifferenzierung und Reintegration (und folglich: Diskursivierung), nacheinander in entgegengesetzte Richtungen wirkende Doppelcharakter der Einführung des Computers und insbesondere des PCs in die Wissenschaft lässt sich andererseits auch empirisch nachzeichnen, anhand der gewachsenen Bedeutung dieser Technologie in der wissenschaftlichen Praxis. Der PC und die fortschreitende Entwicklung von Hard- und Software haben nicht nur dazu beigetragen, analoge Praktiken in digitale zu verwandeln, wie in der *Produktion* (Slautterback und Werther 1984), der *Buchhaltung* (Cerullo 1980) oder dem *Schreiben und Kommunizieren* (Warschauer 2007). Vielmehr machen moderne PCs multi-variable und interdisziplinäre Forschungen möglich, die zuvor unmöglich waren. Dies betrifft vor allem den Bereich der numerischen Modellierung von globalen Systemen, der auf PCs basiert und heute aus zahlreichen Subdisziplinen innerhalb klassischer Disziplinen nicht mehr wegzudenken ist (Gramelsberger 2010, 2015): Hier bilden Computer und entsprechende Expertise buchstäblich den epistemischen Kern dieser ,neuen' *Computational Sciences*; etwa in der

Geophysik (Computational Geophysics), der Astrophysik (Computational Astrophysics), der Linguistik (Computational Linguistics), der Wirtschaftswissenschaft (Computational Economics) usw.

Es ist deutlich, dass es durch Computer und informatische Expertise auf vielen Wissenschaftsfeldern zum Wandel bzw. zur völligen Neuausrichtung klassischer Disziplinen (Malina 2010) sowie zur Ausbildung neuer Forschungsfelder und (Sub-)Disziplinen gekommen ist (*Innendifferenzierung*). Diese Entwicklung zeichnet Gabriele Gramelsberger (2010) exemplarisch anhand des Wandels der beobachtungsbasierten Wettervorhersage zur numerischen, computerbasierten Meteorologie nach. Dabei beschreibt sie allerdings auch „die enorme Vereinheitlichung der Forschungspraxis" (ebd., S. 143), die mit dem Einzug des Computers in die Wissenschaft allgemein einhergeht (*Reintegration*). Vor seiner Einführung konnte man, „an den Tätigkeiten der Forscher meist ablesen, welcher Disziplin sie angehörten", heute allerdings, so die Wissenschaftsphilosophin weiter, „lässt sich dies für die Computational Sciences nicht mehr erkennen. Ob ein Biologe, ein Klimaforscher oder ein Physiker vor dem Computer sitzen und ihrer Arbeit nachgeht [sic!; R.W.], lässt sich von außen betrachtet nicht entscheiden. Alle tun dasselbe, sie schreiben Codes." (ebd.). Vor diesem Hintergrund spricht Gramelsberger von einer allgemeinen *Transformation der Wissenschaft* (Gramelsberger 2015).

Dabei okkupieren Computerwissenschaftler/-innen heute innerhalb der gewandelten (Sub-)Disziplinen (Stichweh 1979, 84ff) selbst eine *relevante Unsicherheitszone* (Crozier und Friedberg 1979, 49ff). Sie leisten dort personell die Integration, wo die Übersetzung komplexer multi-disziplinärer Forschungsgegenstände in Computercode durchaus noch genuin computerwissenschaftlicher Expertise bedarf. Die Globalität entsprechender Modelle lässt sich am Beispiel der CNS verdeutlichen: Sie erstrecken sich von Ionen über Transmitter und Rezeptoren, Neuronen, Netzwerke und Hirnregionen bzw. neuronale Systeme, bis hin zu Verhalten und Denken. Dabei verknüpfen sie zahlreiche Disziplinen wie Physik, Chemie, Biologie, Computerwissenschaft, Neurologie und Psychologie (Lytton 2002, 16). In der beobachteten CNS-Forschungsgruppe verschwammen die Grenzen zwischen den einzelnen beteiligten Disziplinen allerdings nicht nur in der Außenbetrachtung (Lynch 1991, 53), worauf sich Gramelsberger oben bezieht, sondern, wie sich zeigen wird, auch in der Forschungsbiographie und -persönlichkeit der einzelnen Wissenschaftler/-innen selbst, die sich z. *B.* von der Psychologie oder der Physik über die Computerwissenschaft oder umgekehrt zur CNS weiterentwickelt hatten. In diesem Sinn stellt nicht nur die CNS eine interdisziplinäre oder konkreter: eine durch den Computer verknüpfte *synthetische Wissenschaft* (Knoblauch und Wilke 2020) dar, sondern auch die Computational

Neuroscientists selbst, die wir beobachten konnten, waren an dem Ideal orientiert, die verschiedenen Spezialwissensbestände der einzelnen an der CNS beteiligten Disziplinen in ihrer eigenen Forschungspersönlichkeit gleichsam zu vereinen. Das neue Wissen, das in diesem Kontext erzeugt wird, stellt dabei nicht nur substanziell, sondern auch prozessual, d. h. kommunikativ, hohe Ansprüche an die betroffenen Wissenschaftler/-innen: Es muss, im Sinne der Reintegration, permanent übersetzt werden (Diskursivierung). Daher wächst, zugleich mit der Computerisierung und der Interdisziplinarisierung der wissenschaftlichen Wissensproduktion, die Notwendigkeit der Verständigung über eine wachsende Zahl beteiligter Disziplinen hinweg: Wer immer spezifischeres Wissen in zunehmend differenzierten Subsphären produziert und dieses daraufhin an breitere Communities rückkoppeln muss oder möchte, der hat auch eine immer schwierigere *Kommunikationsaufgabe* zu bewältigen. Für die wissenschaftliche Praxis, für Institutionen und individuelle Akteure, bedeutet das unweigerlich neue Herausforderungen durch zusätzliche *Kommunikationsprobleme* (Balck 2016): Im Kontext von Computer-getriebener Innendifferenzierung bzw. Subdisziplinierung und einem forschungspolitischen Interdisziplinaritäts-Imperativ, der praktisch aus gesamtgesellschaftlichen Enttraditionalisierungs- und Emanzipationsprozessen sowie der *Risikogesellschaft* (Beck 1986) hervorgegangen ist, muss die Bedeutung des eigenen, fach- bzw. feldidentitären Wissens, das in Disziplinenüberschreitenden Diskursen mehr oder minder ‚in der Fremde' verbleibt, daher immer wieder neu erklärt, ausgehandelt und legitimiert werden. So entstehen neben den neuen interdisziplinären Feldern schließlich aber auch neue Problemgetriebene *Kommunikationslösungen,* wie der Group-Talk, um Wissen, das im ‚Modus 2' (Gibbons, et al. 1994) produziert wurde, auch kommunizieren zu können.

Die CNS stellt auch hierfür ein besonders gutes Beispiel dar. Entsprechend der Interdisziplinarität des Felds zeigte sich in der vorliegenden Untersuchung, sowohl intern als auch in der Außenkommunikation, ein sehr hoher Kommunikationsbedarf, der vor allem in dem hier zentral thematisierten Group-Talk der Forschungsgruppe zum Ausdruck kam: Hier versuchten die Wissenschaftler/-innen der verschiedenen Disziplinen der Gruppe, ausgehend von ihren heterogenen Grundannahmen, auf Grundlage von Computermodellierungen, die Erforschung neuronaler Funktionen auf allen oben genannten Ebenen ihres Forschungsgegenstands voranzutreiben.[8] Zugleich sollten die so im gemeinsamen Schnittfeld

---

[8] Die Erforschung der fundamentalen Prinzipien des Seins wird hierbei zu einer Computerwissenschaft. Eine sozialwissenschaftliche Kritik daran findet sich u. a. in (Choudhury und Slaby 2012).

erlangten Erkenntnisse auch in der Künstliche Intelligenz-Forschung (im Folgenden KI-Forschung) angewendet werden können. Kommunikation kam dabei die entscheidende Bedeutung zu, nicht auf Grundlage eines vorgängig geteilten, disziplinären Wissens- und Ausdrucksschemas, sondern ausgehend von formaler Heterogenität gemeinsam, neues Wissen zu erzeugen.

1.2.2 Das Feld der CNS

Entsprechend geht bereits die Etablierung des Begriffs *Computational Neuroscience* maßgeblich auf Gespräche, Publikationen und Konferenzen zurück, die ab 1985 von Eric L. Schwartz, Professor für kognitive und neuronale Systeme, Computerwissenschaft sowie Neurobiologie und -anatomie initiiert wurden, um Gehirntheoretiker/-innen verschiedenster Provinienz mit Computerwissenschaftler/-innen ins Gespräch zu bringen und dabei den Begriff *Computational Neuroscience* zu definieren sowie das entsprechende Forschungsfeld zu umreißen. Die grundlegende, technisch-infrastrukturelle Voraussetzung für das neue Forschungsfeld stellte dabei, darauf weist schon das englische Adjektiv *computational* hin, die zeitgleiche Computer-Revolution der 1980er Jahre dar. Zum damaligen Zeitpunkt zogen erstmals flächendeckend PCs in den Wissenschaftsalltag ein (für die Computational Chemistry siehe (Levy 1988)). In einer frühen Selbstbeschreibung der CNS heißt es bezugnehmend auf diese Entwicklung:

> [T]echnical achievements in designing fast, powerful, and relatively inexpensive computing machines have made it possible to undertake simulation and modeling projects that were hitherto only pipe dreams (Churchland, Koch und Sejnowski 1990, 47).

So ermöglichen moderne PCs seither eine relativ ressourcenschonende Modellierung komplexer neuronaler Prozesse, wie sie für die Performanz des (menschlichen) Hirns, im Rahmen moderner Neurotheorien im Feld der CNS, angenommen werden. Zuvor, etwa seit den 1940er Jahren, waren für komplizierte Berechnungen noch gigantische Anlagen wie der Großrechner „Mark 1" notwendig, die viel Platz benötigten und aus Kostengründen nur wenigen Einrichtungen weltweit zur Verfügung standen. Vor 1945 war an die Entwicklung und Verarbeitung heutiger neurowissenschaftlicher Modelle überhaupt noch nicht zu denken. Erst seit den 1980er Jahren konnten entsprechende Softwareprogramme zunehmend auf relativ günstigen PCs abgespielt werden, die dann bald zur landläufigen Büro- bzw. Laborgrundausstattung in der Wissenschaft zählten (Levy

1988, 167). Erst dadurch konnte in der Folgezeit ein breiter interdisziplinärer Diskurs angeregt werden, aus dem die gegenwärtige CNS, als moderne, Disziplinen-überspannende, computergestützte Hirnforschung resultierte. In einem Sammelband, der aus einer von Schwartz organisierten Konferenz im kalifornischen Carmel hervorgegangen ist, schreibt der Neurobiologe Donald Perkel entsprechend: ""Computational neuroscience" in early 1987 is very much a term in search of a definition, a field begging for a map and boundaries" (1990, 38). Als wir, über 25 Jahre später, mit unserer Forschung im Projekt *Bildkommunikation* begannen, hatte die CNS zwar längst begonnen, sich über die Grenzen der USA hinaus zu etablieren, dennoch ließ sich noch immer beobachten, dass sie sich stets in einem *kommunikativen* Aushandlungs- und Institutionalisierungsprozess befand und ihre akademische Verankerung als eigenständige Disziplin, gemessen an CNS-Studiengängen in Deutschland (Stand 2020: zwei Masterstudiengänge), noch nicht weit vorangeschritten war. Vielmehr erwies sich die, aus der ursprünglichen Grundkonstellation einer kommunikativ prozessierten Orts- und Wesensbestimmung sowie vor dem Hintergrund der Multidisziplinarität des CNS-Ansatzes hervorgegangene, heterogene Wissensordnung, die im Feld noch immer zahlreiche Fachdisziplinen überspannt, nicht nur für die soziologischen Ethnographen, sondern, wie ich zeigen werde, auch für die genuinen Feldteilnehmer/-innen, als überaus herausfordernd.

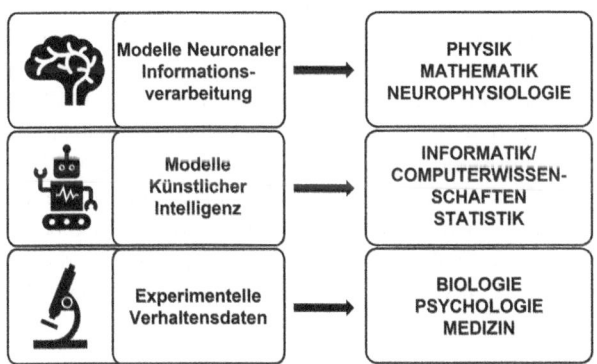

Abbildung 1.1 Das Feld der CNS mit den typischen Schwerpunkten: Theoretische Hirnforschung, Künstliche Intelligenz Forschung und experimentelle Verhaltensforschung

Die CNS verfolgt heute, gemäß unseren eigenen Beobachtungen, drei genuine Aufgabengebiete (Abbildung 1.1): *Erstens* möchte sie die neurobiologischen
Grundlagen des Gehirns mittels mathematischer Computermodelle besser verstehen lernen. Hierbei geht es darum, zum Feld der Hirnforschung entscheidende
Erkenntnisfortschritte beizutragen. *Zweitens* sind Teilbereiche der CNS der Aufgabe gewidmet, die Performanz des Gehirns in Maschinen nachzubauen. Sie
stellt somit sowohl einen computerwissenschaftlich basierten Ansatz zur Hirnforschung als auch einen (neurobiologisch inspirierten) Zweig der KI-Forschung dar.
Im Rahmen der beobachteten Forschungsgruppe sind Wissenschaftler/-innen im
Feld der CNS *drittens* mit Methoden der (Re-)Analyse verhaltensexperimentel-
ler Daten beschäftigt (vgl. Perkel (1990)). Die CNS fußt dabei, als maßgebendes
Erkenntnismittel (Bechtel in press), als wesentliche *Referenz der Kommunikationsarbeit* (Knoblauch 1996) und als *kommunikative Ressource* (Bergmann 1988a),
auf computergestützte numerische Modelle.

1.2.2.1 Die Kommunikation von Wissen in der CNS

Neben die epistemischen Zielsetzungen tritt, vor diesem Hintergrund der CNS,
die kommunikative Aufgabe der interdisziplinären Objektivierung, Vermittlung
und CNS-spezifischen Institutionalisierung des in individuellen Forschungsprojekten erlangten, neuen (subjektiven) Wissens. Die Verkehrssprache der CNS
ist dabei Englisch, eine deutschsprachige CNS-Forschung gibt es nicht, da
sämtliche einschlägige Publikationsorgane international sind. Auch der Group-
Talk der beobachteten Forschungsgruppe wurde aufgrund ihrer internationalen
Zusammensetzung auf Englisch abgehalten.[9] Das Repertoire der Kontaktsprache
(Abschnitt 4.2) umfasste dabei, neben sehr allgemeinen Sprechweisen, auch eine
Vielzahl von Fachtermini der verschiedenen Herkunftsdisziplinen, die durchaus
nicht allen Teilnehmer/-innen geläufig bzw. verständlich waren. Im Feld zeigte
sich in diesem Kontext, dass nicht allein die Erkenntnis, sondern auch deren
Kommunikation in der CNS maßgeblich auf PCs basierte. Eine besondere Rolle
spielte der Rechner dabei als Kommunikationsmedium, das es erlaubt, Daten und
Forschungsergebnisse zu visualisieren (Amann und Knorr Cetina 1988).

---

[9] Der Forschungsgruppenleiter teilte uns mit, dass kurz vor unserer Forschung die Umstellung von Deutsch auf Englisch im Group-Talk erfolgte, um der gewachsenen Internationalisierung der Gruppe Rechnung zu tragen.

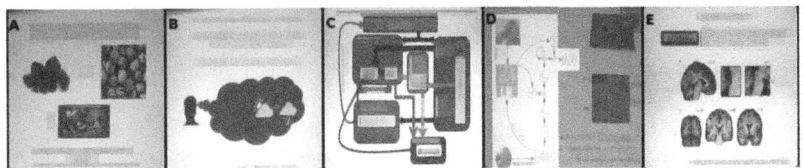

Abbildung 1.2 Typische Visualisierungen auf Digitalfolien (anonymisiert) im Group-Talk: Alltagsbilder (A + B), kybernetische Darstellungen (C + D), statistische Visualisierungen (E)

Visualisierungen von Forschungsansätzen, konkreten Modellen und Ergebnissen dienen in der CNS als wesentlicher kommunikativer Bezugspunkt der Fachvertreter/-innen der unterschiedlichen Domänen. Wie sich in unserer Forschung gezeigt hat, ist die Verwendung verschiedener visueller Kompositionen (Abbildung 1.2), im Sinne einer *Bild-Kommunikation* (Abschnitt 4.2), eines der bedeutendsten und gebräuchlichsten Verständigungsmittel innerhalb der CNS. Digitale bzw. digitalisierte Visualisierungen werden hier zur Versinnbildlichung von Forschungsfragen ebenso häufig herangezogen, wie zur Illustration der Nützlichkeit neuer Auswertungsverfahren oder, wie im Bereich der Simulation, zur Evidenzerzeugung für konkrete Forschungsergebnisse. Darüber hinaus dienen sie vorgängig bereits als Erkenntnismittel und schließlich als Ressource für die Außenkommunikation (Wilke und Hill 2019).

In unserer Beobachtung zeigte sich, dass die entwickelte und angewendete gemeinsame Sprache in der Forschungsgruppe nicht als *pidgin* (Galison 1994), d. h. als ein in seiner semantischen Ausdrucksvielfalt eingeschränkter Code, der allein speziellen Anlässen dient, verstanden werden kann. Vielmehr erwies sie sich als Lingua Franca, d. h. als linguistisch wie funktional vollwertige Kontaktsprache (House 2003, 557). Das gleiche gilt für die feld-typischen Visualisierungen, die nicht als *boundary objects* (Leigh Star und Griesemer 1989) begriffen werden können, da sie im Group-Talk in eine Bild-Kommunikation eingebettet werden. Sie dienten so vielmehr dem wechselseitigen Verstehen und repräsentierten für die unterschiedlichen Vertreter/-innen der an der Gruppe beteiligten Disziplinen, anders als ‚Grenzobjekte', nicht systematisch unterschiedliche, aus der jeweils subjektiven Perspektive abgeleitete Aspekte, sondern wurden dazu geschaffen, ein gemeinsames Verständnis zu erzeugen.

Im Kontext dieser buchstäblichen Bedeutung von „Group-Talk", als Verstehens-basiertes Reden-in-Interaktion, beobachteten wir aber auch, dass ihre Kommunikationssituation die Forscher/-innen vor große Herausforderungen stellte. Verstehen und Verstanden-Werden verlangten im Group-Talk, neben Bild-Kommunikation und verbaler Kontaktsprache, vor allem ein spezifisches, prozessuales Wissen, das wir *präsentational* nennen (Wilke, Lettkemann und Knoblauch 2018). Das präsentationale Wissen stellt ‚Rezepte' für *Performanz* (Knoblauch 2007) und *Orchestrierung* (Schnettler 2007) der verbalen und digital-visuellen Basiselemente bereit. Es zielt dabei „nicht auf die Abbildung eines epistemischen Objekts", sondern erlaubt „Wissen auf eine Weise auf[zuzeigen; R.W.], die es für andere verwendbar macht" (Wilke, Lettkemann und Knoblauch 2018, 246). Das *präsentationale Wissen* der CNS ist daher elementar für deren Wissenskommunikation, die sich kategorisch von oberflächlichen Kommunikationsweisen unterscheidet. Es dient dazu, den eingesetzten Objektvierungen und digitalen Objektivationen eine Form zu verleihen, die erkannt, verstanden und reproduziert werden kann.

Die Feldbezeichnung „Group-Talk" ist daher zudem buchstäblich zutreffend, weil hier, neben der gemeinsamen, in Kommunikation prozessierten Etablierung von substantiellem (CNS-spezifischem) und prozessualem (präsentationalem) Wissen, auch die Wissenden selbst in der sowie durch die Gruppenkommunikation sozialisiert wurden. Viele Wissenschaftler/-innen der Forschungsgruppe hatten sich durch ihre Teilnahme an der Gruppe und dem Group-Talk aus ihrer ursprünglichen Disziplin herausentwickelt, wie z. B. eine Bio-Physiker/-in, die in kognitiver Neurowissenschaft promoviert hatte und sich nun als ‚Computational Cognitive Neuroscientist' bezeichnete (Exp_11, Z. 38ff), oder ein Informatiker, der seine Ausbildung als „nicht-linear" bezeichnete (Exp_02, Z. 216ff) und nun an KI forschte.

1.2.3 Fokussierte Ethnographie

Die für die vorliegende Arbeit maßgebliche Datenerhebung im Projekt *Bildkommunikation* fand im Rahmen der angesprochenen CNS-Forschungsgruppe bzw. während des Group-Talks statt. Die beobachtete Gruppe setzte sich im Erhebungszeitraum aus 20 internationalen Wissenschaftler/-innen (zwei Professoren und 18 (Post-)Doktorand/-innen) zusammen; unter ihnen drei Physiker/-innen, zwei Mathematiker/-innen, fünf Informatiker/-innen, zwei Neurophysiolog/-innen und sieben (Neuro-)Biolog/-innen sowie ein Psychologe. Ca. ein Drittel der Gruppe waren Frauen. In zwei Fällen wurde die Forschungsgruppe von CNS-Studierenden besucht, deren Mentor/-in Teil der Forschungsgruppe war.

Jenseits dieser Zusammenkünfte zeigte sich die Arbeit der Gruppe maßgeblich vom individuellen Forschungsprozess bestimmt. Im Rahmen dieses Forschungsalltags arbeiteten die Forscher/-innen zumeist solitär. Ein Großteil ihrer Forschungsarbeit vollzog sich im *Digitallabor* (Gramelsberger 2010): in der Interaktion mit ihren Computern, Datenkorpora und Softwareprogrammen. Gerade aber deshalb kam der regelmäßigen Gelegenheit des Austauschs im Group-Talk, wie sich zeigte, eine besondere Bedeutung zu. Er stellte den zentralen Kreuzungspunkt dar, an dem die Vertreter/-innen der verschiedenen *Wissenskulturen* (Knorr Cetina 2002) sich begegneten und die Externalisierung ihres Forschungsprozesses, die Objektivierung ihrer Erkenntnis, der intersubjektiven Validierung anheimstellten.

Aufgrund dieser Schlüsselrolle stellt der Group-Talk die fokale Situation des fokussiert ethnographischen Forschungsdesigns der vorliegenden Arbeit dar. Wir haben in der Erhebungsphase über den Zeitraum von ca. 14 Monaten an den Treffen der Forschungsgruppe teilgenommen und dabei im Rahmen von 45 (37 Einzelvorträge habe ich selbst beobachtet) teilnehmend beobachteten Group-Talks ca. 14 Stunden audio-visuelle Daten erhoben. Zur Rekonstruktion der *Wissens- und Erfahrungsstruktur* (Knoblauch 2001, 135) der Feldteilnehmer/-innen haben wir zusätzlich 10 Expert/-inneninterviews und 2 *Elizitationsinterviews* (Knoblauch 2004a, Schubert 2008) von durchschnittlich ca. 90 Minuten Dauer geführt, transkribiert und mittels *qualitativer Inhaltsanalyse* (Mayring 2010) ausgewertet. Zur Kontrastierung haben wir zudem ca. 9 Stunden audio-visuelle Daten im Rahmen eines interdisziplinären geisteswissenschaftlichen Kolloquiums erhoben. Darüber hinaus war auch ein Dokumentenstudium notwendig, um die spezifischen Inhalte, die im Feld diskutiert wurden, kontextualisieren zu können. Zu diesem Zweck haben wir uns vor allem mit Selbstthematisierungen der CNS (einen Überblick bieten etwa (Schwartz 1990, Bower 2003, Lytton 2002) sowie mit Publikationen der Feldteilnehmer/-innen beschäftigt.

Unser Forschungsdesign bezeichne ich als fokussiert ethnographisch: *Fokussierte Ethnographie* (Knoblauch 2001) beschreibt eine Forschungspraxis, die nicht allein in der Soziologie, sondern in zahlreichen sozialwissenschaftlichen Disziplinen ihre Anwendung findet. Maßgeblicher Orientierungspunkt der Methode ist die ethnologische Ethnographie, die vor allem mit dem Kulturanthropologen Bronislaw Malinowski (1922, 1926) und seinem Begriff der *Teilnehmenden Beobachtung* (participant-observation) verknüpft ist. Diese Methode, die es sich zum Ziel setzt, Praktiken und Wissensbestände beforschter Ethnien durch die Teilnahme an deren Alltag zu erkunden, war erfolgreich angetreten, um „einen Bruch mit einer stubengelehrten „Armchair-Anthropology"" (Amann und Hirschauer 1997, 10) herbeizuführen. In der Folge fand die Ethnographie auch im Rahmen der eigenen Gesellschaften, in anthropologischen (Urban Studies), linguistischen (Soziolinguistik) und soziologischen Forschungen (Chicagoer Schule), breite Anwendung, wo Ethnograph/-innen, Sprach- und Sozialwissenschaftler/-innen sich auf den Weg machten, sich in das erweiterte soziale Umfeld zu begeben, um ethnographische Feldforschung buchstäblich ‚vor der eigenen Tür‘ zu betreiben. Diese Bewegung erweist sich, nicht zuletzt im Kontext der für die vorliegende Arbeit zentralen Zeitdiagnose, von besonderer Relevanz, worauf auch Stefan Hirschauer und Klaus Amann hinweisen: „[V]ielschichtig differenzierte Wissensgesellschaften" (ebd., S. 12), wie westliche Gegenwartsgesellschaften, sind durch eine unüberschaubare Variabilität sozialer Felder und Gruppen charakterisiert, sodass sich die für die Ethnographie ebenso kennzeichnende wie motivierende Befremdung auch innerhalb der eigenen Gesellschaft einstellt. Dies gilt insbesondere für Wissenschaftsethnographien, die von Wissenschaftler/-innen über Wissenschaftler/-innen erstellt werden (Knorr Cetina 2002, Latour 1987, Lynch 1993). Die Pointe ist, dass die Nähe trügt und, wie uns die Science and Technology Studies (STS) lehren (Jasanoff, et al. 1995), ein Blick in die Praxis von Wissenschaft lohnt, um festzustellen, dass deren feldspezifische Besonderheit nicht durch beschreibende Auslegungsschemata, reine (Ethno-)Theorie, zu erfassen ist. Der Schritt aus dem Lehnsessel ist notwendig. Sei es auch nur eine kurze Strecke, die zur ‚fremden Sinnprovinz‘ zu überwinden ist. In diesem Sinn bezeichne ich unsere Ethnographie *erstens* deshalb als fokussiert, weil ich mich im Projekt, als soziologischer Ethnograph, in der eigenen und somit grundsätzlich vertrauten Gesellschaft bewegt habe. Das bedeutet nicht, wie ich bereits erläuterte, dass soziologischen Ethnograph/-innen ihr Forschungsgegenstand a priori bekannt sei. Im Gegenteil, in der vielschichtig differenzierten Wissensgesellschaft sind ‚Welten‘ häufig buchstäblich nur durch eine einzelne Wand voneinander getrennt. So kann es ähnlich befremdlich sein, innerhalb derselben Universität das Stockwerk zu wechseln, als würde man sich als Anthropolog/-in auf die Reise zu einer weit entfernten Kultur begeben.

Das Attribut „fokussiert" weist *zweitens* auf einen weiteren entscheidenden Unterschied zur ethnologischen Ethnographie Malinowskis hin, die sich (ursprünglich) auf (völlig) unbekanntes Terrain begibt. Fokussiert ist die vorliegende Ethnographie auch hinsichtlich der ethnographischen Konzentration auf einen kleineren ‚weißen Flecken‘ inmitten der ‚Landkarte‘ einer grundsätzlich bekannten und persönlich sehr vertrauten Umwelt, nämlich der akademischen Wissenschaft und Forschung. Um bei dem obigen Beispiel zu bleiben: Zwar werden sowohl für mich, der ich ‚zu Hause‘ bleibe, als auch für eine Anthropolog/-in, die sich zu einer unbekannten Kultur aufmacht, Unterschiede und Gemeinsamkeiten zu verzeichnen sein. Allerdings sind diese in beiden Fällen wahrscheinlich sehr unterschiedlich verteilt. Während die kulturellen Gemeinsamkeiten gegenüber einer erstkontaktierten Kultur in der Ferne zunächst gering erscheinen mögen, drängen sich diese, durch die sozial-räumliche Nähe impliziert, in der eigenen Gesellschaft auf. Im Zentrum der vorliegenden Ethnographie standen daher, eingedenk des Postulats, sich von scheinbarer Vertrautheit nicht blenden zu lassen, nicht die Universität, die Disziplin, die Interdisziplinarität oder gar die Wissenschaft in toto, sondern konkret die Kommunikationsprozesse im Rahmen der *fokalen Situation* in der beobachteten CNS-Gruppe.[10]

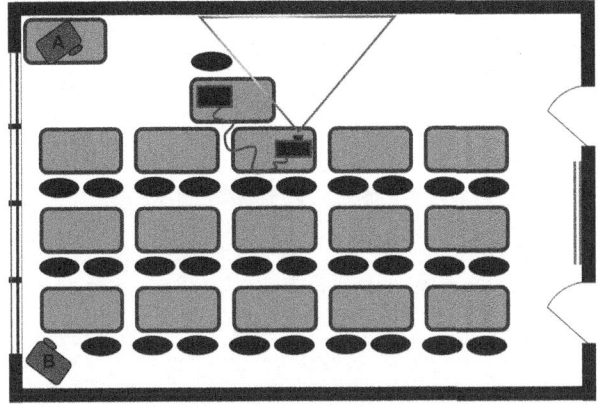

Abbildung 1.3 Schematische Darstellung des räumlichen Settings und der Kamerapositionen: Publikumsperspektive (A) und Sprecherperspektive (B)

1.2.3.1 Videographie

Charakteristisch für die Fokussierte Ethnographie ist drittens die audio-visuelle Methode. Videographie (Tuma, Schnettler und Knoblauch 2013), als Teil der

---

[10] Die folgenden dieses Kapitels, die das Forschungsdesign im Projekt *Bildkommunikation* zusammenfassen, stellen zum Teil Auszüge einer frühen Version eines Texts dar, den ich später mit Eric Lettkemann (Lettkemann und Wilke 2016) veröffentlicht habe. Für einen Handbuchartikel hatte ich die empirischen Analysen sowie die Beschreibung der Datenerhebungs- und Auswertungsverfahren aus meinem Promotionsprojekt beigesteuert. Bei Eric Lettkemann und den Herausgeber/-innen des Sammelbands (Baur et al. 2016) bedanke ich mich für die zahlreichen Anmerkungen zu dem ursprünglichen Textfragment, die in die publizierte Fassung in großem Maße eingeflossen sind. An dieser Stelle bediene ich mich allerdings an Auszügen des ursprünglichen Texts, für den ich allein verantwortlich zeichne, sodass ggf. auch alle Fehler oder Ungenauigkeiten mir zuzuschreiben sind.

Fokussierten Ethnographie, nimmt in ihr einen großen Teil der Datenerhebung und -auswertung ein. Im Projekt *Bildkommunikation* verwendeten wir, zum Zweck der Videoaufzeichnung des Group-Talks, zwei Digitalkamerasysteme: Erstens einen HD-Camcorder mit Aufsatzmikrophon (Abbildung 1.3, Kameraposition A), den wir auf ein Stativ montierten, sowie zweitens eine Full-HD Action Cam (Abbildung 1.3, Kameraposition B). Letztere eignet sich, aufgrund ihres großen Blickfelds und ihrer Kompaktheit, besonders für die Aufzeichnung aus Sprecher/-innenperspektive. Ihr kleines Gehäuse ermöglichte es, die Reaktivität (Behnke, Baur und Behnke 2006, 249ff) des aufgezeichneten Publikums zu verringern. Den Camcorder mit Stativ platzierten wir im, vom Publikum aus betrachtet, rückwärtigen Teil des Raums, sodass die Aufzeichnung den Raum, die in ihm stattfindende Kommunikation und die dabei zum Einsatz gebrachten technischen Medien (z. B. Laptop, Digitalprojektor) aus Publikumsperspektive erfasste.

Abbildung 1.4 Räumliches Setting des Group-Talks aus Perspektive der beiden Kamerapositionen (links Perspektive B, recht Perspektive A (vgl. vorhergehende Abbildung)

Räumlich wurde der Group-Talk an einem deutschen Universitätsinstitut, an dem die Forschungsgruppe beheimatet ist, in einem kleinen Seminarraum veranstaltet (Abbildung 1.4; eine ausführliche Darstellung folgt in Abschnitt 4.1.1). Die Sitzordnung entsprach weitgehend einer klassischen Frontalkonstellation, wobei der bzw. die Hauptsprecher/-in i. d. R. vor den anderen Teilnehmer/-innen stand (siehe: Abbildung 1.5, Position 1). Das Publikum saß ihr bzw. ihm in drei Reihen klassischer Seminartische gegenüber (Abbildung 1.5, Position 2). Typischerweise bedienten sich die Hauptsprecher/-innen einer Präsentationssoftware, um, mittels des stationären Digitalprojektors und eines mitgebrachten Laptops (Abbildung 1.5, Position 3), vorentworfene Foliensätze an die dem Publikum gegenüberliegende Wand zu projizieren.

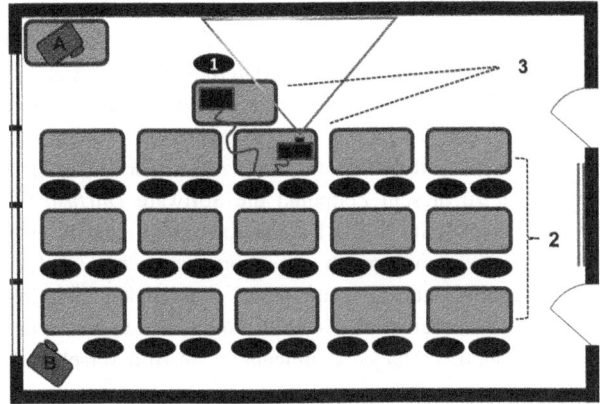

Abbildung 1.5 Eigene schematische Darstellung der Positionen der Hauptsprecher/-in (1), des Publikums (2) und der Technik (3)

In der Aufzeichnung, Aufbereitung und Auswertung der audio-visuellen ‚Feldkonserven' – in der *Videographie* – kommt ein entscheidendes Merkmal der Fokussierten Ethnographie zum Ausdruck, das sie deutlich von der ‚herkömmlichen' Ethnographie unterscheidet: Während man Erstere als besonders „erfahrungsintensiv" (Knoblauch 2001, 129) bezeichnen kann, ist Letztere besonders „datenintensiv" (ebd.). Das bedeutet, anders als in klassisch ethnographisch verfahrenden Studien, kehrten wir, nach relativ kurzen Feldaufenthalten (einige Stunden pro Woche), neben unseren Beobachtungsdaten und Feldnotizen, auch mit einer multimodalen Repräsentation aus dem Feld zurück, die ‚objektiv' konservierte, was in der dort fokussierten Situation tatsächlich stattgefunden hat. Die eigentliche Analyse begann für uns daher auch weniger bereits beim Verfassen von Feldnotizen vor Ort, sondern maßgeblich im Rahmen von sich mit den Feldaufenthalten abwechselnden, intensiven Aufbereitungs- und Analyseschritten im Videolabor, in deren Verlauf das erhobene Filmmaterial gesichert, gesichtet und mittels qualitativer Kodierung allmählich für die Analyse ‚aufgebrochen' wurde. Die Möglichkeit, in dem Material hin und her spulen, es Bild-für-Bild betrachten und die Aufzeichnung an jedem beliebigen Punkt stoppen zu können, ist für die videographische Kommunikationsanalyse (Interaktion und Kommunikation) im Rahmen einer Fokussierten Ethnographie entscheidend. Verbale, non-verbale und paraverbale Kommunikation, d. h. Sprache, Gestik, Mimik und die tonale Modulation der lautsprachlichen Kommunikation sowie – last but not least – der

Umgang mit Objekten, konnten so gleichermaßen erfasst und in das Zentrum ausgiebiger Feinanalysen gerückt werden (Kapitel 4). Dabei ergab sich häufig erst im Videolabor und bei der Durchsicht des Materials, und nicht etwa bereits vor Ort im Feld, welche Sequenzen sich für unsere Arbeit als besonders vielversprechend erweisen sollten und einer Detailanalyse unterzogen werden mussten. Eine wesentliche Rolle spielte hierbei auch der Einsatz von Videoanalysesoftware. Am Fachgebiet hatte sich zu diesem Zeitpunkt die Software *Dartfish* (Tuma 2017, 184) etabliert, die ich im Rahmen der Datenaufbereitung intensiv nutzte.

Dartfish stammt aus dem Bereich der Sportwissenschaft und kommt dort in der Bewegungsanalyse zum Einsatz (ebd.). Es handelt sich im Kern um einen Videoplayer, der zahlreiche Annotationsmöglichkeiten bietet, durch die das Datenmaterial mit visuellen Analysekommentaren im Bild versehen, kodiert und (rudimentär) transkribiert werden kann. Im Laufe der Durchsicht des Materials konnte ich so einzelne Sequenzen in den Daten markieren, verschlagworten und unter Kategorien subsummieren. Dieses Vorgehen ist vor allem vor dem Hintergrund der videographischen Datenintensität von großer Bedeutung und hilft dabei, das Datenmaterial gleichsam ‚aufzubrechen‘ und die für die Analyse relevanten Aspekte im Sinne einer theoretischen Auswahl herauszukristallisieren. Die Güte meiner Interpretation ließ sich dabei dadurch effektiv steigern, dass die gemeinsame *Datensitzung* (Tuma, Schnettler und Knoblauch 2013, 87) fester Bestandteil der Videographie ist: So konnten Dritte zur Analyse hinzugezogen und in gemeinsamen Datensitzungen die von uns erhobenen, audio-visuellen Daten, in den verschiedenen Aufbereitungsformen durch *Dartfish*, deren Granulation kennzeichnend für die Phasen des Analyseprozesses ist (Rohmaterial, Bild-im-Bild-Schnitte, Vortrags- oder Sequenz-weise), mit anderen Soziolog/-innen betrachtet und diskutiert werden.Das ermöglichte, neben der solitären Analyse und der Analyse in der Projektgruppe, auch gemeinsam mit anderen, relevante Sequenzen zu finden oder Hypothesen über deren Bedeutung zu entwickeln, zu überprüfen und/oder zu verwerfen. Außerdem haben wir die Daten auch mit Feldteilnehmer/-innen betrachtet (Elizitationsinterviews (Knoblauch 2004a, Schubert 2008)).

Im Rahmen der audio-visuellen Analysen habe ich die *konversationsanalytische Sequenzanalyse* nach Harvey Sacks et al. (Sacks, Schegloff und Jefferson 1974) (Abschnitt 3.1.4), die erstmals durch Charles Goodwin (1979, 1981) methodologisch mit der Videoaufzeichnung verknüpft wurde sowie die *Video-Interaktionsanalyse* (im Folgenden VIA) (Tuma, Schnettler und Knoblauch 2013) als etablierte Auswertungsverfahren audio-visueller Daten angewendet. Beide Verfahren sind methodologisch in der Videographie verankert. Zusätzlich bediente ich mich der von Luckmann und anderen entwickelten GA (siehe

Kapitel 3), um die videographierte Situation mittels meines ethnographischen Wissens sozialstrukturell zu kontextualisieren (Kapitel 4). Die genannten Verfahren der Konversationsanalyse (im Folgenden CA), VIA und GA greifen dabei ineinander: Sie ermöglichen es, die aufgezeichneten Situationen übersituativ zu verknüpften. So ist es z. B. möglich, typische Turn-Taking-Sequenzen (CA) in spezifischen Interaktionssituationen (VIA) zu erkennen, zu analysieren und als institutionalisierte, kommunikative Lösungen für wiederkehrende Problemlagen bzw. als entweder wenig(er) verfestigte kommunikative Formen oder als stark verfestigte kommunikative Gattungen (GA) zu bestimmen.

Entsprechend den von mir (auf Grundlage theoretischer Vorannahmen (Kapitel 2)) angenommenen maßgeblichen Einflussfaktoren auf die fokale Situation, den Group-Talk, nämlich: struktureller Kontext, Interaktions- und Kommunikationsweise sowie den drei korrespondierenden Analyseebenen der GA (Abschnitt 3.2), ziehen meine audio-visuellen Analysen drei analytisch zu trennende Ebenen in Betracht: *Erstens* spielt, für die Interaktion sowie die Kommunikation[11] im Group-Talk, das räumliche Setting und die technische Infrastruktur eine hervorgehobene Rolle. Entsprechend ist die VIA auf detaillierte Daten bzgl. der räumlichen Anordnung von Interaktionsteilnehmer/-innen und Objekten in der sozialen Situation angewiesen, wie sie die audio-visuellen Daten aus der Videographie bereitstellen. Ebenso essenziell sind die *Körper- und Gesichtsformationen* (Knoblauch 2007, 119, Kendon 1990, 210ff) der interagierenden bzw. kommunizierenden Teilnehmer/-innen innerhalb einer sozialen Situation für die VIA. Erst durch die Berücksichtigung der körperlichen Aspekte der Kommunikation wird es möglich, genauer zu bestimmen, *wer* eigentlich mit *wem wie* interagiert. Für diese verkörperten Wechselwirkungen spielen dann das räumliche Setting und die technische Infrastruktur ihre hervorgehobene Rolle. Wer blickt wen an, worauf lenken die Teilnehmer/-innen ihren körperlichen Aufmerksamkeitsfokus, welche technische Infrastruktur kommt dabei in welchem Moment zum Einsatz etc.

Zweitens liefert die CA Aufschluss über die lokale Organisation von Redezugwechseln, also über das *Wie* der sequenziellen Abfolge von „turn taking[s]" (Sacks, Schegloff und Jefferson 1974). Gerade in weniger formalisierten Gesprächssituationen (wie exemplarisch in der Konversation) ist der Redezugwechsel situativ organisiert. Wer wann das Wort erhält – oder sich selbst zur nächsten Redner/-in bestimmt – wird in der Situation ausgehandelt. Die Analyse

---

[11] Im Sinne eines weiten Kommunikationsbegriffs fallen *Interaktion* und *Kommunikation* in eins. Aus analytischen Gründen soll hier aber auf die unterschiedlichen Datensorten bzw. Analyseverfahren aufmerksam gemacht werden, die (sichtbare) *nonverbale* (VIA) von (hörbarer) *(para-)verbaler* (CA) *Kommunikation* unterscheiden.

der Redezugwechsel gibt daher Aufschluss darüber, wer sich in einer Gesprächssituation als legitime Sprecher/-in begreift bzw. diese Rolle in Interaktion mit
anderen behaupten kann. Die CA erlaubt darüber hinaus, die Analyse der thematischen Fokussierung im Rahmen von informellen Gesprächen, deren Thema nicht
vorab festgelegt ist, sondern situativ bestimmt wird. Schließlich ermöglicht die
CA auch eine Festlegung bzgl. der Analyseeinheit. Die Frage nach der kleinsten
Einheit einer Analyse ist durchaus berechtigt: Soll man Silbe für Silbe, Wort für
Wort oder Satz für Satz bzw. mit Bezug auf das visuelle Datenmaterial: Bild für
Bild, Minute für Minute oder Video für Video analysieren? Welche Einheit kann
im Sinn eines verstehenden Ansatzes (siehe Kapitel 2) als angemessen betrachtet
werden?

Während diese Fragen, in verschiedenen visuellen Ansätzen der Soziologie,
unterschiedlich beantwortet werden (Wilke 2020), bildet in der Videographie die
Sequenz, d. h. *die abgeschlossene Sinneinheit aus Perspektive der Feldteilnehmer/-
innen*, die analytische Grundeinheit. Diese zu bestimmen, erlaubt uns die
ethnomethodologisch informierte CA, in dem sie aufzeigt, dass Sprechende sich
in ihrer Kommunikation selbst stets wechselseitig anzeigen, wann eine Sequenz
beginnt, endet, unterbrochen und wieder aufgenommen wird etc. Entsprechend
dieser Ethnomethode bzw. ihrer analytischen Nutzbarmachung durch die CA
wurden die Sequenzen für die vorliegende Untersuchung bestimmt.

Drittens ermöglicht das ethnographische Wissen, das durch die teilnehmende Beobachtung (inklusive des Dokumentenstudiums) sowie die Expert/-
inneninterviews gewonnen wurde, die Forschungsresiduen aus der VIA sowie
der CA zu explizieren. Dabei werden die Kenntnisse aus Beobachtung und
Expert/-inneninterviews zur Interpretation der sozialen Situation hinzugezogen.
Das ethnographische Wissen erschließt sich aus dem Forschungsfeld selbst,
wobei es dieses zugleich elizitiert und den Forscher/-innen das Wissen über
den institutionellen Rahmen zur Verfügung stellt, in den jede soziale Situation stets eingebunden ist. So wurden z. B. die disziplinären Hintergründe
der einzelnen Teilnehmer/-innen am Group-Talk, insbesondere der Sprecher/-
innen, in Interviews erhoben, ohne die eine entsprechende Zuordnung, allein aus
den beobachteten und videographierten sozialen Situationen, unmöglich gewesen wäre. Gerade aber in der disziplinären Heterogenität lag das konstitutive
Moment der Situation überhaupt begründet, sodass sich an diesem Beispiel
der Interview-basierten Erhebung der unterschiedlichen formalen Ausbildung
der verschiedenen Wissenschaftler/-innen innerhalb der Forschungsgruppe klar
verdeutlichen lässt, dass audio-visuelle Daten einer elizitierenden Ethnographie
bedürfen, um analytisch einer Videographie zu genügen.

Hier zeigt sich, dass audio-visuelle Daten die ‚Wirklichkeit' niemals in ihrer ganzen, relevanten Phänomenbreite ‚konservieren' können. Einerseits müssen sich Videograph/-innen bewusst sein, dass die Videoaufzeichnung stets nur einen Ausschnitt repräsentiert (Schnettler 2001, 143), weshalb die Ausrichtung der videographischen Kamera nicht zufällig sein darf, um den Anforderungen einer Videographie zu genügen. Andererseits geht aus dieser erkenntnistheoretischen Einschränkung deutlich hervor, dass Vorwissen, Erfahrung und die Erhebung von Feldwissen im Rahmen von *Expert/-inneninterviews* (Gläser und Laudel 2010), mit einem Wort: Ethnographie, unbedingt notwendig ist, um den Kamerablick einer Videographie anzuleiten. Umgekehrt bedeutet dies, dass die Methode keineswegs beliebig ist und nicht jede Analyse eines audio-visuellen Datums eine Videographie genannt werden kann.

Voraussetzung der Videographie ist die methodische Erhebung des audiovisuellen Datums durch Wissenschaftler/-innen, die über ethnographisches Kontextwissen verfügen (Knoblauch und Wilke 2018). Videographie ist daher methodologisch in die Fokussierte Ethnographie eingebettet, die ihrerseits nicht allein auf Videoaufzeichnung basiert, sondern, wie oben detailliert erläutert, auf einer für viele qualitative Forschungsdesigns typischen, ethnographisch informierten Methodentriangulation.

1.2.3.2 Expert/-inneninterviews

Bei den geführten Interviews handelt es sich, wie bereits kurz angesprochen, neben zwei Elizitationsinterviews, um qualitative Expert/-inneninterviews, die wir sowohl mit Teilnehmer/-innen der beobachteten Forschungsgruppe (EXP_1–5, EXP_11) als auch mit weiteren Expert/-innen im Feld (Kooperationspartner/-innen der CNS/der konkreten Forschungsgruppe) (EXP_6–10) geführt haben. Gemäß unseres Erkenntnisinteresses hatten wir vorgängig einen Gesprächsleitfaden entwickelt (siehe unten: Tabelle 1.1), von dem wir allerdings spontan abwichen, wenn sich die Gesprächspartner/-in für die vorgesehenen Fragen als weniger ergiebige Informant/-in oder aber ein anderes Thema sich kontextuell als relevanter herausstellte.[12]

Die Gesprächspartner/-innen wählten wir nach Gesichtspunkten des *Theoretical Sampling* (Glaser und Strauss 2005[1967]) aus. Diese, dem Prinzip der Induktion folgende qualitative Datenerhebungsstrategie innerhalb der empirischen Sozialforschung beschreibt den Prozess, innerhalb dessen sich Verstehen

---

[12] Weitere Anpassungen waren notwendig, als wir später Interviews mit Expert/-innen führten, die selbst keine CNS-Forscher/-innen waren, aber mit dem Feld der CNS in Kooperationsbeziehungen standen (EXP 6–10).

auf Grundlage zuvor erhobener empirischer Daten ergibt (ebd., S. 12). Im Verlauf dieses Prozesses entwickelt sich die Erkenntnis folglich inkrementell, durch den fortlaufenden Wechsel aus Datenerhebung und Auswertung. Er ähnelt dabei dem Vorgehen der Sozialwissenschaftlichen Hermeneutik (hermeneutischer Zirkel), wo sich das Vorwissen der Interpret/-innen durch den immer neuen Blick auf den Auslegungsgegenstand allmählich zu einem höheren Verstehen entwickelt. In Bezug auf die Auswahl unserer Gesprächspartner/-innen spielte zusätzlich das sog. Schneeball-Prinzip eine wichtige Rolle, wonach man, dem Credo des Theoretical Samplings entsprechend, neue Informant/-innen durch vorangegangene gewinnt. So waren es z. B. kurze Konversationen vor, während oder nach unseren Interviews, durch die wir von weiteren Personen erfuhren, die als Gesprächspartner/-innen für unsere Fragestellungen in Betracht kamen. Dies gilt insbesondere für die Interviews, die wir im Rahmen der beobachteten Forschungsgruppe führten (EXP_1–5, EXP_11).

In der Gesprächsführung achteten wir darauf, eine an die alltägliche Sprechweise der Befragten angepasste Rede zu pflegen. Dies beinhaltete insbesondere die Vermeidung von soziologischen Fachtermini und des Eindrucks, die Befragten selbst würden durch uns in irgendeiner Form (sozialwissenschaftlich) evaluiert werden. Eventuell motiviert durch entsprechende Befürchtungen, drückte eine Interviewpartnerin aus der Forschungsgruppe tatsächlich explizit Sorge aus, wir könnten Informationen aus dem Interview mit ihr weitergeben (EXP_3).

Wir haben diese Verunsicherung seitens der Beforschten, nicht zuletzt im Kontext weiterer Aussagen während des Gesprächs sowie auf Grundlage unserer allgemeinen Erfahrung innerhalb unseres Forschungsfelds, zum Teil einer unvollständigen Aufklärung der Gruppe durch den Forschungsgruppenleiter zugeschrieben. Dieser hatte uns zwar gestattete, uns mit einem eigenen Vortrag im Group-Talk vorzustellen und unser Forschungsinteresse zu explizieren. Jedoch hatte er weder im Vorfeld noch später selbst unser Dasein im Kontext der Gruppe erläutert. Zum anderen erklärten wir uns die geäußerte Befürchtung auch durch das stark konkurrenzierende Verhältnis der Gruppenmitglieder untereinander, das sich auch im Group-Talk beobachten ließ und dazu führte, dass unser Blick hinter die Kulissen der Einzelnen zum Teil von Skepsis begleitet wurde.[13]

---

[13] Später mussten wir feststellen, dass nicht nur die Teilnahme an bzw. die Offenheit in den Interviews, sondern auch die methodologisch für unser Vorhaben so zentrale Videoaufzeichnung im Group-Talk als Risiko für die wissenschaftliche Reputation bzw. die Hoheit über das vorgetragene geistige Eigentum begriffen wurde. Der Zugang stellte für uns somit, neben der Heterogenität und Spezifizität der im Feld diskutierten Wissensbestände, die größte praktische Herausforderung im Feld dar. Entsprechend resümieren wir, in Bezug auf diese Schwierigkeiten, in dem das Projekt beschließenden Forschungsbericht:

Tabelle 1.1 Interviewleitfaden

AUFKLÄRUNG VOR INTERVIEWBEGINN

Ziel des Interviews:
Informationen zum aktuellen Forschungsprojekt und gegebenenfalls der Form von Kooperationsbeziehungen in diesem Rahmen

Ablauf:
Aufzeichnung des Gesprächs, Anonymisierung von Personen und Institutionen

---

FORSCHUNGSBIOGRAFIE

1. Was ist Ihr Forschungsgebiet und seit wann arbeiten Sie auf diesem Gebiet?
   * Ausbildung
   * Interessen
   * Ggf. frühere Projekte
   * (Lässt sich das Forschungsgebiet innerhalb der Neurowissenschaften disziplinär eingrenzen?)

LAUFENDE(S) PROJEKT(E)

2. In welchem Projekt(en) arbeiten Sie gegenwärtig?
   * Wer sind die Projektleiter und weitere Mitarbeiter?
   * Wer fördert das Projekt? - Bzw. wurde das Problem in Hinblick auf bestimmte Förderprogramme formuliert?

3. Wie wurden Sie Mitglied im Projekt?
   * Wie erfuhren Sie vom Projektantrag?
   * Wie kam es zu Ihrer Aufnahme in das Projekt?
   * Waren Sie damals in die Erarbeitung der Projektkonzeption einbezogen?

4. Welches Problem versucht das Projekt zu lösen?
   * In welchem Bereich der Neurowissenschaften bewegt sich die konkrete Problemstellung [experimentell; theoretisch]?
   * Welche Disziplinen sind von dem Problem direkt betroffen?
   * In welchem Bereich sind Sie hier hauptsächlich beschäftigt?
   * Auf welchen Tätigkeiten basiert Ihr Arbeitsalltag?
   * Welche spezifischen Theorien, Methoden und Geräte kommen dabei ggf. zum Einsatz?

5. Wie entstand das im Projektantrag formulierte Problem?
   * Wer sind die Autoren des Projektantrags?
   * Wie entwickelte sich die spezifische Problemstellung?
   * Ist das Thema vorher bereits in anderer Form bearbeitet worden [Vorarbeiten]?
   * Bzw. welche anderen [konkurrierenden] Ansätze gibt es, das Problem zu lösen?

(Fortsetzung)

Tabelle 1.1   (Fortsetzung)

KOOPERATION UND KOMMUNIKATION

6. Gibt es Kooperationsbeziehungen in Bezug auf ihre Arbeit?
   [Falls ‚Nein‘, weiter zu 14.]
   • Wer sind ggf. die Kooperationspartner?
   • Aus welchen Fachgebieten stammen die Kooperationspartner?
   • Sind die Ergebnisse ihrer Arbeit Voraussetzung für die Arbeit der Partner?
   • Benötigen Sie die Leistungen anderer Kooperationspartner? Welche?
   • Gibt es ein übergreifendes Problem, an dessen Lösung Sie und die
     Kooperationspartner arbeiten?
   • Worin besteht die Zusammenarbeit ganz konkret?

7. Worüber tauschen Sie sich mit den Kooperationspartnern aus?
   • inhaltliche Sachverhalte (Problemstellungen, technische Lösungsansätze)
   • Personal-, Technik- und Ressourcenfragen (Raumnutzung, Gerätenutzung,
     Anforderungen an Geräte, Verteilung finanzieller Mittel)
   • Konfligierende Ansichten

8. Welche Gelegenheiten existieren, um sich mit Kooperationspartnern auszutauschen?
   • Gibt es regelmäßige Arbeitstreffen (z.B. Kolloquien, Konferenzen oder auch
     informellere Gelegenheiten)?
   • Gibt es spezifische Kommunikationswege (z.B. Softwaretools,
     Videokonferenzen)?
   • Wie oft nutzen Sie diese Gelegenheiten?

9. Gibt es eine gemeinsame „Sprache“?
   [Falls ‚Nein‘, weiter zu 12!]
   • Brückenkonzepte (Theorien, Methoden, Metaphern, materielle Modelle)
   • Metasprachen (Mathematik, Formalismen)
   • Visuelle Repräsentationen
   • Häufigkeit und Art von Missverständnissen

10. Wie schätzen Sie die Funktionalität dieser „Kommunikationsformen“ einerseits für die
konkrete Kooperation und andererseits für das eigene Forschungsfeld im Allgemeinen ein?

11. Wurden   diese   Kommunikationsformen   [Brückenkonzepte,   Metasprachen,
Repräsentationen etc.] neu entwickelt oder bestanden diese [z.T.] bereits vorher?
   • Steht der zeitliche Aufwand für die Kommunikation in einem positiven
     Verhältnis zum Output der Kooperation oder ist sie der eigenen Produktivität
     eher abträglich?

12. In welchen Form(en) werden (Zwischen-)Ergebnisse der Kooperation aufbereitet und
dargestellt?
   • Berichte
   • Bilder
   • Poster
   • Konferenzbeiträge
   • Gemeinsame Artikel in Fachzeitschriften
13. Werden Sie die aktuellen Kooperationen in zukünftigen Projekten fortsetzen?

(Fortsetzung)

Tabelle 1.1 (Fortsetzung)

ZUKÜNFTIGE PROJEKTE BZW. PROSPEKTION
14. Planen Sie in Ihrem gegenwärtigen Forschungsbereich Anschlussprojekte bzw. in welchen anderen Forschungsbereichen möchten Sie in Zukunft arbeiten? 15. Welche mittel- und langfristigen Entwicklungen, die sich aus dem heutigen Stand evtl. bereits einschätzen lassen, erwarten Sie auf Ihrem Forschungsgebiet in den kommenden Jahren bzw. Jahrzehnten? 16. Offenheit für Nachfragen und zukünftige Interviews?
Vielen Dank für Ihre Zeit!

Im Rahmen der Interviews erlangten wir das grundlegende Vertrauen ausgewählter Gruppenmitglieder, die uns, ohne vorangegangenes Interview, die Erlaubnis, ihren Group-Talk zu filmen, nicht erteilt haben würden. Inhaltlich erfuhren wir wesentliches über die Professionen, Forschungsgebiete und konkreten Forschungsprojekte, in denen unsere Informant/-innen und andere Gruppenmitglieder sich (derzeit) engagierten. Neben den *Forschungsbiografien* lag der zweite Schwerpunkt der Interviews auf dem Bereich *Kooperation und Kommunikation*. In diesen Teilen erzählten uns unsere Gesprächspartner/-innen einerseits, wo vorhanden, von externen Kooperationspartner/-innen und andererseits von der Kooperation innerhalb der Gruppe selbst. Außerdem gewährten sie

---

Neben generellen Bedenken in Bezug auf die mögliche Verletzung ihrer geistigen Eigentumsrechte, spielten, wie wir später feststellten, vor allem der interdisziplinäre Kontext der Forschungsgruppe sowie der spezielle Werkstattcharakter des wöchentlichen Kommunikationsformats (Group Talk) hierbei eine wichtige Rolle. Zudem waren viele Teilnehmer/-innen mit unserem qualitativen Vorgehen nicht vertraut. Schließlich befürchteten viele der For-scher/-innen im Feld, dass unvollständige Forschungsergebnisse durch uns nach außen kommuniziert werden könnten. Trotz des prinzipiellen Einverständnisses des Forschungsgruppenleiters, erwies es sich daher zunächst als schwierig, die Erlaubnis zur Videografie [...] einzelner Sitzungen der Forschungsgruppentreffen zu erhalten. Da die Videografie einen wesentlichen Pfeiler unseres qualitativen Forschungsdesigns darstellte, wendeten wir viel Geduld und beharrliche Bemühungen dafür auf, die Erlaubnis von einigen der Wissenschaftler/-innen trotzdem zu erhalten. Durch Beharrlichkeit gelang es uns auch, nicht zuletzt durch die geführten Expert/-innengespräche sowie durch die regelmäßige Teilnahme an den Treffen der Gruppe, die Zweifel bezüglich unserer qualitativen Methoden und der Anonymisierung des Datenmaterials auszuräumen und das Vertrauen von genügend Mitgliedern der Forschungsgruppe zu erlangen. (Knoblauch, Wilke und Lettkemann 2017, 3)

uns hier Einblicke in die Bedeutung der Kommunikation und von Visualisierungen im Prozess dieser Kommunikation, sowohl innerhalb der eigenen Gruppe als auch im weiteren Kontext der CNS-Community. Zusätzlich erwähnenswert sind sicherlich die Informationen über die CNS im Allgemeinen, die Forschungsgruppe und die Arbeit verschiedener Forschungsgruppenmitglieder, nach denen wir nicht gefragt hatten und die unsere Informant/-innen zum Teil beiläufig oder unerwartet mit uns teilten, sodass die Interviews unsere Kenntnisse vom Feld auch in überraschender Weise bereichert haben.

Die Auswertung der Interviews mittels MAXQDA orientierte sich an der *Qualitativen Inhaltsanalyse* nach Mayring (2010), ohne dass wir dessen Verfahren allerdings gänzlich ausschöpfen wollten.[14] Wir bedienten uns, nach dem Lesen und der ersten Diskussion der Transkripte, insbesondere der zusammenfassenden, qualitativ-inhaltsanalytischen Kategorienbildung, wobei uns der vorentworfene Leitfaden der Interviews auch hier als Richtschnur diente. Auf diese Weise fanden wir die in Bezug auf unsere Forschungsfragen relevanten Aussagen der Gesprächsteilnehmer/-innen in den Transkripten, die wir hierauf paraphrasierten und analytisch reduzierten, um Kategorien zu bilden. Die bei Mayring vorgesehene, enge und weite Kontextanalyse, zur Explikation der Inhalte unserer Interviews, konnten auf Grundlage des ethnographischen Wissens sowie vor dem Hintergrund der angestellten GA auf ein Mindestmaß beschränkt werden, das in erster Linie dem Prinzip der Intercoderreliabilität Rechnung trug. Andererseits dienten uns, wie bereits erläutert, die zusätzlichen, die teilnehmende Beobachtung ergänzenden Informationen aus den Interviews dazu, uns die tatsächliche soziale Situation in der Forschungsgruppe bzw. konkreter im Group-Talk en Details zu explizieren.

Das *Elizitationsinterview* (Knoblauch 2004a, Schubert 2008) ist ein methodisch sehr anspruchsvolles Erhebungsinstrument, dessen wir uns zweimal bedienten. Es stellt eine Form des offenen Interviews dar, in dem die oder der Interviewte dazu gebracht werden soll, relevante Aspekte des beforschten Phänomens, für das er oder sie als Feldteilnehmer/-in eingeladen wurde, zu elizitieren. Zu diesem Zweck nutzten wir unsere Videoaufzeichnungen aus den Group-Talks als Stimuli, die es uns erlaubten, ganz konkret nachzufragen, was mit einem bestimmten Wort oder Satz gesagt, was mittels einer bestimmten nonverbalen

---

[14] Ich habe sämtliche Interviews gemeinsam mit meinem Kollegen Eric Lettkemann geführt. Einen Teil der Interviews habe ich zudem selbst transkribiert. Die übrigen Transkriptionen wurden von unseren studentischen Hilfskräften im Projekt erstellt: Mein Dank gilt hier Jakob Gerber, Julia Rothenburg und Arne Janz. Letzteren danke ich zudem für ihre Mitarbeit an der qualitativen Inhaltsanalyse mittels MAXQDA.

Geste, einer Ziffer an der Tafel oder einer Visualisierung auf der Digitalfolie ausgedrückt oder bezweckt werden sollte. Auf diese Weise haben wir die Methode genutzt, um uns in einem Fall, von einem externen Experten des Felds, der mit der beforschten Gruppe überdies persönlich vertraut war, einen Beitrag aus dem Group-Talk detailliert erläutern zu lassen. Dies war insbesondere deshalb sehr hilfreich, weil gegenüber dem externen Experten unsere Scheu geringer war, Wissenslücken zu offenbaren und ganz unbekümmert nachzufragen, was wir nicht verstanden. Diese Elizitation fand bereits ganz am Anfang und anhand unseres ersten aufgezeichneten Group-Talks statt. In einem zweiten Fall haben wir die Methode genutzt, um gemeinsam mit einem Mitglied der Forschungsgruppe dessen Video-aufgezeichneten Group-Talk nochmals zu betrachten und so gezielt Fragen an den Experten (hier im doppelten Sinn) stellen zu können. Auf diese Weise gelang es uns, unser Vorverständnis seines Vortrags zu validieren, nachzuhaken und Lücken in Detailfragen zu klären, die auch nach wiederholter Analyse des entsprechenden Beitrags bei uns offengeblieben waren. In diesem zweiten Fall haben wir das Video-Elizitationsinterview selbst Video-aufgezeichnet und anschließend vollständig transkribiert. Sämtliche Interviews wurden von uns im Sinne orthographischer Richtigkeit transkribiert. Dies entsprach unserem, mit der Datensorte verbundenen Erkenntnisinteresse, dass sich – fern von linguistischen oder emotionssoziologischen Fragestellungen – allein auf das feldbezogene Expert/-innen-Wissen der Interviewten bezog. Entsprechend wurden Transkriptionskommentare nur sparsam eingesetzt.

1.2.3.3 Teilnehmende Beobachtung

Eine bedeutende Rolle für das (fokussiert) ethnographische Forschungsdesign dieser Arbeit kommt, wie bereits angesprochen, neben der Erhebung audiovisueller Daten, der persönlichen, räumlichen und zeitlichen Kopräsenz in der fokalen Situation selbst zu. Während uns die Interviews sowie das Dokumentenstudium vor allem mit Informationen über die interne und externe soziale Strukturierung der Forschungsgruppe und des weiteren CNS-Felds versorgten und die Videographie es uns ermöglichte, die Interaktions- und Kommunikationsprozesse der Forschungsgruppe im Group-Talk detailliert zu besehen und zu analysieren, erfuhren wir durch die beobachtende Teilnahme vor Ort, wie es ist, d. h. auch, wie es sich konkret anfühlt, mit den anderen der Gruppe und dem Forschungsgruppenleiter zusammen zu sein: Welche Wege der informellen Kommunikation gibt es am Fachgebiet, an dem die Forschungsgruppe beheimatet ist, welche gemeinsamen Rituale? Wie funktioniert die tagtägliche Zusammenarbeit und schließlich wie ist die Stimmung in der Gruppe und wie und wann verändert sie sich?

Dies war z. B. regelmäßig dann der Fall, wenn der wöchentliche Group-Talk anstand. Wir bemerkten schnell, dass in der restlichen Woche wenig untereinander kommuniziert wurde. Dann waren die Flure des Stockwerks des Universitätsgebäudes, an dem die Gruppe arbeitete, nahezu verwaist und bis auf die Sekretärin des Fachgebietsleiters fanden sich kaum Ansprechpartner/-innen. Am Morgen des Group-Talks hingegen wich diese Stille einer kurzfristigen, aufgeregten Betriebsamkeit: Innerhalb von wenigen Minuten strömten die Gruppenmitglieder, häufig weitgehend wortlos, was der frühen Stunde geschuldet gewesen sein mag, in dem kleinen Seminarraum zusammen, in dem das Treffen regelmäßig stattfand, nahmen ihre Plätze ein, insbesondere der Forschungsgruppenleiter stets denselben, und erwarteten den Beginn der Sitzung, wobei sie sich in der Regel mit ihren Smartphones ablenkten.

Nur in seltenen Ausnahmen fanden vorgängig oder anschließend informelle Gespräche zwischen den Gruppenmitgliedern statt. Im Laufe dieser ‚Flur-' bzw. ‚Teeküchengespräche' wurde der Group-Talk nachbesprochen und die Gelegenheit genutzt, Expert/-innen des vorangegangen besprochenen Themenfelds zu kontaktieren und spezifische Nachfragen zu stellen, die sich entweder vorgängig ergeben hatten oder direkt aus der Debatte des Group-Talks resultierten. Besonders interessant für mich ist aber, dass diese Gespräche selten waren und stets nur wenige Teilnehmer/-innen aufwiesen. Maßgeblicher erwies sich, was im Group-Talk besprochen worden war. Diese und weitere Beobachtungen verstetigte ich häufig bereits vor Ort schriftlich (auf einem kleinen Ipad) in Form von kleineren Feldnotizen, die ich später zu meinen Videoanalysen und zur Verfertigung von Publikationen zur Explikation heranziehen konnte.

1.2.3.4 Datenintegration und (Re-)Kontextualisierung

Durch die für qualitative Forschungsdesigns typische Datenheterogenität stehen viele qualitative Forscher/-innen schließlich vor dem gleichen Problem wie ich selbst. Sie müssen die unterschiedlichen, im Rahmen einer Feldphase erhobenen Datensorten (Interviews, prozessproduzierte Daten, audio-visuelle Daten, Beobachtungen) und ihre entsprechenden, im Verlauf je spezifischer Datenauswertungsverfahren (qualitative Inhaltsanalyse, CA, VIA) gewonnenen Forschungsergebnisse integrieren und re-kontextualisieren. Während zum Zweck der Erhebung spezifischer Eigenschaften bzw. Aspekte eines Phänomens, wie ich oben erläutert habe, unterschiedliche Methodenwerkzeuge zum Einsatz kommen müssen, beschreiben die so generierten Daten anschließend auch ausschließlich den jeweils fokussierten Aspekt, für den sie ausgewählt wurden und den sie angemessen zu repräsentieren erlauben. Vor diesem Hintergrund stellt sich daher anschließend stets die Frage, wie man mit der Heterogenität von so unterschiedlichen Datensorten wie Interviews und audio-visuelle Daten verfahren sollte.

Die GA, deren Gegenstandsadäquanz ich bereits einleitend erläutert habe, erwies sich auch in Hinblick auf die heterogenen Datensorten, die ich zu integrieren hatte, als hilfreich und angemessen.[15] Sie diente in meinem Forschungsdesign als strukturierende Holistik, die es mir ermöglichte, die unterschiedlichen Datensorten (siehe unten: Abbildung 1.6) wieder zusammenzuführen und im Sinne der vorliegenden kommunikationssoziologischen Fragestellung auszuwerten. So erlaubte mir das wissenssoziologisch informierte Verfahren der GA, meinen empirischen Betrachtungsgegenstand, der zuvor, in Erhebung und Auswertung der erhobenen Forschungsdaten, in Teilaspekte aufgetrennt wurde, auf einer höheren Aggregatsstufe, als Begriff zweiter Ordnung, als kommunikative Gattung, soziologisch zu rekonstruieren (Kapitel 4 und 5). In Abbildung 1.6 werden die drei maßgeblichen Einflussfaktoren auf die *fokale Situation* (*institutioneller Rahmen, Interaktion* und *Kommunikation*) mit den jeweils entsprechenden Datenerhebungsverfahren der Fokussierten Ethnographie (*Expert/-inneninterviews, teilnehmende Beobachtung* und *audio-visuelle Daten*) sowie den drei Strukturebenen der GA (*Außenstruktur, situative Realisierung, Binnenstruktur*) visuell in Beziehung zueinander gesetzt. (Aufgrund der hervorgehobenen Bedeutung der GA für meine Arbeit ist ihr im Folgenden ein eigenes Kapitel gewidmet (Kapitel 3).)

---

[15] Dies überrascht nicht, wenn man bedenkt, was in Kapitel 2 und 3 dieser Arbeit noch deutlicher werden wird, dass ich mich mit meiner Forschung in einer Denk- und Forschungs-‚Schule' verorten darf, die, ausgehend von Schütz' *Verstehender Soziologie*, über den *SoKo* bis zur *GA*, der *Fokussierten Ethnographie* sowie der *Videographie und dem KoKo*, ein elaboriertes, eng verwobenes Theorie- und Methodenfeld umfasst.

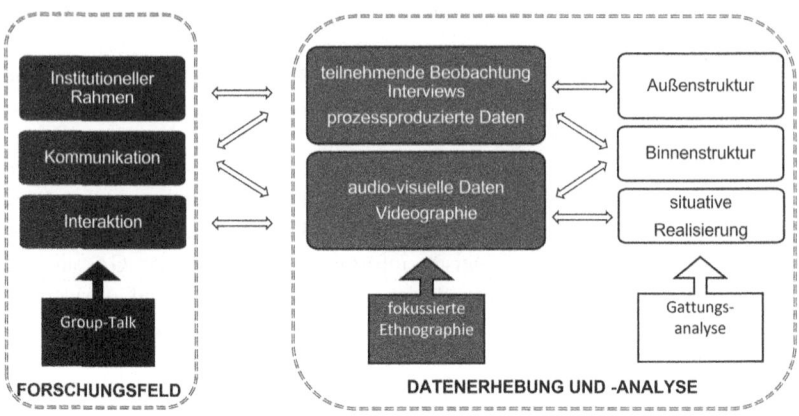

Abbildung 1.6 Schematische Darstellung meines Forschungsdesigns: von den Aspekten des empirischen Phänomens, über die Datensorten der Fokussierten Ethnographie (teilnehmende Beobachtung, Expert/inneninterviews, Videographie) zu den analytischen Ebenen der GA (Außenstruktur, situative Realisierung, Binnenstruktur)

1.3   Überblick über die weiteren Kapitel der Arbeit

Im folgenden Kapitel dieser Arbeit wende ich mich der theoretischen Verortung meiner empirischen Untersuchung zu (Kapitel 2). Hierzu unterscheide ich grundlegende *Vorannahmen* (verstehende Soziologie) und forschungsleitende *Grundbegriffe* (KoKo), die ich jeweils, aus der verstehenden Perspektive meiner Arbeit, ausführlich erläutern werde. Eine wichtige Rolle wird dabei auch die Auseinandersetzung mit dem meiner Arbeit zugrunde liegenden *Akteurskonzept* spielen, das, vor dem Hintergrund meiner spezifischen, kommunikationssoziologischen Fragestellung, von besonderer Bedeutung ist. Hierauf folgt, wie angekündigt, eine detaillierte Auseinandersetzung mit dem soziolinguistischen Konzept der Gattung, der sprach- (Luckmann) und kommunikationssoziologischen (Knoblauch) *Gattungsanalyse* sowie deren maßgeblicher Quellen (Kapitel 3). Das darauffolgende vierte Kapitel beinhaltet meine *empirischen Analysen* und stellt das eigentliche Herzstück meiner Arbeit dar. Ausgehend von den Strukturebenen der GA werde ich dort, anhand der verschiedenen erhobenen Datensorten, das institutionelle Umfeld der Forschungsgruppe sowie ihre Kommunikations- und Interaktionsweise im Group-Talk detailliert darstellen, analysieren und in Hinblick auf meine im Verlauf der Forschungsarbeit gewonnene Hauptthese (siehe oben) auswerten (Kapitel 4). Im fünften und letzten Kapitel meiner Arbeit schließlich findet sich die Zusammenfassung meiner Forschungsergebnisse sowie das *Fazit* meiner Arbeit und ein *Ausblick* auf mögliche Fortführungen im Bereich der kommunikationssoziologischen Gattungsanalyse (Kapitel 5).

Vorannahmen und Grundbegriffe 2

Die Soziologie als *multiparadigmatische Wissenschaft* (Kneer und Schroer 2009), ist, stärker als andere Wissenschaften, nur dann intersubjektiv nachvollziehbar, wenn Soziolog/-innen ihre Forschungsarbeit reflektieren und in ihren wissenschaftlichen Abhandlungen explizieren. Auch die detaillierte Nachvollziehbarkeit meines Forschungsansatzes erfordert, neben einführender Kenntnisse des Felds sowie des methodologischen Vorgehens bei den Analysen (Abschnitt 1.1 und 1.2), die Klärung meiner theoretischen Grundbegriffe. Von besonderer Relevanz ist diese nicht zuletzt für die Erläuterung meines Kommunikationsbegriffs (siehe oben, Kapitel 1), der – sowohl theorie- als auch gegenstandsbezogen – auf einen *verstehenden Ansatz* rekurriert.

Die vorliegende Fallstudie beschäftigt sich, anders als etwa die sich ebenfalls der verstehenden Analyse sinnhafter Objektivierungen widmende Hermeneutik, nicht vorrangig mit Texten oder anderen Kulturobjekten, sondern mit der kommunikativen Vermittlung von Sinn und der kommunikativen Erzeugung von Verstehen in *sozialen Situationen* (Goffman 1964, 134). Diese Arbeit möchte, aus Perspektive der (phänomenologisch fundierten) *verstehenden Soziologie* und der neuen (und neusten) Wissenssoziologie (Berger und Luckmann 1986/1969[engl. 1966], Keller, Knoblauch und Reichertz 2013, Knoblauch 2017), auf dem Feld der (internen) Wissenschaftskommunikation, einen Beitrag zur wissenssoziologischen Kommunikationsforschung leisten. In diesem Kontext ist es wichtig zu berücksichtigen, dass Kommunikation stets, selbst in den Fällen, wo sie uns in ihren scheinbar einfachen Formen (wie z. B. der Witz (Jolles 1968, 247 ff.)) begegnet, komplexe konstitutionslogische Voraussetzungen zugrunde liegen. Diese Grundbedingungen der Kommunikation resultieren daraus, dass sie (nicht allein in sozialen Situationen) ein wenigstens dyadisches Verhältnis verlangt: Sie basiert auf intersubjektivem (Sinn-)Verstehen bzw. Wissen. Dies

© Der/die Autor(en) 2022
R. Wilke, *Wissenschaft kommuniziert*, Wissen, Kommunikation und Gesellschaft,
https://doi.org/10.1007/978-3-658-36704-6_2

gilt auch und insbesondere für komplexere Formen der Kommunikation, wie diejenigen, die im Zentrum dieser Arbeit stehen.

Die theoretische Klärung von Begriffen wie *Sinn, Verstehen, (Inter-) Subjektivität* und *Wissen*, die gelingender Kommunikation aus Sicht interpretativer Ansätze zugrunde liegen (Knoblauch 2004b, 46, Knoblauch 2008, 70), soll den Grundstein dafür legen, zu erfassen, wie komplex die Voraussetzungen der Kommunikation sind bzw. im vorliegenden Fall betrachtet werden müssen, welche Hürden der Erzeugung von geteiltem Verständnis der (Wissens-) Kommunikation entgegenstehen und welche Gräben grundsätzlich überwunden werden müssen, wenn Menschen miteinander interagieren und kommunizieren. Die Grundbegriffe, die ich mir dazu aus der verstehenden Soziologie zu Eigen mache, entlehne ich dem Werk von Alfred Schütz und verwandter ‚Schulen‘.

2.1   Verstehende Soziologie

Traditionell gibt es, nicht allein innerhalb der Soziologie, sehr unterschiedliche Vorstellungen darüber, wie sehr und wenn überhaupt, mit welchen Folgen für ihr Handeln und Kommunizieren, Menschen in ihrem Alltag mit der bewussten und subjektiv-sinnhaften Interpretation ihrer Umwelt zu tun haben (Akteurskonzept). Auch in Bereichen der Philosophie, der Psychologie, der Religion und der Biologie, um nur einige zu nennen, wird die Frage diskutiert, was in diesem Kontext Begriffe wie *Sinn, Verstehen, (Inter-)Subjektivität* und *Wissen* bedeuten und wie viel davon tatsächlich in die Bewältigung des (Alltags-)Lebens einfließt. Verläuft das Leben in – wie auch immer (biologisch, psychologisch, kulturell, metaphysisch) beschaffenen – Bahnen, die das Einzelwesen, ohne sein bewusstes Zutun, ohne seine subjektive Bewertung, weitgehend vorherbestimmen? Die jeweiligen, aus den genannten und weiteren Bereichen stammenden Antworten, gehen nicht selten, als Teil einer spezifischen Weltsicht, mit einem bestimmten Akteurskonzept einher, etwa mit Grundannahmen über die relative Freiheit oder Fremdbestimmtheit des Menschen oder über dessen Bewusstseinsbegabtheit. Dies trifft, wie wir sehen werden, wenigstens implizit[1], auch auf die (verstehende) Soziologie zu, sodass hier, im Rahmen eines etwas weiterreichenden Argumentationsbogens, auf das dieser Arbeit zugrundeliegende und aus Perspektive eines

---

[1] Innerhalb der Soziologie geht es allerdings i. d. R. nur *implizit* um (konkurrierende) Menschenbilder. Gegenstand der betreffenden soziologischen Diskussion sind vielmehr Entwicklung und/oder Wahl gegenstandsadäquater Theorien und Methoden. Am Rande wird jedoch auch hier nicht selten, im Sinn soziologischer Handlungsbegriffe, über ein Menschenbild mitverhandelt (Schmied 2007).

verstehenden Ansatzes skizzierte Akteurskonzept eingegangen werden soll. Aus Sicht meines Promotionsprojekts wird es dabei darum gehen, zu erläutern, wieso ich für diese Arbeit kein anderes Konzept als das der *verstehenden* Soziologie wählen konnte, um den offenkundig auf Inter-(Subjektivität), Verstehen und Wissen ausgelegten Kommunikationsprozessen, in dem von mir beobachteten Feld, gerecht werden zu können.

Diese Klärung ist aufgrund der eingangs erwähnten Multiparadigmatik innerhalb der Soziologie nicht trivial, in der ja prinzipiell immer gefragt werden kann, wieso man nicht einen anderen theoretischen oder methodologischen Ansatz gewählt habe. In diesem Kontext wird es hierbei auch um die Passung von Forschungsfeldern, forschungsanleitenden Theorieansätzen und Methodologien gehen, wenigstens insoweit, als es notwendig ist, um zu erläutern, wieso ein spezifisches, soziologisches Akteurskonzept mit speziellen Vorannahmen einhergeht, die wiederum eine bestimmte methodische Herangehensweise an das Feld bzw. den Forschungsgegenstand logisch erscheinen lassen.

2.1.1 Exkurs: Akteurskonzepte

Das Beispiel eines Akteurskonzepts aus der Psychologie, das für die verstehende Soziologie ex negativo von großer Bedeutung ist, stellt die zum Ende des 19. Jahrhunderts entwickelte Handlungs- bzw. Verhaltenstheorie des Behaviorismus-Begründers, John Watson, dar.[2] Seine Arbeiten wurden im Verlauf des ersten Drittels des 20. Jahrhunderts zu einem *sozial*psychologischen Entwurf umgebaut, der daraufhin und bis heute in der (verstehenden) Soziologie folgenreich rezipiert wird. Der Behaviorismus stellt daher den Ausgangspunkt meiner Überlegungen zur Gegenstandsangemessenheit methodologischer und theoretischer Zugänge bzw. spezifischer Akteurskonzepte dar. Watson bestreitet mit seiner behavioristischen Theorie,

> daß es überhaupt ein Bewußtsein gibt. [...]. Er schiebt den Begriff „Geist" oder „Bewußtsein" als falsch zur Seite und versucht, alle „geistigen" Phänomene auf bedingte Reflexe und ähnliche physiologische Prozesse zu reduzieren – also auf rein behavioristische Begriffe (G. H. Mead 1968/1973[engl. 1934], 48).

---

[2] Von Handlungen und Handeln kann hier nur so die Rede sein, dass man für die bezeichneten Phänomene, anders als in *verstehenden* Ansätzen, keine bewusste Reflexion der Handelnden und entsprechend in ihnen kein bewusstseinsbegabtes *Subjekt* voraussetzt. Behaviorist/-innen sprechen von *Verhalten* (behavior) wohingegen der entsprechende Grundbegriff der (*verstehenden*) Soziologie *Handeln* ist und Bewusstsein voraussetzt.

Demnach bedarf es für die Erforschung menschlichen Verhaltens bzw. Handelns (für den Behaviorismus fällt beides in eins) ebenso wenig der Berücksichtigung bewusstseinsabhängiger, subjektiver Vorgänge, wie für die Erforschung von Tierverhalten oder Unbelebtem:

> Psychology, as the behaviorist views it, is a purely objective, experimental branch of natural science which needs introspection as little as do the sciences of chemistry and physics. It is granted that the behavior of animals can be investigated without appeal to consciousness. [...]. The position is taken here that the behavior of man and the behavior of animals must be considered on the same plane; as being equally essential to a general understanding of behavior. It can dispense with consciousness in a psychological sense. The separate observation of 'states of consciousness', is, on this assumption, no more a part of the task of the psychologist than of the physicist (Watson 1913, 158).

Watson, der den Begriff *Behaviorismus* erstmals in die Psychologie einführt, bezieht diese Perspektive maßgeblich aus den Arbeiten des russischen Physiologen und Nobelpreisträgers Iwan Pawlow, der, u. *a.* anhand experimenteller Forschung an Tieren, eine Theorie der rein physiologischen Erklärung von Verhalten entwickelt. Hellmuth Plessner (2003[1935]) macht, aus Sicht der *philosophischen Anthropologie*, bereits früh darauf aufmerksam, dass „diese Begrenzung der Fragen und Antworten in der naturwissenschaftlichen Physiologie allerdings einschneidende Folgen" (ebd., S. 8 f.) zeitige. Am Beispiel eines heimkehrenden Spaziergängers verdeutlicht Plessner diese Engführung:

> Jemand geht spazieren, kommt nach Haus, hängt seinen Hut an den Haken und setzt sich an den Schreibtisch. Sein Verhalten stellt sich, von ihm und auch von anderen aus gesehen, als ein verständliches, weil motiviertes Gebaren dar. Er wollte frische Luft schöpfen, bevor er sich ans Arbeiten macht. Mit dieser Motivierung kann der Physiologe aber nichts anfangen, weil sie ihm den faktischen Ablauf der körperlichen Vorgänge, aus denen sich das Gebaren zusammensetzt, nicht erklärt (ebd., S. 11).[3]

Stattdessen würde die naturwissenschaftliche Physiologie, im Rahmen ihres kausal-analytischen Modells des Reflexes (Reiz-Reaktions-Schema), „auf den subjektiven Aspekt der Motivierung verzicht[en] und sich auf das objektiv gegebene des körperlichen Ablaufs beschränk[en]" (ebd.). „Grundfrage[n]" wie die,

---

[3] Nicht zufällig schreibt Plessner ein begeistertes Geleitwort (1986/1969[engl. 1966]) für die deutschsprachige Ausgabe der auf Alfred Schütz aufbauenden *neuen Wissenssoziologie* (Berger und Luckmann 1986/1969[engl. 1966]). – Für eine umfangreiche Kritik behavioristisch-verhaltenstheoretischer Ansätze in den Sozialwissenschaften siehe z. B. (Habermas 1977, 138 ff.).

„ob der Mensch in seinem Verhalten frei oder unfrei" sei, ließen die Physiologie dabei ebenso „unbekümmert" wie „methodische Bedenken" (ebd., S. 12 f.).[4] – Interessant erscheint mir, dass Plessner zugleich mit den Grundannahmen auch die Methodologie der naturwissenschaftlichen Physiologie, in Bezug auf die Erklärung von Verhalten (bzw. Handeln), kritisiert. Unbedingt notwendig sei es, „daß sich die Physiologie auf die Abhängigkeit vom Experiment als einem die Beobachtung beeinflussenden Faktor zu besinnen lernt. Hier fällt erschwerend für die Physiologie ins Gewicht, daß sie es nicht nur mit Naturvorgängen überhaupt, sondern mit Vorgängen an Organismen zu tun hat" (ebd., S. 28). Wie stark Grundannahmen und Methodologien wechselwirken, lässt sich in der Soziologie anhand der Koevolution verstehender Ansätze und qualitativer Methoden klar nachvollziehen.

2.1.2 Subjekt, Objekt und Intersubjektivität

Es ist der Philosoph und Sozialpsychologe George Herbert Mead, der die physiologische Unbekümmertheit von Watsons Ansatz ‚korrigiert' und diesen zum *Sozial*behaviorismus wendet. Als Bewusstsein bezeichnet er, mit Verweis auf Wilhelm Wundt, die subjektive Grundlage des Parallelismus zwischen physischer Welt und dem „privaten Sinn" individueller Erfahrung (G. H. Mead 1968/1973[engl. 1934], 70). Mead betrachtet das „Bewußtsein von erfahrenen Objekten" (ebd., S. 208) nicht nur als konstitutionslogische Voraussetzung für die Erfahrungsbasiertheit menschlicher Weltwahrnehmung (ebd., S. 212), sondern sieht diese Prämisse gleichzeitig mit der sozialen *Wirk*lichkeit des Menschen (empirisches Apriori von Erfahrung) untrennbar verknüpft. Er teilt dabei die Idealismuskritik z. B. des Hermeneutikers Wilhelm Dilthey, der die „Setzung eines überempirischen S[ubjekts] als ungerechtfertigten Transzendentalismus" ablehnt (Dreisholtkamp 1998, 393).

Mead betont daher, dass seine Vorstellung vom *Subjekt* nicht „metaphysisch" (G. H. Mead 1968/1973[engl. 1934], 79), sondern pragmatisch („funktional"; ebd., S. 153) sei: „Tatsächlich erklären wir nur, was eine Erfahrung gegenüber den Voraussetzungen ist, unter denen sie ausgelöst wird" (ebd., S. 79). Entsprechend sieht Mead, „daß es eine enge Beziehung zwischen diesen beiden Gebieten des Psychischen und Physischen, des Privaten und Öffentlichen gibt" (ebd.). (Hier

---

[4] In der Theorie Rationaler Wahl (RC) wurde dieser Ansatz z. T. auch in die Soziologie aufgenommen.

klingt die von Goffman 30 Jahre später erinnerte, vernachlässigte *soziale Situation* (Goffman 1964, 134) bereits heraus.)

In *Geist, Identität und Gesellschaft* (G. H. Mead 1968/1973[engl. 1934]), einer drei Jahre nach Meads Tod veröffentlichten Mitschrift seiner Vorlesung zur *Sozial*psychologie, die er in den ersten drei Jahrzehnten des 20. Jahrhunderts kontinuierlich hält und weiterentwickelt, geht Mead der Frage nach der Entstehung individueller Identität (ebd., S. 187 ff.) nach. Er stellt fest, dass die soziale Person (Identität) nicht mit der grundlegenden Bewusstseinsfunktion allgemeiner Welterfahrung (physiologische Subjektivität) verwechselt werden dürfe:

> Wir können die Identität nicht mit dem Bewußtsein identifizieren, d.h. mit dem privaten oder subjektiven Vorhandensein der Merkmale von Objekten (ebd., S. 212).

Physiologische Subjektivität ist nicht dasselbe wie soziale Identität; *Ich* ist also nicht sein Bewusstsein, die Gleichsetzung führt in den Egologismus. Mead fragt daher, wie ein Individuum sich selbst als ein spezifisches Ich bewusst sein kann (Identität), um anschlussfähig in die Welt hinaus kommunizieren zu können, d. h. um zu verstehen, was in dieser Welt – einschließlich es selbst – welche Bedeutung trägt. Identität, so schließt Mead aus seinen Studien, das Ich, das sich selbst gegenüber zum Objekt wird, basiere zwar auf Funktionen des Gehirns (physiologischer Prozess des Bewusstseins; ebd., S. 153), bilde sich aber erst in der Sozialwelt heraus, durch „*bewußte* Kommunikation, [die] *bewußte* Übermittlung von Gesten zwischen den sich gegenseitig beeinflussenden Organismen" (ebd. S. 215, Hervorhebung R.W.): „Nur innerhalb des gesellschaftlichen Prozesses auf seinen höheren Ebenen, […] wird der ganze Organismus sich selbst zum Objekt und damit selbst-bewußt" (ebd.).

Meads Sozialpsychologie, die aus der Kritik an Watsons Behaviorismus hervorgegangen ist, ist in verschiedene ‚Schulen' der verstehenden Soziologie z. T. an zentraler Stelle eingeflossen: Zum einen bildet Meads relationales Identitätskonzept das Herzstück der Sozialisationstheorie in der neuen Wissenssoziologie (Berger und Luckmann 1986/1969[engl. 1966]), die sich außerdem vor allem auf die phänomenologische Soziologie von Schütz beruft, zum anderen gilt seine Arbeit als bedeutendste Ideenquelle des ebenfalls der verstehenden Soziologie zuzurechnenden *symbolischen Interaktionismus* (Keller 2012, 83 ff.).

In der Soziologie bildet der Streit um die Bedeutung von ein Bewusstsein voraussetzenden Begriffen wie *Sinn* und *Verstehen* für die (soziologische) Reflexion von Handeln seither, d. h. unter dem Einfluss von u. a. Schütz, Mead und Max Weber, zwei unterschiedliche Lager, denen sich die einzelnen Schulen, Theorie- oder Methodengruppen (nicht immer ganz eindeutig; (ebd., S. 16 f.)) zuordnen lassen. Seit den 1970er Jahren ist in diesem Streit auch die Unterscheidung zwischen *normativem* und *interpretativem Paradigma* (Wilson 1970, 698 ff.) geläufig. Die so begrifflich gefasste, dichotome Differenzierung von Ansätzen der Soziologie, wurde von dem Soziologen Thomas P. Wilson in einem Aufsatz für die *American Sociological Review* (1970) vorgeschlagen. Wilson entwickelt seine Kategorisierung hinsichtlich des interpretativen Paradigmas maßgeblich anhand des von Mead inspirierten symbolischen Interaktionismus (Blumer) und der von Schütz inspirierten *Ethnomethodologie* (Garfinkel). Für die Konzeption des normativen Paradigmas orientiert er sich hauptsächlich am *Strukturfunktionalismus* (Parsons). In Hinblick auf die (situative) Lebenswirklichkeit (Akteursperspektive) sozialer Akteure bringt er die beiden unterschiedlichen Paradigmen auf den Punkt:

> [W]hat the situation „really was" and what the actors „really did" on a particular occasion are continually open to redefinition. It is apparent that in the interpretive view of social interaction, in contrast with the normative paradigm, definitions of situations and actions are not explicitly or implicitly assumed to be settled once and for all by literal application of a preexisting culturally established system of symbols. Rather, the meanings of situations and actions are interpretations formulated on particular occasions by the participants in the interaction and are subject to reformulation on subsequent occasions (ebd., S. 701).

Im Strukturfunktionalismus wird, verkürzt gesagt, davon ausgegangen, Handeln in einem geteilten Kultursystem sei, mittels eines institutionalisierten „gratification-deprivation-balance"-Systems (Parsons 1991[1951], 71), weitgehend normativ determiniert. Abweichendes Verhalten wird daher aus strukturfunktionalistischer Perspektive als Anomie angesehen:[5]

> Handlungen und Interaktionen zwischen Personen wurden hier als Beziehungen zwischen eindeutig bestimmbaren Rollen analysiert. Sie sind möglich, weil die Handelnden in ein gemeinsames Symbolsystem und einen „kognitiven Konsens" über die jeweiligen Situationen, in denen sie handeln, eingebunden sind. Als „normativ" galt dieses Modell deswegen, weil es den Rollenerwartungen, also einer spezifischen Form von Normen, einen zentralen Stellenwert einräumt: die Handelnden erfüllen

---

[5] Fairerweise muss an dieser Stelle darauf hingewiesen werden, dass Parsons, dessen Soziologie nicht zuletzt ein umfangreiches Studium von Weber zugrunde liegt, über dessen Werk er promoviert und den er sogar ins Englische übersetzt (Münch 2007), durchaus eine elaborierte Handlungstheorie entwickelt. Allerdings bringt diese ihm dennoch, vor allem seitens Schütz und Harold Garfinkel, erhebliche Kritik ein, die sich vor allem an erkenntnistheoretischen Beschränkungen entzündet, die Schütz der Soziologie von Parsons, auf Grundlage von dessen Akteurskonzept, bescheinigt (Schütz 2004a).

die Erwartungen, die mit einer Rolle verbunden sind, oder sie weichen davon ab. In beiden Fällen ist jedoch die Bezugnahme auf die Norm der eigentliche Motor des Geschehens (Keller 2012, S. 13).

Dem gegenüber betrachtet die verstehende Soziologie das Handeln der Akteure maßgeblich durch die (inter-)subjektiven Interpretationsprozesse angetrieben, die den Vollzug ihrer Alltagspraktiken begleiten und den Akteuren so ermöglichen, ihr soziales Leben gemeinsam zu steuern und zu bewältigen. Dabei gilt, dass sich weder Handeln in typisierten *Rollen* (Turner 1978, 1976) noch die *Situationen* in denen gehandelt wird selbst (Esser 2001, 81), den Akteuren einfach aufdrängen. Vielmehr wird in Ansätzen des interpretativen Paradigmas davon ausgegangen, dass soziale Rollen, die situativ wechseln, im Rahmen von Identitätsbildungsprozessen bewusst angenommen, abgelegt und reflexiv ausgestaltet werden können.

Damit legen interpretative bzw. verstehende Ansätze den Akzent nicht auf die Normativität von Rollenerwartungen, sondern auf die Kreativität der individuellen Aneignung von Rollen und anderen sozial institutionalisierten Typisierungen. Im Handeln beobachtbare Abweichungen von der ,Norm' können in diesem Sinn auf eine Gemengelage individueller, rollenspezifischer und situativer Gründe und Ziele zurückgeführt und so als in Handlungen umgesetzte Verstehensprozesse betrachtet werden (Schütz 2004a, 266 f.). Empirische Beispiele zeigen, dass sich überhaupt erst innerhalb von deren Vollzug die Erzeugung und Aufrechterhaltung einer formalen (mehr oder minder streng normativ regulierten) Ordnung praktisch realisieren lässt (Bensman und Gerver 1963). Entsprechend erläutert Schütz Parsons in einem Briefwechsel, dass Parsons' Normenbegriff aus Perspektive der Handelnden in „Bedingungen und Mittel" (Schütz 2004a, 267) zerlegt werden könne. So stellt sich, unter Einnahme der subjektiven Perspektive betrachtet, jedes Handeln als eine bedingte Auswahl dar, die stets mit dem Risiko der Inkaufnahme von unerwünschten Nebenfolgen (Sanktionen) verbunden ist.

Parsons „normativer Wert" stellt sich dabei als die Vereinbarkeit bzw. Nicht-Vereinbarkeit von Zwecken und Mitteln aus Perspektive der Handelnden heraus (ebd., S. 268). Schütz empfiehlt Parsons daher, weniger Normen als vielmehr *Motive* zu fokussieren. Schütz unterscheidet zwischen *Um-Zu-* (Zwecke der Handlung) und *Weil*-Motiven (Gründe der Handlung), wobei er zugleich die Wechselwirksamkeit von Handeln und Struktur verdeutlicht: Die Motive, die im subjektiven Bewusstsein auftreten und das Tun der sozialen Akteure bestimmten, würden nämlich, wie Schütz betont, keineswegs beliebig ausgewählt (ebd., S. 270). Folgt man Schütz, so rekrutieren sich die Gründe (Weil-Motive) der Akteure maßgeblich aus dem Repertoire ihrer sozialen Identität, während ihre

Zwecke (Um-Zu-Motive) unlösbar in ihre Biografien integriert sind, deren Entwürfe sich wiederum, ebenso wie die Bausteine ihrer Identität, maßgeblich aus dem gesellschaftlichen Wissensvorrat speisen. Schütz verknüpft so die *Strukturen der Lebenswelt* mit den bewussten, (inter-)subjektiven Interpretationsprozessen sozialer Akteure.

Hier schlägt er eine, für die verstehende Soziologie und die Entwicklung und Anwendung qualitativer Methoden in der Soziologie, überaus bedeutsame Brücke zwischen *Egologismus* und *Soziologismus*, zwischen der sozialwissenschaftlichen Überbetonung des Individuums einer- und der Überbetonung der sozialen Strukturen andererseits: Zwar, so Schütz, würden sozial abgeleitete „Motivsysteme" in der Zeit und durch den beständigen Bewusstseinsstrom der Akteure laufend rekonfiguriert und praktisch aktualisiert. Parsons' Normen sind also flexibel und ständiger Interpretation und Aushandlung unterworfen. Dennoch kann das Geflecht aus Um-Zu- und Weil-Motiven bei Schütz als ein normatives Wertesystem verstanden werden. Denn: Im Sozialzusammenhang sind die Motive der Akteure *intersubjektiv* derart miteinander verwoben, dass sie ihre (physiologische) Subjektivität apriorisch transzendieren und ihr Schicksal damit untrennbar an ihre sozialen Kollektive gekoppelt ist (ebd., S. 272).

Damit bestreitet Schütz ausdrücklich nicht, dass intersubjektiv gültige Normen und Wertesysteme aus wissenschaftlicher Perspektive beobachtet werden können. Vielmehr widerspricht er Parsons in Bezug auf deren ontologischen Status: Wesentlich ist, aus Perspektive verstehender Soziologie, dass Werte nicht einfach universal und soziale Akteur/-innen diesen nicht schlicht unterworfen sind. Vielmehr gilt es zu beachten, dass diese Werte, eine freiheitliche Grundordnung vorausgesetzt, die Normen der Akteure selbst sind. Sowohl als Produkt als auch als sozio-historischer Hintergrund des gesellschaftlichen Diskurses, sind sie aus den in Kommunikation wechselwirkenden subjektiven Interpretationsprozessen handelnder Akteure selbst hervorgegangen.[6]

In diesem Kontext bringt Schütz den verstehenden Ansatz in seiner Kritik an Parsons' Theorie auf den Punkt: Parsons, so Schütz, frage nicht nach den Bewusstseinsvorgängen der Handelnden, nach ihren Motiven also, und er suche nicht nach subjektiven Kategorien der Handelnden, in dem sie sich ihr Handeln erklären, sondern ausschließlich nach objektiven Interpretationskategorien. Parsons ersetze dabei subjektive Ereignisse im Bewusstsein durch ein Interpretationsschema für solche Ereignisse (ebd.). Sozialwissenschaften bedürften aber

---

[6] In dieser Erkenntnis verbirgt sich nicht weniger als die Grundannahme der Wissenssoziologie, nämlich der sog. *Sozialkonstruktivismus* bzw. der *Kommunikative Konstruktivismus*.

einer strikten Klärung des Verhältnisses zwischen *Konstruktionen erster* und *zweiter Ordnung* (ebd., S. 273), zwischen der Begriffswelt der Akteure und derjenigen der Wissenschaftler/-innen. Methoden ohne Verstehen, so Schütz, führten die Soziologie in den Behaviorismus. Die Opposition der verstehenden Soziologie erstreckt sich damit auch auf den Strukturfunktionalismus Parsons'.

In der Kommunikation, der Teilnahme am Diskurs, als Schlüsselfähigkeit sozialer Akteure, gelingt es dem wahrnehmungsmäßig auf den eigenen biologischen Sinnesapparat zurückgeworfenen Menschen (physiologische Subjektivität), die Umwelt als eine gemeinsame zu erfahren und zu begreifen, in Kontakt zu anderen zu treten, sich zu identifizieren und als ein Selbst zu verwirklichen. Die Subjektivität der bio-physiologischen Welterfahrung, die Sinnausdruck und -verstehen zu einem Unterfangen macht, das nur approximativ möglich ist, wird dabei in die Wirklichkeit sozialer Intersubjektivität hinein erweitert. Dabei kann nur in naiver Weise von „Gelingen" die Rede sein. Vielmehr ist die Kommunikativität mit dem Menschsein phylogenetisch ebenso eng verbunden wie der aufrechte Gang oder der opponierbare Daumen (Tomasello 2011). Kommunikation ist daher, abgesehen von ernsthaften Pathologien und vorübergehenden Episoden, auch nicht etwas, dass man tun oder sein lassen kann. Stattdessen stellt Kommunikativität das empirische Pendant zum Strukturbegriff der Sozialität dar. Dass wir uns als soziale Wesen begreifen und bezeichnen, ist untrennbar mit der Fähigkeit verknüpft, Sinn zu kommunizieren und intersubjektiv zu verstehen. Diesem Umstand tragen nicht zuletzt die neusten Theorieentwicklungen im Rahmen der Wissenssoziologie Rechnung (Keller, Knoblauch und Reichertz 2013, Knoblauch 2007), die insbesondere den Begriff der Kommunikation ausweiten und weit über das lautsprachliche hinaus auf den Bereich der non-verbalen Gesten und sogar dessen beziehen, was Schütz als bloße Anzeichen begreift (Knoblauch 2013, 32). Ihr besonderes Verdienst liegt dabei darin, die empirische Bedeutung der Kommunikation für das, was wir als soziale Wirklichkeit beforschen, angemessen zu würdigen.

2.1.3   Verstehende Handlungstheorie

Die verstehende Soziologie, als Gegenentwurf zum Behaviorismus, wird zu Beginn des 20. Jahrhunderts durch Max Weber begründet, der heute, neben dem Hermeneutiker[7] Wilhelm Dilthey und dem Soziologen Georg Simmel, als

---

[7] Hermeneutik bezeichnet ursprünglich die Kunstlehre der systematischen Auslegung und Deutung von Texten. Die hermeneutische Praxis durchzieht, etwa als Auslegung ‚heiliger

bedeutendster Ideengeber und Wegbereiter des interpretativen Paradigmas in der Soziologie gilt (Keller 2012, 5). Webers Arbeiten sind, vergleichbar dem Werk von Émile Durkheim in Frankreich, konstitutiv für die Ausbildung einer nationalen Soziologie und wirken seither in zahlreichen Übersetzungen weit über den deutschsprachigen Raum hinaus. Maßgeblich weiterentwickelt wurde Webers Ansatz von Schütz. Neben der Rezeption durch Parsons gelangte Webers Denken so auch durch dessen Soziologie in die internationale Debatte. Seine verstehende Soziologie begründet Weber vor dem Hintergrund der „hermeneutischen Tradition" seiner Zeit (ebd., S. 2):

> Gegen Ende des 19. Jahrhunderts argumentierte der Philosoph Wilhelm Dilthey (1833–1911), der wesentliche Unterschied zwischen den Naturwissenschaften und den Geisteswissenschaften sei wie folgt markiert: Während erstere Phänomene untersuchen (und erklären), die keinen „eigenen Sinn", keine Bedeutung in sich tragen, sei der Gegenstand der letzteren eben einer, der sich immer schon selbst deute und letztlich also vor allem in „Deutungen" bestehe, die wiederum nur durch „Verstehensprozesse" untersucht werden können und müssen (ebd.).[8]

Vor dem Hintergrund dieses, durch die Hermeneutik formulierten, geisteswissenschaftlichen Anspruchs, entwickelt Weber seine Soziologie daher als Wissenschaft vom sozialen Handeln (Weber 1922, 1). Webers Soziologie basiert auf einer elaborierten Handlungstheorie, die sowohl die Konstitution des Handlens-Sinns im Subjekt als auch die Orientiertheit des Handelns an den sozialen anderen, die Ausgerichtetheit des Handelns am subjektiven Sinn sowie schließlich auch die Bedeutung des Sinnverstehens für die Beteiligten und Beobachter/-innen

---

Schriften' oder von Gesetzestexten, die gesamte menschliche Kulturgeschichte, resultiert sie doch aus der Not konkreter Individuen, sozial überlieferten *Sinn* (Wissen) in ihrem Hier und Jetzt stets aufs Neue zu aktualisieren (Soeffner 2004, 114): „Trotz dieser allen Menschen und Gesellschaften gemeinsamen Ausgangslage […] hat das, was wir heute als „wissenschaftliche Hermeneutik" bezeichnen, einen ganz bestimmten, historisch rekonstruierbaren Ursprung. Es sind die antiken und jüdisch-christlichen Weltauslegungen, Wirklichkeitskonstruktionen, Kulturprodukte, Denkweisen und sozialen Fertigkeiten, die im Verlauf einer langen Geschichte den spezifischen wissenschaftlichen Deutungshorizont des Ausdrucks „Hermeneutik" konstituieren" (ebd.). Heute bezeichnet Hermeneutik die „Technik, Fertigkeit und Methodologie der Auslegung und Deutung symbolischer menschlicher Äußerungen, Äußerungsformen und Handlungsprodukte" (ebd.).

[8] Diese Anschauung des Hermeneutikers Dilthey (zitiert nach (Keller 2012)) kann als Vorausdeutung des Imperativs *verstehender* Soziologie betrachtet werden: Wer Handeln und seine Produkte interpretieren möchte, muss die vielfältigen *Sinn-Aspekte* berücksichtigen, mit denen jeder menschliche Lebensausdruck verknüpft ist.

eines Handelns in einem Begriff umfasst: soziales Handeln. In *Ueber einige Kategorien der verstehenden Soziologie* (1922[1913]) definiert er:

> Handeln aber (mit Einfluß des gewollten Unterlassens und Duldens) heißt uns stets ein verständliches, und das heißt ein durch irgendeinen, sei es auch mehr oder minder unbemerkt, „gehabten" oder „gemeinten" (subjektiven) Sinn spezifiziertes Sichverhalten [...] welches 1. dem subjektiv gemeinten Sinn des Handelnden nach auf das Verhalten anderer bezogen, 2. durch diese seine sinnhafte Bezogenheit in seinem Verlauf mitbestimmt und also 3. aus diesem (subjektiv) gemeinten Sinn heraus verständlich erklärbar ist (ebd., S. 405 f.).

Aufbauend auf Webers Handlungstheorie akzentuiert auch Schütz, noch im ersten Drittel des 20. Jahrhunderts, die Bedeutung der subjektiven Interpretationsleistung sozialer Akteure, sowohl für ihr Handeln als auch für den Verstehensprozess von Alltagsmenschen und sozialwissenschaftlichen Beobachter/-innen (Schütz 1972, 2)[9]. – Wer Handeln und Handlungsprodukte verstehen möchte, muss den subjektiven Sinn berücksichtigen, den Handelnde mit ihrem Handeln und dessen Objektivierungen verbinden. – Basierend auf den Vorarbeiten Webers beschäftigt sich Schütz intensiv mit Prozessen der Sinnkonstitution und fokussiert, wie Ersterer, mit der Differenz zwischen *subjektivem* und *objektivem Sinn,* entsprechend dem von mir eingangs (Kapitel 1) skizzierten Kommunikationsbegriff, die ‚Rohstoffe' des kommunikativen Austauschs: Sinn und Wissen. Schütz anerkennt die enorme Bedeutung der vor dem Hintergrund der Hermeneutik durch Weber in die Soziologie eingeführte Differenzierung des Sinnbegriffs. Er sieht aber noch dringenden Ergänzungsbedarf.

Sein Hauptwerk *Der sinnhafte Aufbau der sozialen Welt. Eine Einführung in die verstehende Soziologie* ((Schütz 1993[1932]); im Folgenden kurz *Aufbau*) begründet er daher einleitend mit der Analyse von „Webers Zentralbegriff des subjektiven Sinns" (ebd., S. 9). Er legt daraufhin allerdings dar, dass Weber zwar die Bedeutung der individuellen Sinnkonstitution erkenne, dass seine Erläuterung des subjektiv gemeinten Sinns aber an der Oberfläche verbliebe. Z. B. unterscheide Weber nicht detailliert zwischen dem subjektiven Sinn der Handelnden und dem von Beobachter/-innen eines Handelns (ebd., S. 15). Schütz aber identifiziert gerade in der Differenz der jeweiligen Perspektiven das

---

[9] Mit der Differenzierung zwischen „Alltagsmenschen" einerseits und „sozialwissenschaftlichen Beobachter/-innen" andererseits soll hier nicht insinuiert werden, dass es sich bei Letzteren nicht auch um „Alltagsmenschen" handeln würde. Schütz dient die Differenzierung vielmehr dazu, darauf hinzuweisen, dass Laien in einer natürlichen Situation i. d. R. wesentlich andere pragmatische Motive und theoretische Erkenntnisinteressen verfolgen als empirisch forschende Soziolog/-innen.

wesentliche Moment der Subjektivität, nicht zuletzt für die Notwendigkeit und den Prozess der Kommunikation. Im *Aufbau* möchte er daher, zunächst vom Individualbewusstsein ausgehend, u. a. „die höchst komplizierte Struktur geisteswissenschaftlicher Grundbegriffe, wie *Selbstverstehen* und *Fremdverstehen, Sinnsetzung* und *Sinndeutung* [...]" (ebd.; Hervorhebungen R.W.) klarstellen.

Zur genaueren Differenzierung zwischen subjektivem und objektivem Sinn wendet er sich im *Aufbau* schließlich, nach einer eingehenden Beschäftigung mit den Arbeiten Henri Bergsons (Schütz 1981), der *phänomenologischen Konstitutionsanalyse* zu, die von Edmund Husserl entwickelt wurde.[10] Anhand seiner Analysen gelingt es Schütz, die von Weber angestoßene Unterscheidung phänomenologisch, d. h. bewusstseinsbasiert zu begründen, sie auf die Grundstrukturen des Verstehens zurückzuführen und so als Herausforderung für die sozialwissenschaftliche Forschung zu problematisieren[11].

2.1.3.1 Subjektiver und objektiver Sinn

Das Bewusstsein ist, wie für Meads Sozialpsychologie, auch für die ebenfalls Behaviorismus-kritische phänomenologische Soziologie zentral und bildet daher deren *proto*soziologischen Ausgangspunkt. Die „reine Dauer" (Schütz 1981, 113), Bewusstsein im ‚Urzustand‘ reiner Wahrnehmung, wird innerhalb der Schützschen Soziologie als unhinterfragbare, da selbst gedächtnislose und präsymbolische Grundlage dafür betrachtet, dass Individuen überhaupt Wahrnehmungen von Zeit, Raum und Objekten haben können (physiologische Subjektivität). Bewusstsein bildet damit zugleich die Basis dafür, dass Menschen, gerichtet auf die Wirklichkeit ihrer Wahrnehmung, intendiert handeln können (Knoblauch 2008, 5).

---

[10] Phänomenologie ist ein von Edmund Husserl zu Beginn des 20. Jahrhunderts entwickeltes philosophisches Verfahren der Bewusstseinsanalyse, das, durch das systematische sog. Einklammern (Epoché) von Vorwissen und Wirklichkeitscharakter, den wesentlichen Kern (Eidos) eines Bewusstseinsgegenstandes herauszuarbeiten versucht (Konstitutionsanalyse). „Das Ziel der Phänomenologie ist die genaue Beschreibung des Aufbaus von Bewußtseinsgegenständen in Bewußtseinsleistungen verschiedener Art" (Luckmann 1992, 25).

[11] Als eindrucksvolles Dokument dieser Problematisierung kann der von Schütz ausgehende Briefwechsel mit Talcott Parsons (Schütz 2004a) betrachtet werden, in dem Ersterer dem Giganten der damaligen U.S.-Soziologie, Parsons, eine Berücksichtigung der subjektiven Perspektive in seinem Theoriegebäude dringend ans Herz legt. Anders als Parsons nahm dessen Schüler Harold Garfinkel, der sich intensiv mit Schütz beschäftigte, Schütz' Kritik am Strukturfunktionalismus umfangreich in seine *Ethnomethodologie* (Garfinkel 1984[1967]) auf.

Diese „Lebensform" der physiologischen Subjektivität, der „reinen Dauer",
wie Schütz sie in Anlehnung an Husserl nennt, sei uns zwar durch die Kon-
tinuität unseres Erlebens vertraut, allerdings liege sie vollständig im Schatten
von, auf dem reinen Bewusstsein aufbauenden, weiteren Einstellungen des „Ich-
Bewusstseins zur Welt" (*Lebensformen*), sodass wir „wenig mehr aussagen
[können], als daß diese Lebensform [der reinen Dauer; R.W.] nicht die unsrige
ist" (Schütz 1981, 113). Für das praktische Leben in der sozialen Wirklichkeit, für
das handelnde, am sozialen anderen orientierte, sprechende und denkende Ich, sei
vielmehr, neben weiteren präreflexiven Einstellungen, die *Gedächtnisfunktion* des
Bewusstseins maßgeblich. Hierin ist ein weiterer, noch fundamentalerer Brücken-
schlag zwischen Subjekt und Gesellschaft in der Schützschen Theorie angelegt:
Zwar ist subjektives Bewusstsein die Voraussetzung für das Handeln, zugleich
besitzt es aber eine Funktion, die die aktuelle Wahrnehmung transzendiert: das
Gedächtnis.

Im Gedächtnis würden uns, so Schütz, entwordene Wahrnehmungen symbolisiert, in Sinn transformiert und in Erinnerung gehalten (ebd., S. 83). Dies gilt,
ganz gleich was wahrgenommen wird, ob originäres Erleben oder kommunikativ
prozessiertes Erfahren vorausgedeuteter Sinngehalte (*sozialer* Sinn): Stets verknüpft das Bewusstsein seine aktuellen Eindrücke mit gemachten Erlebnissen und
Erfahrungen, die, wie wir oben gesehen haben, stets und a priori von Sozialität
geprägt sind. Allerdings, auch diese Brücke ist keine Einbahnstraße, denn Erleb-
tes und Erfahrenes werden nicht an sich und gleichsam ‚objektiv' versinnbildlicht
und erinnert. Erinnerungen sind *keine* Abbilder. Vielmehr stelle das erinnerte
Symbol einer Wahrnehmung ein biografisch-einzigartiges subjektives und stets
vom Standpunkt eines aktuellen Hier und Jetzt neu betrachtetes „Sinnbild" dar
(ebd., S. 103).

Subjektiv ist die Welt in unseren Köpfen daher *erstens* deshalb, weil wir die
Wirklichkeit stets aus einer räumlich je einzigartigen Positionalität erleben und
erfahren, in deren kontinuierlicher, zeitlicher und räumlicher Veränderungsabfolge
sich unsere persönliche Biografie (das Leben, auf das wir zurückblicken können)
praktisch konstituiert. Subjektiv ist die symbolisierte Welt *zweitens* in Hinblick
darauf, in welche Sinnzusammenhänge wir als Individuen ein (inneres oder
äußeres) Erleben einerseits aktuell, andererseits im Rahmen unserer Retrospek-
tionen, einstellen. Zwar sei der (ausgedrückte und verstandene) subjektive Sinn
von Welt stets von den dem Individuum vorgängigen sozialen Sinnzusammenhängen der Lebenswelt, von sozial auferlegten Bedeutungen und gemeinsamen
Ausdrucks-, Auslegungs- und Wahrnehmungsschemata, geprägt. Dennoch stelle,
so Schütz, die Sinnkonstitution im Subjekt, durch die im Erinnerungsprozess

generierten nicht schlicht abbildenden Symbolisierungen, stets einen individuellen Ausschnitt, eine Kollage, aus dem gesellschaftlichen Wissensvorrat dar.

Im Subjekt wird der kommunikativ prozessierte soziale Sinn, unter Einbeziehung idiosynkratischer Semantiken, beständig neu vermischt, ‚gesampelt'. Der individuelle, subjektive Sinn von Wissen vollzieht sich dabei stets vor dem Hintergrund der biografischen Einzigartigkeit des Individuums und ist daher subjektiv: Subjektive Sinnzusammenhänge, die von objektiven Sinnzusammenhängen, den Objektivationen der Interaktions- und Kommunikationsgeschichte des sozialen Prozesses, abgeleitet sind, stehen in ihm in einem je einzigartigen Verhältnis zueinander. Ihre innere Kohärenz wird durch ein subjektives Sinnkonstrukt gebildet und maßgeblich von den Subjekten selbst aufrechterhalten. Schütz schreibt daher, „dass alle Wissenschaften von der Sozialwelt objektive Sinnzusammenhänge von subjektiven Sinnzusammenhängen" (Schütz 1993[1932], 340) seien.

Dass der Mensch, trotz der prinzipiellen Dualität von Subjektivität und Objektivität, nicht als ‚homo duplex' (Durkheim) zu betrachten, nicht zwischen seiner Natur und dem Sozialen tief gespalten ist, verdeutlicht Schütz am Konnex der beiden Sphären: Tatsächlich fungiert der Körper dem reflexiven Ich als Verbindung zwischen ‚Innen' und ‚Außen', indem er beiden Orten angehört. Der Körper stellt eine natürliche, organische Brücke zwischen dem Subjekt, das Wahrnehmungen hat, und der Welt als Wahrnehmungsgegenstand dar: Durch den Körper und im bewussten Vollzug seines auf die Außenwelt gerichteten, vorsätzlichen (intendierten) Handelns verwirklicht sich das handelnde Ich selbst (Schütz 2003, 132 ff.). Dies gelingt freilich maßgeblich auf Grundlage objektiver Ausdrucks- und Auslegungsschemata, für die aber eben gilt, was zuvor über objektive Sinnzusammenhänge generell gesagt wurde: Bewusstseinsbegabte Individuen permutieren diese intersubjektiv geteilten Symbolwelten im Rahmen ihrer subjektiven Sinnkonstitutionsprozesse, probieren sich in der Interaktion mit anderen aus, testen die Grenzen des Ausdrückbaren und produzieren so Neues.

Subjektiver Sinn stellt sich daher handlungstheoretisch auch als die maßgebliche Grundlage von Kreativität und Innovation heraus: Nur weil wir die Möglichkeit haben, nicht zu verstehen bzw. nicht verstanden zu werden, können wir auch neues Verständnis erzeugen. Dies trifft auf alle Bereiche des Lebens wenigstens potenziell zu, während insbesondere die Sphären der wissenschaftlichen Forschung (Innovation) und der Künste (Kreativität) essenziell auf diesem Prinzip der endlosen subjektiven Permutation des sozialen Wissens basieren.

Hier wird ein wesentlicher Aspekt verstehender Handlungstheorie deutlich: Während Behaviorismus und Strukturfunktionalismus bzw. ähnliche Ansätze bestenfalls zur Beschreibung statischer oder *kalter Gesellschaften* (Lévi-Strauss 1973,

270) dienen können (und dabei evtl. einen eigenen Beitrag zu dieser „Kälte" leisten bzw. leisteten), ist der verstehende Ansatz dazu in der Lage, die unaufhörliche Entwicklungstendenz von Gesellschaften handlungstheoretisch zu erklären, die auf inkrementellen Anpassungen und Veränderungen basiert, aber auch bahnbrechende oder sprunghafte Neuerungen, etwa durch die Implementierung neuer technologischer Infrastrukturen, wie die des Internets, kennt. Die Entwicklungspotenziale ‚heißer Gesellschaften' lassen sich schlecht auf der Grundlage einer Theorie erklären, die normativ abweichendes Handeln als Anomie betrachtet und davon ausgeht, dass anders-Handeln nur in Krisen des etablierten Wissens erwogen werde (vgl. (Burri 2008, 47)). Die Strukturen der Lebenswelt, die gesellschaftliche Konstruktion der Wirklichkeit, sind vielmehr Produkte dialektischer Prozesse, Ergebnisse des auf Verstehen ausgelegten Austauschs von bewusstseinsbegabten Individuen, auf Grundlage von erlerntem sozialen Sinn einerseits und der Befähigung zu eigenen Deutungen und zu spontaner Entäußerung von subjektivem Sinn im sozialen bzw. *kommunikativen* Handeln andererseits.

Kommunikatives Handeln als interpretativer Prozess stellt dabei alltägliche wie sozialwissenschaftliche Interpret/-innen der sozialen Wirklichkeit vor die gleichen Herausforderungen: Individuelles Bewusstsein vorausgesetzt, folgt, aus dem bewusstseinsbasierten, handlungstheoretischen Akteurskonzept der verstehenden Soziologie, in gewisser Weise eine (begriffliche) Verdopplung der Welt (siehe oben: Parallelismus bei Mead), in dem es dem intersubjektiven bzw. objektiven Sinn[12] eines Gegenstands oder (para-)verbalen Ausdrucks einen jeweils *subjektiv-okkasionellen Sinn* an die Seite stellt, dessen eigenartiges Zustandekommen man nur unter Berücksichtigung der subjektiven und situativen Perspektive der jeweils Bewusst-Seienden gerecht werden kann (Schütz 1993[1932], 44 und passim). D. h. neben dem, was ein Ding für alle bedeutet, bedeutet es für alle auch jeweils

---

[12] Hier wird vor allem der Begriff des *subjektiven Sinns* thematisiert. Zu Schütz' Begriff des *objektiven Sinns* sei daher das Folgende angemerkt: Allgemein bezeichnet das Adjektiv *objektiv* in Schütz' Werk solches Wissen, das in einer gegebenen Gruppe, Gemeinschaft oder Gesellschaft, überindividuell also *intersubjektiv* geteilt wird. Im Fall eines beobachteten Handelns versteht Schütz unter dem *objektiven Sinn* des beobachteten Ablaufs daher, anders als der Behaviorismus etwa, den *sozial vermittelten Sinn*, der sich bei der Beobachtung von Anzeichen für ein speziellen Handeln in einer Beobachter/-in manifestiert (Weiss 2009, 37). Der *objektive Sinn* eines zeichenhaften Ausdrucks basiert entsprechend auf objektivierten Ausdrucks- und Auslegungsschemata: Um z. B. zu begreifen, dass $2 + 2 = 4$ richtig ist, bedarf es mathematischen Wissens. Um den *objektiven Sinn* eines Wortes zu erfassen, bedarf es eines Blicks ins Wörterbuch. Verharrt eine Deutung aber auf dieser Ebene, so handelt es sich dabei nicht um „echtes Fremdverstehen" (Schütz 1993[1932], S. 155), da nicht danach gefragt wird, was die Zeichensetzende mit dem Handeln, dem Rechenexempel oder dem Wort *subjektiv* und *okkasionell* gemeint hat.

etwas eigenes und eben diese zusätzliche Bedeutung, neben der intersubjektiven, kann – muss aber nicht – von erheblicher Bedeutung sein, sowohl für Alltags- sowie professionelle Interpret/-innen. Gerade in informellen Alltagssituationen ist diese Herausforderung potenziell omnipräsent: Hier wollen Menschen in ihrem besonderen So-Sein aufgefasst werden und erheben den Anspruch darauf, im Rahmen ihres individuellen Ausdrucks verstanden zu werden. Ganz gleich ob man mit dem bzw. der Partner/-in, den Kindern, Freund/-innen, Kolleg/-innen, entfernten Bekannten oder zufälligen Passant/-innen kommuniziert: Stets kann ein oberflächliches Gespräch für ein persönliches Bekenntnis genutzt werden, das erfordert (oder wenigstens mit großem Selbstverständnis *ein*fordert), *subjektiv* und *okkasionell* begriffen zu werden.

2.1.3.2 Krisen des Verstehens

Andererseits kann der Unterschied zwischen subjektiver und objektiver Per- spektive für die Praxis der Alltagsbewältigung, z. B. in stark formalisierten Situationen, auch eine geringe Rolle spielen. Die wesentlichen kommunikativen Austauschprozesse werden, inhaltlich (in Erziehung, Berufsausbildung etc.) und ihrem Ablauf nach (in Interaktion), erlernt und routinisiert. Vor dem Hintergrund dieser Sozialisationsprozesse reichen dem eigenen Ausdruck, und zur Deutung seitens anderer ausgedrückten Sinns, hier, wie im routinierten Ablauf der tägli- chen Dinge überhaupt, i. d. R. die im Alltagswissen zuhandenen intersubjektiven Interaktionsmuster, um sich in Wechselwirkung mit anderen zurecht zu finden. In der Lebenswelt bleibt die Differenz von subjektivem und objektivem Sinn daher häufig opak, wenngleich sie, durch die Routinen des Handelns und Deutens, doch nicht aufgehoben ist: Denn tatsächlich kann die Differenz für die sozialen Akteure, in Abhängigkeit zu deren Einstellung und Situation, wie oben erläutert, jederzeit relevant (gemacht) werden und dabei, wenn die üblichen Reparaturrou- tinen (Sacks, Schegloff und Jefferson 1974, 733 ff.) versagen, in eine *Verstehens*- bzw. *Kommunikationskrise* führen. Dies zeigt sich eindrücklich in der interdiszi- plinären Wissenskommunikation, sodass ich Schütz' Ausführungen zur Krise des Fremden (1972) ein Stück folgen möchte.

Für Alltagsmenschen sowie sozialwissenschaftliche Interpret/-innen wird die Bedeutung der Differenz von subjektivem und objektivem Sinn immer dort beson- ders deutlich bzw. spürbar, wo (noch) kein geteiltes Wissenssystem (Schütz 1972, 4) vorliegt, das die wechselseitige Deutung des Handelns in einer sozialen Situa- tion bestimmt. Schütz spricht von einer „Krise des Denkens-wie üblich", wenn die Auslegung eines Individuums sich, wie im Falle seines Beispiels eines Orts-

und Kulturfremden[13], vor dem Hintergrund des in der eigenen Kultur erworbe-
nen Wissensvorrats, für das Denken-wie-üblich bzw. die „natürliche Einstellung"
(Schütz und Luckmann 1979, 87 ff.) einer gegebenen, anderen Gruppe oder
Gesellschaft, als ungeeignet erweist (Schütz 1972, 6). Schütz' Beispiel des Fremden soll an dieser Stelle gefolgt werden, da hier nicht nur die für die vorliegende
Fallstudie bzw. den Begriff der Kommunikation bedeutende Unterscheidung von
subjektivem und objektivem Sinn im Rahmen einer Interaktionssituation illustriert
wird, sondern weil die Situation des Fremden wenigstens teilweise als prototy-
pisch für die Situation im Group-Talk der beobachteten Forschungsgruppe zu
betrachten ist – nämlich wenigstens dann, wenn es sich bei den Sprecher/-innen
um noch unerfahrenere Forscher/-innen handelte bzw. notwendige Kenntnisse im
Bereich des in der Gruppe etablierten *präsentationalen Wissens* (Wilke, Lettkemann und Knoblauch 2018) fehlten. Die Krise des Denkens, die sich ohne
das ‚richtige' Wissen, das heißt ohne eine anschlussfähige Sinnkonstitution im
Bewusstsein der oder des Fremden oder der Befremdeten einstellt, bringt die
Differenz zwischen subjektivem und objektivem Sinn deutlich zum Vorschein.

Denn Handeln, so erläutert Schütz, das auf der Anwendung von im Laufe
der Interaktionsgeschichte einer gegebenen Gruppe oder Gesellschaft institutionalisiertem „Rezeptwissen" beruht, verfüge über eine „objektive Chance" (Schütz
1972, 11) ein intendiertes Ziel tatsächlich zu verwirklichen: „[D]ie Zivilisationsmuster mit ihren Rezepten [liefern] typische Lösungen für typische Probleme
[…], die jedem typisch Handelnden zugänglich sind" (ebd., S. 29).[14] Diese
Rezepte entlasten das Individuum vom Zwang der permanenten Neuauslegung

---

[13] Hierbei ist allerdings nicht nur an klassische Migrationssituationen zu denken. Das Phänomen kann sich immer dann einstellen, wenn man in Kommunikation mit anderen tritt, deren
Ausdruck und Auslegung sich vor dem Hintergrund eines anderen (z. B. milieu-, szene- oder
disziplintypischen) Wissens anders vollzieht.

[14] Diese „Zivilisationsmuster" bewirken auch, dass Individuen, die sie auf Grundlage ihrer
Sozialisation internalisiert haben, abweichendes (un-typisches) Handeln i. d. R. nur selten
erwägen. Diese Einstellung ist konstitutiv für den Wirklichkeitsbereich, den man allgemein
als *Alltag* bezeichnet. Der Organisationspsychologe Karl Weick spricht bei diesem Handeln
nach Rezept im Sinne eines unterlassenen Alternativ-Denkens bzw. -Handelns von „vermie-
denen Tests" (Weick 1985, 215 ff.). Eine treffliche Veranschaulichung dieses Phänomens
gelingt Garfinkel, auf den auch Weick Bezug nimmt, in seinem Hauptwerk *Studies in Ethnomethodology* (1984[1967]). U.a. erfreut sich die Beschreibung eines Lehrforschungsprojekts
darin großer Bekanntheit, in dem Garfinkel (ebd., S. 68 ff.) den Studierenden die Aufgabe
gibt, in Warenhäusern, um Waren zu feilschen (bargaining), deren Preis festgelegt ist. – Im
Alltag haben wir uns so sehr daran gewöhnt, dass Waren festgelegte Preise haben, dass wir
ein Verhandeln i. d. R. nicht erwägen. Vielmehr scheint das Verhandeln des Kaufpreises im
Einzelhandel, der gewöhnlichen Erfahrung nach, nicht legitim. – So überrascht es auch nicht,
dass Garfinkel von seinen Studierenden berichtet, dass diese ihm von allerlei Verdruss und

wiederkehrender Situationen und ermöglichen ihm dabei, sich scheinbar (!) traumwandlerisch in der vertrauten sozialen Wirklichkeit zu bewegen, in dem es sich auf „objektive Chancen", d. h. hier: auf intersubjektiv geteiltes Rezeptwissen, verlässt. Garfinkel spricht, in Anlehnung an Schütz, von „background expectancies" (Garfinkel 1984[1967], 37), um die Wissensbestände zu bezeichnen, die es Menschen in ihrem Alltag ermöglichen, trotz der generell fragwürdigen Kohärenz ihrer Handelnsgrundlagen (Schütz 1972, 4 ff.), so zu handeln und zu kommunizieren, als sei ihr Alltagswissen klar, eindeutig und in völliger Harmonie mit dem Alltagswissen und Handeln der eigenen Gruppe. Er betont, wie wichtig diese Hintergrunderwartungen für die Stabilität der Individuen seien und verdeutlicht dabei, dass Anomie nicht Folge von abweichendem Verhalten sein muss (Parsons), sondern vielmehr dann regelmäßig zu erwarten ist, wenn das seine Dauer reflektierende Subjekt auf Grundlage inkompatibler sozialer Auslegungs- und Ausdrucksschemata in eine Krise gerät:

In short, the members' real perceived environment on losing its known-in-common background should become „specifically senseless". Ideally speaking, behaviors directed to such a senseless environment should be those of bewilderment, uncertainty, internal conflict, psycho-social isolation, acute, and nameless anxiety along with various symptoms of acute depersonalization. Structures of interaction should be correspondingly disorganized (Garfinkel 1984[1967], 54 f.).

Gerade die Anwendung von Rezepten der Interaktion, so Schütz, stelle besonders hohe Ansprüche an die Reziprozität von Handlungs- und Personaltypen (Schütz 1972, 12). Ist man mit den Zivilisationsmustern einer gegebenen Gruppe nicht vertraut, so reflektiert man notwendigerweise, ganz im Gegensatz zu den Mitgliedern der entsprechenden Gruppe, im Rahmen expliziter Auslegungsprozesse, die *subjektive Chance* einer (kommunikativen) Handlung. So kann man, laut Schütz, von den im Laufe der Interaktionsgeschichte auf Dauer gestellten und im Alltagswissen abgelagerten objektiven Lösungen keinen Gebrauch machen. „Der Fremde", vor dem Hintergrund von dessen Situation Schütz seine Argumentation entfaltet, gebraucht stattdessen, um in der Gruppe kommunizieren zu

---

Scham bzgl. der Aufgabe berichteten. Interessanterweise zeigen die dennoch unternommenen Versuche aber, dass Feilschen in vielen Fällen erfolgreich ist: „[M]any students reported that they had learned to their „surprise" that one could bargain in standard priced setting with some realistic chance of an advantageous outcome, and planned to do so in the future, particularly for costly merchandise" (ebd., S. 69). Im Rahmen dieses Lernprozesses, berichtet Garfinkel, verschwand schließlich auch der „discomfort", den viele Studierende bei der Aufgabe anfänglich empfanden.

können, „explizites Wissen" (ebd.). Hierin aber gerade zeigt sich für die anderen, dass er nicht über die im Alltagswissen enthaltenen Typisierungen verfügt. Deshalb, so Schütz weiter, hielte er Typisches für Individuelles und umgekehrt, konstruiere er die falschen „Personaltypen" und könne er schließlich auch selbst nicht die typischen Haltungen der neuen Gruppe einnehmen. Resultat, so Schütz, seien Zögern und Unsicherheit des Fremden, für den „die Kultur- und Zivilisationsmuster der Gruppe" (ebd., S. 13) nicht „Schutz, sondern ein Feld des Abenteuers" (ebd.) darstellten. Nicht die Kreativität von auf subjektiven Erwägungen basierendem anders-Handeln, sondern Konventionalität ist, wenigstens im Alltag, in der Situation des Fremden gefragt.[15] Als Grundvoraussetzung für ein stabiles Identitätsbewusstsein, ein nicht-krisenhaftes Verhältnis zwischen Subjekt und seiner sozialen Umwelt also, nennt Mead entsprechend solche *Gesten*, die „in ihm die gleichen Reaktionen wie in den anderen auslösen können" (G. H. Mead 1968/1973[engl. 1934], 187). Nur unter dieser Voraussetzung kann das Individuum ein stabiles Selbst als Synthese aus seinem inneren (I) und äußeren Ich (Me) ausbilden und aufrechterhalten. Grundlegend hierfür sind, wie Mead bestätigt, die vokalen Gesten (gesprochene Sprache), die für die soziale Umwelt, in der die Identitätsausbildung stattfindet, konstitutiv sind:

> Wir haben jedoch gesehen, daß es gewisse Gesten gibt, die den Organismus ebenso wie andere Organismen beeinflussen [...]. [...] Das zum Beispiel geschieht in der Sprache; sonst würde die Sprache als signifikantes Symbol verschwinden, weil der Einzelne nicht den Sinn des von ihm Gesagten erfassen könnte (ebd.).

---

[15] Am Beispiel des Fremden, das neben Schütz auch schon Simmel benutzte, zeigt sich, dass das Verhältnis von *Subjektivität* und *Objektivität* auf mäandernden Pfaden verläuft. Am Beispiel von *objektiver* und *subjektiver Chance* scheinen die Positionen sogar vertauscht zu sein: *Objektiv* ist hier, worüber niemand (mehr) nachdenkt, der gemeinsame Nenner oder Common Sense, nur *subjektiv* gegeben ist dagegen *die* Chance, die auf konzentrierter, angestrengter Überlegung basiert. Die vermeintliche größere *Objektivität* des „Fremden", die Simmel (1908) gerade darin begründet glaubt, dass dieser von außen stamme und an der gelebten Geschichte der Gruppe keinen Anteil habe, nützt tatsächlich wenig, vor dem Hintergrund, dass *Objektivität* sich als *Intersubjektivität* erweist.

Mead legt dar, dass es die gemeinsame Reaktion ist, die der Sprache Sinn und damit ihre besondere Rolle für das Ich-Bewusstsein verleiht[16] (ebd., S. 188). Voraussetzung hierfür ist die Intersubjektivität der Sprache, deren Symbole stets, in einer gegebenen Gruppe, allgemein geteilte Bedeutung besitzen: Im Kommunikationsprozess kontrollieren sie Reaktionen, organisieren individuelle Haltungen und soziale Wechselwirkungen und definieren das Denken und Handeln (ebd.). Demgemäß gilt Mead die Übereinstimmung dieser Reaktionen von Sprecher/-innen und Zuhörer/-innen auf ein Gesagtes als Ziel „des sinnvollen Sprechens" (ebd., S. 191).

In natürlichen Situationen ist die Krise des Denken-wie-üblich daher durch das (wechselseitige) Unvermögen gekennzeichnet, Verstehens-basiert zu kommunizieren: Nachfragen und Dissens, Widersprüche und Streit, sind einige der ersten empirischen Indikatoren dafür, dass dies geschieht. In misslingender Kommunikation entrückt man einander gleichsam in die ‚Fremde'. Im Alltag gelingt es sozialen Akteuren, mittels kommunikativer Reparaturmechanismen wie Klarstellungen, Zustimmungen und/oder Entschuldigungen i. d. R. rasch, ihrer Kommunikation die Krisenhaftigkeit und so sich selbst wechselseitig die Fremdheit (wieder) zu nehmen und sich (erneut) auf ein gemeinsames Denken-wie-üblich zu verständigen. In anderen, (noch) weniger institutionalisierten bzw. weniger stark wechselseitig typisierten sozialen Situationen gelingt dies häufig aber weniger rasch oder es misslingt völlig, sodass die Kommunikation nachhaltig in die Krise geraten kann.

2.1.3.3 Arten des Sinnverstehen

Hier zeigt sich, dass Kommunikation Verstehen nicht nur zu erzeugen vermag, sondern dass sie auch als sozio-historische Voraussetzung des Verstehens betrachtet werden muss (Knoblauch 2008). So gilt z. B. im Fall des Fremden, wie Schütz ihn beispielhaft heranzieht: Nur wer *kommunikativ* in eine gegebene Gruppe oder Gesellschaft eingeführt wurde, d. h. nur wer die Interaktionsgeschichte

---

[16] Mead veranschaulicht allerdings, anhand der zu seiner Zeit populären taub-blinden Helen Keller (1973[1934], S. 191), dass diese Prozesse zwar i. d. R. mittels vokaler Gesten verliefen, an Lautsprache aber nicht zwingend gebunden seien. – Keller war in der zweiten Hälfte des 19. Jahrhunderts in den USA geboren worden und in ihrem zweiten Lebensjahr an Hirnhautentzündung erkrankt, sodass sie sowohl ihren *Seh-* als auch ihren *Gehörsinn* vollständig einbüßte. Hierauf stellte das Kind alsbald den lautsprachlichen Ausdruck ein und entwickelte im Laufe der Zeit ein hohes Aggressionspotential, das sich in häufigen Wutausbrüchen ausdrückte. Erst das Erlernen eines Fingeralphabets ermöglichte Keller schließlich wieder die Teilnahme am gesellschaftlichen Kommunikationsprozess, sodass sie schlussendlich auch Braille erlernen konnte und sogar Schriftstellerin wurde (Keller 2003[1903]). Andere Kommunikationsweisen können den lautlichen Modus also vollständig ersetzen.

der Gruppe (bereits) kennt und mit ihr vertraut ist, wird diese letztlich so gut
verstehen können, dass sie oder er sich, weitgehend jenseits subjektiver Auslegungsprozesse und auf objektive Chancen verlassend, selbst verwirklichen kann.
Dies gilt für Kinder im Prozess der ersten bzw. zweiten Sozialisation ebenso wie
für Erwachsene in allen folgenden Sozialisationsprozessen (Berger und Luckmann 1986/1969[engl. 1966], 139 ff.). Wie James Berger, der Herausgeber der
im Jahr 2003 erneut erschienenen Lebenserinnerungen von Helen Keller, es in
seinem Vorwort zur Neuauflage formuliert: "In a broad sense, all of our lives
are collaborations, for we do not live alone and do not perceive our outer or our
inner worlds without plentiful and continual contributions from those we know"
(2003[1903]).

Als „Generalthesis des Alter Ego" (1993[1932], 30) bezeichnet Schütz die
Grundeinstellung des menschlichen Bewusstseins, die Ego veranlasse, im anderen
ein Bewusstsein vorauszusetzen (ebd., S. 138) und stets davon auszugehen, dass
dem jeweils eigenen Erlebnis einer Situation in Kopräsenz „ein deiniges Erlebnis
in deinem Bewusstseinslauf" (ebd., S. 150) entspricht (Reziprozitätsthese). Die
Sinndeutung der anderen, ihrer Bewegungen, Handlungsabläufe und -produkte,
lässt Schütz im Akt der Selbstauslegung beginnen. Die Erfassung dessen, was
er entsprechend als „fremdseelisch" bezeichnet und sich im gemeinten Sinn des
anderen ausdrückt, basiert für ihn auf der präreflexiven Deutung des anderen als
*Mit*mensch.

Zu „echtem Fremdverstehen" entwickele sich dieses Erfassen, so Schütz,
wenn die anderen und ihr Ausdruck im Rahmen ihres eigenen Sinnzusammen-
hangs verstanden werden (ebd., S. 155). In Bezug auf das Verstehen anderer
und den gemeinten, subjektiven Sinn Handelnder, erläutert Schütz unterschiedliche Erkenntniszugänge, je nachdem worauf man die Aufmerksamkeit richtet bzw.
welchen Zugang man zu den anderen hat. So weist er darauf hin, dass beobachtete
Handlungsabläufe und deren Resultate (etwa als gegenständliche Objekte), den
Beobachter/-innen zwar den *aktuellen* oder auch *objektiven* Sinn dieser Handlung oder seiner Resultate (ebd., S. 36), nicht aber auch den *gemeinten* Sinn
offenbaren (vgl. Fußnote 27). In Bezug auf diesen könnten Beobachtungen bestenfalls „Anzeichen" (ebd., S. 30) für den subjektiven Sinn darstellen, den die
Handelnden mit ihrem handelnd vollzogenen Tun und Erzeugen verbänden:

> Alle diese Vorgänge und Dinge der Außenwelt haben nun für mich, der ich sie erlebe
> und zwar auffassend erlebe, Sinn, aber dieser muss keineswegs jener Sinn sein, den
> der Andere, welche diese Handlung hervorbrachte, mit seinem Handeln verbindet.
> Denn diese Gegenständlichkeiten der Außenwelt (Abläufe und Erzeugnisse) sind bloß
> *Anzeichen* für den gemeinten Sinn des Handelnden, dessen Handlung wir als Ablauf
> wahrnehmen, bzw. dessen Handlung jenes Objekt der Außenwelt erzeugte (ebd.).

Ebenso wenig seien Körper als Ausdrucksfeld dazu geeignet, den gemeinten Sinn ‚abzulesen'. Als „Ausdruck" des subjektiv gemeinten Sinns könne daher, so Schütz, nur körperliches Verhalten angesehen werden, das *intendiert* kommunikativ ist (ebd.), wie z. B. eine (vokale) Geste, wohingegen das, was der Körper unintendiert kommuniziere, nur als „Anzeichen" für das Erleben anderer zu betrachten sei (z. B. Erröten). Ausschlaggebend für die Sinndeutung des anderen, die über das Maß objektiven Sinnverstehens und allgemeiner Selbstauslegung hinausgeht und das Ausmaß „echten Fremdverstehens" (Schütz 1993[1932], 157) annimmt, sei die „Personenvertauschung", das sich „an die Stelle des Handelnden setzen" (ebd., S. 159) oder in anderen Worten: die (approximative) Einnahme der subjektiven Perspektive des jeweils anderen (Meads Rollenübernahme).

Eine besondere Bedeutung für das Verstehen des anderen kommt bei Schütz, ebenso wie bei Mead, abermals der verbalsprachlichen Kommunikation zu, wenn, nach dem Sinnzusammenhang des Ausdrucks der oder des anderen gefragt werden könne. Dies gilt selbstverständlich auch für den Einsatz materieller Objektivation in bzw. während der Kommunikation. Schütz macht sich Husserls Unterscheidung zwischen „wesentlich subjektiven und okkasionellen"[17] Ausdrücken einerseits und „objektiven" Ausdrücken andererseits (Schütz 1993[1932], 44 und passim) zu Eigen und spricht von „völlig[em]" (Schütz 1993[1932], 174) Fremdverstehen, wenn auch der subjektive und okkasionelle Sinnzusammenhang eines ausgedrückten Sinns berücksichtigt und gedeutet wird. Deutung, die dies unterlässt, so schreibt es Schütz in Bezug auf sozialwissenschaftliche Interpret/-innen auch Parsons, ziele lediglich auf *objektiven* Sinn (Schütz 2004a, 281). Sie verfehle in jedem Fall das Wesentliche:

---

[17] Der Phänomenologie-Begründer Edmund Husserl nennt „wesentlich *subjectiv* und *occasionell* oder kurzweg wesentlich occasionell jeden Ausdruck, dem eine begrifflich-einheitliche Gruppe von möglichen Bedeutungen so zugehört, daß es ihm wesentlich ist, seine jeweils actuelle Bedeutung nach der Gelegenheit, nach der redenden Person und ihrer Lage zu orientieren. Erst im Einblick auf die thatsächlichen Umstände der Aeußerung kann sich hier eine bestimmte unter den zusammengehörigen Bedeutungen überhaupt constituiren. […] Zu den *objectiven* Ausdrücken gehören, z. B. alle theoretischen, also diejenigen Ausdrücke, auf welchen sich Grundsätze und Lehrsätze,- Beweise und Theorien aufbauen. Auf das, was z. B. ein mathematischer Ausdruck bedeutet, haben die Umstände der actuellen Rede nicht den leisesten Einfluß. Wir lesen und verstehen ihn, ohne überhaupt an einen Redenden zu denken. Ganz anders verhält es sich mit den Ausdrücken, welche den practischen Bedürfnissen des gemeinen Lebens dienen, sowie auch mit den Ausdrücken, welche in den Wissenschaften zur Vorbereitung der theoretischen Ergebnisse mithelfen. Ich meine in letzterer Hinsicht die Ausdrücke, durch welche der Forscher seine eigenen Denkthätigkeiten begleitet oder Anderen von seinen Erwägungen und Bestrebungen, von seinen methodischen Veranstaltungen und vorläufigen Ueberzeugungen Kunde giebt" ((Husserl 1901, 81), Orthographie übernommen, Hervorhebungen R.W.).

Die Deutung dessen, was ein Nebenmensch mit einem Zeichen meint, schließt also zwei Komponenten in sich, nämlich die Erfahrung von der Bedeutung des Signums überhaupt (im objektiven Sinn also), und die Erfahrung von seinem subjektiven und okkasionellen Sinn, den „Sinnfransen" oder dem „Hintersinn", welcher diesem Signum kraft des Sinneszusammenhanges im Erlebnis des Sinnsetzenden zuwächst. (Schütz 1993[1932], 176)

Über die Macht des Worts als sinnhafte Grundeinheit der (para-)verbalen Kommunikation legt Schütz bereits vor dem *Aufbau* dar, wie diese phylo- wie ontogenetisch die Metamorphose der menschlichen Wahrnehmung von der ‚einsamen' Subjektivität (Erlebnis der reinen Dauer) zur sozialen Intersubjektivität (Erkenntnis) geradezu erzwingt (Schütz 1981, 214):

Wenn das Wort also den Menschen von seinem Erlebnis trennt, so verbindet es doch auf wahrhaft wunderbare Weise die Dinge und schafft auf den Trümmern des Erlebnisses eine neue, vom Lichte der Erkenntnis beschienene Welt: die der Begriffe (ebd., S. 215).

Diese Welt der Begriffe zeichnet aus, dass sie eine Wirklichkeit abgrenzt und einhegt, die *gemein* ist. Einerseits ist sie dabei zwar niemals deckungsgleich mit dem, was für Individuen jeweils Welt ihrer subjektiven Wirklichkeit ist, da diese sich aus je eigenen Bewusstseinsleistungen (Symbolisierungen) gruppiert, die lediglich in subjektivem Erleben vollständig aufzugehen vermögen. Andererseits entfaltet und objektiviert Sprache als intersubjektives Ausdrucks- und Deutungsschema aber auch die vielfältigen Formen des Diskurses, die konstitutiv für Gesellschaft sind und in der gegenwärtigen *Wissens- und Informationsgesellschaft* eine so wirksame Vervielfältigungsmaschine gefunden haben, dass zeitdiagnostisch bereits von der *Kommunikationsgesellschaft* (Knoblauch 2017) die Rede ist (obgleich hier nicht nur Lautsprache angesprochen ist, wie ich an anderer Stelle ausführen werde (Abschnitt 2.2.)).

2.1.3.4 Die intersubjektive Lebenswelt

Intersubjektivität betrachtet Schütz im Rahmen seiner verstehenden Soziologie völlig anders als Edmund Husserl (Schütz 2009, 230), auf den er sich an anderen Stellen seiner Theorie so häufig bezieht. Auch hier wieder schlägt er eine Brücke von einer egologischen zu einer soziologischen Bewusstseinstheorie. Für Schütz gilt Intersubjektivität als Element der dem Einzelwesen vorgängigen *Strukturen der Lebenswelt* (Schütz und Luckmann 1979, 1984, 2003)[18]. Zu Intersubjektivität

---

[18] Da ich mit unterschiedlichen Auflagen arbeite, bitte ich zu entschuldigen, dass ich an manchen Stellen aus Schütz und Luckmann 2003, an anderen stattdessen aus 1979 (bzw. 1984)

finden wir demnach nicht in uns, im stillen Denken, wie bei Husserl, sondern vielmehr im Außen, durch das Getöse, das uns in einer Welt empfängt, die immer schon vor-empfunden und vor-ausgelegt ist, woran uns die in mannigfaltiger Form objektivierten Stimmen der unzähligen anderen gemahnen, die bereits vor uns da waren.

Zu Husserls Intersubjektivitätsbegriff, den er einer umfassenden Kritik unterzieht, führt Schütz (2009) hingegen aus, dieser fasse das Phänomen der Intersubjektivität als Produkt einer subjektiven Bewusstseinsleistung, das auf der egologischen Verknüpfung von Bewusstsein und Leib (ebd., S. 227) sowie auf der Fähigkeit zur Empathie (Einfühlung) basiere (ebd.). In der Differenz, die Schütz hier macht, kommt so en passant ein weiteres Argument dafür zum Tragen, dass der Vorwurf des Mentalismus, wie er gegen Schütz häufig vorgebracht wird, zwar vielleicht auf Husserl, aber eben keineswegs auf Schütz selbst anzuwenden ist. Sowie die Konstitution der Dinge der Wirklichkeit generell, verlege Husserl, so Schütz, auch die Konstitution der Intersubjektivität in den Bereich der „transzendentalen Subjektivität" (ebd., S. 229).

Schütz entgegnet Husserl, ganz im Sinne einer soziologischen Bewusstseinstheorie, dass die transzendentale Sphäre ungeeignet zur Fundierung einer Theorie der Fremderfahrung ist (ebd., S. 230). Die Erfahrung anderen subjektiven Bewusstseins sei nicht auf die Ebene einer auf Basis von Ähnlichkeit appräsentierten Bewusstseinsleistung reduzierbar (ebd., S. 237). Husserl missachte die Grundkonstellation der lebensweltlichen Erfahrung (ebd., S. 245), die Schütz wesentlich in der „Wir-Beziehung" (ebd., S. 254) und nicht in einem Bewusstseinsakt konstituiert sieht. Er schlägt daher eine *Ontologie der Lebenswelt* anstatt einer *phänomenologischen Konstitutionsanalyse* vor, um die Intersubjektivität zu erforschen (ebd., S. 254).

Die *Lebenswelt*, als „die vornehmliche und ausgezeichnete Wirklichkeit des Menschen" (ebd., S. 25)

> ist intersubjektiv, da wir in ihr als Mensch unter Menschen leben, an welche wir durch gemeinsames Einwirken und Arbeiten gebunden sind, welche wir verstehen und von welchen wir verstanden werden. Es ist eine Kulturwelt, da die Welt des täglichen Lebens von allem Anfang an für uns ein Universum von Bedeutung ist, also ein Sinnzusammenhang, den wir interpretieren müssen, um uns in ihm zurechtzufinden und mit ihm ins Reine zu kommen (Schütz 2004b, 163).

---

zitiere. Es handelt sich in allen drei Fällen um die *Strukturen der Lebenswelt*, die 1979 (Band 1) und 1984 (Band 2) (bei Suhrkamp) in zwei getrennten, 2003 (bei UVK) in einem einzigen Band erschienen sind.

Die Lebenswelt stellt also zugleich den Raum des handelnden Bewirkens als auch
den der Beschränkung dar und ist sozialen Akteuren als primäres „Auslegungs-
objekt" auferlegt (Schütz und Luckmann 1979, 28). „[Sie] ist, wie wir schon
sagten, von Anbeginn intersubjektiv" (ebd., S. 38). Während das hierzu benötigte
Wissen dem Einzelwesen von der Vor- und Mitwelt zur Entschlüsselung auferlegt wird, ist seine subjektive Auslegung dieses Wissens maßgeblich von „der
biographischen Kette seiner Entscheidungen" geprägt (ebd., S. 41). Schütz und
Luckmann erläutern, dass diese, dem Einzelwesen zur Übernahme vorgegebenen
Wissenselemente, in zweifacher Hinsicht intersubjektiv seien (Schütz und Luckmann 2003, 331): Zum einen deshalb, wie bereits erläutert, weil Erfahrungen
in sozialen Situationen gemacht würden und keine Erfahrung daher von ihrem
sozialen Kontext abstrahiert werden könne. Zum anderen aber zusätzlich deshalb,
weil diese Wissenselemente zum großen Teil „monothetisch" (ebd.) übernommen
würden. Das bedeutet, dass dieses Wissen en Bloc in das Bewusstsein integriert
wird, gleichsam als *Bausteine* der eigenen subjektiven Reflexionen, ohne dass das
betreffende Subjekt selbst das raum-zeitliche Erlebnis eines Ablaufs hatte, währenddessen sich der Sinn dieses Wissens polythetisch, das heißt Zug um Zug, in
ihm konstituierte.

In gewisser Weise stellt dieses Wissen, als „sozial vermittelter Sinn" (Knoblauch 2013, 31), für die sozialen Akteure eine Black Box dar: Die Rekonstruktion
der Syntheseleistung, auf deren Grundlage sich der entsprechende Sinn konstituierte, ist ihnen nicht möglich, da die Aneignung mit Bezug auf den betreffenden
Sinngehalt in diesen Fällen nicht *erlebend* sondern *erkennend* prozessiert ist
(Schütz 1993[1932], 73).

Dies gilt letztlich auch für die Sinnprovinz der Wissenschaft und ihre Sub-
einheiten, die zwar einerseits auf die Entwicklung neuen Sinns bzw. Wissens
ausgerichtet ist, dabei aber aus einem mehr oder minder institutionalisiertem
Gerüst aus Wissenselementen besteht, die in einer gegebenen Gruppe entweder
bereits vorliegen und dabei dem forschenden Subjekt als Ausgangspunkt, Richtschnur und Korrektiv dienen oder aber (zunächst) gemeinsam entwickelt werden.
Diese Wissenselemente verteilen sich dabei auf unterschiedliche Strukturebenen und besitzen unterschiedliche Allgemeinheits- und Verbindlichkeitsgrade.
Diese detailliert aufzuschlüsseln, ist das Ziel der auf die vorliegende Fallstudie
angewandten GA (Kapitel 3).

Die vorangegangene Erläuterung einiger Grundbegriffe der verstehenden
Soziologie dient mir zu zweierlei Zweck: Zum einen verdeutlicht sie meine
Perspektive auf den gewählten Forschungsgegenstand. Im Rahmen eines ver-
stehenden Ansatzes besitzen die Kommunikations- und Verstehensprozesse der

Feldakteure der Fallstudie eine hervorgehobene Rolle für meine empirische Analyse. Zum anderen verdeutlichen die u. a. von Mead, Schütz und Berger und Luckmann übernommenen Begriffe auch, dass nicht nur ich, als soziologischer Beobachter, diese kommunikativen Verstehensprozesse berücksichtigen muss, um das empirische Phänomen, für das ich mich interessiere, analysieren und gegenstandsangemessene Methoden zur Feldforschung auswählen zu können. Auch die genuinen Feldteilnehmer/-innen selbst, die Wissenschaftler/-innen, die ich in ihrer Kommunikation beobachte, erweisen sich auf dieser Grundlage, wie der Mensch generell, als Sinnversteher/-innen, die – gerade auf dem unsicheren Feld der explorativen, interdisziplinären Zusammenarbeit – stets auf der Suche nach dem Sinn der eigenen Wahrnehmung und dem der externalisierten fremden Subjektivität sind.

Diese Suche charakterisiert, wie ich zeigen werde, den Group-Talk als Kommunikationsform wesentlich: Stets geht es in ihm um die Aushandlung dessen, was es bedeutet, was *Ich* entdeckt hat (subjektiver Sinn) und wie dies in der heterogenen Forschungsgruppe ausdrückbar ist (Intersubjektivität). Für das Verstehen der anderen sowie für die jeweils eigene Ausdrucksfähigkeit von Sinn stellt Lautsprache, insbesondere auch in der feldtypischen Bild-Kommunikation, im Ausdruck mittels digitaler Visualisierungen, das zentrale Mittel der Kommunikationsarbeit dar. Einerseits bietet Sprache ein objektives Repertoire festgelegter Bedeutungen, gleichsam als Ausgangspunkt und kleinstes gemeinsames Vielfaches, andererseits bietet sie im Gespräch die Möglichkeit, die Grenzen zwischen dem auszuloten, was kommunikativ verstehbar gemacht werden kann, nicht zuletzt auch visuell, und dem, was im Bereich dessen verharren wird, was subjektiv und unaussprechlich bleiben muss.

So erweist sich auf der Erprobungsbühne des Group-Talks nicht alles als intersubjektivitätsfähig. Was aber den Stresstest des Group-Talks überdauert, kann zu geteiltem *Wissen* und damit zu einem Teil sinnprovinzieller Gewissheit, und, als Baustein der gruppenspezifischen Kommunikationshistorie, auch zu einem Element des geteilten Identitätskerns werden: *Wer sind wir? Was wissen wir? Was wollen wir? Wie machen wir das?* Das sind Fragen, die sich, im Laufe kommunikativ prozessierter Verstehensprozesse zwischen bewusstseinsbegabten und mit der ständigen Reflexion ihrer sozialen Situation beschäftigten Akteure, praktisch, d. h. im Vollzug der Lebenswelt, beantworten. Die (Re-)Produktion dieser Antworten ist beobachtbar und somit maßgeblich für das Forschungsdesign und den Erkenntnisgewinn dieser Arbeit.

2.2   Der kommunikative Konstruktivismus

An dieser Stelle möchte ich von meinen Vorannahmen, die den Grundlagen der verstehenden Soziologie (Weber, Schütz) bzw. den maßgeblichen Ideengebern des SoKo (Schütz, Mead) entnommen sind und die ich im Vorangegangenen dargelegt habe (Abschnitt 2.1), zu dem engeren forschungsleitenden, *kommunikativkonstruktivistischen* Theorierahmen meiner Fallstudie fortschreiten, den ich nun thematisieren werde. Ein stärker akzentuierter Absatz zwischen beidem erscheint mir aus zweierlei Gründen notwendig und angemessen.

Erstens deshalb, weil die bislang zusammengetragenen z. T. protosoziologischen Vorannahmen maßgeblich von (bewusstseins-)philosophischen Überlegungen geprägt sind, die zwar als äußerer Rahmen einer sich als empirische Wissenschaft verortenden Sozialforschung dienen können (und dabei meines Erachtens unverzichtbar sind), sich selbst aber nicht auf eine dezidierte sozialwissenschaftliche Empirie zurückführen lassen. *Zweitens* aber auch deshalb, weil die hier vertretenen Grundannahmen sich Klassikern der ersten (und zweiten) Generation von Soziolog/-innen verdanken. Dies allein schmälert zwar nicht ihre sozialtheoretische Evidenz, verdeutlicht aber, dass diese Vorannahmen der verstehenden Soziologie bzw. des SoKo, deren Entwicklung spätestens in den 1960er Jahren abgeschlossen war, eine gesellschaftstheoretische bzw. zeitdiagnostisch sensibilisierte Revision erfordern. Um dies zu leisten ist der stark Empiriebasierte *Kommunikative Konstruktivismus* (Keller, Knoblauch und Reichertz 2013, Knoblauch 2017) angetreten, den ich im Rahmen meiner empirischen Analysen (Kapitel 4) als im engeren Sinne *forschungsleitend* betrachte.

Bislang konnte ich den Begriff der Kommunikation, auf Grundlage der im Rahmen meiner Fallstudie referierten Vorannahmen, vor allem in Hinblick auf die Bedeutung der Lautsprache beleuchten. Es ist das Verdienst der zitierten Autoren der ersten und zweiten Generation, mit der Grundsteinlegung einer verstehenden Soziologie und des SoKo, auf die hervorgehobene Bedeutung der interpretativen Wechselwirksamkeit zwischen sozialen Akteuren insbesondere in der lautsprachlichen Kommunikation (vokale Geste) hingewiesen zu haben. Eine empirische Ausbuchstabierung dieses Prozesses lassen die referierten Konzepte aber naturgemäß, aufgrund ihrer rein theoretischen Basis bzw. in Ermangelung einer systematischen Empirie jenseits kleinerer Beispiele, vermissen. Noch bei Berger und Luckmann, die maßgeblich auf Mead und Schütz rekurrieren, bleibt der konkrete empirische Prozess, in dem *Die gesellschaftliche Konstruktion der Wirklichkeit* (Berger und Luckmann 1986/1969[engl. 1966]) prozessiert wird, weitgehend im Dunkeln (Knorr Cetina 1989, 88). Dieser essenzielle Punkt kann im vorliegenden Kontext erst durch den KoKo detailliert beleuchtet werden.

Dieser Umstand ist vor allem der historischen Entwicklung geschuldet, die spätestens seit den 1960er Jahren zu massiven Veränderungen der *Kommunikationskultur* (Knoblauch 1995) geführt hat. So konnte die Interdependenz sozialer Akteure, die in ihrem sozialen Handeln (Weber), ihrer sinnhaften Orientierung aneinander (Schütz) und ihrer wechselseitigen Identitätsbildung (Mead) zum Ausdruck kommt, von Schütz oder Mead noch in erster Linie anhand von Lautsprache verdeutlicht werden, während eine entsprechend ‚medienfreie' Betrachtung heute zur Kritik der Körper- und Materialitätsvergessenheit führen muss (Reckwitz 2000, 184). Allerdings bediene ich mich mit meinen Vorannahmen bewusst der Protosoziologie, da diese, entsprechend der Zielsetzung von Abschnitt 2.1,

> mittels der Philosophischen Anthropologie und der Phänomenologie, die invarianten Grundbedingungen (Konstitutionskonstanten) der Sozialität [klärt], während die Soziologie, darauf aufbauend, die kontingenten empirischen Konstruktionsprozesse analysiert (Tuma und Wilke 2016, 596).

Der KoKo versteht sich dementsprechend, ganz im Gegensatz zur Protosoziologie, die den Grundstein für die verstehende Soziologie und den SoKo bildet, (auch) als Programm einer qualitativen empirischen Sozialforschung (Knoblauch 2017, 17), das seinerseits vom SoKo eingeleitet wurde. Während die frühsten (Weber, Mead, Schütz) und frühen (Berger und Luckmann) Klassiker der verstehenden Soziologie bzw. des SoKo heute also das theoretische Fundament des sozialkonstruktivistisch-wissenssoziologischen Forschens in der Soziologie bilden, kann der KoKo, als neuste Ausformung einer mehrstufigen sozialkonstruktivistischen Theoriebildung, als nachträgliche Meta-Theorie aus dem empirischen Erkenntnisgewinn dieses Forschens betrachtet werden (ebd., S. 51 ff.), der in den letzten Jahrzehnten in entsprechenden Bereichen der soziologischen (Kommunikations-)Forschung erlangt wurde.

Folglich erfährt der Kommunikationsbegriff im KoKo nicht allein eine theoretische Aufwertung. Vor allem wird er von empirischer Erkenntnis geschärft, vor deren Hintergrund er den Begriff des *kommunikativen Handelns* weit über den der Sprache hinaus definiert und dabei auch *Körperlichkeit* und *Materialität* in den Fokus einer neuen, nicht sprach- sondern *kommunikations*soziologischen Betrachtung stellt. Damit repariert der KoKo einen in der Soziologie, insbesondere nach dem *linguistic turn* (Rorty 1967), verbreiteten Bias, der, neben der Sprache, andere Medien bei der „Wirklichkeitsbildung" lange weit in den Hintergrund treten ließ (Rammert 1998, 18). In Hinblick auf die neuste kommunikativ-konstruktivistische Perspektive des KoKo kann in diesem Sinn von einer (späten) empirischen Sättigung der sozialkonstruktivistischen Konzeption gesprochen werden, vor deren

Hintergrund die vorliegende empirische Arbeit von dem im KoKo elaborierten Begriffsvorrat profitieren kann.

2.2.1 Die Triade des kommunikativen Handelns

Unter der Bezeichnung „Kommunikativer Konstruktivismus", angestoßen durch Luckmann und maßgeblich weiterentwickelt von Hubert Knoblauch (1995), ist in den vergangenen Jahren, aus der empirisch-qualitativen Sozialforschung heraus, eine breitere Bewegung entstanden, innerhalb derer verschiedene Akteure, auf Grundlage aneinander anschlussfähiger Erweiterungen und Neubestimmungen, an der Überarbeitung des zeitdiagnostisch in die Jahre gekommenen Sozialkonstruktivismus beteiligt sind. (Tuma und Wilke 2016, 611)

Dabei macht der Austausch des Präfixes *Sozial-* durch das Attribut *kommunikativ* „auf eine theoretische Verschiebung aufmerksam, deren Tragweite erst im Laufe der letzten Jahre deutlich wird" (Knoblauch 2013, 25). Knoblauch erläutert, dass es sowohl Forschungsergebnisse der SoKo-informierten qualitativen Sozialforschung als auch Entwicklungen innerhalb anderer ‚Schulen' waren, die rund 50 Jahre nach seiner ersten Formulierung den Ausschlag für die Revision des SoKo gegeben haben. Im Zentrum stehen dabei Arbeiten, die sich, u. a. auf den Schultern der verstehenden Soziologie, der soziolinguistischen und sprachsoziologischen Erforschung konkreter Modi der gesellschaftlichen Konstruktion gewidmet haben (– größtenteils ohne dabei auf den SoKo Bezug zu nehmen (Knoblauch und Wilke 2016)).

Auch auf Grundlage dieser empirischen Erkenntnisse aus der Soziolinguistik, der Ethnomethodologie, der CA und last but not least der GA, wurde schließlich die hervorgehobene Rolle des *Körpers* und der materialen *Objektivationen* für die gesellschaftliche Konstruktion erkannt (Schnettler und Knoblauch 2007) und schließlich der KoKo formuliert (Knoblauch 2017). Dieser zeichnet sich durch eine scheinbar triviale aber für die empirische Sozialforschung und ihre Methodologie sehr bedeutende Konkretisierung des Prozesses der sozialen Wirklichkeitskonstruktion aus, die im vorliegenden Fall eine wesentliche Rolle spielt:

Das zentrale Argument des kommunikativen Konstruktivismus besteht nun darin, dass alles was am sozialen Handeln relevant ist, notwendig auch kommuniziert werden muss (ohne dass alles, was kommuniziert wird, sozial relevant sein muss). (Knoblauch 2013, 23)

Im Kontext dieser bestechend einleuchtenden Erkenntnis greift Knoblauch seinen bereits zuvor entwickelten, eng mit Webers sozialem Handeln verknüpften Begriff des *kommunikativen Handelns* (Knoblauch 1995) wieder auf, wobei er ihn nun klar von dem gleichlautenden Begriff bei Jürgen Habermas (Habermas 1981) abgrenzt. Knoblauch stellt dabei ein Merkmal des kommunikativen Handelns im KoKo heraus, das diesen von Habermas' *Theorie des kommunikativen Handelns* (1981) (und vom SoKo und dessen Vordenkern) deutlich zu unterscheiden erlaubt, indem er kritisiert, dass Habermas das kommunikative Handeln hauptsächlich auf verbale Lautsprache beziehe, während es im KoKo auf einen weiten Kommunikationsbegriff rekurriere, der para- und non-verbale Aspekte des Sprechens integriere.

Zweitens unterscheidet sich das kommunikative Handeln im KoKo noch in einem weiteren Punkt von seiner Bedeutung in der *Theorie des kommunikativen Handelns*, der mit der ersten Ausweitung des Begriffs in Zusammenhang steht: Nämlich darin, dass der KoKo nicht zwischen *instrumentellem* und *kommunikativem* Handeln unterscheidet. Knoblauch verdeutlicht vielmehr, dass kommunikatives Handeln stets auch instrumentell ist. Er schlägt daher vor, es als *Wirkhandeln* (Schütz und Luckmann 1984) zu begreifen, „was zu einer dramatischen Ausweitung des kommunikativen Handelns [führt; R.W.] (wobei nicht zu vergessen ist, dass instrumentelles Handeln die Technik umfasst)" (Knoblauch 2013, 29):

> Der Kommunikative Konstruktivismus fasst Subjekte, Objekte und Technologien gemeinsam als Teile der kommunikativen Struktur des Handelns auf. So wird hier deutlich gemacht, dass die kommunikative Konstruktion kein rein egologischer Prozess ist und sich seine sozialkonstruktivistische Analyse nicht in Materialitätsvergessenheit vollzieht. Der Kommunikative Konstruktivismus impliziert dabei nicht nur einen wesentlich erweiterten Kommunikationsbegriff, der in seiner engen Form auch bei Berger und Luckmann noch stark auf Sprechen und Schriftsprache fokussiert war, sondern auch eine Ausdehnung dessen, was soziologisch noch als Handeln zu bezeichnen ist. (Tuma & Wilke 2016, 612)

Eine wesentliche empirische Grundlage für die Ausarbeitung des kommunikativen Handelns im KoKo, die im Kontext meiner Fallstudie besondere Relevanz besitzt, stellt die *Powerpoint-Studie* (Schnettler und Knoblauch 2007) dar. Der zentrale Begriff *des kommunikativen Handelns* tritt hier bereits mit all den Facetten (Körperlichkeit, Wirksamkeit, Materialität) auf, die für seine spätere Reformulierung im KoKo charakterisierend sind. Das *Präsentieren* anhand digitaler Foliensätze erweist sich in der empirischen Forschung von Bernt Schnettler und Knoblauch als ein kommunikatives Handeln, die Präsentation digitaler Foliensätze als eine kommunikative Gattung, d. h. als „eine Ordnung, die sich im Vollzug kommunikativer Handlungen einstellt" (Knoblauch 2007, 119) und dabei Technik und Handeln integriert.

In der Studie zeigt sich, dass der Körper der Präsentierenden und mit ihm, im Sinne einer medialen Erweiterung des Körpers (McLuhan 1994[1964]), die in den körperlichen Vollzug verwobenen symbolischen und materiellen Strukturen, eine hervorgehobene Rolle spielen, die Knoblauch als *Performanz* (Knoblauch 2007, 117) bezeichnet. Die spezifische Form der Performanz ist die wesentliche kommunikative Handlung des Präsentierens: Es ist das „verkörperte Subjekt" der Präsentierenden, das durch Zeigegesten und *Körperformation* (ebd., S. 128), d. h. durch seine körperliche Ausrichtung im Raum, verbindend (Konnex) zwischen symbolische und materielle Medien und die anderen Subjekte tritt, wobei es, inneres und äußeres verknüpfend, Sinn herstellt, der sich weder aus dem Inhalt der projizierten Folien noch aus den gesprochenen Worten allein erschließen lässt (ebd., S. 123). Verstehen erweist sich dabei als Ziel und Produkt der Performanz eines erwirkenden kommunikativen Handelns.

> Zeigen, Sprechen und die Körperbewegung spielen auf eine Weise zusammen, die eben nur als Zusammenspiel, als Performanz eine Bedeutung erhält [...] Der Sinn dessen, was gesagt wird, liegt weder nur in den gesprochenen Worten noch in dem Visuellen, sondern im Wechselspiel beider mit den Gesten und anderen Aspekten des körperlichen Auftretens (ebd., S. 122 f.).

In der Performanz kommen die beiden maßgeblichen in der Empirie beobachtbaren Eigenschaften des kommunikativen Handelns klar zum Ausdruck: einerseits seine *Körperlichkeit* und andererseits seine eigene *Materialität* sowie seine stete *Materialitäts-Bezogenheit*. Vor diesem Hintergrund wird deutlich, dass kommunikatives Handeln im KoKo zum einen an das soziale Handeln als Grundbegriff einer verstehenden Soziologie anschließt, in dem es sich in seinem Ablauf an den jeweiligen Interpretationsprozessen der anderen orientiert. Zugleich wird mit der Wechselwirksamkeit des kommunikativen Handeln aber auch der empirische Modus dieser Beziehung, seine Materialität und Körperlichkeit deutlich. Vor diesem Hintergrund bezeichnet kommunikatives Handeln hier, anders als bei Habermas, treffend ein (instrumentelles) *Wirk-Handeln*, das die fortlaufende *kommunikative Konstruktion* in sozialer Interaktion prozessiert:

> Schütz und Luckmann [...] beziehen das Wirken oder Wirkhandeln auf alle Veränderungen, sofern es in einer gemeinsamen (bzw. als gemeinsam erfahrenen) Umwelt der Handelnden vollzogen wird. Wirken ist also eine Form des Handelns, die Wirklichkeit

in einem Sinne schafft, den Schütz und Luckmann als »alltäglich« bezeichnen. [...] Allerdings wurde dieser Begriff des Wirkens bislang selten besonders beachtet. [...] Er rückt erst durch die Debatten zur Materialität der gesellschaftlich objektivierten Wirklichkeit in den Blick. Daher wollen wir hier eine genauere Bestimmung dieses Wirkens vornehmen: das körperliche Wirken. Weil dieses Wirken auch mit den Dingen verbunden ist, die es bewirkt, erwirkt und auf die es wirkt, leitet es unmittelbar zu einem weiteren Aspekt des kommunikativen Handelns über: der Objektivierung bzw. der Objektivation (Knoblauch 2017, 139).

Der KoKo verdeutlicht, dass mit dem Begriff des kommunikativen Handelns als Wirk-Handeln, zugleich mit dem Körper, wie am Beispiel der Präsentation als kommunikative Gattung gezeigt werden kann, auch die *Symbol- und Technostruktur* in das Zentrum der Aufmerksamkeit rücken muss. Hierbei wird ein weiteres Verdienst des KoKo deutlich, nämlich die Begriffe *Objektivierung* und *Objektivation*, die bei Berger und Luckmann in der Schwebe verharren und eine detailliertere Auseinandersetzung vermissen lassen, klar definiert und elaboriert zu haben: Objektivierungen *und* Objektivationen bilden im KoKo gemeinsam das dritte Element, das, im Rahmen eines apriorisch relationalen Subjektverhältnisses, das dem kommunikativen Handeln zugrunde liegt, die *kommunikative Triade* begründet. So spielen sowohl die zahlreich modulierten, körpergebundenen *Ausdrücke* (Objektivierungen) wie z. B. verbale (Sprechen), non- (Gestik und Mimik) und paraverbale (Intonation) Kommunikation als auch Handeln in Bezug auf bzw. mit materielle(n), abgeschlossene(n) Handlungsprodukte(n) (Objektivationen) wie z. B. Laptop, Beamer, Software, Räume, Einrichtungen *und* (andere) Körper, die zentrale Rolle für das kommunikative Handeln als Wirk-Handeln.

Mit der Körperlichkeit und dem Wirken des kommunikativen Handelns wird im KoKo dabei auch der bedeutenden Rolle der *Medien* (Knoblauch 2017, 100) für die Kommunikation und die kommunikative Konstruktion Rechnung getragen. Denn ohne (mehr oder minder fortgeschrittene) Medien ist Kommunikation empirisch un-*wirk*-sam (Rammert 2002, 7). Entsprechend ist unsere Kommunikationskultur auch eine *Medienkultur* (Hepp 2013). In realiter benötigt kommunikatives Handeln Leib-Körper (Knoblauch 2017, 120 ff.), die Gedanken und Gefühle haben und diese zum Ausdruck bringen (Externalisierung). Dabei kommt es einerseits zu körperlichen Objektivierungen, wie gesprochene Sprache (parole) oder (Zeige-)Gesten, anderseits spielen dabei, neben Sprachsystemen (langue), zunehmend neue Medienobjektivationen eine wichtige Rolle, die zwischen die Körper der Subjekte gestellt, den physikalischen und semantischen Raum zwischen ihnen überbrücken helfen und dabei den intersubjektiven Austausch von Sinn und Wissen ermöglichen (Abschnitt 2.1).

Das Verhältnis zwischen Menschen und Medien im Prozess der kommunikativen Konstruktion von Wirklichkeit zu thematisieren, macht sowohl die empirische Informiertheit des KoKo sowie seine besondere Passung als forschungsleitender Theorierahmen meiner Arbeit maßgeblich aus. Wo dem SoKo bzw. seinem theoretischen Fundament, den philosophisch-anthropologischen bzw. phänomenologisch-soziologischen Vorarbeiten, noch eine ontologisch motivierte, mentalistische Schlagseite unterstellt werden konnte (Knorr Cetina 1989, 88), die evtl. an einer, trotz des Konzepts der Objektivation, das Berger und Luckmann von Karl Marx beziehen, unübersehbaren Körper- und Materialitätsvergessenheit festgemacht werden kann, repariert der KoKo diese Schieflage mittels des in ihm ausgearbeiteten Begriffs des kommunikativen Handelns. Damit zollt Knoblauch zum einen der eigenen Forschung Rechnung, zum anderen greift er auch Erkenntnisse auf, die u. a. vom „neuen Materialismus" (Knoblauch 2017, 72) betont werden, der in Bruno Latour (2005) einen seiner prominentesten Vertreter hat.

Einen großen und heutzutage ständig wachsenden Teil seines Lebens ist der Mensch damit beschäftigt, die Kulturtechniken, die der Umgang mit Medien und fortgeschrittenen materiellen Medientechnologien konstituiert, zu *institutionalisieren* und zu *internalisieren*. Das entsprechende Knowhow stellt, wie am Beispiel des Präsentierens als kommunikative Gattung gezeigt wird (Schnettler und Knoblauch 2007), selbst Institutionen dar, die Ordnungsstrukturen aufweisen und die Kommunizierenden dabei vor Koordinierungsaufgaben stellen. Schnettler bezeichnet diese, im Kontext des Präsentierens, mit dem Begriff der „Orchestrierung" (Schnettler 2007, 142). Ohne Institutionalisierung wäre die Präsentation als Gattung ein unsicheres Unterfangen. Als Institution aber erfordert sie elaboriertes Wissen, das erlernt werden muss.

2.2.2 Exkurs: Institutionalisierung und Internalisierung[19]

Wissen ist die zentrale Ressource dafür, in der Lebenswelt kommunizieren zu können und so zu verstehen und verstanden zu werden. Dies verdeutlicht die „neue Wissenssoziologie": Im Rahmen eines (primären) Sozialisationsprozesses (Berger und Luckmann 1986/1969[engl. 1966], 140 ff.) werden die Grundkenntnisse der Nutzung natürlicher (z. B. Körper, Luft) und natürlich-künstlicher

---

[19] In die folgenden zwei Seiten sind Auszüge eines Textfragments eingeflossen, das ich selbstständig verfasst und gemeinsam mit René Tuma (2016) in einem Aufsatz publiziert habe.

(z. B. Buchstaben, Papier) Medien vermittelt und internalisiert. In folgenden Lebensphasen eintretende weitere (sekundäre, tertiäre) Prozesse der Sozialisation, die im vorliegenden Fall relevant sind, dienen schließlich der Spezialisierung bestimmter Kommunikationsweisen (ebd., 148 ff.). Z. B. lassen sich unterschiedliche Abschlüsse in einem Bildungssystem als Zertifizierungen unterschiedlich weit gespannter Kommunikationsfähigkeiten betrachten, die berufliche oder akademische Ausbildung als Unterweisung in spezifische Kommunikationsformen verstehen usw. Diese Ausführungen basieren auf der Annahme eines Prozesses der Sozialisation im Umgang mit Medien, der das Pendent bildet, zu dem, was Berger und Luckmann *Institutionalisierung* nennen. Diese These wird auch vom KoKo zentral aufgenommen. Knoblauch (2013; 2017) bezieht sich in diesem Kontext auf die oben erläuterten Verfestigungen kommunikativen Handelns, die handelnd erwirkt oder auf die handelnd eingewirkt wird, sodass sie selbst Wirkungen entfalten können. Damit werden einerseits Objekte und Technologien wie Bilder und bildgebende Verfahren, andererseits aber auch die kommunikativen Formen angesprochen, in die sie verwoben sind und die

> Handlungsabläufe dar[stellen; R.W.], die eine Ordnung (etwa Anfang und Ende) aufweisen und entsprechend starke Kontexte zur Koordinierung von Handlungen und Handlungserwartungen bilden. (Knoblauch 2013, 39)

Rekurriert wird hier auf die Institutionalisierung von kommunikativen Formen und Gattungen zu dem, was an anderer Stelle *Grundformen der gesellschaftlichen Vermittlung* (Luckmann 1986) genannt wird. Diesem Prozess der Institutionalisierung von Kommunikationsformen kommt im vorliegenden Kontext eine besondere Bedeutung zu. Er wird sowohl in der sprach- (Luckmann) als auch in der *kommunikations*soziologischen GA (Knoblauch) äquivalent zu der Institutionalisierung gesellschaftlicher Institutionen überhaupt betrachtet. Diese Grundfigur der Wissenssoziologie, die Institutionalisierung von sozialer Ordnung als Fundament einer Gattungstheorie und wesentliches Element auch der vorliegenden GA, soll daher im Folgenden etwas ausführlicher betrachtet werden.

In *Die gesellschaftliche Konstruktion der Wirklichkeit* (Berger und Luckmann 1986/1969[engl. 1966]) geht es Berger und Luckmann um die Konstruktionsprinzipien der „Gesellschaft als objektive Wirklichkeit" (ebd., S. 49). Diese erläutern sie anhand einer elaborierten *Institutionalisierungstheorie*. Ihre Hauptaussage ist hierbei, dass sich Mensch und Gesellschaft in einem dialektischen Prozess wechselseitig konstituieren. Der Mensch brauche die erleichternde Funktion der Gesellschaft, die er daher konstruiere, um sein Handeln zu entlasten.

Den Ausgangspunkt dieser These extrahieren die Autoren aus der Protosoziologie (Abschnitt 2.1.2). Der Mensch nimmt demnach eine Sonderstellung
unter den Tieren ein. Ihm sei, so Berger und Luckmann, weder eine „arts-
pezifische Umwelt" (ebd.), noch eine (biologisch) fixierte Umweltbeziehung
eigen. Stattdessen, so der SoKo, seien Menschen „weltoffen" (ebd., S. 50) und
ihr „Instinktapparat" „bildbar" (ebd., S. 51) (Prozess der Sozialisation). Seine
Menschwerdung, so die Autoren, vollziehe sich daher erst in der Interaktion
mit den anderen, die Mead „signifikant" nennt (Bezugspersonen der primären
Sozialisation). Vor diesem Hintergrund stellen die Autoren des SoKo die soziologische Kernfrage: Woher stammt die Stabilität menschlicher Ordnung, wenn
der Mensch weitgehend unfixiert zur Welt kommt? Die Antwort auf diese Frage
zu „Entstehung, Bestand und Überlieferung" (ebd.) einer Gesellschaftsordnung
erläutern Berger und Luckmann schließlich mit Bezug auf den *Institutionenbe-
griff* bei Arnold Gehlen (2009[1940]). Sie erklären sowohl, wie Institutionen
als Bausteine einer Gesellschaftsordnung entstehen (Habitualisierung, Legitimierung) als auch den Prozess, in dessen Verlauf diese Ordnung in die individuellen
Akteure gelangt und dort wirkt (Internalisierung).

Ein erster Schritt zur Institutionalisierung ist die *Habitualisierung* (Berger und
Luckmann 1986/1969[engl. 1966], 60 ff.). Hierbei wird eine Handlung durch stete
Wiederholung zu einem Modell verfestigt. Die so erzeugte Blaupause erleichtert
zukünftiges Handeln, da dieses so zu einer Abfolge von routinisierten Proze-
duren wird. Durch *reziproke Typisierung* wird dieses Modell (Handlungstyp)
dann zu einer *Institution.* Durch *Legitimation* schließlich wird der Prozess der
Institutionalisierung abgeschlossen. Legitimation spielt für den Prozess der Institutionalisierung folglich eine maßgebliche Rolle. Wenn wechselseitig typisiertes
Handeln die Situation überdauern soll, wenn es auch über die wiederkehrende
Begegnung der immer gleichen Akteure hinaus bestand haben soll, dann muss
diese Typisierung, um zur Institution werden zu können, vor den nachfolgenden
Generationen, den anderen, für die sie auch gelten soll, legitimiert werden. Erst so
kann eine Institution die Qualität einer überindividuellen Wirklichkeit annehmen,
sich zur „konstruierten Objektivität" verdichtend, zur „sozialen Tatsache" und
dadurch zu einem dauerhaften alltäglich unhinterfragten Teil der „gegebenen"
Welt werden.

Zur Legitimation von Institutionen, so Berger und Luckmann, diene ein
entsprechender, gesellschaftlicher Wissens-Überbau oder Wissensvorrat, der im
Rahmen der Sozialisation *internalisiert* werde. Er ermöglicht es, innerhalb einer
gegebenen Gesellschaft, eine bestehende Ordnung zu wahren. Unter Wissen
fassen Berger und Luckmann in diesem Kontext vor allem „vortheoretisches
Primärwissen". „Es „programmiert" die Bahnen, in denen Externalisierung

eine objektive Welt produziert" (ebd.) und macht die gegebene Welt so zur Wirklichkeit schlechthin. Qua ihrer Legitimierungserfordernis basiert die Institutionalisierung auf objektiviertem und sozial konstruiertem Wissen (– was den SoKo unzweifelhaft zu einer „Theorie der Wissenssoziologie" erklärt). Institutionen, die durch ein kognitives und emotionales Wissensrepertoire legitimiert werden und in der „natürlichen Künstlichkeit" der Gesellschaft, in die wir hineingeboren werden, bereits vorliegen, ergeben schlussendlich also die Antwort auf die von Berger und Luckmann gestellte Frage nach den Grundlagen der Stabilität gesellschaftlicher Ordnung. Der KoKo greift diese Institutionalisierungstheorie von Berger und Luckmann auf und vollzieht, ähnlich wie die wissens- bzw. sprachsoziologische Gattungsanalyse von Luckmann (1986, 204) zuvor, die Übertragung der Institutionalisierung von Handlungs- und Personaltypen auf Formen der Kommunikation. Im KoKo gliedert sich die Struktur des Sozialen maßgeblich anhand von kommunikativen Formen und Gattungen, die in Akten des kommunikativen Handelns erzeugt werden (und schließlich auch auf diese zurückwirken), wobei hier, anders als in der ursprünglich *sprach*soziologischen Fassung, Objekte und Technologien als wesentliche Aspekte dieser Struktur ihre oben erläuterte, große Rolle spielen:

> Gesellschaftliche Ordnung wird vermittels der verschiedensten Formen kommunikativer Handlungen und den dabei verwendeten Objektivierungen hergestellt. Noch genauer: Die Spezifik der gesellschaftlichen Ordnung wird durch die spezifischen Formen des kommunikativen Handelns erzeugt. (Knoblauch 2013, 40)

Einige der oben mittels eines weiten Begriffs (McLuhan 1994[1964]) beispielhaft gegebenen Medien scheinen sozio-historisch stabil, andere wiederum sind der kreativen Zerstörung, dem Fortschritt, unterlegen. Neue Medien, oder besser die „jüngeren Formen der Mediatisierung" (Knoblauch 2017, 328), die den Wirkungskreis kommunikativen Handelns über die Grenzen der Welt in unmittelbarer Reichweite hinaus erweitern, haben dadurch erheblichen Einfluss auf die spezifischen Formen gegenwärtiger Kommunikation. Diese Effekte berühren einerseits die Struktur der Interaktion, schlagen sich dabei andererseits aber auch auf die Struktur des Sozialen in toto nieder (Castells 2001, 427). Tatsächlich hat „die Kommunikation die Gesellschaft, die Wirklichkeit, die Welt verwandelt" (Knoblauch 2017, VI). Entsprechend beinhaltet der KoKo auch eine Zeitdiagnose, die *Kommunikationsgesellschaft* (ebd., S. 329 ff.).

2.2.3 Zeitdiagnose

Die *Kommunikationsgesellschaft* als soziologische Zeitdiagnose stellt eine empirisch informierte Zustandsbeschreibung (spät-)moderner Gegenwartsgesellschaften dar. Sie geht von der Bedeutung gewandelter bzw. neuer Formen der Kommunikation aus und stellt dabei heraus, dass die durch sie bewirkten Veränderungen ein die Gesellschaften als Ganzes charakterisierendes Ausmaß angenommen haben (Knoblauch 2017, 316):

> Durch die jüngeren Formen der Mediatisierung wird Kommunikation zum zentralen gesellschaftlichen Prozess, der, so die These, zur Kommunikationsgesellschaft wird (ebd., S. 328).

Aus Perspektive meines eigenen Ansatzes, insbesondere auch vor dem Hintergrund der vorangegangenen Schilderungen des Forschungsfelds, zwischen Computerisierung und Interdisziplinarisierung (Abschnitt 1.2), wird ersichtlich, dass sich die Kommunikationsgesellschaft als *die* Epoche der CNS verstehen lässt. Sie ist der äußerste gesamtgesellschaftliche Rahmen, der sämtliche relevanten sozio-historischen Aspekte umfasst, vor deren Hintergrund sich die CNS als neues Forschungsfeld entwickeln konnte. So wie Kommunikationsformen sich (neuen) Kommunikationsproblemen verdanken, verdankt sich der Bedeutungszuwachs der Kommunikation (neuen) gesellschaftlichen Herausforderungen. In diesem Sinne stellt die Kommunikationsgesellschaft die unmittelbare Herausforderung zur Entwicklung der CNS dar.

2.2.3.1 Diskursivierung

In seiner Zeitdiagnose erlaubt der KoKo zunächst zwischen *Diskursivierung* und *Kommunikationsgesellschaft* zu differenzieren. Er verdeutlicht, dass Erstere sich seit den 1970er Jahren beobachten lässt, während zweitere erst mit der um die anschließende Jahrtausendwende einsetzenden *neuen Mediatisierung* einherging. Unter Diskursivierung erfasst Knoblauch (ebd., S. 333 ff.) dabei die beobachtbare Zunahme der Bedeutung von Kommunikation für die sozialen Strukturen (und vice versa), die nicht zuletzt in den seit den 1960er Jahren sich entwickelnden Emanzipationsbewegungen zum Ausdruck kommt. Ausschlaggebend hierfür sind soziohistorische Entwicklungen, die in Zeitdiagnosen als Individualisierungs- (Beck und Beck-Gernsheim 1994) bzw. Pluralisierungsprozesse (Berger, Berger und Kellner 1975) beschrieben werden und die dazu führten, dass der Kommunikationsbedarf in Gesellschaften zunahm. (Während die 1950er und

1960er Jahre in Deutschland und anderen europäischen Ländern noch weitgehend vom Stillen fundamentaler Bedürfnisse nach dem Zweiten Weltkrieg geprägt
waren, erlosch mit dem Ende der 1960er Jahre, vor dem Hintergrund neuer
Kriege, einsetzender Wirtschaftskrisen und der Bildungsexpansion, der unge-
bremste Fortschrittsoptimismus der Wirtschaftswunderzeit und der industriellen
Massengesellschaft.)

Die Massengesellschaft der 1950er wurde durch den „Fahrstuhleffekt" (Beck
1986, 122 ff.) der 1960er Jahre grundlegend verändert: Klassenantagonismen
schienen, nicht zuletzt vor dem Hintergrund gestiegener Löhne und Gehälter und
erleichtertem Zugang zu Bildung und Wohlstand, zunehmend aufgehoben (Beck
und Beck-Gernsheim 1994). Die erste, ‚enttraditionalisierte' Nachkriegsgenera-
tion, die von gestiegenen schulisch-akademischen bildungs- und arbeitsmarktli-
chen Mobilitäts- und Konkurrenzniveaus geprägt war, trat in den 1970er Jahren
Das schwierige Leben in der „Zweiten Moderne" (Volkmann 2000, 33 f.) an. In
den zitierten Zeitdiagnosen wird dieses häufig mit gewachsener Eigenverantwort-
lichkeit und individuellem Selbstbezug assoziiert (– bis hin zur Hyperbel von
atomisierten Gesellschaften oder gar fraktalen Subjekten (Baudrillard 1989)).

Jenseits aller Dramatisierung stellte sich, vor dem Hintergrund von Individualisierung und Pluralisierung, die Frage der sozialen Integration in Alltag,
Politik und Wissenschaft tatsächlich völlig neu. Wissen, das vorangegangenen
Generationen vor dem Hintergrund traditioneller sozialer Kontexte noch als
‚Rezepte' diente, wurde nun, im Rahmen diskursiver Prozesse, gesellschaftlich
expliziert, thematisiert und neu ausgehandelt. Dabei entwickelten sich entlang
gewandelter Sozialmilieu-spezifischer Vektoren wie Symbolkultur (Stichwort:
1968er) und Alter (Stichwort: Jugendkultur) (Schulze 1992[2005], 537) neue
Existenz- und Vergemeinschaftungsformen. Entsprechend sieht Knoblauch (2017)
die gesellschaftliche Diskursivierung ab den 1970er Jahren in der gestiegenen
Notwendigkeit der kommunikativ prozessierten sozialen Vermittlung zwischen
neu emanzipierten gesellschaftlichen Gruppen begründet:

> All diese pluralisierenden Tendenzen erfordern mehr Kommunikation bei der Über-
> setzung zwischen verschiedenen Diskursen, der Aushandlung von Handlungsorien-
> tierungen und der Koordination bei der Interaktion. (ebd., S. 335)

Neben der Individualisierung bzw. der Pluralisierung der privaten Lebenswelten,
die zur Diversifizierung der Lebensformen und somit indirekt zur Diskursivierung
der Gesellschaft beigetragen haben, betrachtet Knoblauch vor allem die Zunahme
der funktionalen Differenzierung. Hier ist insbesondere die *professionelle Spezialisierung* (Pfadenhauer 2000), die im vorliegenden Kontext eine besondere

Rolle spielt, maßgebend für die Diskursivierung moderner Gesellschaften seit den 1970er Jahren, die, neben der Freisetzung des Individuums, auch die rasch zunehmende Ausdifferenzierung von Professionen und Organisationen markieren:

> Mitglieder müssen von außen rekrutiert werden, Wissen muss nach außen legitimiert werden, und im Regelfall muss auch Kapital durch Wissen von außen eingeworben werden. Dadurch entstehen zahlreiche neue kommunikative Arenen, die sich zwischen die Funktionsbereiche legen [...]. Die wachsende Komplexität schafft überdies neue »beratende« Wissensbereiche, Expertise und Spezialwissen, die mit der Wissensvermittlung zu tun haben [...]. (Knoblauch 2017, S. 335)

Aus Perspektive der vorliegenden Fallstudie muss auch die Entstehung interdisziplinärer Forschungsfelder wie das der CNS in diesem sozio-historischen Kontext betrachtet werden. Wie an anderer Stelle ausführlich dargestellt (Wilke, Lettkemann 2018, 76 f.), stand die zeitgleich mit den geschilderten allgemeinen gesellschaftlichen Individualisierungs- und Diskursivierungstendenzen zunehmende Zergliederung der Wissenschaft, ihre wachsende Innendifferenzierung, die ich zuvor parallel zur Entwicklung des PCs und der computerwissenschaftlichen Expertise dargestellt habe (Abschnitt 1.2), unter dem Einfluss wachsender Kritik: Ein Klima entstand, das dazu beitrug, die sich zunehmend verselbstständigende interne Entkopplung ganzer Wissenschafts- und Forschungsfelder zu hinterfragen und die betroffenen Forscher/-innen im Sinne einer Verantwortung, zur Lösung gesamtgesellschaftlich diskutierter Probleme beizutragen, forschungspolitisch zu reintegrieren.

Aus dieser Thematisierung, die maßgeblich von der *Organisation für wirtschaftliche Zusammenarbeit und Entwicklung* (OECD) geprägt wurde, ging die politische Forderung nach Interdisziplinarität hervor:

> Seit damals gehört die Forderung nach mehr Interdisziplinarität zum „Mantra" der Forschungspolitik (Metzger und Zare 1999). Der Begriff wurde [...] geprägt, um verschiedene Lehr- und Forschungsformate zu bezeichnen, die dem Austausch von Modellen, Methoden und Personen zwischen Fachgebieten dienen (Thompson Klein 1990, 36 ff.). Auf den OECD-Treffen argumentierten Ökonom/-innen, Politiker/-innen und Wissenschaftsphilosoph/-innen in großer Einhelligkeit, dass interdisziplinäre Formate besser geeignet seien, fachübergreifende Forschungsfragen und damit die ‚Probleme der wirklichen Welt' (Gibbons et al. 1994, S. 147–149) zu bearbeiten. Ausgehend von diesen Empfehlungen kam es weltweit zur Einrichtung interdisziplinärer Forschungsorganisationen und Förderprogramme, die die nachteiligen Folgen fachlicher Segmentierung kompensieren und institutionelle Impulse für wissenschaftlich-technische Innovationen geben sollten. (ebd.)

Die CNS ist ein ausgezeichnetes Beispiel für die wissenschaftliche Diskursivierung in der interdisziplinären Forschungsarbeit. Sie ist ausdrücklich dazu angetreten, um eine neue, ‚biologisch plausible' Hirnforschung zu entfalten, die sich
an ‚Problemen der wirklichen Welt', namentlich: der hochgradigen Komplexität
systembiologischer Prozesse im Bereich der neuronalen Informationsverarbeitung
messen lassen möchte (– ein Anspruch in dem sich, ganz diskursiv, auch der
geistes-/sozialwissenschaftliche Reduktionismus-Vorwurf bereits widerspiegelt).
Erst die interdisziplinäre Kombination von Kybernetik, Computerwissenschaft
und Physik mit der neurobiologischen Hirnforschung und der Psychologie ist,
dem Selbstverständnis der CNS nach, dazu in der Lage, Herausforderungen dieser Größenordnung anzunehmen und zu begegnen. Vor dem Hintergrund dieser
Aufgabe beabsichtigte Schwartz, die CNS als fächerübergreifenden Forschungs-
diskurs zu begründen und zu institutionalisieren, indem er Wissenschaftler/-innen
verschiedener Provinienz miteinander ins Gespräch brachte (Abschnitt 1.2.2).

2.2.3.2 Die Kommunikationsgesellschaft

Den Übergang von der Diskursivierung zur *Kommunikationsgesellschaft* erläutert
Knoblauch (2017) anhand des mehrdimensionalen Begriffs der *Kommunikativierung*, der im Folgenden mit Bezug auf die vorliegende Studie ausführ-
lich dargestellt werden soll. Mit dem Begriff der Kommunikativierung grenzt
Knoblauch frühere Formen der Mediatisierung von den technologischen Ent-
wicklungsschüben insbesondere seit den 2000er Jahren ab, die auf Ebene der
Informations- und Kommunikationstechnologien (IuK) ausschlaggebend für das
sind, was er in Abgrenzung zur Diskursivierung seit den 1970er Jahren als
Kommunikationsgesellschaft bezeichnet.[20] Mit den Begriffen *Digit(al)isierung*,
Interaktivierung und *Kommunikationsarbeit* erläutert Knoblauch den Charakter
der Kommunikativierung (ebd., S. 343 ff.):

> Kommunikativierung umfasst die Digitalisierung, die Interaktivierung und die Aus-
> weitung der Kommunikationsarbeit. Sie ist geknüpft an die zunehmend globale Aus-
> weitung der informationellen Infrastrukturen, die als Infrastrukturierung betrieben
> wird. Durch diese Prozesse und die aus ihnen hervorgehenden Folgen für das kom-
> munikative Handeln wird die Kommunikationsgesellschaft gebildet bzw. konstruiert.
> (Knoblauch 2017, 335)

---

[20] Hier ist darauf hinzuweisen, dass die Kommunikativierung der CNS, die sich um den PC
als zentrale Technologie herum gruppiert (Abschnitt 1.2.2), zu dem, was man, läge eine Ver-
wechslung mit der gleichnamigen Disziplin nicht zu nahe, ‚Kommunikations*wissenschaft*'
nennen könnte, bereits früher als die des Alltags einsetzte, nämlich in den 1980er Jahren.
Entsprechend weist auch Knoblauch darauf hin, dass die Wissenschaften in Bezug auf IuK
eine Vorreiterrolle einnehmen (ebd., S. VI).

Die Kommunikativierung „zeichnet sich [...] durch die Umstellung der Technik auf Zeichen aus" (ebd.). Knoblauch differenziert in diesem Sinne zunächst die Begriffe *Digitisierung* und *Digitalisierung*. Während er unter Letzterer die Nutzung digitaler Daten versteht (siehe unten), bezeichnet er mit Ersterer die Grundlagen dieser Nutzung, den Prozess der Umwandlung von analogen in binäre digitale Zeichen. Die Wandlung in binären Code und die Einspeisung in elektrische Schaltkreise stellt somit die eigentliche Grundlage der Kommunikativierung dar. Die Digitisierung von Gegenständen in Computercode ist die Voraussetzung der Digitalisierung und der Folgen, die an sie anschließen. Aufgrund dieser im vorliegenden Kontext fundamentalen Bedeutung der Digitisierung soll sie hier näher beleuchtet werden:

> Digitisierung beruht auf der Verbindung eines einfachen mathematischen Zeichencodes mit einem elektrischen Kreislauf [...]. Ihr Kern besteht zum Ersten darin, dass zwei elektrische Zustände klar (»diskret«) voneinander unterscheidbar sind, wie dies in der Öffnung oder Schließung eines elektrischen Kreislaufes der Fall ist. Diese beiden Zustände werden dann, zum Zweiten, mit einem ebenso diskreten binären logisch-mathematischen Code (1/0) gleichgesetzt bzw. in ihn »übersetzt«. [...] Wie dieser Code selbst wieder als Grundlage für alle komplexeren mathematischen Kombinationen dient, so können auch die Regelkreise etwa in Reihen- oder Parallelschaltungen miteinander verkoppelt und endlos ausgebaut werden. So können elektrische Abläufe mit immer komplexeren Zeichen verbunden und, falls es sich um Zahlen handelt, Rechnungen gelöst werden. (ebd., S. 344)

Binäre Zeichensysteme, die ihrerseits der Digitisierung zugrunde liegen, weisen einen ähnlichen sozio-historischen bzw. sozio-technischen Entwicklungspfad auf wie andere Zeichensysteme, etwa die Entwicklung von Idiogrammen zu Lautzeichen. Ursprünglich wurden binäre Codes auch tatsächlich wie Schriftsprachen verwendet. Diese Funktion lässt sich wenigstens bis in das achte Jahrhundert vor unserer Zeitrechnung nach China zurückverfolgen (Gramm 2001). Aus dieser Zeit ist das *I Ging, Das Buch der Wandlungen* bekannt, das u. a. 64 umfangreich kommentierte Hexagramme beinhaltet, die sich aus jeweils sechs Binärzeichen (durchgezogene Linie/unterbrochene Linie) zusammensetzen.[21]

Auch die Verwendung des Binärcode-Systems zur Tele-Kommunikation, zum Zweck also, Kommunikation über weite Strecken hinweg zu ermöglichen, hat

---

[21] Hinter den Strichzeichen verbergen sich jeweils umfangreiche Weisheiten – so wird Konfuzius nachgesagt, er habe sich einige weitere Lebensjahre hinzugewünscht, um die Hexagramme des *I Ging* weiter studieren zu können (Legge 1963[1899], 1).

eine lange analoge Tradition. So hat bereits der antike griechische Geschichts-schreiber Polybius eine auf Bi-Grammen basierende Form der „optischen Tele-graphie" (Gramm 2001, 2) entwickelt, wobei bis zu fünf Fackeln gehalten wurden (linke Hand/rechte Hand), wodurch 25 Buchstaben codiert und über Sichtweite ‚versendet' werden konnten (ebd., S. 4). Später hat sich hieraus die auf Morse basierende elektrische Telegrafie entwickelt.

Als Erfinder des binären Zahlensystems (sowie auch als Grundsteinleger der *digitalen* Computertechnologie) darf Gottfried Wilhelm Leibnitz betrachtet wer-den (Breger 2008, 386).[22] Leibnitz beschäftigte sich bereits im 17. Jahrhundert intensiv mit mathematischen Problemstellungen und entdeckte dabei das binäre Zahlensystem, das er in eine mathematische Kosmologie einbettete. Die Null galt ihm in diesem Rahmen als das Nichts, die Eins hingegen als das Sein über-haupt: Das Ziffernpaar aus Null und Eins umfasste für ihn damit die universellen Grundaspekte der Schöpfung (ebd., S. 387). Zudem sah Leibnitz, dass durch das binäre System alle anderen Zahlen ausgedrückt werden konnten, was ihm – dem pythagoräischen Weltbild „Alles ist Zahl" gemäß – bedeutete, dass durch die Eins und die Null schier alles oder mit anderen Worten: die gesamte Schöp-fung ausgedrückt werden könne (ebd.). Damit war Leibnitz dem (vermeintlichen) Potential des digitalen Binärsystems, das heute u. a. in den modernen PCs der CNS-Expert/-innen verwirklicht werden soll, bereits dicht auf der Spur.

Die Digitisierung erweist sich für meine Fallstudie bzw. für das Feld der CNS und die beobachtete Forschungsgruppe zunächst hinsichtlich wenigstens zwei unterschiedlicher Aspekte (technisch und theoretisch) von konstitutiver Bedeu-tung. In ihrer (personalen) Verschränkung verweisen beide Aspekte darauf, dass das Adjektiv *computational* in der Feldbezeichnung CNS nicht trivial ist, sich also nicht auf die Digitalisierung komplexer Modelle durch Computer (allein) bezieht, sondern vielmehr Ausdruck einer wesentlich tieferen Verknüpfung des Felds mit dem ist, was im KoKo mit dem Begriff der *Digitisierung* beschrieben wird.

Erstens ist die CNS ein Forschungsbereich, der sich der *technischen* Ent-wicklung der „Von-Neumann-Architektur" (VNA) verdankt, einer Computer-architektur, die nach ihrem Erfinder benannt wurde, dem u.s.-amerikanischen

---

[22] Leibnitz hatte bereits an der Entwicklung von Automaten gearbeitet und kann daher als einer der Pioniere oder Ur-Vater der KI-Forschung betrachtet werden. Zudem sind aus sei-nem Nachlass zwei auf dem binären Zahlensystem basierende (analoge) Rechenmaschinen bekannt (Breger 2008, 389). Somit hat er die Grundlage für die erste elektronische Rechen-maschine von Konrad Zuse und die Funktionsweise aller modernen Computer geschaffen, die auf der Von-Neumann-Architektur basieren.

Computerpionier John von Neumann. Ohne VNA, auf der moderne PCs basieren, ohne die digitale Aktivierung des Prinzips des Binärcodes, wären die Modelle der neuro-informatisch/neurobiologischen CNS nicht zu bewältigen, wie uns ein Physiker und Professor für CNS bestätigte:

> So rigoros mathematisch wie man Physik betreiben kann, kann man Neurobiologie nicht betreiben. Und ohne Computer ist man dann hilflos. Deswegen: Alles was interessant gewesen wäre, theoretisch, ein bisschen komplexer, konnte man damals, vor dem Weltkrieg, nicht machen. (EXP_1, S. 3)

Erst durch die Verbindung der simplen Struktur des binären Codes mit den Von-Neumann-Rechnern eröffnete sich die Mannigfaltigkeit tatsächlicher und potenzieller Anwendungen der Computerisierung (Breger 2008, 385) in so unterschiedlichen Bereichen wie der Klimaforschung oder der Modellierung neuronaler Prozesse. Nummerische Korpora und theoretische Modelle können heute gleichermaßen in Code umgewandelt (digitisiert), von Computern berechnet (computerisiert) und anschließend z. B. digital visualisiert (digitalisiert) werden. Dies ist die Grundvoraussetzung für alle Computational Sciences.

Auf dieser technischen Grundlage kann, was immer digitisiert wird, in moderne PCs eingespeist und modelliert werden. Dabei ist die Digitisierung, darauf weist auch der KoKo ausdrücklich hin, weit mehr als nur Simulation oder Repräsentation: Vielmehr zeigt sich die Digitisierung, als Produkt zeichenhaften kommunikativen Handelns, als Objektivation, mit einer eigenen *Wirkung* ausgestattet. Sie stellt selbst eine kommunikative Konstruktion, eine Wirklichkeit sui generis dar, die spezifische Folgehandlungen ermöglicht und andere unterdrückt. Den erweiterten Möglichkeitsraum der Digitisierung spannt dabei schließlich erst die Digitalisierung auf, die Re-Präsentation digitisierter Daten. Sie stellt einen sozialen Sinnzusammenhang her, indem die ‚Digitisate' *intraaktiv* mit einer globalen, kommunikationstechnologischen Infrastruktur verbunden werden können (*Interaktivierung*).

Zweitens verknüpft der ungarisch-stämmige Mathematiker von Neumann, der Erfinder des modernen Computers, dessen VNA eng mit Leibnitz' Binärsystem und den Grundlagen der Digitisierung verbunden ist (Breger 2008, 385), diese auch *theoretisch* mit der CNS, für die er einen wichtigen Ideengeber darstellt. Neumanns Ansatz des „Brain-like Computing" zählt zu den Pionierarbeiten der CNS: In seinem 1945 publizierten Bericht über die Entwicklung der VNA schreibt er, das Credo des Brain-Like-Computing zusammenfassend, das Funktionsprinzip seines Computers sei an den Prinzipien des Gehirns orientiert. Er führt dazu in Anspielung an Leibnitz' Universalitätsthese der Binarität aus, dass alle existierenden „computing machines" über Relais verfügten, die wie Neuronen funktionierten: „They have all-or-none character, that is two states: Quiescent and excited" (Neumann 1992[1945], 4 f.).

Die Digitisierung durch binäre Zahlencodes ist für die CNS daher zweifach konstitutiv: Zum einen auf der technischen Grundlage, dass die Schlüsseltechnologie der CNS, der Computer nach von Neumanns Architektur, der auf Leibnitz' Binärsystem basiert, überhaupt erst Berechnungen der Art ermöglicht, wie sie für die Modelle der CNS notwendig sind und die anderenfalls „pipe dreams" (Churchland et al. 1993, 47) geblieben wären. Zum anderen ist die CNS aber auch in erkenntnistheoretischer Hinsicht mit dem Binärcode verknüpft, da von Neumann nicht nur als Erfinder des modernen PCs betrachtet wird, sondern auch der Computer-Hirn-Analogie, die den wesentlichen Legitimationshintergrund für die CNS darstellt(e).[23]

Die Auseinandersetzung mit dem Begriff der Digitisierung verdeutlich daher, dass das „computational" in CNS mehr als die digitale Repräsentation von Daten auf Computerbildschirmen bedeutet. Die CNS untersucht Hirne mit computerwissenschaftlichen Methoden auf Grundlage der Annahme eines gemeinsamen informatisch-neurowissenschaftlichen Prinzips, nämlich das der Binarität des Computercodes (1/0) einer- und der neuronalen Funktionsweise (aktiv/nicht aktiv) andererseits: Die Aktivität eines Neurons lässt sich messen: entweder es ‚feuert' oder nicht, es kennt keine weiteren Zustände (1/0). Entsprechend dieser fundamentalen Übereinstimmung ist daher auch von „Neuroinformatik" und „neuronaler Informationsverarbeitung" die Rede. Man kann Leibnitz aus Perspektive der CNS daher leicht recht geben, dass der binäre Code alles, so wie es in unseren Hirnen existiert, abzubilden und zu berechnen vermag. Herbert Breger schränkt allerdings ein und gibt zu bedenken, dass Leibnitz selbst bzgl. der Subjektivität skeptisch blieb und sie für „nicht künstlich herstellbar hielt" (ebd., S. 391).

Die *Digitalisierung* und somit die Nutzung digitaler Daten ist hinsichtlich eines *dritten* Punkts von grundlegender Bedeutung für die CNS, nämlich durch die Visualisierungsweisen, die sie ermöglicht. Ohne diese wäre die CNS ein anderes Forschungsfeld. Das verdeutlicht die Analyse des Group-Talk als zentrale Kommunikationsform der beobachteten Forschungsgruppe (Abschnitt 4.2). Außerdem machen auch die geführten Expert/-inneninterviews deutlich, dass die CNS nicht nur eine theoretische, sondern auch eine visuelle Wissenschaft ist, die

---

[23] Neumann entspricht hierin nicht mehr unbedingt den aktuellen Ansprüchen der CNS an ‚biologisch plausible Modellierung'. Die Hirn/Computer-Analogie ist aber nicht nur hier auch heute noch sehr populär.

nicht allein in ihrer internen und externen Wissenskommunikation maßgeblich auf Bilder setzt. Selbst der Erkenntnisprozess im Rahmen der CNS-Forschung ist ganz maßgeblich mit der durch Digitisierung ermöglichten Digitalisierung verknüpft. Eine u.s.-amerikanische Expertin auf dem Feld der CNS, die selbst ein großes Labor leitet, sagte uns dazu:

```
Visualizing data? Yeah, I mean, it's really important. […] I mean, that's
kind of the first thing we do when we get new data, that we visualize it
in a hundreds ways. Because we don't know what to think of it, right? […]
And that is really, I mean, that's like the fantastic part of it. When
you visualize it in a new way and you see something that you didn't
realize it was there. That's great! (EXP_6, o.Z.)
```

Hier zeigt sich interessanterweise, dass Daten in der CNS nicht nur für andere, sondern auch für das forschende Subjekt (oder die eigene Projektgruppe) selbst digitalisiert und visualisiert werden. Tatsächlich ist es in der CNS (und anderen Feldern, die große Datenkorpora analysieren) heute üblich (Gramelsberger 2010, Malina 2010), dass der Erkenntnisgewinn und nicht nur dessen Kommunikation anhand von Visualisierungen vonstattengeht.[24] Diese Erkenntnis ist nicht neu: Die Laborstudien im Bereich der *Science and Technology Studies* (Alać 2008, Beaulieu 2002, Burri 2008, Lynch und Woolgar 1990, Coopmans, et al. 2014), Wissenschaftshistoriker/-innen (Daston und Galison 2007) sowie die Wissenschaftsphilosophin Gramelsberger (2010) und andere haben sich mit den Repräsentationsformen, bildgebenden Verfahren und Computermodellen verschiedener wissenschaftlicher Felder detailliert auseinandergesetzt und sind zu ähnlichen Befunden gelangt. Zwar wurden schon vor dem Computer- und PC-Zeitalter Bilder als Evidenz herangezogen, insbesondere aber in Kombination mit der Digitisierung sind Forschungsbereiche entstanden, in denen überhaupt erst anhand der unterschiedlichen digitalen Repräsentationsformen von Forschungsdaten der Erkenntnisgewinn ermöglicht wird, zur Anschauung kommt oder wo Bilder sogar selbst zum Werkzeug der Forschung werden (Daston und Galison 2007, 409).

Während andere Objektivationen erst in den Handlungen und in Verbindung mit menschlichen Körpern einen Sinn machen, erzeugen digitale Technologien mit den Zeichen ohnehin schon immer auch einen Sinn, der elementar zeichenhaft ist: Er beruht auf der zeichenhaften Binarität, die den Kern der Digitisierung ausmacht. Seine

---

[24] Ein vergleichbares Feld in der Soziologie ist z. B. die Netzwerkanalyse.

gesellschaftliche Kraft als Digitalisierung entwickelt er aber durch die kybernetische Kopplung mit anderen materialen, technischen und körperlichen Prozessen, die
entweder selbst als Wirkungen auftreten können oder eine zeichenhafte Form annehmen (wie dies etwa in Buchstaben, Bildern oder Tönen an Computern geschieht).
(Knoblauch 2017, S. 345)

Mit der Digitalisierung wird daher ein weiterer Aspekt der Kommunikativierung zur Kommunikationsgesellschaft angestoßen, die *Interaktivierung.* Unter
Interaktivierung versteht Knoblauch die Kopplung von technischen Systemen
und menschlichem Handeln (in Abgrenzung zum Begriff der *Intraaktion* (Knoblauch 2017, S. 346), der die Kommunikation zwischen verknüpften technischen
Systemen untereinander bezeichnet). Interaktivierung bezeichnet somit die Wirkung der Digitalisate als Produkte kommunikativen Handelns (soziale Kraft).
Digitisierung und Digitalisierung sind, wie wir gesehen haben, grundlegende
Voraussetzungen der CNS, nicht nur in technischer oder theoretischer Hinsicht,
sondern auch in Bezug auf Erkenntnisprozess und Wissenskommunikation im
Feld.

Der KoKo erlaubt es, die auf Digitalisierung basierenden Visualisierungspraktiken der CNS als kommunikatives Handeln zu fassen und zu verstehen, wie
diese Bild-Kommunikation, in einer als gemeinsam wahrgenommenen Umwelt,
sowohl nach innen als auch nach außen, sowohl für die Wissenschaftler/-innen
und die eigenen Daten als auch für die anderen, denen diese visuell präsentiert werden, wirksam wird. Das Zitat der US-Expertin oben verdeutlicht, wie
ihre Forschungsdaten durch Digitalisierung gleichsam ‚zum Sprechen gebracht‘
werden (Interaktivierung). Die Kommunikation, die dabei entsteht, ist durchaus kein Selbstgespräch, auch wenn die Expertin vor allem von ihrem eigenen
Erkenntnisprozess zu sprechen scheint. Dass sie dabei vielmehr bereits die
Adressat/-innen ihrer Community antizipiert, dass sie, wenn sie sich von ihren
Datenvisualisierungen überraschen lässt, ihr präsentationales Wissens nutzt, um
zu erkennen, was auch andere in den entsprechenden Visualisierungen erkennen
könnten, brachte uns gegenüber ein weiterer Experte aus dem Feld der CNS
deutlich zum Ausdruck:

Nun, die Frage ist dann immer, welchen Teil [meiner Arbeit] kann ich
überhaupt darstellen, welcher Teil davon ist informativ und welche
Repräsentation ist informativ. Und dann, wenn es darum geht, neue Anträge
zu schreiben, und Vorträge zu halten, geht es dann noch darum, in welcher
Repräsentation sieht es denn gut aus. In welcher Repräsentation ist es
denn für - also erstmal ist es zugänglich für Nicht-Eingeweihte, aber vor
allem auch, verkauft es sich gut. Sieht es so kompliziert, interessant
und eindeutig aus, dass alle Leute denken, ‚das sieht ja so aus, als würde
es das Problem ein für alle Mal lösen'. (EXP_2, Z. 619-625)

Die Interaktivierung zwischen Menschen und technischen Systemen als wesentliche Wirkung der Digitalisierung kommt in beiden zitierten Interviewauszügen
exemplarisch zum Ausdruck. Die an realen (oder auch hypothetischen) Gegenständen gemessenen (oder berechneten) Daten werden als binäre Zahlencodes
in Computersoftware eingespeist und können so digital aufbereitet (z. B. visualisiert) werden. Als digitale Repräsentationen dienen sie schließlich als Erkenntnis-
und Kommunikationsmittel und können als gemeinsame Referenz und kommunikative Ressource verwendet werden. Diese kommunikative Wirkung entfaltet
sich maßgeblich durch die Verschmelzung von Informations- mit Kommunikationstechnologien im Rahmen des modernen PCs und realisiert sich damit als ein
Prozess der *Medialisierung*:

Sie [diese Verschmelzung; R. W.] wurde schon früh durch den Umbau des Computers als einer Rechenmaschine in eine »Kommunikationsmaschine« vorbereitet […]
Diese Konvergenz von Informations- und Kommunikationstechnologien (die sich in
der Breite seit den 1990er Jahren vollzogen hat) führte dazu, dass neben den digitalen Zeichen mit ihren besonderen Programmiersprachen nun immer mehr Zeichen
verwendet wurden, die auch in anderen Formen menschlicher Kommunikation zum
Einsatz kamen (mit den entsprechenden Oberflächen, Monitoren und Ikonen). Wir
haben es also mit dem Einbezug einer Vielzahl von medialen und durchaus auch mas-
senmedialen Formen der Kommunikation in den Bereich des Digitalen zu tun, die wir
als Medialisierung bezeichnen. Dieser Prozess der Medialisierung ist verbunden mit
vielfachen Anstrengungen zur Visualisierung etwa im Zusammenhang der Schaffung
von Virtual Realities, die seit Beginn der 1990er Jahre verstärkt zur Verbildlichung
und Audiovisualisierung der interaktiven Schnittstellen zwischen den Geräten und
den Geräten und den Menschen führte. (ebd., S. 347)

Medialisierung bildet die Grundlage dafür, dass Computer nicht nur rechnen können, sondern auch dazu in der Lage sind, z. B. in der Gattung des Präsentieren
(Schnettler und Knoblauch 2007), eine Vielzahl menschlicher Kommunikationsweisen zu erweitern und zu prozessieren. Das ist auch im Group-Talk der

CNS und bei den für sie typischen, auf digitalen Visualisierungen basierenden, epistemologischen und kommunikativen Repräsentationsformen der Fall. Die Bild-Kommunikation der CNS ist eine Form des kommunikativen Handelns, die zentral auf dem durch die Digitalisierung ermöglichten digitalen Zeigen beruht. In diese computergestützte Deixis sind einerseits verschiedene intraaktiv ineinander verschachtelte Formen bzw. Aggregatsstufen von Objektivationen (Infrastruktur, Hardware, Software, digitisierte Daten, digitalisierte Repräsentationen) involviert, die Wirkungen entfalten (z. B. Erkenntnis ermöglichen). Andererseits basiert dieses Zeigen wie jede kommunikative Handlung im Sinne der Kommunikationstriade gleichzeitig auf der performativen Objektivierung verkörperter Subjekte (Zeigen, Sagen, Sehen), die mit den intraaktiven Objektivationen interaktiv sind (Kommunikation).[25]

Als institutionalisierte Form der Wissenskommunikation ist das kommunikative Handeln der Bild-Kommunikation in der CNS, wie ich in Abschnitt 4.2 anhand videographischer Analysen zeigen werde, eng mit *Kommunikationsarbeit* als drittes Grundelement der Kommunikativierung verknüpft. Im Feld ist die Kommunikationsarbeit maßgeblich durch die Anwendung der dort ausgebildeten und vermittelten spezifischen Form präsentationalen Wissens charakterisiert. Dies kommt deutlich in dem Zitat des zuletzt zitierten CNS-Experten zum Ausdruck. Die Wahl der Visualisierungsweise kann dafür entscheidend sein, welche Bedeutung einer Arbeit beigemessen, was als förderungswürdig angesehen oder welches Ergebnis evident wird.

Die Erzeugung und performative Darstellung von Visualisierungen in der CNS ist daher weder Selbstzweck noch Ornament. (Wobei ästhetische Erwägungen, auch das wurde im Rahmen des Group-Talks und den geführten Expert/-inneninterviews deutlich, durchaus eine Rolle spielen). Vielmehr ist die Erzeugung von Visualisierungen zum Zweck ihrer erkenntnistheoretischen und kommunikativen Funktionen mit einem großen Aufwand verbunden, der, wie auch Forschungen in anderen Bereichen belegen (Kellogg, Orlikowski und Yates 2006), unter Inkaufnahme eines hohen Ressourcenaufwands erledigt wird. Diese Kosten können von den Betroffenen als Zeitvergeudung der eigentlichen Forschungstätigkeit betrachtet werden (Geringschätzung der Kommunikationsarbeit). Tatsächlich sind diese Kommunikationsarbeit und das entsprechende Knowhow, d. h. das präsentationale Wissen, essenziell, um auf die richtige Weise sehen,

---

[25] Vorträge ohne Bilder gelten im Feld als ärgerliche Tatsache, die, wie ein Hintergrundgespräch uns verdeutlichte, auf interdisziplinären Konferenzen an Vertreter/-innen anderer Fachkulturen verwundert wahrgenommen wird.

zeigen und die entsprechenden Visualisierungen erstellen und auswählen zu können:

> Diese interaktive Koordination scheint nötig zu sein, um die Indexikalität der standardisierten digitalen Daten »heilen« zu können: Sie müssen verstanden, mit anderen gedeutet und situativ angepasst werden. (Knoblauch 2017, S. 352)

Kommunikationsarbeit bzw. dem präsentationalen Wissen, das sie anleitet, kommen vor dem Hintergrund der heterogenen Wissensordnung der CNS die Rolle zu, im Feld und konkreter: in der eigenen Forschungsgruppe, zu verstehen und selbst verstanden zu werden. Die Kommunikationsarbeit steht daher exemplarisch für die Hervorbringung des von mir für die vorliegende Fallstudie vorgeschlagenen Begriffs der Wissenskommunikation (Kapitel 1). Sie ist in dem in der vorliegenden Arbeit fokussierten Group-Talk als zentrale Kommunikationsarbeit der CNS-Forschungsgruppe beobachtbar. Diese Wissenskommunikation ist die Kardinalaufgabe, die den Forscher/-innen im Feld aufgegeben ist, um ihre Arbeit interaktiv als CNS, d. h. als multiperspektivischen Ansatz der modernen Hirnforschung zu rahmen. Der Group-Talk ist die kommunikative Form, die es erlaubt, dieser Herausforderung in der Kommunikationsarbeit geordnet und angemessen zu begegnen.

An dieser Stelle sei für dieses Kapitel abschließend darauf hingewiesen, dass der KoKo, mit seiner dreiteiligen Gliederung aus Sozial- und Gesellschaftstheorie sowie Zeitdiagnose selbstredend weit mehr beinhaltet, als im Rahmen meiner Arbeit dargestellt werden kann oder soll. Zahlreiche Aspekte des KoKo überschneiden sich zudem mit Vorannahmen, die er aus Quellen aufgenommen hat, die ich z. T. im vorangegangenen Unterkapitel subsummiert habe (siehe 2.1). Schließlich gibt es Aspekte, die der weitgespannte KoKo postuliert und die für meine Fallstudie keine oder – aus Perspektive meines Forschungsdesigns – nur eine untergeordnete Rolle spielen, sodass sie hier nicht aufgegriffen wurden. Dies gilt z. B. für die Erweiterung des Kommunikationsbegriffs in Richtung der „Anzeichen", die zwar von sozialtheoretischer Bedeutung ist, jedoch nur eine untergeordnete Relevanz im Rahmen der von mir beobachteten Kommunikationsprozesse besitzt. Aus diesem Grund bediene ich mich in meiner Arbeit eines eigenen bzw. zwei eigener Begriffe der Kommunikation bzw. der Wissenskommunikation (Kapitel 1), die – aufbauend auf Schütz und dem KoKo – nicht-intendiertes kommunikatives Handeln aus der Interpretation der beobachteten Kommunikationsprozesse ausnehmen. Der Fokus auf das, was bewusst gesagt, gefragt, gezeigt oder angedeutet wird, sowie die von mir gewählte Fokussierung auf Kommunikation in Kopräsenz in meiner Arbeit, verdanken sich

der empirischen Struktur meines Gegenstands und möchten weder die generelle
Bedeutung von Anzeichen noch von nicht-kopräsenter Kommunikation für das
kommunikative Handeln und die kommunikative Konstruktion von Wirklichkeit
bestreiten. Im Gegenteil, es ist sicher ein weiteres Verdienst des KoKo, dass
er mit den entsprechenden Erweiterungen den Fokus auch auf diese Aspekte
des kommunikativen Handelns lenkt, die in bisherigen Ausformungen des SoKo
weitgehend vernachlässigt wurden.

Nichtsdestoweniger bietet sich, wie ich in diesem Kapitel gezeigt habe, der
KoKo, mit seiner Zeitdiagnose und seinem empirisch aktualisierten gesamtgesellschaftlichen Theorierahmen, für meine empirische Arbeit als forschungsleitendes
Konzept an. Der Gegenstand meiner Forschung lässt sich nur aus einer solchen,
die veränderten Bedeutungen und Grundvoraussetzungen von Kommunikation
berücksichtigenden Perspektive verstehen. Insbesondere der erweiterte Kommunikationsbegriff des KoKo, der auch die Kommunikativierung der Gesellschaft
umfasst, seine Betonung des körperlichen Wirk-Handelns, des Wirklichkeits-
stiftenden Charakters von Kommunikation sowie der Bedeutung von Objektivierungen und Objektivationen, der Symbol- und Sachstrukturen unserer Kommunikation also, sowie schließlich der Umstand, dass die GA als empirische
Grundlage zugleich integraler Bestandteil des KoKo geworden ist, machen ihn,
für meine kommunikationssoziologische, gattungsanalytische Untersuchung des
Group-Talks in der CNS zu einem wichtigen Ideengeber.

Gattungen und Gattungsanalyse 3

Die Gattungsanalyse (GA) ist von doppelter Bedeutung für die vorliegende Fallstudie: *Erstens* aufgrund ihres sprach- bzw. kommunikationssoziologischen Kontexts: Vor dem Hintergrund der gesetzten Fragestellung und des empirischen Gegenstand, der explizit eine Kommunikationsform im Sinne des KoKo darstellt (Abschnitt 1.1 und 1.2.2), bietet sich die kommunikativ-konstruktivistisch informierte GA für die Analyse des Group-Talks an. Sowohl der auf einer verstehenden Soziologie basierende Sozialkonstruktivismus (Abschnitt 2.1 und 2.2.2) als Vorläufer der GA und seine ‚empirisch aktualisierte' Variante, der kommunikative Konstruktivismus als ihr direkter Nachfolger (insbesondere der hier erweiterte Kommunikationsbegriff; Abschnitt 2.2), als auch die sprachtheoretischen Entwicklungen, die dem von Luckmann konzipierten Gattungsbegriff vorangegangen sind (Abschnitt 3.1), und schließlich auch die Methodologie, die sich an die GA anschließt, Fokussierte Ethnographie und Videographie (Abschnitt 1.2.3), sind von zentraler Bedeutung für meine Forschungsperspektive.

Zweitens stellt die GA eine Forschungsholistik dar, die es mir erlaubt, die heterogenen Datensorten, die im Feld erhoben wurden, sowie die unterschiedlichen sozialen Aggregatsstufen, Mikro-, (Meso-) und Makrostrukturen, die mit diesen Datensorten korrespondieren, in der Analyse systematisch miteinander zu verknüpfen (siehe Abbildung 1.6). Somit ermöglicht die GA es zu vermeiden, was Lettkemann (2016, 51) unter dem Begriff der „soziologischen Unschärferelation" versteht. Gemeint ist, die Schwierigkeit, Handeln und Institutionen gleichermaßen in den Fokus einer soziologischen Analyse einzubeziehen, ohne dabei das eine oder andere aus den Augen zu verlieren.

Mit der Unschärfe-Metapher erklärt Lettkemann daher, dass Fallstudien in der Regel nur eine der beiden Strukturebenen wählten. Die GA dagegen ist als Forschungsmethode sowie vor ihr bereits Luckmanns Sprachsoziologie und *Die gesellschaftliche Konstruktion der Wirklichkeit* (Berger und Luckmann

© Der/die Autor(en) 2022   87
R. Wilke, *Wissenschaft kommuniziert*, Wissen, Kommunikation und Gesellschaft,
https://doi.org/10.1007/978-3-658-36704-6_3

1986/1969[engl. 1966]) im Theoriebereich, ausdrücklich dazu angetreten, um die Lücke zwischen den Ebenen des kommunikativen Handelns und der institutionellen Struktur des Sozialen zu schließen. Dies entspricht Luckmanns allgemeinem Anspruch, „Handlungstheorie und Institutionenlehre" (1992, 1) in der soziologischen Analyse miteinander zu verbinden. In Vorbereitung auf die Luckmannsche Sprachsoziologie bzw. die spätere GA waren, wie eingangs erwähnt, maßgeblich auf dem Gebiet der Linguistik, methodologische wie theoretische Entwicklungen entscheidend, die ich im Folgenden skizzieren möchte, bevor ich konkret auf das Programm der sprach- (Abschnitt 3.2) bzw. kommunikationssoziologischen GA (Abschnitt 3.2.3) eingehen werde.

3.1 Bausteine der wissenssoziologischen GA

Die maßgebenden Vorläufer der sprach- bzw. wissenssoziologischen GA (Abschnitt 3.2) finden sich in den USA. Hier sind es neben Pionierarbeiten, die bis in die Zeit der Chicago-School der 1920er Jahre zurückreichen (Knoblauch 2000, 47), vor allem die Anfang der 1960er aufkommende *Ethnographie des Sprechens* (Hymes 1962) bzw. die Soziolinguistik[1] – nebst den Arbeiten von Erving Goffman, die ihr zugerechnet werden können (Bergmann 1991) – und die etwas jüngere ethnomethodologisch informierte CA (Sacks et al. 1974), die als Ideengeber für die GA von Luckmann betrachtet werden müssen.

3.1.1 Die Entwicklung der Soziolinguistik

In der Soziolinguistik wird das Phänomen der Sprache empirisch, d. h. in ihrem alltäglichen Gebrauch, erforscht (*Ethnographie des Sprechens*) und daher als „parole", also als Handeln (Knoblauch 2000, 48) aufgefasst. Hier unterscheidet die Soziolinguistik sich entschieden vom Paradigma der strukturalistischen

---

[1] Der Begriff Soziolinguistik (Sociolinguistics) wird gelegentlich Haver Currie (1952) zugeschrieben (Knoblauch 2000, S. 48), wohingegen eine Kurznotiz *in Language in Society* vom April 1979 (Hymes 1974, 141) darauf aufmerksam macht, dass er bereits 1939 von T.C. Hodson (in *Language in Society* fälschlicherweise Hudson geschrieben) im Titel einer Arbeit über Sanskrit gebraucht wurde (Hodson 1939). Den Begriff der *Ethnographie des Sprechens* schreibt Hymes sich selbst (als „Motto") zu (Hymes 1979, *96 f.*). Größere Popularität erfuhr allerdings dessen Weiterentwicklung zur *Ethnographie der Kommunikation* (Hymes 1964), der deshalb im Folgenden verwendet wird, „ein Begriff, der allerdings den dynamischen und praxisorientierten Aspekt der sprachlichen Performanz weniger stark betont als sein Vorgänger" (Bergmann und Meyer 2011, 151).

Linguistik, die von Ferdinand de Saussure begründet, Sprache als Zeichensystem auffasst und somit weitgehend auf ihre Darstellungsfunktion reduziert.[2] Die systematische Unterscheidung zwischen gesprochener Sprache und Sprache als Zeichensystem stammt von de Saussure selbst: Er differenzierte zwischen „langue" (Zeichensystem), „parole" (gesprochene Sprache) und „langage" (das Gesamtsystem). Die Linguistik definierte er vor dem Hintergrund dieser Differenz ausdrücklich als Wissenschaft, „deren einziges Objekt die Sprache als System [langue] ist" (Saussure 2016, 25, Volosinov 1973, 59). Für Luckmann, dem es um das (kommunikative) Handeln geht, ist de Saussure vor diesem Hintergrund nicht anschlussfähig. Die Soziolinguistik hingegen, mit ihrer Praxis-Wende in der Sprachforschung, vermag entscheidende Impulse für seine *Sprachsoziologie* (Luckmann 1975, 9) und die spätere GA zu liefern. Und auch für Forscher/-innen der ethnomethodologischen Schule, in deren Umfeld schließlich die CA von Harvey Sacks (Abschnitt 3.1.4) entwickelt wird sowie für Goffman (Abschnitt 3.1.5) ist die Soziolinguistik ein Anziehungspunkt.

Im Jahr 1972, als Vorsitzender des *Round Table on Linguistics and Language Studies* der Universität von Georgetown, hielt der Anthropologe und Sprachwissenschaftler Dell Hymes, der neben dem Linguisten John Gumperz als Hauptvertreter der Soziolinguistik gilt, eine Rede, in der er das entsprechende Programm einerseits gegenüber dem damals dominanten Saussurschen Paradigma der Linguistik, andererseits aber auch gegenüber den Anfängen der Soziolinguistik selbst, mit einiger Schärfe ausführte. Die Entwicklung des soziolinguistischen Forschungsprogramms war zum damaligen Zeitpunkt bereits seit etwa einem Jahrzehnt vorangeschritten. Es hatte dabei aber nicht die durchschlagende Wirkung in der institutionellen Linguistik erzielen können, die Hymes sich erhofft hatte:[3] „I take it that most of us aim higher than that" ((Hymes 1972,

---

[2] Nach dem Kommunikationsmodell von Karl Bühler (Bühler 1934) besitzt die Sprache drei Funktionsbereiche: Die Ausdrucks-, die Appell- und die Darstellungsfunktion. Während Erstere der Äußerung von Innerem dient und Mittlere die Funktion der Adressierung umfasst, beschreibt Letztere die eigentliche Zeichentheorie, d. h. die Tatsache, dass Worte Dinge bezeichnen, mit denen sie nicht identisch sind.

[3] Noch im Jahr 1972 war die Soziolinguistik so ‚neu', dass sich die Veranstalter/-innen des *Twenty-Third Annual Georgetown University Round Table on Linguistics and Language Studies,* unter dem Vorsitz von Dell Hymes, nicht sicher waren, ob ihr Call zu dem Thema *Sociolinguistics: Current Trends and Prospects* ausreichende Aufmerksamkeit auf sich ziehen würde: „It was with some hesitation that this topic was originally suggested since the development of sociolinguistics is so recent that the committee was not at all certain how widely it would be received. However, the response to the initial announcement was overwhelming" (Shuy 1972, V). U.a. sprachen William Labov, Aaron Cicourel, Dell Hymes, Joshua Fishman, Harvey Sacks, John Gumperz und – last but not least – Erving Goffman,

314); dazu (Coulmas 1979, 7)). Während, wie er schilderte, bereits eine große Zahl empirischer Arbeiten auf dem Ansatz der *Ethnographie der Kommunikation* beruhten (oder sich auf ihn beriefen), sei die Linguistik als Theorie noch weit davon entfernt, die soziale Perspektive als elementaren Bestandteil integriert zu haben. Vielmehr sei sie eine „theory of grammar" (Hymes 1972, 316) geblieben. Die Perspektive der Soziolinguistik sei daher stets lediglich ein Teilaspekt angewandter Linguistik, anstatt die Grundlage für eine neue linguistische Theorie darzustellen (ebd.).

Hymes Ärger über diese Diagnose ist zu verstehen, schloss die Soziolinguistik doch an eine Forderung an, die u. a. bereits von dem berühmten und einflussreichen amerikanischen Linguisten Edward Sapir in den 1920er Jahren aufgestellt wurde. Dieser appellierte 1928, also bereits vier Jahrzehnte vor Hymes' Rede am *Round Table*, bzw. drei Jahrzehnte vor den ersten Arbeiten im Bereich der *Ethnographie der Kommunikation*, die Linguistik müsse sich mit ‚anthropologischen, soziologischen und psychologischen' Problemen beschäftigen, insofern sie Sprache beträfen:

> It is peculiarly important that linguists, who are often accused, and accused justly, of failure to look beyond the pretty patterns of their subject matter, should become aware of what their science may mean for the interpretation of human conduct in general. Whether they like it or not, they must become increasingly concerned with the many anthropological, sociological, and psychological problems which invade the field of language. (Sapir 1929, 214)

Mit seinem Anliegen folgte Hymes also einem Imperativ, der schon lange vor ihm im Feld formuliert worden war. Nun erwartete er eine ‚realistische', d. h. am tatsächlichen Sprachgebrauch orientierte ‚sozial-konstituierte' Linguistik:

> The phrase 'socially constituted' is intended to express the view that social function gives form to the ways in which linguistic features are encountered in actual life. This being so, an adequate approach must begin by identifying social functions, and discover the ways in which linguistic features are selected and grouped together to serve them. (Hymes 1972, 316)

Der Anthropologe und Linguist Hymes ist der Ansicht, Sprachforschung müsse sich, basierend auf anthropologischer Methodologie und soziologischer Erkenntnisse, auf soziale Konstituenten rückbeziehen, um so, im Sinne einer Sozio-Linguistik, Kommunikationsformen identifizieren und analysieren zu können,

---

dessen Manuskript auf eigenen Wunsch allerdings nicht in der Tagungspublikation erschien (ebd.).

in denen Sprache im Alltag tatsächlich gebraucht wird. Es geht ihm darum, im Rahmen eines entschieden empiristischen Ansatzes, Sprech- bzw. *Kommunikationsereignisse* (speech events (Hymes 1979, 47 ff) bzw. communication events (Hymes 1964, 13)) als Hauptgegenstand einer neuen (Ethno-)Linguistik zu etablieren, um so, auf der Basis ‚fokussierter Ethnographien', den Begriff der Sprache in Hinblick auf deren Funktionen in tatsächlichen Sprachgebräuchen bestimmen zu können. Es gelte herauszufinden, so Hymes, wie Sprecher/-innen konkreter *Sprechgemeinschaften* (speech communities) bestimmte Eigenschaften von Sprache auswählten und ‚gruppierten', um so spezifische soziale Zwecke ihrer Kommunikation zu realisieren.

Neben den Begriffen Sprechereignis und Sprechgemeinschaft umreißt Hymes den Analyserahmen seiner Ethnographie des Sprechens mit weiteren Begriffen, die in der Literatur als analytische Beschreibungssprache, nicht zuletzt in Luckmanns Sprachsoziologie, (zumeist unsystematisch) Verbreitung fanden und die Hymes z. T. der einschlägigen Literatur entnahm; darunter *Sprechsituation* (speech situation; (Austin 1962)), *Sprechakt* (speech act; (Austin 1962); (Searle 1969)) und *Äußerungskontext* (setting; in Anlehnung an Jakobsons Kontext (1960)). In einem Artikel stellt Hymes (1964) zudem ein detailliertes Glossar zusammen, wie die einzelnen relevanten Elemente (*community, situation, event, act, setting*) der Ethnographie der Kommunikation zu operationalisieren seien bzw. worauf es konkret zu achten gelte, wenn man Feldforschung durchführe. Ausdrücklich bezieht er sich dabei auf die Arbeit des Linguisten Roman Jakobson, dessen sechs Faktoren der Mitteilung er aufnimmt und ergänzt.[4]

Briefly put, (1, 2) the various kinds of participants in communicative events–senders and receivers, addressors and addressees, interpreters and spokesmen, and the like; (3) the various available channels, and their modes of use, speaking, writing, printing, drumming, blowing, whistling, signing, face and body motion as visually perceived, smelling, tasting, and tactile sensation; (4) the various codes shared by various participants, linguistic, paralinguistic, kinesic, musical, and other; (5) the settings (including other communication) in which communication is permitted, enjoined, encouraged, abridged; (6) the forms of messages, and their genres, ranging verbally from single-morpheme sentences to the patterns and diacritics of sonnets, sermons, salesmen's pitches, and any other organized routines and styles; (7) the topics and comments that a message may be about; (8) the events themselves, their kinds and characters as

---

[4] Aufbauend auf Bühlers Kommunikationsmodell (vgl. Fußnote 42), entwickelte Jakobson (1960) ein Modell, wonach jedem Kommunikationsereignis sechs Faktoren zugrunde liegen: *Sender, Empfänger, Kontakt, Code, Kontext* und *Botschaft* (ebd., S. 358). Hymes greift diese sechs Faktoren auf und ergänzt sie um die *Formen der Mitteilung* sowie das *Kommunikationsereignis* selbst.

wholes–all these must be identified in an adequate ethnographic way. (Hymes 1964,
13)

3.1.2 Luckmanns Sprachsoziologie

Vor dem Hintergrund dieser Neuausrichtung der Linguistik, die Hymes beschwört
und für die er ein umfangreiches theoretisches wie Empirie-anleitendes Begriffs-
repertoire aus der linguistischen Forschung zusammenstellt, lag es nahe, nicht
zuletzt aus sozialkonstruktivistischer bzw. wissenssoziologischer Perspektive, die
Luckmann mit Berger entwickelt hatte, an Hymes und John Gumperz anzuschließen und nach den Gruppierungen oder besser: den Institutionen der Sprache
zu suchen, die gesellschaftliche Wirklichkeit praktisch im Alltag zu konstruie-
ren erlauben. In Anschluss an die Soziolinguistik entwirft Luckmann daher eine
Sprachsoziologie (1975), in der er die Forderungen von Sapir bzw. Hymes von der
(Sozio-)Linguistik auf die Soziologie spiegelt. Er beklagt, "it comes as a surprise
to discover how superficial sociology's interest in language has been until the
recent past" (ebd., S. 8). Luckmann hingegen interessierte sich seit den frühen
1970er Jahren konkret für die Soziologie der Sprache. Zuvor hatte er vergleı-
chende Sprachwissenschaft studiert, wobei es ihn überraschte, wie wenig diese
mit tatsächlich gesprochener Sprache zusammenhängen konnte (Luckmann 2013,
41 f.):

> [T]he dominant approach was either philological in the old sense or what appeared as
> abstract structuralism to an impatient student who was looking in vain for la parole in
> the study of la langue. (ebd.)

Angesichts dieser Studienerfahrung in der Linguistik nimmt Luckmann in *The
Sociology of Language* (1975), inspiriert von so heterogenen Klassikern wie von
Humboldt (Philologie), Émil Durkheim (Soziologie) und Mead (Sozialpsychologie), die Arbeiten Hymes' und Gumperz aus der (anthropologischen Sozio-)
Linguistik auf. Ohne die GA dabei bereits vorzuschlagen oder als Methode zu
entwerfen, den Begriff der Gattung verwendet er nicht, entwickelt Luckmann hier,
entlang der in der Wissenssoziologie ausgearbeiteten Grundbegriffe wie *Institution* und *Sozialisation*, die Grundlagen der GA. Er erläutert, unter dem Begriff
der *institutionellen Sprache* (institutional language), dass spezifischen sprachlichen Repertoires bzw. Sprechweisen, spezifische Rollen, Status und Biografien
zugeordnet werden können.

Im Kontext der sozialen Situation, die er maßgeblich durch die institutionalisierte Sozialstruktur definiert sieht (ebd., S. 44), verdeutlicht Luckmann

zudem, dass auf Grundlage der wechselseitigen Definition der Kommunizierenden (informelle Situation) oder von institutionellen Vorgaben (formale Situation)
der spezifische Sprachgebrauch in Situationen, „with varying degrees of precision
and articulation" (ebd.), vorfestgelegt und es umgekehrt deshalb so sei, dass spezifischer Sprachgebrauch es den Kommunizierenden erlaube, Rückschlüsse auf
die wechselseitige Einschätzung, ihre Beziehung zu einander sowie die Natur der
gemeinsamen sozialen Situation zu ziehen:

[I]t should be noted that institutionally defined roles, political roles, professional
roles, etc., have characteristic linguistic repertoires. Social positions, e.g., class and
other status, are marked by distinct styles of language or other variations of linguistic
codes. A person is institutionally and "positionally" (i.e., by status) socialized in the
course of his social biography to one or several linguistic repertoires and to one or
several speech styles simultaneously or consecutively. The use of a particular linguistic repertory or a particular speech style (e.g., formal instead of intimate) in particular
social situations is generally motivated by the social biography of the person. In addi-
tion, the specific use in specific situations is determined by the reciprocal definitions
of the situation of the participants, or may be imposed by institutional sanctions. Con-
versely, in social situations the linguistic typifications by the participants of each other
and of themselves in relation to the others as well as of the situation itself, are of
particular importance for the possibility and realization of congruent intersubjective
definitions of the situation. (ebd., S. 21)

In sozialen Situationen sieht Luckmann das Sprechen, in Einklang mit seiner im
SoKo detailliert ausbuchstabierten Institutionalisierungsthese (Abschnitt 2.2.2),
als maßgeblich durch soziale Institutionalisierung bzw. die institutionelle Sprache determiniert. Mit einer starken Betonung auf die strukturelle Kraft sozialer
Institutionen meint Luckmann, Rollen und Statusaspekte wirkten geradezu „au-
tomatically" (ebd., S. 44), wobei sie spezifische Sprachstile und -repertoires
aktivierten. Die „stylistic "degrees of freedom"" variieren dabei zwar von „society
to society and from situation to situation" (ebd.). Mit Verweis auf empirische
Studien zeigt Luckmann aber, dass konkrete Sprechakte dabei situativ stets in
engem Zusammenhang mit relevanten Aspekten der sozialen Wirklichkeit, die
die soziale Situation rahmen, ausgewählt werden: Verwandtschaft, Alter und
Geschlecht, ökonomische oder politische Institutionen, Statusunterschiede und
allgemeine gesellschaftliche Normen, wie das Ernste, das Feierliche, das Hei-
lige usw. sind demnach sozialstrukturelle Faktoren, die die Auswahl sprachlicher
Elemente und sprachlicher Formen maßgeblich beeinflussen:

C.O. Frake (1964) demonstrated convincingly that a complex interplay of sociostruc-
tural, cultural and linguistic factors of the kinds described above is presupposed in
such a seemingly simple speech-act as the ordering of a drink. (ebd., S. 45)

Bei aller Betonung der sozialen Strukturen und ihrer z. T. determinierenden
Wirkung auf unser (kommunikatives) Handeln, nämlich die Auswahl unserer
Sprechakte, vergisst Luckmann in seinen Ausführungen nicht, im Sinne des
‚verstehenden‘ Anspruchs und der dialektischen Betrachtungsweise von Mensch
und Gesellschaft im SoKo, darauf hinzuweisen, was sich bereits in den angesprochenen Freiheitsgraden des institutionellen Sprechens andeutet: Dass soziale
Situationen natürlich nicht vollständig institutionalisiert sind, sondern durch die
Anwesenheit von Subjekten stets auch eine aktuelle und individuelle, subjektive
Seite aufweisen, ein Hier-und-Jetzt, das von der sozial-biographischen Determiniertheit des Sprechens unterschieden werden muss, dabei aber nicht weniger
determinierend wirkt als die Institutionen des Sozialen (siehe Abschnitt 2.1.1 bis
2.1.3):

There is, however, an entire set of intrinsic determinants that must be considered sepa-
rately. They originate in the "inner" structure of the situation and influence the form
of the speech-act from "within". As far as the individual is concerned, each situation is subjectively structured in various ways: spatially (into left and right, up and
down, near and far), temporally (into before and after, soon and late, etc.), socially
(according to the immediacy of the several symptoms-optical, acoustic, tactile, etc.)
and to the permutations of these symptoms by which partners in the situation are
experienced. (ebd.)

In seiner Sprachsoziologie von 1975 greift Luckmann den Begriff der *Gattung*, auf dessen Spuren ich mich in diesem Abschnitt meiner Arbeit noch
etwas weiterbewegen möchte, noch nicht auf. Er verwendet stattdessen den sozialkonstruktivistischen Begriff der *institutionellen Sprache*. Dabei argumentiert
Luckmann vor allem, dass Sprechen weitgehend von institutionellen Kontexten
determiniert sei. Er stellt dar, dass Sprechen in sozialen Situationen an Faktoren der sozialen Biografie sowie allgemeine gesellschaftliche Normen gebunden
sei. Wobei er zugleich auf den wichtigen Aspekt hinweist, dass nicht nur äußere
institutionelle, sondern, aus der situationalen Perspektive der Sprechenden, auch
innere Faktoren Einfluss auf die Wahl von Sprechakten haben.[5] Die Frage aber,

---

[5] Tatsächlich weist ja die Biografie selbst, während sie weitgehend von sozialen Strukturen
prädisponiert ist, individuelle bzw. ganz subjektive Eigenschaften auf, wie die spezifische
Abfolge, die spezifische räumliche und zeitliche Perspektive etc., worauf Schütz und Luckmann (1979, S. 86) dezidiert hinweisen.

in welchen konkreten Einheiten, Mustern, Formen und Gattungen institutionalisiert gesprochen wird, bleibt in Luckmanns Sprachsoziologie unadressiert. Auch Hymes, der Luckmanns Sprachsoziologie entscheidend bereichert, verwendet den Begriff der *Gattung* (genre) zu Anfang (Hymes 1964) selten und selbst in seinen späteren Arbeiten nur unsystematisch und weitgehend unerläutert (Günthner und Knoblauch 1994, 698). Das Verhältnis, in dem „sprachliche Routine", „Muster" und „Sprechgewohnheiten" (Hymes 1979, S. 78 f.) zu Genres bzw. Gattungen stehen, liegt nicht in Hymes Fokus und verbleibt auch bei Luckmann – vorerst – im Dunkeln.

3.1.3 Der Begriff: Speech Genres

Als eigentliche Quelle des Gattungsbegriffs in Bezug auf verbale Kommunikation muss der 1975 verstorbene russische Literaturwissenschaftler Michail Bachtin (engl. Bakhtin) betrachtet werden. Bachtin, den Luckmann 1975 noch nicht rezipierte (Luckmann 2006, 5), schrieb in den 1950er Jahren ein Essay, in dem er den Begriff der *Sprechgattung* definierte:

All the diverse areas of human activity involve the use of language. Quite understandably, the nature and forms of this use are just as diverse as are the areas of human activity. [...] Language is realized in the form of individual concrete utterances (oral and written) by participants in the various areas of human activity. These utterances reflect the specific conditions and goals of each such area not only through their content (thematic) and linguistic style, that is, the selection of the lexical, phraseological, and grammatical resources of the language, but above all through their compositional structure. All three of these aspects –thematic content, style, and compositional structure– are inseparably linked to the whole of the utterance and are equally determined by the specific nature of the particular sphere of communication. Each separate utterance is individual, of course, but each sphere in which language is used develops its own relatively stable types of these utterances. These we may call speech genres. (Bakhtin 1986[1952], 60)

Bachtin, dessen analytische Grundeinheit die *Äußerung* (utterance) (ebd., S. 67 ff) im Sinne von Saussures parole ist, entwickelt in seinem Essay, maßgeblich anhand des Dialogs als deren Prototyp, die Theorie einer Linguistik der *Sprechkommunikation* (speech communication). Seinen Hauptbegriff, die Äußerung, definiert er dabei entlang einer semantischen Dimension: Eine Äußerung kann demnach sowohl ein einzelnes Wort, einen Satz oder eine Vielzahl von Sätzen umfassen (ebd., S. 77). Entscheidend ist die abgeschlossene Sinneinheit der Äußerung (ebd., S. 76), die Vollständigkeit der Ent-Äußerung im Sinne eines

Sprechplans (speech plan). Mit dem *Sprechplan* verweist Bachtin darauf, dass
wir nicht von Wort zu Wort oder Satz zu Satz kommunizieren. Vielmehr würden
wir das Ganze, unseren Ausdruckswillen, im Verlauf des Sprechens mit Worten
füllen (ebd., S. 86). Nur so kann der Begriff der *Äußerung*, im Sinn der Externalisierung eines subjektiven Sinns, überhaupt Bedeutung erlangen. Entsprechend
verwirft (auch) er die Analyseeinheiten der etablierten Linguistik nach Saussure:
Silben, Worte oder Sätze seien – im Sinne ihrer *Darstellungs*funktion – ungeeignet, um der Natur des Sprechens – im Sinne ihrer *Ausdrucks*funktion – auf
die Spur zu gelangen. Sie seien neutral, besäßen keine Aussagekraft und ‚gehörten niemandem': „The words of a language belong to nobody", „The same
thing must be said about the sentence as a unit of language: it, too, is devoid
of expressiveness" (ebd., S. 88 f.). Der *wirk*liche Charakter der Sprache sei vielmehr nur erfahrbar, wenn man ihn aus der Sprechkommunikation (parole statt
langue) heraus analysiere. Hier erweise sich, dass die Grundeinheit die Äußerung
sein müsse, da nur in ihr das Wort mit der Wirklichkeit in Kontakt käme, es erst
hier einem Ausdruck diene und so für die Sprecher/-in sowie für die Zuhörenden
kontextuell sinnhaft interpretierbar sei:

> Therefore, one can say that any word exists for the speaker in three aspects: as a neu-
> tral word of a language, belonging to nobody; as an other's word, which belongs to
> another person and is filled with echoes of the other's utterance; and, finally, as my
> word, for, since I am dealing with it in a particular situation, with a particular speech
> plan, it is already imbued with my expression. In both of the latter aspects, the word is
> expressive, but, we repeat, this expression does not inhere in the word itself. It origi-
> nates at the point of contact between the word and actual reality, under the conditions
> of that real situation articulated by the individual utterance. (ebd., S. 88)

Bachtins Begriff der Sprechkommunikation beleuchtet, in strenger Abgrenzung
zur strukturalistischen Linguistik, die mit ihrer „langue" als Zeichensystem die
Darstellungsfunktion der Sprache analysiert, ganz im Sinne von von Humboldt,
die Ausdrucks- und somit Verständigungsfunktion der Kommunikation. Er betont
das Verstehen dabei, entsprechend der Basisdifferenzierung einer verstehenden
Soziologie, als intersubjektiven Interaktionsprozess zwischen jeweils mit subjektivem Sinn ausgestatteten Individuen. Das Wort der „langue" bilde nur eine von
drei Existenzformen – und dabei die nichtssagendste – ab, wohingegen das Wort
noch in zwei weiteren Formen, nämlich für Ego und Alter Ego, existiere. In
diesen beiden Formen weise es jeweils Ausdruck auf, nämlich den gemeinten
Sinn der Sprechenden bzw. der Verstehenden. Dieser Sinn käme aber stets nur
in situ in die Welt, dort nämlich, wo es unter den Bedingungen einer gegebenen
Situation in Kontakt mit der Wirklichkeit trete. Besonders kritikwürdig erscheint

ihm vor dem Hintergrund dieses dialogisch-verstehenden Sprachbegriffs, dass die Linguistik das Sprechen als einsamen Prozess konzipiere, wodurch die Rolle der Zuhörenden sich fälschlicherweise als Passivität darstelle (ebd., S. 69). Bachtin dagegen verdeutlicht, dass jegliche Äußerung zu jedem Zeitpunkt in der Sprechkommunikation eine Reaktion hervorzurufen in der Lage sei und dass dies sogar auch dann gelte, wenn die Sprechsituation unmittelbare Reaktionen nicht zulasse (ebd.). So würden Äußerungen – mittelbar oder unmittelbar, ausgesprochen oder nicht – stets Folgehandlungen, Sprechakte wie Zustimmung, Ablehnung, Befolgung, Widersetzung etc. nach sich ziehen (ebd.; auch (Volosinov 1973, 85, Collins 1998, 7, J. Berger 2003[1903])). Zudem würden Äußerungen auch bereits darauf hin getätigt, um derlei Reaktionen hervorzurufen und seien daher bereits entsprechend vorentworfen bzw. ausgewählt:

An essential (constitutive) marker of the utterance is its quality of being directed to someone, its addressivity. As distinct from the signifying units of a language – words and sentences – that are impersonal, belonging to nobody and addressed to nobody, the utterance has both an author (and, consequently, expression, which we have already discussed) and an addressee. This addressee can be an immediate participant-interlocutor in an everyday dialogue, a differentiated collective of specialists in some particular area of cultural communication, a more or less differentiated public, ethnic group, contemporaries, like-minded people, opponents and enemies, a subordinare, a superior, someone who is lower, higher, familiar, foreign, and so forth. And it can also be an indefinite, unconcretized other (with various kinds of monological utterances of an emotional type). (Bakhtin 1986[1952], 95)

Die Zuhörenden, die Adressat/-innen des jeweiligen Sprechens, die – wie die Adressierenden selbst – situationsbezogen in Rollen typisch erfasst werden können (z. B. als Freunde, Gegner, Feinde etc.), sind stets von Bedeutung für jegliche Äußerung, eben weil sie mit der Äußerung adressiert werden: Sei es indem sie das Gehörte (oder Gelesene) selbst zum Anlass einer Äußerung nehmen können, sei es, weil sie das Aufgenommene in späteren Äußerungen wieder aufgreifen, weil sie eine Anschlusshandlung vollziehen können, die in einer Erfüllungsbeziehung zu der vorangegangenen Äußerung steht oder schlicht, weil sie im Bewusstsein der Äußernden die Kommunikationstriade vervollständigen. Dabei sei, so Bachtin, die Äußerung und mit ihr das Thema, der sprachliche Stil sowie die Kompositionsstruktur, stets abhängig von der Situation, in der sie getätigt würde, sodass typische Situationen typische Äußerungen nach sich zögen, die sich durch ein typisches Thema, eine typische Struktur sowie einen typischen Stil auszeichneten. In diesem Kontext spricht Bachtin schließlich von *Sprechgattungen* (speech genres). Unter diesem Begriff fasst er verfestigte Formen typischer Äußerungen, die sich so klassifizieren und mit typischen Situationen ihres Auftretens in Verbindung setzen lassen:

> A speech genre is not a form of language, but a typical form of utterance; as such the genre also includes a certain typical kind of expression that inheres in it. In the genre the word acquires a particular typical expression. Genres correspond to typical situations of speech communication; typical themes, and, consequently, also to particular contacts between the meanings of words and actual concrete reality under certain typical circumstances. (Bakhtin 1986[1952], 87)

Gattungen sind nach Bachtin also typische Formen von Äußerungen. Sie beinhalten einen bestimmten typischen Ausdruck und entsprechende sprachliche Stile, die themenbezogen dem entsprechenden Ausdruck dienen. In diesem Kontext differenziert Bachtin, entsprechend der Unterscheidung zwischen äußeren und inneren Determinanten der Sprechakte bei Luckmann, zwischen generischen (generic) und individuellen (individual) Stilen des Sprechens.

Während der generische Stil in erster Linie mit der Situation korrespondiert und die Sprechkommunikation nach außen, im Sinne eines typischen Ausdrucks, situationsangemessen rahmt, dient der individuelle Stil vor allem der individuellen Ausdrucksfunktion des Sprechens, der Entäußerung des Innen: Im individuellen Stil drückt die Sprecher/-in sich selbst, ihre Gedanken, Wünsche, Vorstellungen, Ideen etc. aus. Die Realisierung dieses individuellen Ausdrucks sei dabei davon abhängig, wie vertraut die Sprecher/-in mit der entsprechenden Gattung sei (ebd., S. 80):

> The better our command of genres, the more freely we employ them, the more fully and clearly we reveal our own individuality in them (where this is possible and necessary), the more flexibly and precisely we reflect the unrepeatable situation of communication-in a word, the more perfectly we implement our free speech plan. (ebd.)

Bachtin weist aber auch darauf hin, dass nicht jede Gattung zum freien Ausdruck geeignet ist (ebd., S. 63): Das durch diese Differenz aufgespannte Kontinuum, das uns ebenfalls bei Luckmann begegnet, bewegt sich bei Bachtin zwischen künstlerischen Gattungen einerseits, die ja ausdrücklich für den individuellen Ausdruck geschaffen sind, und andererseits z. B. dem militärischen Befehl bzw. anderen stark formalisierten Gattungen, die kaum oder keinen individuellen Ausdruck erlauben. Hier wird der basale Zusammenhang zwischen Bachtins Sprechkommunikation und der sozialen Situation offensichtlich: Der Vortrag einer romantischen

Liebesbeschwörung ist nicht nur sprachlich von der Erteilung eines militärischen Befehls klar zu unterscheiden. Die Situation selbst, in der die jeweiligen Äußerungen getätigt werden, trennt i. d. R. Welten. (Aber auch hier gilt es, das Sprechen in situ zu betrachten, denn in Abhängigkeit von dem individuellen Ausdrucksvermögen der Sprecher/-in bzw. davon, wie geübt sie oder er in der Anwendung von sprachlichem Ausdruck ist, lassen sich auch militärische Situationen durch die Rezitation oder freie Improvisation von Liebesversen konterkarieren, während es denkbar ist, dass auch romantische Situationen durch die Erteilung militärischer Befehle an Heiterkeit gewinnen können.)

Bachtin verdeutlicht, dass Sprechen auf das engste mit der erprobten Anwendung erlernter typischer Ausdrücke und daher mit Gattungen verknüpft sei. Nicht nur wann bestimmte Äußerungen getätigt werden, sondern auch im Kontext welcher anderen Ausdrücke, stellt sich bei Bachtin als hochgradig konventionalisiert heraus. So erweist sich Sprechen als die fortgesetzte Aneinanderreihung von sprachlichen Äußerungen, in denen nicht selten – wie man mit Helga Kotthoff (1999, 37) sagen könnte – *Gattungsverschachtelungen* vorliegen. Bachtin unterscheidet in diesem Kontext zwischen *primären*, d. h. einfachen Gattungen und *sekundären*, also komplexeren *Gattungen* (Bakhtin 1986[1952], 61 f.). So meint er z. B. mit Hinblick auf wissenschaftliche Gattungen, dass diese – wie andere komplexere Formen – einfachere Genres aufsögen und verdauten („absorb and digest"), die sich in alltäglichen Umgangsformen entwickelt hätten. So kann die Begrüßung, als einfache kommunikative Form, sowohl als eigenständige (primäre oder einfache) Gattung als auch als Bestandteil einer komplexeren Form, wie dem Vortrag, betrachtet werden, die ihrerseits eine (sekundäre oder komplexe) Gattung darstellt.

Bei Bachtin erweist sich Sprechkommunikation so – in toto – als Sprechen in Gattungen, wobei die Freiheit des Ausdrucks (speech will) i. d. R., neben dem individuellen Stil, der durch die gewählte Gattung begrenzt ist, in der Auswahlmöglichkeit spezifischer Gattungen überhaupt zu betrachten ist:

> The speaker's speech will is manifested primarily in the choice of a particular speech genre. [...] We speak only in definite speech genres, that is, all our utterances have definite and relatively stable typical forms of construction of the whole. (ebd., S. 78)

Mit seiner Behauptung der Gattungsförmigkeit sämtlicher Sprechkommunikation, die er damit erläutert, dass wir Sprechen in der Praxis des Sprechens selbst erlernten und dabei, mit den Lauten und Worten zugleich ganze Phrasen, spezifische Ausdrucksweisen, Stile, insbesondere typische Konstruktionsweisen des individuellen Ausdrucks etc. übernehmen würden, geht Bachtin deutlich über das

Programm der GA hinaus. Während deren Vertreter/-innen zumeist betonen, dass nicht jedes Sprechen in Gattungen aufginge (Luckmann, 1986, 201) (Günthner und Knoblauch 1994, 699), nicht einmal sein größter Teil, meint Bachtin, dass alle Äußerungen stets einer spezifischen Gattung zugehörten, deren Anwendung wir in der Kindheit ebenso unreflektiert erlernten wie unseren Sprachgebrauch überhaupt. Die Ubiquität der Gattungen zeige sich z. B. daran, dass man stets bereits nach wenigen Worten des Gegenübers eine Vorstellung von dessen Vorentwurf seiner Kommunikation habe und einschätzen könne, worin die eigene Rolle im Rahmen der Äußerung bestehe und außerdem – maßgeblich anhand der Struktur (z. B. Prä-, Haupt- und Postsequenz) – erkennen könne, wie lang die Äußerung sich in etwa erstrecken werde etc. (Bakhtin 1986[1952], 79). In diesem Sinn würde die allgemeine Gattungsförmigkeit der Kommunikation eine wichtige Funktion im Sinne ihrer primären Bestimmung als Verständigungsmittel besitzen. Dass Sprache tatsächlich diese implizite Anzeigefunktion besitzt, ist später vor allem in der ethnomethodologischen Konversationsanalyse thematisiert worden (Abschnitt 3.1.4).

Bachtins Thesen, trotz der allgemeinen Gattungsförmigkeit des Sprechens, die er im Rahmen des von ihm gesetzten Begriffs der Gattung (m. E. zu Recht) behauptet, erweisen sich als anschlussfähig an Luckmanns Sprachsoziologie und für dessen spätere GA. Viele seiner Grundannahmen sind auch aus der verstehenden Soziologie bzw. der Wissenssoziologie und dem SoKo bekannt. Hier wie dort gilt die Bedeutung des subjektiven Bewusstseins für die Analyse: Auch Bachtin war ein ausdrücklicher Kritiker des Behaviorismus. Hier wie dort wird dabei aber auch deutlich, dass das konstitutionslogische Subjekt nicht Anlass für Subjektivismus bietet. Im Gegenteil: Während Schütz betont, dass das Wort den Menschen von seiner Subjektivität scheidet und die Strukturen der Lebenswelt den Einzelnen auferlegt seien, verdeutlicht die Wissenssoziologie, dass die Wirklichkeit maßgeblich auf dem basiere, was in gesellschaftlichen Wissensvorräten abgelegt sei (Abschnitt 2.1). Was bei Schütz im Wort und bei Berger und Luckmann im Wissen objektiviert ist, nämlich die Rahmen der Wirklichkeitsbestimmung, und schon hier auf das engste mit Sprache verknüpft ist, findet sich bei Bachtin in den Äußerungsformen, d. h. in den *Sprechgattungen* selbst.

Bachtins Gattungen erweisen sich damit als das, womit sie auch in der GA (hinsichtlich ihrer Funktion) ausdrücklich gleichgesetzt werden: soziale Institutionen. Die Individualität bzw. Subjektivität des Ausdrucks liegen daher ganz im Bereich dessen, was von mir zuvor, in Hinblick auf das Wissen, *Permutation* genannt wurde. Grundressource des subjektiven Wissens einer- und des subjektiven Ausdrucks andererseits ist stets das verfestigte Soziale – Wissen und seine

Vermittlungsformen, wobei beides im Phänomen der Kommunikation untrennbar miteinander verwoben scheint.[6]

Obgleich ich Bachtins Soziologismus der Sprechkommunikation zustimme, so ist bei aller Genialität seiner Ausführungen eines doch nicht zu übersehen: Bachtin war nicht Soziologe. Im vorliegenden Kontext ist diese Bemerkung von Relevanz: Denn zwar entwirft Bachtin sein Gattungskonzept, das auf seinem Begriff der *Äußerung* basiert und sich von der strukturalistischen Linguistik abzugrenzen bemüht ist, streng im Kontext der sozialen Situation und anhand des Dialogs, betont dabei ausdrücklich die Rolle der anderen, der Kommunikationsgeschichte sowie weiterer sozial abgeleiteter Bedingtheiten. Jedoch fehlt ihm m. E. ein genuin soziologisches Denken, um der Bedeutung der Sozialität des kommunikativen Handelns in seiner *Sprechkommunikation* begrifflich vollständig gerecht zu werden. Dies wird insbesondere an der Wahl seiner Grundeinheit, der Äußerung (des speech subjects), deutlich. Die Pointe der soziologischen Betrachtung liegt darin, dass – wie Simmel bereits ausführte – die kleinste Einheit soziologischer Betrachtung die Dyade ist, die Beziehung also, die das einzelne Subjekt überschreitet und die Wechselwirkung zwischen mindestens zwei Subjekten entfaltet (Interaktion). In diesem Sinn hat Bachtin – konversationsanalytisch gesprochen – zwar den *Turn* als intersubjektiv nachvollziehbare Markierung des Endes von Äußerungen erkannt. Den nächsten, soziologisch weit relevanteren Schritt, hin zur Sequenz als kleinste Sinneinheit der gesprochenen Sprache (bzw. der Kommunikation), hat er allerdings noch nicht vollzogen. Erst in der Sequenz erweist sich aber speech communication als intersubjektives Phänomen und wechselwirkender *talk in interaction* (Schegloff 1991, Rendle-Short 2006) – was bei Bachtin zwar bereits angesprochen ist, aber noch nicht begrifflich erfasst werden kann. Nicht zuletzt aus diesem Grund ist die CA von großer Bedeutung für die GA, zu der sie auf Umwegen u. a. die ethnomethodologisch informierte *Sequenzanalyse* beisteuert.

---

[6] Kommunikation stellt daher die Klaviatur bereit, die einerseits der individuellen Erkenntnis und andererseits dem individuellen Ausdruck zur Verfügung steht. Die Kreativität, die notwendig ist, um auf dieser Grundlage Neues zu entdecken und auszudrücken, ist davon abhängig, wie virtuos man diese Klaviatur zu bedienen weiß. Im ‚Spiel' können einerseits eingeübte Formen reproduziert und anderseits, z. B. in Improvisation, neue Begriffe, Ausdrucksweisen, Phrasen oder Gattungen in Rekombination bereits bekannter Elemente entwickelt werden.

3.1.4 Die ethnomethodologische Konversationsanalyse

In einem Vortrag 2017 in Bayreuth, anlässlich eines Treffens des Nachwuchs-
netzwerks Videoanalyse, machte Bernt Schnettler allerdings darauf aufmerksam,
dass Luckmann skeptisch gewesen sei, was die CA betraf. Der Situationalismus der Ethnomethodologie sei ihm „unsoziologisch" erschienen: Luckmanns
Ansatz ist, wie bereits deutlich gemacht wurde, der Erforschung von Handeln
und Institutionen verschrieben. Seine Soziologie, die er mit Berger und Schütz
ausarbeitete, erklärt Ersteres vor dem Hintergrund der Letzteren (und im Sinne
einer Dialektik: vice versa) und ist daher mit einigen der wesentlichen Postulate der Ethnomethodologie unvereinbar.[7] Die CA ist schließlich erst dann als
Jörg Bergmann, der bei den Ethnomethodologen Harvey Sacks und Emanuel
Schegloff studiert hatte, Luckmanns Mitarbeiter wurde, von Luckmann aufgenommen worden (Abschnitt 3.2.3). Sie erfuhr daher auch erst im Rahmen der
GA allmählich Berücksichtigung und damit später als die Soziolinguistik, die
Luckmann bereits für seine *Sociology of Language* (1975) rezipierte. CA stellt
die minutiöse Analyse von sprachlichen Handlungsabläufen (Bergmann 1981, 14)
dar, die von Garfinkel-Schüler/-innen wie Sacks mit dem Ziel entwickelt wurde,
die Ethnomethoden zu bestimmen, mittels derer Sprecher/-innen die Geordnetheit ihrer Kommunikation erzeugen.[8] Bergmann (ebd., S. 21 f.) gliedert die CA
in drei Teilschritte: *Erstens* gelte es die Geordnetheit in der scheinbar ungeordne-
ten Kommunikation zu entdecken. Audiodaten machten es dabei leicht möglich,
entsprechende Ordnungen tatsächlich aufzufinden (Sacks, Schegloff und Jefferson
1974, 699). *Zweitens* werde geprüft, für welches Problem die gefundene Ordnung
eine Lösung darstelle. Schließlich werde *drittens* in den erhobenen Audiodaten
nach den Ethnomethoden gesucht, mittels derer die Ordnung hergestellt werde.
Das übergeordnete Prinzip dieser Methoden stellt das „turn-taking-system" (ebd.)

---

[7] In der ‚orthodoxen' Form (Lynch 1999) ist die Ethnomethodologie kaum als Soziologie
zu begreifen. Dies schmälert nicht den Beitrag, den sie, nicht zuletzt auf Grundlage von
Schütz, zur Entwicklung des interpretativen Paradigmas und in Bezug auf die GA, geleistet
hat. Die ethnomethodologische Grundhaltung verdeutlicht aber u. a., wieso die *Ethnographie der Kommunikation* für die Praxeolog/-innen interessant erscheinen musste und wieso
sie den Weg für eine eigene ethnomethodologische Sprachforschung, die CA, mit bereitete
(Sacks et al. 1974).

[8] Dieser Anspruch der CA wurde erst durch die Einführung des Tonbands in die Soziologie
ermöglicht: „Die Rigorosität und der Detailanspruch dieses Programms machten es erforderlich, eine Technik einzusetzen, die es ermöglichte [...] Handlungen zum Zweck ihrer
Dokumentation gleichsam einzufrieren, d. h. so zu fixieren, dass sie für die Analyse beliebig oft reproduzierbar werden konnten. Im Tonband – und später im Videogerät – stand eine
solche flexible und umstandslos handhabbare Technik zur Verfügung." (Bergmann 1981, 15).

dar. Es dient, als lokal regulativer Apparat (Bergmann 1981, 25), als lokales Management (ebd., S. 29), der Organisation sprachlicher Interaktion. Dabei stellt sich der „turn", bei Bachtin: „change of speech subjects" (Bakhtin 1986[1952], 76), bei Sacks et al. als interaktives Objekt (1974, 726 f.) heraus, das Auslöser von etwas größerem ist als die Äußerung bei Bachtin, nämlich der Sequenz. Unter Paarsequenzen (adjacency pairs) versteht man in der CA z. B. Frage und Antwort. Dabei gilt,

> dass eine Äußerung, die als Erster Teil eines Äußerungspaares wahrgenommen wird, eine normative Erwartung aufbaut im Hinblick auf die vom Gesprächspartner zu formulierende Nachfolgeäußerung. (Bergmann 1988b, 18 f.)

Daher kann der zweite Teil einer Paarsequenz nicht beliebig sein, sondern muss sich sinnhaft auf die normative Erwartung beziehen lassen, die in ihrem ersten Teil zum Ausdruck kommt. Statt mit einer Antwort kann man einer Frage natürlich auch mit einer Gegenfrage oder einem Exkurs begegnen; der erste Teil einer Paarsequenz kann auch durch eine kurze Formel oder eine längere Einführung begonnen werden und die Antwort kann, statt sich auf Fakten zu beschränken, zu einer längeren Äußerung ausholen etc. So lassen sich Paarsequenzen tatsächlich beliebig durch sog. Einschub-, Prä- und Nach-Sequenzen ausweiten. (Der Redezugwechsel als Typ sozialer Organisation in ‚Sprech-Austausch-Systemen' ist daher "one of the hardest lessons for children under five years to learn" (Sacks, Schegloff und Jefferson 1974, 698).)

Das Modell der CA, das anhand der Analyse von Audiodaten natürlicher Kommunikation entwickelt wurde, basiert auf zwei Komponenten, wobei die Letztere sich durch drei fundamentale Regeln auszeichnet: Zunächst die *Turnkonstruierende Komponente* – hiermit bezeichnet die CA das, was Bachtin *Äußerung*, Hymes und Luckmann *Sprechakt* nennen: nämlich Absätze, Sätze oder einzelne Worte (unit-types) gesprochener Sprache. Sie beinhalten zum einen den (generischen und individuellen) Ausdruck, geben den an der Kommunikation Beteiligten zugleich aber auch wichtige Hinweise auf mögliche Transitpassagen, Momente im Fluss des Sprechens, die einen Redezugwechsel ermöglichen. Hier wird die zweite Komponente von Sprech-Austausch-Systemen relevant, die *Turn-Zuweisungskomponente*: Damit bezeichnet die CA Ethnomethoden der interaktiven Selektion der nächsten Sprecher/-in in Konversationen. In den Audiodaten, so Sacks et al. (1974), zeigten sich folgende, regelhafte Varianten: *Erstens*, entweder die gegenwärtige Sprecher/-in wähle die nächste Sprecher/-in, indem sie sie oder ihn z. B. direkt anspreche, zur Antwort auffordere etc. *Zweitens*, die nächste Sprecher/-in wähle sich selbst, indem sie oder er z. B. eine Pause nutze oder den Redefluss der gegenwärtigen Sprecher/-in unterbreche etc. Oder, *drittens*, die gegenwärtige Sprecher/-in wähle sich, im Sinn eines fortgesetzten Sprechens, selbst zur nächsten Sprecher/-in. Zweck dieser (zumeist) informellen Regeln sei es, Überlappungen und Lücken zu minimieren (ebd., S. 705), die ohne sie nicht zu vermeiden wären. Ein geordnetes *Sprechen in Interaktion* (Rendle-Short 2006, 2 f. und passim) wäre ohne diese Ethnomethoden des Sprechens nicht möglich.

Auf Grundlage ihrer Empirie stellen Sacks et al. fest, dass dem informellen Alltagsgespräch unter anderen Sprech-Austausch-Systemen (ebd., S. 729 ff.) die besondere Rolle zukäme, die Basisform aller Formen von in Kopräsenz gesprochener Sprache darzustellen und dass andere Formen, Abstufungen zwischen stark, weniger stark und kaum formalisierten Sprechereignissen, die auch Bachtin (1986[1952]) und Luckmann (1975) thematisieren, entsprechend Modulationen der alltäglichen Konversation seien (Sacks, Schegloff und Jefferson 1974, 730). Sprech-Austausch-Systeme, wie sie die CA betrachtet, umfassen somit das kontinuierliche Repertoire von der Alltagskonversation (lokale Allokation von Redezügen, unbestimmte Anzahl von Sprecher/-innen, offene Redezuglänge) bis hin zu z. B. wissenschaftlichen Vorträgen (Präallokation von Redezügen, Begrenzung der Sprecher/-in, festgelegte Redezuglänge). Dabei betont die CA, dass alle Sprech-Austausch-Systeme lokal organisiert seien, „all the operations are local" (ebd., S. 725). Selbst wenn sie formalen Charakter besäßen, müssten sie situativ durch die Teilnehmenden koordiniert werden. Aufgrund dieses Erfordernisses seien sie durch die wechselseitige Aufmerksamkeit der Teilnehmer/-innen charakterisiert (ebd., S. 726). Hier zeigt sich die Beobachtung einfordernde Anzeigefunktion von Äußerungen, die bereits Bachtin anspricht und die für soziologische Analysen eine besondere Relevanz besitzt (ebd.): Methodologisch entscheidend dafür ist die *Reflexivität* (Tuma, Schnettler und Knoblauch 2013, 90) der Ethnomethoden als „accounting practices" (Garfinkel 1984[1967], 1): „[T]he activities whereby members produce and manage settings of everyday affairs are identical with members' procedures for making those settings account-able." (ebd.)

Die Hinweise, die sich Kommunizierende in ihrem (kommunikativen) ‚Anzeige-Handeln' geben, um ihren Alltag (kommunikativ) handelnd zu bewältigen und sich dabei zu koordinieren, lassen sich auch für die soziologische Analyse auswerten. Hierin liegt die Pointe der CA bzw. der Ethnomethodologie, die ausschließlich diese Ethnomethoden als „Tutorials" der soziologischen Erkenntnis anerkennt (Lynch 1999, 226 f.). Menschen liefern fortlaufend Hinweise darauf, in welcher Situation sie sich gemeinsam befinden, wer welche Rolle übernimmt, welche Interessen verfolgt, was von Belang und was derzeit ohne Relevanz ist etc. Die alltägliche Bewerkstelligung von gesellschaftlicher Wirklichkeit basiert, laut Garfinkel, maßgeblich auf entsprechendem wechselseitigem Anzeige-Handeln und der Interpretation des dabei ausgedrückten Sinns. Eben dieses Prinzip im Rahmen ihrer Sequenzanalyse für die soziologische Forschung geöffnet und schematisiert zu haben, ist das große Verdienst der CA für die empirische Sozialforschung. Entsprechend machte die Sequenzanalyse sowohl in der GA als auch in der aus ihr entwickelten Videographie Karriere (siehe Abschnitt 1.2.3.1), wohingegen andere Postulate der Ethnomethodologie sich in der Soziologie als weniger anschlussfähig erwiesen.

Exkurs: CA-verwandte Ansätze

Nicht zu den Vorläufern der wissenssoziologischen GA (noch zu ihren Nachfolgern) zählen zahlreiche kommunikationsanalytische Ansätze, die der CA verpflichtet (ethnomethodologische Kommunikationsforschung) sind oder ihrerseits in der CA stark rezipiert wurden (insbesondere Gestenforschung). Obgleich ich diese Arbeiten nicht systematisch berücksichtigen werde, da sie Kommunikationsformen nicht als Gattungen, das heißt in ihrem vollen Kontext auf Makro- bzw. Mesoebene betrachten können oder wollen, müssen sie an dieser Stelle genannt werden, nicht zuletzt vor dem Hintergrund ihrer großen Bedeutung für die soziologische Mikroanalyse im Allgemeinen und die entsprechende Methodenentwicklung. Hierzu zählen die Pionierarbeiten zu (non-)verbaler Kommunikation in der CA, deren Erkenntnisse prominent auch in die Entwicklung des KoKo bzw. der *kommunikations*soziologischen GA miteingeflossen sind (Knoblauch 2017, 51).

Zu nennen sind in diesem Kontext insbesondere die Arbeiten von Christian Heath (1984a, 1984b, 1986) und Charles Goodwin (1979, 1981), in deren Kontext gleichzeitig mit der mikroanalytischen Fokussierung auch die visuelle Methode in der qualitativen Forschung etabliert wurde (Goodwin 1979, Heath 1984a). Diese Arbeiten sind ihrerseits, bzgl. ihrer mikrosoziologischen Fokussierung des nonverbalen Ausdrucks in ‚natürlichen Situationen' (Goodwin 1981, 33 f.) sowie der Entwicklung audio-visueller Analyseverfahren, stark von der Gestenforschung, insbesondere von den Arbeiten Adam Kendons, beeinflusst (Heath 1992, 705).

Kendon war es, der erstmals die Bedeutung von Blicken (1967) und Bewegungen (1970) im Sinne von „visual action" (Kendon 2004) systematisch in den Fokus der Analyse von Face-to-face-Kommunikation setzte, wobei er bereits sehr früh Filmaufzeichnungen verwendete (1967, 24 f.)[9]. An Kendon wiederum schließen

---

[9] Kendon seinerseits nennt Simmel als frühen soziologischen Vorläufer seiner Blickstudien (1967, 22 ff).

neuere konversationsanalytisch informierte Arbeiten der linguistischen Anthropologie an, allen voran von Elinor Ochs, Sally Jacoby, Patrick Gonzales und Johanna Rendle-Short. Die entsprechenden Arbeiten beschäftigen sich mit „shop" und/oder „institutional talk" in der Wissenschaft. Während Ochs et al. dabei insbesondere die Verwendung von Visualisierungen (Ochs, Jacoby und Gonzales 1994, Ochs, Gonzales und Jacoby 1996) und die Auswirkung von Zeitlichkeit (Ochs und Jacoby 1997) in der Kommunikation einer Gruppe von Physiker/-innen beobachten und analysieren, ist Rendle-Shorts Monographie zum „academic talk" (2006) maßgeblich auf die Funktionsweise erfolgreicher Wissenskommunikation in einem interdisziplinären Institutskolloquium ausgerichtet.

Während diese Ansätze einen ähnlichen Gegenstand und die Fokussierung der Kommunikation als Grundlage für den interaktionalen Verstehensprozess mit meiner eigenen Forschung, meinen Vorannahmen und Grundbegriffen, teilen, bestehen bzgl. der theoretischen Verortung dieser Arbeiten erhebliche Unterschiede, sodass ich sie als Inspirationen für Teilaspekte meiner eigenen Arbeit herangezogen habe, aber nicht an sie anschließe. Deutlich wird der maßgebliche Unterschied z. B. in der Monografie von Rendle-Short (2006) hinsichtlich ihrer Verpflichtung gegenüber dem zuvor erläuterten ‚ethnomethodologischen Paradigma': Vor dem Hintergrund dieser Beschränkung auf die Situation und das Anzeigeverhalten der Feldteilnehmer/-innen gelingt es ihr m. E. nicht, die von ihr beobachtete Kommunikation mit dem übergeordneten institutionellen Kontext zu verknüpfen. Dies ist deshalb erwähnenswert, weil sie diesen Anspruch durchaus formuliert (Rendle-Short 2006, 3). Gleichzeitig geht sie aber in ihren empirischen Analysen tatsächlich nicht über die Situation hinaus. So verbleibt ihre Arbeit zum „academic talk" m. E. auf der Ebene einer elaborierten klassischen CA-Analyse, wobei sie eine spezifische, in der Wissenschaft angesiedelte Kommunikationsform erforscht, ohne diese dabei strukturell mit dem übersituativen Kontext zu verknüpfen. Die Arbeiten von Ochs et al. wiederum sind sehr stark von der Linguistik geprägt und fokussieren vor allem sprachliche bzw. syntaktische und andere Aspekte des Sprechens in Interaktion, die für meine eigene Arbeit nicht als eigenständiger Gegenstand relevant sind. Außerdem möchte ich den angestellten Schlussfolgerung an vielen Stellen nicht folgen.[10]

Nichtsdestotrotz bestätigen die empirischen Befunde von Ochs et al. und Rendle-Short viele meiner eigenen Forschungsergebnisse, die auf den Ebenen der

---

[10] Z.B. wenn Ochs et al. (Ochs, Jacoby und Gonzales 1994, 170 f.), mit Verweis auf Donna Haraways *Cyborgs* (Haraway 1991), darauf verweisen, dass die Grenzen zwischen Menschen und Visualisierung verschwämmen.

Binnenstruktur sowie der situativen Realisierung meines gattungsanalytisch geprägten Forschungsdesigns gelegen sind. Dies gilt insbesondere für die im Rahmen der Analyse von Face-to-face-Kommunikation innerhalb einer Gruppe Physiker/-innen gewonnenen Erkenntnisse, hinsichtlich der engen Verknüpfung von Visualisierung und Erkenntnisgewinn in den Prozessen Herstellung und Benutzung von Visualisierungen in Forschung bzw. Wissenskommunikation (Ochs, Jacoby und Gonzales 1994, 170, Ochs, Gonzales und Jacoby 1996, 359) sowie für die durch Rendle-Shorts Beobachtung eines Institutskolloquiums gewonnenen Einblicke in die performative Herstellung eines „recipient designs" (2006, 13 und passim) durch die jeweils Vortragenden sowie die Ubiquität von (digitalen) Visualisierungen (ebd., S. 101) als wesentliches Element ihrer Vortragsweise („display rule") (Abschnitt 4.2).

3.1.5 Die Interaktionsordnung

Ein weniger ‚starkes' Programm als die CA verfolgt Erving Goffman. Die CA, die ihn nicht unmaßgeblich rezipierte, erschien Goffman zu reduktionistisch (Bergmann 1999, 309). Nichtsdestoweniger ist er sowohl für die Ethnomethodologie als auch für die CA (ebd., S. 302) und für Luckmann (Schnettler 2006, 42) von großer Bedeutung: Letzterer rezipierte Goffman im Gegensatz zur Ethnomethodologie oder der CA bereits 1975. Neben den *Rede-Weisen* (Goffman 2005a) scheint im Rahmen der GA vor allem der bei Goffman zentrale Begriff der *Interaktionsordnung* relevant. Goffman dachte, dass Soziolog/-innen sich mit der Schnittstelle zwischen Interaktion und sozialer Organisation beschäftigen sollten. Schon mit diesem Postulat ist er weit vom Situationalismus der Ethnomethodologie entfernt und nahe an Luckmann. In seinem 1971 (engl. 1967) erschienenen Buch *Interaktionsrituale. Über Verhalten in direkter Kommunikation* (Goffman 1971[1967]) schreibt er, auf einen *weiten* Kommunikationsbegriff rekurrierend (Knoblauch, Leuenberger und Schnettler 2005, 13), sein Ziel sei es, „direkte Interaktion in alltäglichen Zusammenhängen" zu untersuchen (Goffman 1971[1967], 7). Dies sei, ganz im Sinne der Soziolinguistik, „durch gute ethnographische Studien" (ebd., S. 8) zu erreichen. Im Fokus dabei:

[A]ngefangen bei der kleinsten Einheit, dem flüchtigen Mienenspiel [...] bis hin zu solchen Ereignissen wie wochenlangen Konferenzen, Interaktionsmonstren, die an der äußersten Grenze dessen liegen, was man als soziale Gelegenheit bezeichnen kann. Ein weiteres Ziel ist die Aufdeckung der normativen Ordnung, die innerhalb und zwischen diesen Einheiten herrscht, d.h. die Verhaltensregeln, die es überall gibt, wo Leute sind, unabhängig davon, ob es sich um öffentliche, halböffentliche oder private Orte handelt und ob diese unter den Auspizien einer sozialen Gelegenheit oder den lockeren Zwängen eines einfachen routinierten sozialen Rahmens stehen. (ebd.)

In Bezug auf Sprechen in Interaktion stellt Goffman in seiner Arbeit fest, dass dieses auf einem spezifischen System aus „Praktiken, Konventionen und Verfahrensregeln", der normativen Ordnung, basiere, die der Organisation des Sprechens in Interaktion diene (ebd., S. 40 f.). Dieses „System", die Interaktionsordnung, regele, wann, wo, mit wem und mittels welcher signifikanten Gesten gesprochen und der Status der Beteiligten ausgedrückt werde; worauf der gemeinsame (thematische und visuelle) Aufmerksamkeitsfokus liege, der, ebenso wie die Redezugzuweisung, durch sprachliche und nicht sprachliche Hinweise der Interaktionsteilnehmer/-innen organisiert würde; wie lang die einzelnen Redezüge andauerten; wie mit Pausen und Störungen im Gesprächsfluss, wie mit Dissens umzugehen, wie das Thema der Kommunikation zu wechseln sei etc. Goffman stellt dabei hervor, dass die Regeln des Gesprächs, die sowohl für formale als auch für informelle Interaktionen, wenn auch in unterscheidbarer Explizität, vorliegen würden, nicht Teil des Gesprächsverlaufs selbst seien, sondern „zu einem Gesprächsanlass, zu einer Interaktionsepisode" (ebd., S. 42) gehörten.

> Will man herausfinden, wie diese Konventionen als Leitfaden der Handlung aufrechterhalten werden, findet man Hinweise dafür, die eine funktionale Beziehung zwischen der Struktur des Selbst und der Struktur sprachlicher Interaktion vermuten lassen. (ebd., S. 43)

Die Verbindung zwischen beidem, der Gesprächssituation und ihrer Ordnung, findet Goffman, in Anlehnung an Meads Konzept der Identität, in der Sozialisation des Individuums. In der *sozialen Situation*, die Goffman (1964, 135) zunächst weit anders als Luckmann (1975, 44), nämlich als wechselseitige Wahrnehmung in Kopräsenz (Knoblauch 1994, 34) und nicht in Hinblick auf den Institutionalisierungsgrad definiert, werde an das Selbstbild (image) appelliert, wodurch die Interaktionsteilnehmer/-innen große Sorgfalt darauf verwendeten, sich sozial angemessen zu verhalten.[11]

> Den Kern der Interaktionsordnung bilden soziale Situationen, an denen zwei oder mehr Personen beteiligt sind; hier zeigen sie ihre Aufmerksamkeit und Anteilnahme,

---

[11] Hierdurch ist die soziale Situation – aus Perspektive des SoKo – selbstredend auch bei Goffman sehr wohl hochgradig institutionalisiert.

hier findet die Koordination von Handlungen statt, und hier sind ihre Körper verletz-
lich (ein für die Ausbildung dieser Ordnung von Goffman immer wieder betonter
Aspekt). (ebd., S. 35)

Dabei gilt, wie Goffman in seinem frühen Buch *Wir alle spielen Theater.
Die Selbstdarstellung im Alltag* (2003/1983[engl.1959]) bereits ausführte, der
Schutz des eigenen Selbst(-bildes) ebenso viel wie der Schutz der Selbstbil-
der der anderen Teilnehmer/-innen. Im Rahmen seiner Grundannahme, „dass
die Selbstdarstellung des einzelnen nach vorgegebenen Regeln und unter vorgegebenen Kontrollen ein notwendiges Prinzip des menschlichen Lebens ist"
(Dahrendorf 2003/1983, VII), behandelt Goffman die sozialen Techniken, die
die Stabilisierung dieser Darstellungen ermöglichen. Diese Techniken ähneln
dabei stark den Ethnomethoden, die Garfinkel und seine Schule fokussieren.
Ganz im Sinne von Garfinkels „breaching experiments" (Garfinkel 1984[1967],
54) betrachtet Goffman zunächst auch typische Störungen der „Inszenierungen"
(2003/1983[engl.1959], 189 ff), um der sonst unmerklich vollzogenen Ordnung
auf die Spur zu gelangen[12]: So analysiert er z. B. den Mangel an Eigen-
verantwortlichkeit der Darsteller/-innen in Bezug auf ihr Handeln, wie z. B.
„unbeabsichtigte Gesten" aber auch „unpassendes Eindringen", die „peinliche
Aufdeckung", „Fauxpas" und „Szenen", um – vor diesem Hintergrund – zu
den Techniken der Eindrucksmanipulation, also den „Techniken der erfolgreichen
Rolleninszenierung" zu gelangen:

> Um Zwischenfälle und die damit verbundene Verlegenheit zu vermeiden, müssen alle
> Teilnehmer an einer Interaktion ebenso wie die Zuschauer gewisse Eigenschaften
> besitzen und sie dazu benützen, um die Darstellung zu schützen. (ebd., S. 193)

Unter den Eigenschaften und Maßnahmen der Verteidigung versteht Goffman
Techniken oder Ethnomethoden, die er mit Begriffen versieht, die er von seiner berühmt gewordenen Bühnenmetapher aus *Wir alle spielen Theater* ableitet:
„dramaturgische Loyalität" (z. B. Diskretion), „dramaturgische Disziplin" (z. B.

---

[12] Garfinkel (1984[1967]) fasste diese Herangehensweise, die zunächst ‚Störungen' betrachtet, um so auf die Regeln der Ordnung rückschließen zu können, und die er methodisch
anwendete, wie folgt: „Procedurally it is my preference to start with familiar scenes and ask
what can be done to make trouble. The operations that one would have to perform, in order
to multiply the senseless features of perceived environments; to produce and sustain bewilderment, consternation, and confusion; to produce the socially structured affects of anxiety,
shame, guilt, and indignation; and to produce disorganized interaction should tell us some-
thing about how the structures of everyday activities are ordinarily and routinely produced
and maintained." (S. 37 f.)

Selbstbeherrschung) sowie die „dramaturgische Sorgfalt" (z. B. durch „Voraussicht und Planung"). All diese Techniken – und gerade hierin erweisen sie sich als Ethnomethoden, in denen Tun und Anzeigen in eins fallen – zeichnen sich dadurch aus, dass sie wechselseitig angezeigt, dass sie einander kommuniziert werden und den Beteiligten an der Interaktion so eine ständige Bestimmung der Situation, ihrer Umstände und der Regelkonformität des Ablaufs ermöglichen. Dies gilt sowohl für geglückte Inszenierungen als auch für deren Scheitern. Auch „Szenen" sind in diesem Sinn Techniken der Inszenierung und können etwa dazu dienen, eine ‚unerträglich' gewordene Inszenierung eines anderen zu unterbrechen und die Handlung der fortlaufenden Interaktion neu zu wählen. Die Aufrechterhaltung des Images ist also von Maßnahmen abhängig, die nur z. T. in den Händen der jeweils aktuellen Sprecher/-in liegen. Wie auch Bachtin und die CA betonen, ist das Publikum, d. h. die jeweiligen Adressat/-innen, ebenso an der Kommunikation beteiligt wie die Adressierenden.

Die Adressierenden haben zwar eine Sorgfaltspflicht, vor deren Hintergrund erst Loyalität erwartet werden darf. Dabei sind Alltagsdarsteller/-innen einer „Interaktionsepisode" bzw. einer Äußerung (Bachtin), eines Sprechakts oder einer kommunikativen Gattung (Luckmann), aber, trotz aller Vorbereitung, auch abhängig vom „Takt" der anderen (ebd., S. 208 ff): Indem diese der „Hinterbühne" fernblieben, das Selbstbild, die Rolle, des anderen unangetastet ließen – oder sich der Person dahinter nur taktvoll näherten, wie im Fall der räumlichen Annäherung, die durch „Anklopfen oder Hüsteln" angezeigt werden könne –; indem sie sich uninteressiert geben, wenn sie etwas nicht für die „Vorderbühne" bestimmtes erhaschen; indem sie „mitspielen"; einen Fauxpas übersehen, eine Entschuldigung akzeptieren; im Sinne eines „geheimen Einvernehmens" die Fehler der Inszenierung der Darsteller/-in decken; ihr oder ihm gar etwas „vorspielen".[13] In all diesen Fällen erweist sich das Sprechen in sozialen Situationen als Interaktion und damit als die Leistung eines Ensembles und nicht einer einsamen Sprecher/-in.

Sprechereignisse sind bei Goffman daher stets in ein ausgesprochen komplexes Gebilde verwoben, das auf mehr oder minder impliziten Regeln des wechselseitigen Eindrucksmanagements, der Aufrechterhaltung des Images der Beteiligten, mit einem Wort: der *Interaktionsordnung* beruht, die die „Simplest Systematics

---

[13] Vor dem Hintergrund seiner vielleicht geradezu ‚verschwörungstheoretisch' anmutenden Ausführungen erläutert Goffman allerdings, dass sein Blick hinter die Kulissen der ‚Darsteller/-innen' nicht mit der Aufdeckung eines Geheimnisses gleichzusetzen sei (2003/1983[engl.1959], 213). Die „Charaktermaske" diene dem Menschen als schützende Verdinglichung. Sie sei darum aber nicht weniger authentisch als das Wesen, das darauf angewiesen ist, sich hinter ihr zu verbergen.

for the Organization of Turn Taking for Conversation" (Sacks, Schegloff und Jefferson 1974) in weitem Umfang überschreitet. Bergmann sieht darin vermutlich nicht zu Unrecht das besondere Charakteristikum von Goffmans Arbeit:

> GOFFMANs gesprächssoziologische Untersuchungen sind von dem fortwährenden Bemühen gekennzeichnet, gegen die trivialisierenden Vereinfachungen und Reduktionen, die er in der Soziolinguistik, in der Sprachphilosophie und ebenso in der Konversationsanalyse entdeckt zu haben glaubt, hervorzukehren, daß die realen Vorgänge der sprachlichen Interaktion sehr viel dynamischer organisiert und in sich gebrochener sind, als dies mit deren verarmten Begriffsinstrumentarien zu erfassen ist. (Bergmann 1991, 317)

In seinem letzten Buch *Forms of Talk* (1981) wendet Goffman sich vor diesem Hintergrund u. a. dem Vortrag (*lecture*) zu, wobei er verdeutlicht, dass auch dieses *institutionalisierte Sprechereignis*, ganz im Sinne der CA, eine hochgradig lokal organisierte Form der wechselseitigen Koordination erfordere. Seine Perspektive, die er aus Sicht der normativen Rollenerwartungen der Interaktionsteilnehmenden gewinnt, verdeutlicht dabei, dass die Interaktionsordnung auch dann von großer Relevanz ist, wenn es vordergründig ‚nur' um Wissensvermittlung gehen soll. Damit stellt er die formale Form in große Nähe zu den Alltagsformen der Kommunikation, wie dies vor ihm die CA und auch Bachtin getan haben. Die Grundstruktur der Kommunikation scheint stets Elemente ihrer Alltagsformen zu konservieren (Goffman 1974, 498).[14]

Den Vortrag betrachtet Goffman als eine „institutionalisierte Form, das Wort zu ergreifen" (2005b, 9) oder – in Anlehnung an Hymes – als „Sprechereignis" (ebd., S. 11), mit dem die Absicht verfolgt werde, „ruhiges Verstehen" (ebd.) zu erzeugen. Für die Darbietung der Sprecher/-in wählt er, in Anlehnung an seine Bühnenmetapher aus *Wir alle spielen Theater*, den Begriff der *Performanz* (*performance*), den Knoblauch im KoKo zentral aufgreift (Abschnitt 2.2.1). Die Sprecher/-in eines Vortrags selbst gilt Goffman im Sinne seiner Bühnenmetapher

---

[14] An dieser Stelle muss darauf hingewiesen werden, dass auch der SoKo, aufbauend auf Schütz (1971), davon ausgeht, dass der Alltag, „die Wirklichkeit par excellence", „die oberste Wirklichkeit" darstellt, die sämtliche „Sinnprovinzen" vollständig umgibt und zu der wir stets und unwillkürlich zurückkehren, nachdem wir in eine der mannigfaltigen anderen Wirklichkeiten – z. B. die theoretische Einstellung – eingetaucht waren (Berger und Luckmann 1986/1969[engl. 1966], 24 ff). In diesem Sinn stellt der Alltag und unsere dort erlernten Formen des Umgangs und der Kommunikation selbstredend auch die Blaupause für alle weiteren Formen des Umgangs und der Kommunikation dar, die sich automatisch einstellen, wenn ausdrücklich anders – d. h. nicht-alltäglich – gehandelt bzw. kommuniziert werden soll (Latour 1990, 22).

weiterhin als Darsteller/-in (*performer*), die während ihrer Performanz, im Rahmen einer sozialen Situation (Interaktionsepisode), einem kopräsenten Publikum begegnet.

> Ein Vortrag verfolgt [...] das Ziel, das Publikum, den Hörsaal, den Anlass und den Redner vergessen zu lassen und sie stattdessen mitten in den Gegenstand zu führen, dem der Vortrag gewidmet ist. (ebd., S. 11)

Wie die CA (und zuvor bereits Bachtin) setzt auch Goffman die Form des Vortrags trennscharf von weniger stark formalisierten Gesprächssituationen wie der Konversation ab. Vorträge erforderten (auch) eine institutionell-organisatorische Basis. So ließen sich z. B. Formate wie der einmalige Vortrag von Vortragsserien (ebd., S. 13) unterscheiden. In diesem Kontext hebt er hervor, dass „[e]inmalige öffentliche Vorträge eines Sprechers, der ansonsten für das Publikum nicht zugänglich ist (und vor einem Publikum, das ihm normalerweise nicht zugänglich ist)", häufig in eine „Zeremonie" eingebettet seien (ebd.). Vor dem institutionell-organisatorischen Hintergrund des Vortrags würden dabei zugleich drei Dinge „zelebriert": Die Sprecher/-in, das Thema sowie die ausrichtende Organisation (ebd., S. 14). Damit macht Goffman auf das Verhältnis aufmerksam, dass sich zwischen dem Vortrag als „Form der Wissensvermittlung" einerseits und seiner Funktion als wechselseitige Legitimierung von Sprecher/-innen und Institutionen andererseits aufspannt: „Offensichtlich bedeutet Werben für einen Vortrag auch Werben für einen Schirmherren" (ebd., S. 15).

Bezugnehmend auf die Ebene der lokalen Organisation wendet sich Goffman der Performanz zu. Er unterscheidet verschiedene Produktionsweisen des Vortrags (ebd., S. 18 f.) als unterschiedliche „Quellen der Animation gesprochener Worte" (auswendig gelernter Vortrag, lautes Lesen, freie Rede). Allerdings weist er darauf hin, dass diese Produktionsweisen hinsichtlich des vermittelten Eindrucks nicht frei von Manipulationen seien, gerade in Bezug auf die Lokalität ihrer Organisation: So könne der Anschein allmählicher Verfertigung der gesprochenen Worte beim Sprechen und somit der Eindruck von reflexiver Situativität erweckt werden, obgleich der eigentliche Quell der Animation Auswendiggelerntes sei (siehe auch „conversational style" bei (Dudley-Evans 1981, 34)). Einen anderen Eindruck zu erwecken, erweist sich aber durchaus als sinnvoll, denn:

> Jede [Produktionsweise; R.W.] zeichnet sich durch eine besondere Beziehung zwischen Sprecher und Hörer aus und nimmt dabei eine besondere Haltung gegenüber dem Publikum ein. (Goffman 2005b, ebd.)

Der Wechsel der Produktionsweise und mit ihm der Wechsel des „Redestatus" stellen „zentrale Schaltstellen von Vorträgen" dar (ebd., S. 19). Hier können Vortragende ihre Haltung gegenüber dem Publikum anpassen und der Interaktionsordnung Rechnung zollen, indem sie ihren Text in die soziale Situation einbetten. In Vorträgen ginge es, entsprechenden Ritualen in direkter Interaktion folgend, vor allem um „die Verpackung" (ebd., S. 20). In diesem Sinne fungiert auch der Wechsel des „Redestatus", den Goffman in Zusammenhang mit seinem Rahmenkonzept (Goffman 1974) stellt, der interaktiven Einbettung:

> Ein Wechsel des Redestatus' hat eine Veränderung der Orientierung auf uns selbst wie auch auf die anwesenden Anderen zur Folge und kommt in der Art, wie wir eine Äußerung erzeugen oder rezipieren, zum Ausdruck. Vom Wechsel des Redestatus' zu reden, ähnelt der Rede vom Wechsel unseres Rahmens für Ereignisse. (Goffman 2005b, 42)

Mit der Produktionsweise und dem Redestatus wird daher auch der momentane Rahmen des Sprechereignisses gewechselt. Diese anderen Rahmen entsprechen modulierten Haltungen, die den Vortragenden dazu dienen, den Text ihres Vortrags zu konterkarieren oder vor dem Publikum Distanz zu ihm zu erzeugen. Tatsächlich, so Goffman, sei der reine Informationsgehalt des Textes selbst gar nicht spezifisch für den Vortrag als institutionalisierte Form des Sprechens, denn dieser könne auch gedruckt vermittelt und rezipiert werden. „Modulationen" des Redestatus (Goffman 2005b, 22) seien daher charakteristisch für Vorträge und kämen in diesen häufiger als in gedruckten Texten vor. Der Redestatuswechsel erlaubt Performer/-innen und Publikum die oben erläuterten Rituale der wechselseitigen Imagepflege sowie die Aufrechterhaltung der Interaktionsordnung zu gewährleisten. Neben der Distanznahme dienen weitere typische Modulationen des Redestatus, die vor allem das betreffen, was Bachtin als Kompositionsstruktur bezeichnet, der Gliederung des Gesagten (z. B. „Textklammern" und „Texteinschübe"): Derart werden Einleitungen, Höhepunkte und abschließende Bemerkungen nicht allein durch Worte, sondern zudem durch bestimmte Intonationsweisen und stimmliche Modulationen markiert: „Diese rahmenden Phasen werden mit einer Stimme präsentiert, die sich leicht von der im Rest des Vortrags unterscheidet" (ebd., S. 23). Diese Stimmmodulationen zeichneten sich durch einen höheren Persönlichkeitsgrad als das Text-Selbst aus und dienten als Übergänge von diesem fort oder zu diesem zurück (ebd.). Eine besondere Rolle misst Goffman auch „Texteinschüben" bei, Nebenäußerungen also, „mit denen er [der Redner; R.W.] bewertet, ergänzt und kommentiert, was im Text selbst mitgeteilt wird" (ebd., S. 26):

Texteinschübe sind von größtem Interesse für die Interaktionsforschung. Auf der einen Seite sind sie am Text orientiert; auf der anderen Seite passen sie sich subtil an die Stimmung des Ereignisses, die besonderen Interessen und die Identität des jeweiligen Publikums an. (ebd.)

So ermöglichen Texteinschübe situativ auf die „nichtverbal vermittelten Anliegen des Publikums einzugehen" (ebd., S. 27), dessen Rolle Goffman für die Performanz ausdrücklich hervorhebt: „Ein Publikum, das vom Redner als „teilnahmslos" wahrgenommen wird, [...] bringt den Redner dazu, sich starr an sein Manuskript zu klammern" (ebd., S. 30). Während umgekehrt „ein Publikum, das „gut" und „entgegenkommend" sei, „den Redner dazu verleite[n wird; R.W.], seine Antwort heischenden Äußerungen und Teile auszuweiten" (ebd.).

Mit den Quellen von „Rauschen" erläutert Goffman schließlich auch die Bedeutung des Körpers für (die Reparatur von) Störungen effektiver Kommunikation: „Wenn Kommunikation geschieht, gibt es auch Rauschen" (ebd., S. 33). Dieses könne zum einen ignoriert werden, andererseits könnten „Körperbewegungen" sowie Einschübe, die das Rauschen thematisieren, zu einer „Verbesserung der Kommunikation führen" (ebd.). Für Störungen kämen, so Goffman, sowohl akustische als auch visuelle Ursachen während des Vortrags in Betracht. Auch hierbei kommt dem Körper, wie bei der Reparatur von Störungen, eine besondere Rolle zu, denn: „Eine Quelle [des Rauschens; R.W.] schuldet sich der Tatsache, dass Vortragende mit Körpern ausgestattet sind" (ebd., S. 34). So könnten Nebenhandlungen wie Selbstberührungen, Selbstbeschäftigungen, etc. sowie fehlerhafte Stimmproduktion und „Kodierungsfehler" (ebd., S. 35 f.), wie falsche Wortwahl, Stottern, etc. die Kommunikation stören.

Gerade hierin, also in der Körperlichkeit und den damit zusammenhängenden Abweichungen von der reinen Informationsvermittlung, sieht Goffman, in Kontrast zum geschriebenen Text, das typische Charakteristikum des Vortrags als Sprechereignis: In den Vortrag fließe das „Rauschen" mit ein, so Goffman, und stelle dabei sogar „die eigentliche Quelle der Befriedigung der Zuhörer" dar (ebd., S. 39).

Selbstentblößungen und -offenlegungen kennzeichnen eine Zugänglichkeit, die nur auf die Mitglieder des Präsenzpublikums beschränkt ist – ein sehr viel exklusiverer Anspruch als im Falle eines Lesepublikums (ebd., S. 40).

Goffman überschreitet den Horizont der CA wenigstens in zwei sehr wesentlichen Punkten, die für seine Aufnahme im Kontext der GA bzw. des späteren KoKo relevant sind: *Erstens* repariert er den stark auf die Strukturelemente des

Sprechens reduzierten Kommunikationsbegriff der CA, in dem er unter Kommunikation weit mehr fasst als die CA, nicht zuletzt auch aufgrund ihres (zunächst) maßgebenden Erkenntniswerkzeugs, dem Tonband, berücksichtigen konnte. So spielen neben para- vor allem auch nonverbale Gesten, wie an der Spannbreite seiner Gegenstände deutlich wird, für Goffman eine entscheidende, wenn nicht sogar eine größere Rolle als gesprochene Sprache. *Zweitens* begnügt Goffman sich auch nicht mit der situationalistischen Perspektive der CA, die diese aus der Ethnomethodologie übernommen hat. Zwar ist das konversationsanalytische Sprech-Austausch-System, mit seinen zwei Komponenten und den korrespondierenden drei Regeln, im Sinne seiner Universalität, als übersituativ zu verstehen. Weitere Faktoren, die die Situation überschreiten, sind mit der CA aber kaum zu erfassen. Hier ist insbesondere der institutionelle Kontext zu nennen, den Goffman, anders als die CA, in seinen Untersuchungen berücksichtigt.

Allerdings ist Goffmans Arbeit zu den *Redeweisen* (1981), vor dem Hintergrund seiner Nähe zur Soziolinguistik und der CA, anders als die GA, nicht von einem wissenssoziologischen, sondern von einem interaktionistischen Erkenntnisinteresse geprägt. So thematisiert Goffman bei seiner Analyse des Vortrags (lecture) auch an keiner Stelle die spezifische Sphäre der Wissenschaft bzw. die Spezifizität wissenschaftlichen Wissens als thematische Grundlage des Vortrags. Vielmehr fokussiert er ihn als ein Sprechereignis, das zwar einer institutionell-organisierten Vorbereitung bedarf, das aber grundlegend von einer lokal prozessierten normativen Ordnung geprägt ist, die sich in alltäglicher Interaktion herausgebildet hat und von dieser abgeleitet werden muss.

Schließlich sind Goffmans überaus populären, breit rezipierten und zumeist essayistischen Ausführungen, die sich geradezu als ein Gegenprogramm zu den asketisch anmutenden Regelerfassungen der CA lesen lassen (möchten), als konkrete Forschungsanleitungen m. E. generell weniger geeignet. Dies mag auch gar nicht in der Absicht Goffmans gelegen haben, dessen großer Beitrag zur interpretativen Soziologie in gewisser Weise – und in diesem Punkt vergleichbar der Ethnomethodologie – eine Sonderstellung einnimmt. Weder scheint Goffman daran interessiert gewesen zu sein, sich umfassend in den Theorie- oder Methodenkanon der Soziologie einzubringen, noch hat er seine Arbeit in einer Form ausgearbeitet, die es ermöglichen würde, in der empirischen Sozialforschung ohne Weiteres direkt an ihn anzuschließen. Nichtsdestotrotz ist er ein wichtiger Ideengeber für die GA und seine Arbeit als eine wesentliche Hintergrundfolie für die vorliegende Arbeit zu verstehen.[15]

---

[15] Was hier zuletzt über die Arbeit von Goffman gesagt wurde, gilt ähnlich für den Beitrag von Margaret Mead. Der eigentliche Grund dafür, dass ich ihre *Small Conferences* (1968)

3.2   Die wissenssoziologische GA

Die wissenssoziologische GA (Luckmann 1986) hingegen zeichnet gerade aus, dass sie ein elaboriertes, umfangreich theoretisch ausgearbeitetes und empirisch erprobtes Forschungsprogramm darstellt. Sie vereint Erkenntnisse aus verschiedenen Forschungskontexten, darunter die Soziolinguistik (Abschnitt 3.1.1), die Luckmannsche Sprachsoziologie (Abschnitt 3.1.2), die CA (Abschnitt 3.1.4) sowie die Arbeiten von Goffman (Abschnitt 3.1.5). Eine Motivation die GA zu entwickeln, bestand für Luckmann darin, die strukturalistisch informierte Empirie-ferne Abstrahierung, die in den 40er und 50er Jahren des 20. Jahrhunderts in Linguistik und Soziologie gleichermaßen Einzug gehalten hatte (Luckmann 2006, 19), zu überwinden, Linguistik und Soziologie gemeinsam zu denken und so die kommunikativen Formen der gesellschaftlichen Wirklichkeitsproduktion im Sozialkontext zu betrachten.[16]

---

nicht in dieses Kapitel aufgenommen habe, ist allerdings der, dass sie im Rahmen der GA-Entwicklung nicht rezipiert wurden. Dies mag einerseits an dem stark deskriptiv-normativen Charakter dieser thematisch einschlägigen Arbeit liegen, andererseits daran, dass sie keine sozialwissenschaftlich-methodologische Einbettung aufweist. Nichtsdestotrotz stellen M. Meads Ausführungen zu den *Small Conferences* eine Hintergrundfolie für meine Reflexion des Group-Talks dar. Insbesondere der anhand ihres Ideals von *kleinen Konferenzen* entwickelte Begriff der Kommunikation unter Wissenschaftler/-innen ist meinem eigenen Begriff der *Wissenskommunikation* ähnlich: Neben der gegenstandsspezifischen Betonung des Verstehens-Aspekts und des Face-to-Face, besticht er vor allem dadurch, dass M. Mead, neben dem Sprechen und dem gesprochenen Text, auch bereits die Bedeutung anderer Elemente der Kommunikation hervorhebt. Sie spricht von einer „multi-sensory, many-to-many form of communication" (M. Mead 1968, S. 7).

Als visuelle Anthropologin erkennt sie die Bedeutung von materiellen Elementen wie Folien oder Tafelaufschriften (ebd., S. 25) für die Analyse der wissenschaftlichen Wissenskommunikation. Im Kontext von Konferenzprotokollen betont sie deshalb schließlich, dass rein textliche Protokolle oder Tonmitschnitte nicht ausreichten, um den Prozess der Wissenskommunikation auf den ‚Kleinen Konferenzen' so zu dokumentieren, dass auch nur den Teilnehmer/-innen selbst, anhand dieser Aufzeichnungstechniken, der Gang der Diskussion bzw. des Erkenntnisgewinns möglich wäre. Sie diskutiert daher, neben der Fotografie, bei der ihr der Ton fehlt, wie bei Tonbandaufzeichnung das Bild (ebd., S. V f.), den Einsatz von Filmkameras ((ebd., S. 27) und sogar TV-Raum-zu-Raum-Übertragungen (ebd., S. 41).

[16] *Kommunikative Gattungen* stellen Konstruktionen zweiter Ordnung (Schütz 1971) dar, deren Anwendung selbst keine Gattungstheorie voraussetzt. Vielmehr sind die Regeln, nach denen entsprechende Kommunikationen verlaufen, vergleichbar mit der *Interaktionsordnung* bei Goffman, Bestandteil des gesellschaftlichen Wissensvorrats. Erst vor diesem Hintergrund können sie ihre Funktion erfüllen, den Kommunizierenden anzuzeigen, wer mit wem in welcher Rolle und unter welchen Umständen kommuniziert etc. und dabei vom Zwang zu spontaner Interpretation entlasten. Die Grundmuster der Kommunikation sind darum nicht

Kommunikative Gattungen definiert Luckmann vor dem Hintergrund seines wissenssoziologischen Erkenntnisinteresses als „Grundformen der gesellschaftlichen Vermittlung des Wissens". Sie sind von besonderer sozialer Bedeutung und daher im gesellschaftlichen Wissensvorrat (Berger und Luckmann 1986/1969[engl. 1966]) abgelagert. So sind sie allgemein zugänglich und dienen dabei als Gesamtmuster, an denen sich das ‚institutionalisierte' nicht-spontane Sprechen in Entwurf und Ablauf orientiert. Ziel der GA ist es, diese soziologisch relevanten institutionalisierten Kommunikationsmuster von spontanen kommunikativen Handlungen zu unterscheiden, sie ethnographisch zu beschreiben und zu analysieren.

In „spontanen" kommunikativen Handlungen baut der Handelnde seine „Botschaft" Schritt für Schritt zusammen. Er hat eine einigermaßen bewußte kommunikative Absicht, er mag unter besonderen Bedingungen sogar einen kommunikativen Plan entwerfen [...]. Dabei wählt er weitgehend „selbständig" aus den ihm in seinem subjektiven Wissensvorrat zur Verfügung stehenden sprachlichen (und allgemeiner: kommunikativen) Mitteln aus. [...] Demgegenüber gibt es wohl in allen Gesellschaften kommunikative Handlungen, in denen sich der Handelnde schon im Entwurf an einem Gesamtmuster orientiert, als dem Mittel, das seinen Zwecken dient. Dieses Gesamtmuster bestimmt weitgehend die Auswahl der verschiedenen Elemente aus dem kommunikativen „Code", und der Verlauf der Handlung ist hinsichtlich jener Elemente, die vom Gesamtmuster bestimmt sind, verhältnismäßig gut voraussagbar. Wenn solche Gesamtmuster vorliegen, zu Bestandteilen des gesellschaftlichen Wissensvorrats geworden sind und im konkreten kommunikativen Handeln typisch erkennbar sind, wollen wir von kommunikativen Gattungen sprechen. (Luckmann 1986, S. 201 f.)

Wesentlich lassen sich Luckmanns kommunikative Gattungen hinsichtlich ihrer *Grundfunktionen* beschreiben: Sie dienen als sozial abgeleitete kommunikative Lösungen, die sich für wiederkehrende kommunikative Probleme herausgebildet haben (Luckmann 1986, 203). Mit dem Begriff „Lösung" (ebd.) nimmt Luckmann Bezug auf den Kulturanthropologen Gehlen, der, vor dem Hintergrund der Conditio Humana, *Institutionen* im Sinne einer Entlastungsfunktion als Lösungen für Probleme der biologischen Unterbestimmtheit des Menschen definiert (2009[1940]).[17] Berger und Luckmann (1986/1969[engl. 1966]) schließen

---

bloße Begriffe zweiter Ordnung, sondern besitzen, als „reale kulturelle Objekte", auch eine Wirklichkeit sui generis (Luckmann 1986, S. 203).

[17] Luckmann, der in seiner Sprachsoziologie (1975) den Begriff der *institutional language* (institutionelle Sprache) gebraucht, macht, in Bezug auf den Begriff der *Institution*, in der Vorrede zu seinem wissenssoziologischen Gattungskonzept (1986), allerdings einen wesentlichen Unterschied zum späteren KoKo (und der kommunikationssoziologisch aktualisierten GA) deutlich: Wenn er auf die Parallelen zwischen kommunikativen Gattungen und sozialen

bereits in ihrer *Wissenssoziologie* an diese Bestimmung an und formulieren im Kontext der Habitualisierung als erster Schritt des Institutionalisierungsprozesses (Abschnitt 2.2.2):

> Alles menschliche Tun ist dem Gesetz der Gewöhnung unterworfen. Jede Handlung, die man häufig wiederholt, verfestigt sich zu einem Modell, welches unter Einsparung von Kraft, reproduziert werden kann. (ebd., S. 56)

Auch kommunikative Gattungen weisen, gleichsam als Institutionen der Kommunikation, für Adressierende wie Adressierte eine *Entlastungsfunktion* auf: Durch sie wird die Summe aller Sprechakte und -weisen vor dem Hintergrund geteilten Wissens und wechselseitiger Reziprozitätsannahmen situativ auf eine Auswahl angemessener Mittel reduziert. Gleichzeitig verfügen sie über eine *Anzeigefunktion*, die für die Adressat/-innen eine besondere Rolle spielt: Auf Grundlage ihres intersubjektiven Sinns können kommunikative Gattungen intuitiv interpretiert werden, sodass sie spontane Situationsbestimmungen erlauben und der Interaktion dabei unmittelbar Form verleihen. Dies lässt sich anhand des Beispiels der einfachen Gattung (oder Gattungsfamilie) des Grüßens aufzeigen, die es u. a. erlaubt, zufällige Begegnungen spontan zu kommentieren. Dabei muss der Gruß, z. B. ein wohlmeinender Wunsch, nicht allein und nicht einmal vorrangig das ausdrücken, was wir den anderen, denen wir z. B. auf der Straße begegnen, in der Situation eigentlich mitteilen möchten.

Vielmehr gibt die Art des Grußes der Begegnung eine reziprok verständliche und anschlussfähige Form, die, vor dem Hintergrund geteilten Wissens, wechselseitig zu interpretieren erlaubt, wie sich die Begegnung weiterentwickeln wird (Situationsdefinition); z. B. stehenbleiben und mit wechselseitigem Blickkontakt

---

Institutionen verweist, erklärt er, dass beide, in einem Punkt, kategorisch zu unterscheiden seien: Während nämlich Institutionen Verfestigungen solchen (instrumentellen) Handelns darstellten, das faktisch Veränderungen in der Welt vornehme, würden in kommunikativen Gattungen Lösungen vorliegen, die aus *kommunikativem* Handeln bestünden. Wenn man diese Gattungen mit Institutionen vergleiche, dürfe man diese daher dennoch nicht gleichsetzen. Gattungen seien eben „keine Institutionen des Tuns, sondern festgelegte Gesamtmuster des Redens (und allgemeiner: der Kommunikation)" (Luckmann 1986, S. 203). – Dieses Zitat berührt zwei Konstituenten des KoKo, die diesen von Luckmanns SoKo deutlich unterscheiden lassen: *Erstens*, dass Luckmann, wie Habermas, instrumentelles und kommunikatives Handeln voneinander trennt. *Zweitens* die mit der klassischen GA einhergehende Fokussierung auf gesprochene Sprache (Abschnitt 2.2): Während Luckmann kommunikative Gattungen mit einem klaren Bias als „festgelegte Gesamtmuster des Redens" bezeichnet, werden andere Modi der „Kommunikation" von ihm nur in Klammern mitbedacht. Dabei erscheint diese Parenthese wie eine nachträgliche Hinzufügung und verdeutlichen m. E., wie stark der Sprachbias bei Luckmann tatsächlich ausgeprägt war.

aufeinander zugehen oder nach einem kurzen Blickkontakt mit gesenktem Blick weitergehen. Dabei spielen, wie man an dem kleinen Beispiel erkennen kann, neben den gesprochenen Worten auch das soziale Setting, die (paraverbale) Prosodie (d. h. klangliche) und non-verbale Aspekte der Kommunikation (wie z. B. Körperformation und Blickrichtung) eine wichtige Rolle für die ‚Art des Grußes‘ und damit dafür, der Situation ad hoc und wechselseitig eine Form zu verleihen: Erst auf Grundlage des Zusammenspiels dieser sehr unterschiedlichen Elemente der Kommunikation wird deutlich gemacht, ob man bezweckt, mit der Adressat/-in ein (kurzes) Gespräch zu beginnen oder ob der Gruß nur aus Höflichkeit oder gar gepaart mit Unhöflichkeit erfolgte, weil wir keine Lust oder Zeit dazu haben, mit den Gegrüßten zu interagieren etc.

Durch ihre Grundfunktionen (Entlastungs- und Anzeigefunktion) sind kommunikative Gattungen wesentlich für die Stabilität einer gegebenen sozialen Ordnung. Sie stellen erprobtes Rezeptwissen für Kommunikation dar, auf dessen Grundlage Menschen ihre soziale Ordnung in Interaktion situativ (re-) produzieren können. Gattungen zu analysieren, bedeutet daher, den Kodex des *kommunikativen Haushalts* (Luckmann und Knoblauch 2000, 545) als virtuelles, gesellschaftliches Wissensreservoir fortzuschreiben und dabei Erkenntnisse über Bestand und Wandel einer gegebenen Gesellschaft zu erlangen, die (kommunikativ) handelnd erschaffen, erhalten und weiterentwickelt wird. Die GA ist in diesem Punkt mit der Sequenzanalyse vergleichbar. Während Letztere analytische Einblicke in die mikrosoziologische, lokale Organisation von Interaktionen gewährt, erlaubt Erstere Einblicke in die auf Meso- und Makroebene gelegenen sozialen Relevanzstrukturen, die auch Goffmans Interaktionsordnung umfassen.

3.2.1 Die Binnenstruktur

Luckmann (1986) erläutert sein maßgeblich sprachsoziologisches Konzept kommunikativer Gattungen anhand eines *zwei*gliedrigen Grundaufbaus aus *Außen-* und *Binnenstruktur*. Dabei wendet er sich zunächst der *Binnenstruktur* seiner kommunikativen Gattungen zu:

[S]ie [die kommunikativen Gattungen; R.W.] haben alle die gleiche „materiale" Grundlage, nämlich die verschiedenen, in einem gesellschaftlichen Wissensvorrat verfügbaren Zeichensysteme (kommunikative „Codes") und, zusätzlich in manchen mündlichen Gattungen, die wenigstens teilweise systematisierten, obwohl nicht voll zeichenhaften Ausdrucksformen. Daraus ergeben sich wesentliche Gemeinsamkeiten in der Struktur kommunikativer Gattungen. Die Gemeinsamkeiten, die sich aus der Beziehung zwischen Grundfunktion und „materialer" Basis ableiten, kann man

vielleicht am besten als die Binnenstruktur kommunikativer Gattungen bezeichnen.
(ebd.)

Die Binnenstruktur kommunikativer Gattungen basiert demnach auf einer spezifischen Auswahl aus der Gesamtheit der im gemeinsamen Wissensvorrat
verfügbaren kommunikativen Mittel (Zeichensysteme und „nicht voll zeichenhafte Ausdrucksformen"). Diese Selektion entspricht dabei der Lösung eines
spezifischen Kommunikationsproblems (Entlastungsfunktion). Das bedeutet, dass
der Zweck der Kommunikation die Wahl der linguistischen bzw. kommunikativen Mittel aus dem gesellschaftlichen Wissensvorrat weitgehend festlegt. Hierzu
zählen

> die verschiedensten Ebenen des „Codes" [...], von der Phonologie, Prosodie zur
> Semantik und zur Syntax; es kann sich um Grundelemente der „Codes" und um
> eingeschliffene Zusammensetzungen von Elementen handeln, und die Vorauswahlen
> können sich auf sprachliche, „textuelle" Aspekte beschränken oder die Verbindung
> von sprachlichen, gestischen, mimetischen, kinesischen usw. Aspekten festlegen. Die
> Binnenstruktur einer Gattung besteht somit aus Gesamtmustern recht verschiedenar-
> tiger Elemente, die mit verschiedenartiger Verbindlichkeit festgelegt sind: Worte und
> Phrasen, Gesamtregister, Formeln und formularische Blöcke, rhetorische Figuren und
> Tropen, Stilmittel wie Metrik, Reimschemata, Listen, Oppositionen usw., Lautmelo-
> dien [...], spezifische Regelungen der Dialogizität wie Redezugbestimmungen [...],
> Reparaturstrategien und Festlegungen von Themen oder jedenfalls Themenbereichen.
> (Luckmann 1986, 204)

Als Bausteine der Auswahl bzw. des „Gesamtmusters", das die Binnenstruktur
konstituiert, fasst Luckmann u. a. linguistische, literarische und konversationsanalytische Aspekte der Kommunikation. Zudem zählt er auch die typische
Verschränkung von Kode-Mustern mit anderen Ausdrucksformen zu den Merkmalen der Binnenstruktur: Er unterscheidet Gattungen die sich neben der Sprache
auf deren Verknüpfung mit körperlichen Aspekten des Sprechens beziehen, von
anderen, die ausschließlich die Wahl textlicher Elemente festlegen. Außerdem
variiere, so Luckmann, die Verbindlichkeit binnenstruktureller Merkmale: Neben
den Grundelementen und Mustern, die auf linguistischer Ebene und teilweise
in Verschränkung mit körperlichen Aspekten des Sprechens festgelegt würden,
erstreckten sich einige Gattungen auch darauf das Thema, das besprochen wird,
wenigstens teilweise, zu determinieren.

Zur Charakterisierung der Binnenstruktur einer kommunikativen Gattung sollen sie hier mit einer Gruppe der literarischen Gattungen, dem Drama, verglichen
werden. Einige Parallelen aber auch Unterschiede lassen sich dabei verdeutlichen,

wobei die Bedeutung der Binnenstruktur von kommunikativen Gattungen deutlicher hervortritt: So sind Theaterstücke zwar für die öffentliche Bühnenaufführung geschaffene literarische Werke, die aus der Feder einer Künstler/-in stammen. Ihre textuelle Basis aber ist vergleichbar mit der Binnenstruktur kommunikativer Gattungen: In ihr ist festgelegt, mittels welcher Worte, Sätze und Phrasen (Text) wer zu wem und worüber sprechen soll (kommunikative Rollen). Häufig finden sich zusätzlich zu den zu sprechenden Worten weitere Vorgaben, z. B. mittels welchen Tons, welcher Gestik und Mimik, begleitet von welchen Bewegungen etc., die Worte zu sprechen sind (Handlung). Schließlich finden sich in Dramen auch räumliche Angaben, auf deren Grundlage das Bühnenbild des Theaterstücks festgelegt wird.

Vergleicht man die Binnenstruktur von Dramen mit der von kommunikativen Gattungen, zeigt sich, dass die entsprechende Auswahl, im Alltag genauso wie auf der Theaterbühne, textuelle wie performative Elemente festlegt, auf deren Grundlage die bezweckte (Re-)Produktion einer speziellen kommunikativen Situation ermöglicht wird. Dabei ist besonders überraschend, dass sich, wie im Theater auch im Alltag, die gattungsspezifischen Vorgaben bis hinein in die Verschränkung von Sprechen und Performanz erstrecken können: Während Dramaturgie in Dramen naturgemäß eine wesentliche Rolle spielt und räumliche, körperliche und materielle Aspekte der verkörperten Aufführung umfasst, sind vergleichbare Festlegungen tatsächlich auch in kommunikativen Gattungen von Bedeutung: So ist z. B. die Predigt nicht nur mit anderen Worten, sondern auch mit einer anderen Prosodie, Gestik, Mimik und anderen körperlichen Abläufen verbunden als die Präsentation oder der Heiratsantrag. Ob belehrender Ton von der hohen Kanzel, offener Blick auf Augenhöhe oder verträumte Miene auf Knien, die performativen Aspekte sind in kommunikativen Gattungen, neben dem Text, von ebenso großer Charakteristik wie in literarischen Dramen und grundlegend für die Lösung des kommunikativen Problems, auf das sie eine Antwort geben.[18]

Auf wenigstens einen wesentlichen Unterschied macht der Vergleich allerdings auch aufmerksam, der an dieser Stelle als Übergang zu der zweiten Strukturebene des zweigliedrigen Gattungsmodells von Luckmann dienen soll: Während der fiktive Ort eines Bühnenschauspiels in dessen ‚Binnenstruktur' festgeschrieben

---

[18] Der Text eines Dramas stellt das Modell seiner Aufführung bereit, sowie die Binnenstruktur einer kommunikativen Gattung das Modell einer bestimmten Kommunikation bereithält. Dabei würde das literarische Drama, wenn man es als *kommunikative* (und nicht als literarische) *Gattung* betrachten wollte, wie ich es hier zum Vergleich tue, allerdings eine Extremform darstellen: Inszenierungen von derartiger Schärfe, wie sie die Wort-für-Wort-Befolgung der Aufführungen von Klassikern auf der Theaterbühne häufig verlangt, finden sich, in säkularisierten Gesellschaften, vermutlich nur noch beim Militär.

wird, ist das räumliche Setting der kommunikativen Gattung selbst nicht Bestandteil ihrer Binnenstruktur. Dies trifft allerdings auch auf Dramen zu, sobald man
die fiktionale Rahmung gegen den realen Ort ihrer Aufführung eintauscht. Dann
nämlich spielen alle Stücke, ob in Dänemark oder am englischen Hof, stets auf
Theaterbühnen. Diese organisationale Festlegung wird in der GA allerdings nicht
der Binnenstruktur zugeordnet, die die *materiale* Grundlage der kommunikativen
Gattung umfasst, sondern muss auf Ebene dessen verortet werden, was Luckmann
als *Außenstruktur* bezeichnet.

3.2.2 Die Außenstruktur

Mit Außenstruktur bezeichnet Luckmann die institutionellen Rahmenbedingun-
gen, in denen eine spezifische kommunikative Gattung ausgebildet oder etabliert
wird. Sie

> besteht im Wesentlichen aus vorgefertigten Definitionen kommunikativer Milieus,
> kommunikativer Situationen und des Typs, der Rolle und der wechselseitigen Bezie-
> hung der Handelnden. Diese Definitionen sind natürlich nie vollkommen unabhängig
> von den vorherrschenden Definitionen gesellschaftlicher Milieus, gesellschaftlicher
> Situationen und sozialer Akteure – aber sie müssen mit ihnen auch nicht identisch
> sein. Am nächsten kommen sich die zwei Definitionsarten (in denen üblicherweise
> Alter, Geschlecht, Status usw. eine Rolle spielen) dann, wenn eine kommunikative
> Gattung eng mit einer sozialen Institution verbunden ist. (ebd., S. 204).

In der Außenstruktur kommunikativer Gattungen liegen also solche Bestim-
mungen vor, die Gruppen, Situationen, Akteure und ihrer wechselseitigen
Beziehungen zueinander (um-)definieren und regeln, wer als wer miteinander
in der Gattung kommuniziert (kommunikative und soziale Rollen). Bei diesen
außenstrukturellen Vorgaben kann es sich um gattungsspezifische Situations-,
Handlungs- und Personaltypen handeln, durch die allgemeine soziale Situations-
bzw. Rollenbestimmungen an Bedeutung verlieren. In anderen Fällen, nämlich
dann, wenn die kommunikative Gattung eng mit sozialen Institutionen verknüpft
ist, behalten die allgemeinen sozialen Typen allerdings ihren determinierenden
Charakter und situieren die Kommunikation.

In diesen Fällen sind die Merkmale der Außenstruktur in doppeltem Sinn
prägend für die spezifische Kommunikationsweise, die sich anhand einer kommunikativen Gattung beschreiben lässt: Erstens stellen sie den Index dar, der
wechselseitig zu verstehen erlaubt, als wer der andere in der gemeinsamen

Situation auftritt, spricht und handelt (*kommunikative Rolle*). Andererseits verknüpft die jeweilige Gattungs-Rolle die Situation hier eng mit dem *wirk*lichen institutionellen Kontext der gemeinsamen Interaktion, mit dem Außen einer für alle Teilnehmer/-innen an der Kommunikation verbindlichen sozialen Umwelt, die der gemeinsamen Situation eine verpflichtende Form, eine sozial abgeleitete personelle und thematische Hierarchie verleiht (*soziale Rolle*). Wenn hinsichtlich der Binnenstruktur, im Vergleich mit den literarischen Gattungen, bereits deutlich wurde, dass Goffman Recht zu geben ist, dass ‚wir alle Theater spielen', wird dieser Eindruck, durch die Einsicht in die außenstrukturelle Festlegung bestimmter kommunikativer Rollen in kommunikativen Gattungen noch deutlicher. Allerdings dringt mit der Übereinstimmung von *allgemeinen* und *kommunikativen* sozialen Typen in ‚institutionell-institutionalisierten' Gattungen etwas in die Kommunikation ein, das man als Realitätskern der sozial ausgehärteten gesellschaftlichen Wirklichkeit bezeichnen kann. Dabei besitzen meso- und makrostrukturelle Ausgangslagen der Kommunikation in institutionellen Kontexten die maßgebende Prägekraft für die entsprechenden kommunikativen Gattungen.

Während bei vielen (alltäglichen) Gattungen die Bedeutung der sozialen Typen in den Hintergrund tritt (oder absichtlich Kopf steht, wie bei Rollenspielen), ist die Kommunikation in ‚institutionell-institutionalisierten' Gattungen unmittelbar mit der institutionellen Umgebung (Organisationen), in deren Rahmen sie stattfindet, verknüpft. Dies bedeutet, dass die jeweilige kommunikative Rolle der Teilnehmer/-innen in direktem Zusammenhang mit Rollen steht, die die einzelnen in der Organisation auch außerhalb der gattungsförmigen Kommunikation einnehmen. Besonders einleuchtende Beispiele hierfür finden sich abermals in stark normativ reglementierten gesellschaftlichen Subsystemen, wie z. B. der Religion, dem Militär oder auch dem Bildungssystem. Hier werden die kommunikativen Rollen der einzelnen Teilnehmer/-innen an der Kommunikation von sozialen Rollen abgeleitet, die ihre kommunikative Rolle in der Situation transzendieren. So bleibt der Unterschied zwischen Priester/-innen und religiösen Laien nach der Predigt, zwischen vorgesetzten und untergebenen Soldat/-innen jenseits eines konkreten Befehls und zwischen Lehrer/in und Schüler/-in auch außerhalb des Unterrichts bestehen.

Zudem sind die thematischen Fokusse, die in der gemeinsamen Kommunikation zwischen den jeweiligen Gruppen zum Ausdruck gelangen, durch ihre Organisationen stark determiniert, wobei sich der thematischen Bandbreite eine entsprechende Auswahl von in diesen Organisationen typischen Gattungen zuordnen lässt: So stehen Priester und Gläubige im Kontext der katholischen

Kirche neben der Predigt u. a. vor der regelmäßigen kommunikativen Herausforderung des Seelsorgegesprächs, der Taufe, des Religionsunterrichts, der Kommunion, der Beichte etc. In anderen Religionen ließen sich z. T. dieselben, zum Teil andere Beispiele finden. Für alle diese kommunikativen Probleme wurden im Laufe des sozialen Prozesses innerhalb der Kirche jeweils angemessene kommunikative Lösungen in Form von speziellen kommunikativen institutionell-institutionalisierten Gattungen entwickelt und etabliert. Ähnlich verhält es sich in anderen Organisationen wie z. B. Schulen oder militärischen Einrichtungen, wo ebenfalls, gemeinsam mit dem Auftreten typischer Situationen, hier zwischen Lehrer/-innen und Schüler/-innen bzw. vorgesetzten und untergebenen Soldat/-innen, kommunikative Gattungen entwickelt wurden, um diese kommunikativen Herausforderungen, gemäß den spezifischen institutionell vorgegebenen Normen zu bewältigen. Hier wird deutlich, dass sich die Relevanzen sozialer Organisationen an deren Kommunikation ablesen lässt.[19]

Binnen- und Außenstruktur bilden bei Luckmann gemeinsam das Gesamtmuster einer kommunikativen Gattung und betten sie damit in ihre Zweckbestimmung und in einen institutionellen Rahmen ein, der Kommunikationssituationen mit unterschiedlichen Verbindlichkeitsgraden umgibt. So können Gattungen in Bezug auf ihre Binnenstruktur und die Auswahl des geeigneten Kodes, aber auch hinsichtlich ihrer institutionellen Vorbestimmtheit mehr oder minder determinierend wirken: Es gibt Situationen, in denen Gattungen zur Anwendung kommen, die wenig von allgemeinen sozialen oder institutionellen Kontexten beeinflusst sind, wie Konversationen, und andere, wie ich an einigen Beispielen verdeutlichen konnte, deren kommunikative Muster stark oder sogar vollständig von ihrer institutionellen Rahmung abhängen, z. B. in Religion, Militär, Bildung oder Wissenschaft. Eine entsprechend große Rolle spielt der institutionelle Rahmen bzw. die Außenstruktur daher auch für Form und Funktion des Group-Talks. Als realzeitliches Face-to-face-Kommunikationsereignis muss er allerdings noch auf einer dritten Strukturebene verortet werden, die in Luckmanns Gattungskonzept selbst noch nicht vorgesehen ist. An dieser Stelle wenden ich mich deshalb empirischen Arbeiten zu, die entweder im Umfeld der Entwicklung von Luckmanns GA entstanden sind oder an sie anschließen.

---

[19] Dieser Zusammenhang, zwischen Außen-, im Sinne sozialer meso- und makrostruktureller Bedingungen der sozialen Situation einerseits und der Außenstruktur kommunikativer Gattungen andererseits, ist vor dem Hintergrund des in meiner Arbeit thematisierten Group-Talks in der beobachteten CNS-Forschungsgruppe, wie sich zeigen wird (Abschnitt 4.1), von besonderer Bedeutung.

3.2.3 Die tatsächliche bzw. situative Realisierung

Auf Grundlage des Luckmannschen Gattungsmodells wurde noch in den 1980er-Jahren eine Reihe von Forschungsprojekten durchgeführt, die sich als empirisches Programm des SoKo verstehen lassen. Diese Gattungsanalysen hatten zum Ziel, entlang des dort beschriebenen gesellschaftlichen Wissensvorrats, den *kommunikativen Haushalt* (Luckmann 1986, 206) zu erforschen, um so Rückschlüsse auf soziale Relevanzsysteme zu ermöglichen (Bergmann 1987, 42). Einer der ersten empirischen Beiträge zur wissenssoziologischen GA stammt von Luckmanns Mitarbeiter Bergmann (1987). Bergmanns Habilitationsschrift *Klatsch. Zur Sozialform der diskreten Indiskretion* entstand bereits zwischen 1984 und 1986 im Rahmen seines mit Luckmann durchgeführten DFG-Forschungsprojekts *Strukturen und Funktionen von rekonstruktiven Gattungen der alltäglichen Kommunikation.* Während die Luckmannsche Sprachsoziologie sowie dessen Gattungskonzept sich im *Klatsch* nicht systematisch widerspiegeln, kommt Luckmanns Einfluss hier vor allem in den wissenssoziologischen Aspekten der sonst stark konversationsanalytisch geprägten Arbeit zum Ausdruck. So macht Bergmann darauf aufmerksam, dass im Kontext des Klatschs als Sozialform mindestens zwei unterschiedliche Wissensformen unterschieden werden können: Auf der einen Seite das „substantielle Alltagswissen", „das sich in unserem Reden über Klatsch manifestiert" (Bergmann 1987, 27), andererseits das zum Klatschen notwendige „prozedurale Wissen" (ebd.), das die Praxis des Klatschens anleitet. Insbesondere das zweite ist für die GA von besonderer Bedeutung.

Der wesentliche Unterschied zwischen den Wissensformen liegt darin, dass das substanzielle Wissen eine theoretisch-rekonstruktive Haltung gegenüber dem kommunikativen Phänomen des Klatschs konstituiert. Als Auslegungswissen, das insbesondere von Effekten der sozialen Erwünschtheit geprägt ist, kann es nicht selbst dazu dienen, Klatsch in der Kommunikation praktisch zu prozessieren. Dafür wird eine andere Wissensform notwendig, die Bergmann als „prozedurales Wissen" bezeichnet, das Kommunizierende dazu in die Lage versetzt, die Sozialform situativ zu reproduzieren (Ethnomethoden). Auch wenn, wie Bergmann einräumt, beide Wissensformen nicht trennscharf separiert werden können, dient ihm die Differenzierung dafür, um die Diskrepanz zwischen der diskursiven Ächtung des Phänomens einer- und seiner praktischen Ubiquität anderseits zu erklären (ebd., S. 28).[20] Hier ist sie deshalb besonders sinnvoll, um zu zeigen,

---

[20] Den Unterschied zwischen den beiden Wissensformen bietet er als Erklärung an, für die Widersprüchlichkeit zwischen dem kommunikativen Handeln einerseits und der theoretischen Einstellung gegenüber der kommunikativen Handlung andererseits: Beides ist von unterschiedlichem Wissen angeleitet. Er weist allerdings auch, wie Bachtin und Luckmann

dass die tatsächliche situative Realisierung von gattungsförmiger Kommunikation einen mit eigenem Wissen ausgestatteten Wirklichkeitsbereich darstellt. Bergmann weist darauf hin, dass Gattungen auch ein „gewisses Institutionalisierungsniveau" aufweisen (ebd., S. 40). In diesem Sinne zeichnet sie, vergleichbar mit anderen sozialen Tatsachen (Durkheim 1999[1895]), eine (graduelle) Überindividualität und Transsituativität aus, d. h. sie sind teilweise invariant gegenüber individuellen und situativen Faktoren. Während diese determinierenden Merkmale von kommunikativen Gattungen von Luckmann (1986) explizit betont werden, relativiert Bergmann sie allerdings gegenüber der Situation ihres Auftretens. Damit repräsentiert sein GA-Ansatz einerseits den Übergang von einer maßgeblich theoretischen Konzeption der GA zur Umsetzung eines (radikal-)empirischen Programms, das sich mit der *Vollzugswirklichkeit* (Garfinkel 1984[1967], 1) gesellschaftlicher Konstruktion befasst. Zum anderen ist diese Verschiebung einer theoretischen Erweiterung der GA geschuldet: Während Gattungen bei Luckmann, basierend auf seiner *Sprachsoziologie* (Luckmann 1975, 44), selbst in Synthese mit Interaktionismus und Wissenssoziologie strukturalistische Züge tragen, betont Bergmann aus ethnomethodologischer Perspektive das Gegenteil:

> Kommunikative Vorgänge werden durch Gattungen nur vorgezeichnet; ihre tatsächliche Realisierung geschieht im Handlungsvollzug und ist damit wie jeder kommunikative Akt den sprachlichen Äußerungsprinzipien (Syntax, Semantik), den interaktiven Organisationsprinzipien (Mechanismus der Redeverteilung, Sequenzformate etc.) und den diversen Kontextualisierungsprinzipien (etwa der Verpflichtung zum rezipientenspezifischen Äußerungszuschnitt) unterworfen. (Bergmann 1987, 40)

In diesem Kontext verweist Bergmann darauf, dass Gattungen nicht mit ihrer Aktualisierung in tatsächlichen kommunikativen Handlungen verwechselt werden dürften. Entscheidend ist für ihn dabei, dass sie, wie er betont, neben einer die Situation transzendierenden Regelhaftigkeit, immer auch *lokale* Organisationsprinzipien aufwiesen. Diese ‚Ethnomethoden' der Kommunikation sind in der transsituativen Auswahl aus sprachlich-materialen Einzelelementen und Grundmustern (Binnenstruktur) bei Luckmann tatsächlich unterrepräsentiert. In Bergmanns Klatsch-Studie hingegen zeigt sich, dass Klatsch maßgeblich situativ mittels ‚Ethnomethoden' organisiert ist (ebd., S. 56 f.), die dabei, wie

---

vor ihm, darauf hin, dass die Praxis des Klatschens auch ganz ohne eine Ethnotheorie auskommt. Wie Bachtin und Luckmann betrachtet er Gattungen daher als „reale kulturelle Objekte" (ebd., S. 38).

Goffmans Interaktionsordnung oder Sacks' Turn-taking-System, nicht dem inhaltlichen Ausdruck, sondern grundlegender der Prozessierung der Kommunikation
dienen. Zu diesen ‚Techniken', die die lokale Organisation des Sprechereignisses strukturieren, zählt Bergmann in seiner Arbeit z. B. Prä-Sequenzen wie die
„Klatscheinladung" bzw. das „Klatschangebot".[21]

Charakteristisch für Bergmanns GA des Klatschs ist so der situationale
Charakter seiner Analyse, in dem nicht zuletzt seine ethnomethodologische Ausbildung bei Sacks und Schegloff zum Ausdruck kommt. Dies verdeutlicht er
einerseits in einer kurzen methodologischen Vorrede, in der er die Notwendigkeit betont, natürliche Daten zur Grundlage seiner Untersuchung zu machen, die
nicht selbst schon rekonstruierenden, sondern registrierenden Charakter besitzen
(ebd., S. 49).[22] Zum anderen drückt er dies auch im Rahmen eines Theoriekapi-
tels aus (ebd., S. 191 ff), das er seiner GA anschließt und wo er bereits mit den
Worten einleitet, dass er (mit Goffman) der Auffassung sei, dass Soziologie eine
Wirklichkeitswissenschaft sein müsse. In diesem Sinne wolle er nicht den Eindruck erwecken, seine theoretischen Ausführungen seien der Höhepunkt seiner
Arbeit (ebd., S. 191). Er möchte, ganz anders vermutlich als Luckmann selbst
(vgl. Bergmann & Luckmann 1999, 7), seine empirische Analyse im Gegenteil
ausdrücklich nicht als Vorstudie der Theoriebildung (miss)verstanden wissen.

Auf den wesentlichen Aspekt dieser im soziologischen Kontext als ‚radikal-
empiristisch' zu bezeichnenden Einstellung habe ich bereits hingewiesen: Gleich
zu Beginn seiner Ausführungen macht Bergmann darauf aufmerksam, dass
Gattungen nicht mit ihrer tatsächlichen Realisierung in konkreten sozialen Situationen verwechselt werden dürften. Diese Feststellung, der ich zustimme, lässt

---

[21] Wie Goffman bereits darlegt, sind direkte Interaktionen stets davon gekennzeichnet, dass
wechselseitig Gesichtsverlust droht. Die Interaktionsordnung bzw. korrespondiere Rituale
zielen daher darauf, das eigene Selbstbild, sowie das der anderen Teilnehmer/-innen an
einer Kommunikation, situativ aufrechtzuerhalten. Dies gilt insbesondere im Kontext einer
Gattung wie dem Klatsch, die mit (moralisch-rekonstruktiver) Verachtung belegt ist, wie
Bergmann verdeutlicht. Wenn keine Aufforderung zum Klatschen vorliegt, empfiehlt es sich
daher, zunächst ein unverbindliches Angebot zu formulieren, bevor man mit dem eigentlichen Klatsch beginnt: „Die Prä-Sequenz besteht in diesem Fall darin, dass der potenzielle
Klatschproduzent seinen Kommunikationspartnern zunächst ein Klatschangebot macht und
sein Klatschwissen so lange zurückhält, bis von Seiten der potentiellen Klatschrezipienten
eine positive Rückmeldung auf dieses Angebot erfolgt ist. Ebenso wie die Klatscheinladung
des Rezipienten muss dabei auch das Klatschangebot des Produzenten so präsentiert werden, dass eine negative Reaktion ohne Brüskierung und ein Rückzug ohne Gesichtsverlust
möglich sind" (Bergmann 1987, S. 127).

[22] In diesem Kontext räumt Bergmann allerdings auch ein, dass es ihm – gegenstandsspezi-
fisch – nicht möglich gewesen sei, die für seine Analyse eigentlich idealen „audio-visuellen"
Daten zu erheben (ebd., S. 55).

sich als klare Kritik an Luckmanns Gattungskonzept verstehen, das einerseits zwar parallel zu Bergmanns *Klatsch* entstanden ist, andererseits aber eine analytische Ebene, die sich ausdrücklich der lokalen Organisation von Gattungen widmet, vermissen lässt. Entsprechend verwendet Bergmann für diesen Aspekt im Kontext seiner Klatsch-Analyse (unsystematisch) den Begriff der *Realisierung*, wohingegen er die von Luckmann vorgeschlagenen Begriffe der Binnen- und Außenstruktur überhaupt nicht verwendet.

Hier wird m. E. eine Bruchkante sichtbar, die durch die Reibung zwischen dem theoretischen, stark sprachsoziologisch geprägten Gattungskonzept von Luckmann und seiner empirischen Anwendung als gattungs*analytisches* Forschungsprogramm, gerade im Kontext der ethnomethodologisch-konversationsanalytisch informierten qualitativen Sozialforschung, aufbricht. Der stark von der Ethnomethodologie geprägte Bergmann hat sich in diesem Spannungsfeld zu einem Ethnomethodologie-typischen (Lynch 1999) weitgehenden Verzicht auf Theoriebegriffe entschieden. Knoblauch hingegen, der ebenfalls Schüler und Mitarbeiter von Luckmann war, inspirierte die Bruchkante dazu, ebenfalls in einer empirischen Arbeit zu kommunikativen Gattungen, eine dritte Strukturebene zu entwickeln, die er Außen- und Binnenstruktur zugesellt: *die situative Realisierung* (Günthner & Knoblauch 1994, 708).

Zuvor hatte sich eine Vielzahl der frühen von Luckmann inspirierten Fallstudien zwar mit der gesprochenen Sprache in sozialen Situationen befasst, dabei aber in erster Linie textliche Elemente (die auf der Binnenstruktur der GA liegen) fokussiert. Ihr Erkenntnisinteresse war dabei stark von (sozio-) linguistischen Perspektiven geprägt. Eine Ausnahme stellt dabei vor allem die oben in Grundzügen dargestellte Arbeit von Bergmann dar, der, anders als eine Reihe weiterer prominenter Protagonist/-innen der frühen GA, in der (stark Praxis orientierten) Soziologie zu Hause ist. Die meisten Weggefährt/-innen Luckmanns bei der frühen empirischen Anwendung der GA kommen hingegen aus der Sprachwissenschaft (Susanne Günthner, Helga Kotthoff, Sigrid Baringhorst) und prägten die frühe GA entsprechend von linguistischer Seite, was evtl. dem sprachwissenschaftlichem Bias Luckmanns entspricht. Mit der Einführung einer dritten Analyseebene von kommunikativen Gattungen in die GA zu Anfang der 1990er Jahre (in Günthner & Knoblauch 1994, 708) manifestiert Knoblauch daher methodologisch zugleich deren ‚Empirie-Turn' zur *kommunikationssoziologischen* GA.

Der Fokus auf die Situation anstatt auf die präfigurierende Binnenstruktur allein, außenstrukturelle Elemente scheinen nicht zuletzt gegenstandspezifisch bei vielen der frühen GA-Arbeiten ebenfalls eine geringere Rolle gespielt zu haben, verdankt die GA maßgeblich ethnomethodologisch und konversationsanalytisch informierten Ansätzen, denen gegenüber Luckmann teilweise eine gewisse Skepsis empfand. Diese Inputs in die GA stammen daher maßgeblich von Bergmann und Knoblauch, die die „tatsächliche Realisierung" (Bergmann) bzw. „situative Realisierung" (Knoblauch) von kommunikativen Gattungen fokussieren und, wie Knoblauch, dabei das Luckmannsche Konzept systematisch um diese im Rahmen empirischer Sozialforschung entscheidende Dimension bzw. Strukturebene erweitern. Erst mit dieser Erweiterung um die situative Realisierungsebene gerät die kommunikative Gattung weit stärker als zuvor als situatives, interaktionales und lokal organisiertes Ereignis in Betracht, für das auch para- und nonverbale, d. h. performative Aspekte der Kommunikation von Bedeutung sind. Diese methodologische Ergänzung bereitet die GA daher auch auf die stärkere Berücksichtigung von materiellen Objektivationen vor. Dies wird in Arbeiten deutlich, wo im Kontext der GA die Methode der (ursprünglich im ethnomethodologischen Kontext entwickelten) Videoanalyse zur Videographie weiterentwickelt wird (Schnettler und Knoblauch 2007, Schnettler 2001, Tuma, Schnettler und Knoblauch 2013).[23]

Die Erweiterung der GA um die situative Realisierungsebene ist daher von größter Bedeutung für ihre Weiterentwicklung zu dem, was ich mit dem Begriff der *kommunikationssoziologischen* GA von der Luckmannschen sprachsoziologischen GA abgrenzen möchte. Erst im Rahmen dieser Entwicklung erfährt die GA eine Ausbalancierung zwischen Ethnomethodologie, Linguistik und Sprachsoziologie. Einerseits greift die (Knoblauchsche) kommunikationssoziologische GA die theoretischen Grundlagen auf, die Luckmann aus der Soziolinguistik entwickelt hatte, andererseits verdeutlicht sie, dass im Rahmen der Luckmannschen GA zwischen Binnen- und Außenstruktur die Struktur des eigentlichen Geschehens, die ‚Ethnomethoden' der Interaktion, vernachlässigt worden waren. Zwar darf auch die situative Realisierungsebene nicht mit der Situation selbst verwechselt werden. Jedoch erlaubt sie zu berücksichtigen, wie, in Abgrenzung zu binnenstrukturellen Elementen von kommunikativen Gattungen, auch *Merkmale der Situation* dazu beitragen, dass kommunikatives Handeln Wirklichkeit erschafft.

Erst in der situativen Realisierung werden die binnenstrukturellen Grundelemente und Muster, vor dem Hintergrund eines spezifischen mehr oder minder

---

[23] In diesem Kontext muss erwähnt werden, dass die Arbeiten, die seitens linguistischer Forscherinnen, wie Günthner und Kotthoff, zur Entwicklung der GA beigetragen wurden, an dieser Stelle keinesfalls geschmälert werden sollen. Im Gegenteil: Vermutlich aufgrund der ursprünglichen Herkunft der GA aus den Sprach- und Literaturwissenschaften, wurde die GA vor allem in diesen Bereichen stetig ausgebaut, wo ihre Protagonist/-innen bis heute eine Vielzahl von Publikationen liefern und so das von Luckmann avisierte Archiv des „kommunikativen Haushalts" fortlaufend ausbauen.

bindenden institutionellen Settings, praktisch zu einer kommunikativen Wirklichkeit verdichtet. Diese realisiert sich in kommunikativem Handeln, das einer spezifischen lokalen Form der Organisation unterworfen ist, wie sie in Sequentialität und Interaktionsordnung zum Ausdruck kommt. Daher vereint erst die kommunikationssoziologische GA die linguistische (Binnenstruktur) und die institutionalistische (Außenstruktur) mit einer ethnomethodologisch informierten Perspektive (situative Realisierung) innerhalb eines gemeinsamen Methodologierahmens, um so die drei maßgeblichen Einflussfaktoren von kommunikativen Gattungen zugleich in den Blick zu bekommen.

> Neben [...] rituellen gehören auch konversationelle Merkmale, die die interaktive Organisation kommunikativer Handlungen betreffen und besonders von der Konversationsanalyse aufgezeigt wurden, zur situativen Realisierungsebene. Sie lassen sich durch Muster von Redezugabfolgen und Paarsequenzen („adjacency pairs"), wie etwa Fragen und Antworten, Auffordern und Nachkommen der Aufforderung beschreiben. Zur Realisierungsebene zählen auch Strategien der längerfristigen Gesprächsorganisation [...]. Die von der Konversationsanalyse beschriebenen Phänomene – wie Paarsequenzen, Präferenzstrukturen und Strategien der Redezugorganisation – bilden die konversationelle Ebene der situativen Realisierungsebene. Goffman hat darüber hinaus auf weitere Dimensionen der interaktiven Organisation kommunikativer Handlungen [...] aufmerksam gemacht. (Günthner & Knoblauch 1994, 708 f.)

Hier möchte ich nochmals an den Vergleich kommunikativer Gattungen der sprachsoziologischen GA mit literarischen Dramen erinnern. Mit der Ebene der situativen Realisierung gelangt nun, was bei diesem Vergleich zunächst nicht möglich war, auch die Aufführung selbst zu ihrem Recht als Realität sui generis. Während Binnen- und Außenstruktur, Text und Theaterbühne, die eigentliche Inszenierung gleichsam umstellen, geraten nun auch solche lokalen Regeln in den Blick, die nicht Teil der textuellen, binnenstrukturellen Basis des Stückes sind. Adressiert werden hierbei bestimmte non- und paraverbale Techniken, die Schauspieler/-innen genauso wie Alltagsakteure einsetzen, um ihre gemeinsame Ensembleleistung zu bewältigen (Ethnomethoden). Sie stellen neben der Binnenstruktur ein eigenes völlig unabhängiges Ordnungssystem dar (Interaktionsordnung). Zwar stehen die linguistischen Repertoires bereits in der sprachsoziologischen GA in einem Verhältnis zu anderen Kommunikationsmodi. Dabei bleiben Letztere allerdings weitgehend unreflektiert. Erst auf Ebene der situativen Realisierung hingegen lassen sie sich als vitales kommunikatives Handeln beobachten und beschreiben. In diesem Kontext ist die Entwicklung der Videographie als Methode der kommunikationssoziologischen GA von größter Bedeutung. Während nämlich Tonbänder die Verknüpfung mit körperlich-visuellen Aspekten der Kommunikation nur rekonstruktiv in die Analyse mitaufnehmen können, ist die Videoaufzeichnung dazu in der Lage, diese Aspekte ‚objektiv' zu registrieren.

Vor dem Hintergrund derart ermöglichter Feinanalysen wird ersichtlich, dass nicht alles, was während der ‚Aufführung' einer kommunikativen Gattung geschieht, dem *Was* der Kommunikation dient – ein Eindruck, der bei der Lukmannschen GA evtl. noch leicht entstehen kann. Vielmehr sind zahlreiche kommunikative Handlungen, wie den Arbeiten der CA und Goffman, aber auch der jüngeren kommunikationssoziologischen Forschungen zu entnehmen ist, dadurch charakterisiert, dass sie auf Ebene der situativen Realisierung dem *Wie* der Kommunikation geschuldet sind: So können Blicke, Gesten, Mimiken und körperlich-räumliche Aspekte der Kommunikation einerseits zwar durchaus auch dazu dienen, bestimmte Inhalte in Interaktion zu vermitteln. Andererseits sind sie aber mindestens ebenso wichtig dafür, den geregelten Ablauf der Kommunikation überhaupt zu ermöglichen: Sie dienen dazu, die wechselseitigen Rollenerwartungen aufrechtzuerhalten, das Image der an der Kommunikation beteiligten zu wahren, Rederechte zuzubilligen, Wertschätzung und Missfallen auszudrücken, Fehltritte bzw. Abweichungen von dem gattungsspezifisch als angemessen betrachteten Verhalten zu reparieren, thematische Fokusse zu setzen und einzuhalten uvm.

Vor diesem Hintergrund umfasst die situative Realisierungsebene vor allem solches Wissen, das man mit Bergmann als ‚prozedural' bezeichnen kann: Dieses prozedurale Wissen (Ethnomethoden) beinhaltet das Knowhow für all die Techniken, die notwendig sind, um in spezifischen Situationen Sinn vermitteln zu können, der dem entspricht, was vermittelt werden soll. Während die Binnenstruktur dieses *Was* einer gattungsspezifischen Kommunikation umfasst, von der kleinsten Einheit des Wortes bis hin zu größeren Mustern wie Sätzen, Phrasen und rhetorischen Stillmitteln, und die Außenstruktur, mit den auf die Kommunikation einwirkenden allgemeinen sozialen wie institutionellen Situations-, Handlungs- und Personaltypen, maßgeblich das *Warum* einer bestimmten Kommunikation festlegt (und sich dabei systematisch auf das *Was* auswirkt), finden sich auf der Ebene der situativen Realisierung die Antworten auf die Fragen des *Wies* der entsprechenden Kommunikation.

3.3 Weitere Ansätze der GA

Einen weiteren Strang der Gattungsforschung möchte ich nun noch etwas detaillierter aufnehmen, da er direkt in die Sphäre meiner eigenen Fallstudie führt.

Meine Arbeit bewegt sich in einem Feld, das durch die sprach- bzw. kommunikationssoziologische GA bislang wenig Aufmerksamkeit erfuhr: die Wissenschaft.
Verstehende Soziologie, SoKo und KoKo, mit ihren gemeinsamen Wurzeln in
der mundan-phänomenologischen Soziologie von Schütz (Srubar 1988), eint, dass
sie sich der Analyse der *Alltags*wirklichkeit verschrieben haben. Das kommt bei
Schütz darin zum Ausdruck, dass er die Fundierung der gemeinsamen Wirklichkeit, wie oben bereits dargestellt, im *Alltag* verortet. Entsprechend lassen
sich Sinnprovinzen als Modulationen des Alltags und der darin entwickelten,
tradierten und aktualisierten Wissens-, Erkenntnis- und Kommunikationsformen
begreifen.

Daher ist eine Vielzahl der sprach bzw. kommunikationssoziologischen Forschungen (nicht nur in der GA) in Bereichen des Alltags unternommen worden,
die kaum oder keine explizite Rahmung im Sinne institutionalisierter Organisation
aufweisen. Dies trifft, bedingt, auch auf die eingangs umrissene PowerPoint-
Studie von Knoblauch und Schnettler (2007) zu, die maßgeblich an die CA
und die Ausführungen Goffmans zum (wissenschaftlichen) Vortrag bzw. an
seine Interaktionsordnung anschließt (Performanz). Auch Goffmans Blick auf
den Vortrag als Sprechereignis zeichnet eine starke Alltagsorientierung aus. Er
fokussiert nicht die Besonderheit des (wissenschaftlichen) Inhalts, sondern die
Allgemeinheit der lokalen Organisation im Sinne einer Ordnung für direkte
Interaktion überhaupt. Entsprechend nutzt er den Begriff des Vortrags (lecture)
generisch, wodurch er, gattungsanalytisch gesprochen, unterschiedliche Gattungen oder Gattungsvariationen anspricht, die sich in einem sehr breiten Kontinuum
darstellen ließen, von der hochschulischen Vorlesung einer Professorin bis hin zur
volkshochschulischen Diavortragsreihe eines Landschaftsfotografen.

Auch die CA betont bereits, dass sich sämtliche Sprech-Austausch-Systeme
von der lokal organisierten Alltagsform der Konversation ableiten lassen. Entsprechend erläutert Knoblauch (2007), dass es sich bei der Präsentation um eine
Gattung handele, die ihre spezifische Form maßgeblich auf Ebene der situativen Realisierung erhalte. In diesem Sinne fokussiert auch er in erster Linie das
Wie, d. h. die Strukturen der lokalen Organisation des Präsentierens, die sich
in körperlichen Aspekten der Kommunikation manifestieren (Performanz). Die
beschriebenen Aspekte der Präsentation sind entsprechend universal und treffen
so auch auf den Group-Talk zu. Die Außenstruktur der entsprechenden Situationen allerdings spielt für die Präsentation als Gattung ebenso wie für viele weitere
Arbeiten der GA eine eher untergeordnete Rolle, wohingegen der Group-Talk eine
starke Außenstruktur aufweist, die seine Form und Funktion weitgehend beeinflusst. Seine konkrete Form steht in engem Zusammenhang mit einer spezifischen
institutionellen Umwelt. Vor dem Hintergrund dieses deutlich organisatorisch

geprägten Settings meiner Fallstudie sind daher Arbeiten aus dem Umfeld der Organisationsforschung von besonderem Interesse, die sich den Gattungen des kommunikativen Handelns in formalen Organisationen widmen und die ich an dieser Stelle daher näher betrachten möchte.

3.3.1 GA in der Organisationsforschung

Wenn oben von Organisation die Rede war, dann wurden zumeist lokale mehr oder minder implizite Organisationsprinzipien der Interaktion angesprochen, mittels derer Akteure in sozialen Situationen ihr (kommunikatives) Handeln miteinander koordinieren. Diese lokale, an der Interaktion orientierte Form der Kommunikation, findet stets dann statt, wenn Menschen sich in Kopräsenz wechselseitig wahrnehmen (Goffman). Einer formalen Organisation bedarf es dafür nicht. Bei einer Begegnung auf freiem Feld oder im Wald gelten diese Regeln und die entsprechenden Rituale gleichermaßen. Zu verwechseln ist diese Form der Organisation aber nicht mit der Organisiertheit innerhalb formaler Organisationen wie Fabriken oder Universitäten. Zwar gilt auch hier Goffmans Interaktionsordnung (Barley 1990, 65), zugleich wirkt aber zusätzlich die *formale* Organisation auf Grundlage formaler Regeln und institutionellem Wissen auf sämtliche soziale Situationen ein, denen sie (offiziell) als Begegnungsort dient.

Zur Verdeutlichung dieser Tatsache bietet sich ein (einfaches) Modell an, das Organisationen im Sinne von Simmels Differenzierungstheorie (1890) grundlegend als den organizistischen Regeln der Kraftersparnis, Effizienz- und Leistungssteigerung folgende und durch spezielle Regeln ausdifferenzierte (institutionalisierte) Teilbereiche unserer Gesellschaft beschreibt. Im Sinne einer Innen-Außen-Differenzierung bildet eine formale Organisation demnach, zum Schutz ihrer zentralen Aufgabenerfüllung, (permeable) System-Umwelt-Grenzen aus (Thompson 1967, 39), die sie durch spezifische Aufnahmekriterien überwacht.

Formale Organisationen bestimmen so, in mehr oder minder detaillierter und determinierender Weise, Regeln, die innerhalb der Organisation gelten sollen und die dabei zugleich die Differenz der Organisation nach außen manifestieren. So wird in einer Fabrik auf Grundlage bestimmter Verfahrenstechniken und professioneller Wissensbestände und durch eine definierte Gruppe angestellter Arbeiter/-innen ein ganz bestimmtes Produkt oder eine bestimmte Produktgruppe hergestellt. In einer Schule sind Lehrer/-innen angestellt, um in Schulgebäuden nach einem festgelegten Lehrplan Schüler/-innen zu unterrichten etc. (Meyer, Scott und Deal 1981).

Die Ausbildung formaler Organisationsstrukturen kann man sich dabei abermals parallel zu der Entwicklung von sozialen Institutionen bei Berger und
Luckmann denken (Abschnitt 2.2.2). Gegebene Organisationen sind dabei häufig bereits Profiteurinnen der Erleichterung von vorgängig institutionalisierten
Handlungstypen und Rollen, indem sie bei ihrer Gründung auf diese Muster zurückgreifen können. Diese Übernahme von institutionalisierten Formen
erstreckt sich von den Organisationszielen über die Produktionsweise bis zu den
Personaltypen, innerhalb derer Angestellte und Arbeiter/-innen das Tagesgeschäft
der Organisation erledigen. Wie sich zeigt, werden häufig auch Gattungen, die in
Organisationen zur Anwendung kommen, dem gesellschaftlichen Kommunikati-
onshaushalt entnommen.

In den Arbeiten der Organisationswissenschaftlerinnen Wanda Orlikowski und
JoAnne Yates kommen in diesem Kontext drei Forschungslinien zusammen, die
für die vorliegende Arbeit relevant sind: *Erstens* betrachten sie explizit formale Organisationen, die auch den Group-Talk rahmen. *Zweitens* erachten sie
Kommunikation als den entscheidenden Prozess innerhalb dieser Organisationen (Orlikowski und Yates 1994, 541). Dabei schließen sie einerseits an den
Organisationspsychologen Karl Weick (1985) an, der auf Schütz rekurrierend,
organisationale Strukturen als Produkte subjektiver Externalisierungen betrachtet
(ebd., S. 220 f.). Zum anderen denken sie diese Grundannahme soziologisch weiter, wobei sie sich Anthony Giddens' *Strukturationstheorie* (1984) anschließen.
Organisationale Strukturen erweisen sich so als Folgen kommunikativen Handelns
von mit subjektivem Bewusstsein ausgestatteten Akteuren (Abschnitt 2.1.1), die,
aufgrund ihrer Aushärtung, auf das Handeln in Organisationen zurückzuwirken
vermögen (Yates und Orlikowski 1992, 299). Last but not least betrachten Yates
und Orlikowski organisationale Kommunikationsformen *drittens* als Strukturen
der Organisation. Mit Verweis auf die *rhetorische Gattungsanalyse* von Carolyn
Miller (1984) und Loyd Bitzer (1968) prägen sie daher den Begriff der *organisationalen Kommunikationsgattungen* (genres of organizational communication;
Yates & Orlikowski 1992, 301):

A genre of organizational communication (e.g., a recommendation letter or a propo-
sal) is a typified communicative action invoked in response to a recurrent situation.
The recurrent situation or socially defined need includes the history and nature of
established practices, social relations, and communication media within organizations
[…]. The resulting genre is characterized by similar substance and form. Substance
refers to the social motives, themes, and topics being expressed in the communication
[…]. Form refers to the observable physical and linguistic features of the communication […]. There are at least three aspects of form in organizational communication:
structural features (e.g., text-formatting devices such as lists and fields and devices

for structuring group interactions, such as an agenda and a chairperson for a meeting), communication medium (e.g., pen and paper or face to face), and language or symbol system (which would include linguistic characteristics such as formality and the specialized vocabulary of technical or legal jargon). (ebd.)

Genre organisationaler Kommunikation stellen für Yates und Orlikowski typisierte Kommunikationsformen dar, die eine Lösung für wiederkehrende Bedürfnisse der Organisation bereitstellen. Die ‚Probleme‘, die es in Organisationen zu bewältigen gilt, ergeben sich aus den etablierten Praktiken, Beziehungen und Kommunikationsmedien innerhalb der Organisation. Dabei lassen sich Genres nach ihrer Substanz (*substance*) sowie ihrer Form (*form*) unterscheiden: Erstere nimmt Bezug auf die Ausdrucksfunktionen der Kommunikation, Letztere auf ihre materiale Basis. Unter der *Form* subsummieren Yates und Orlikowski allerdings nicht allein die sprachlichen Grundelemente und Muster, sondern darüber hinaus auch Struktureigenschaften der kommunikativen Form sowie deren Mediatisierung. Damit bewegen sie sich in der Nähe der nicht minder stark von der Ethnomethodologie geprägten *Science and Technology Studies* (STS) (Bijker und Pinch 2012[1987], XXIV), mit denen sie, wie die kommunikationssoziologische GA, nicht nur die Betonung der Materialität bzw. Technik teilen, sondern auch die ethnographische Methodologie.

So fokussieren Yates und Orlikowski Formen der Kommunikation, die über sog. neue Medien mediatisiert sind und in formalen Organisationen, für die sie z. T. ursprünglich entwickelt wurden, traditionell bereits früh eine bedeutende Rolle spielten, z. B. Email (Yates & Orlikowski 1994), virtuelle Arbeitsumgebungen (2002), das Internet (Kellogg, Orlikowski und Yates 2006) oder PowerPoint (Yates und Orlikowski 2007). Dabei betrachten sie sowohl einzelne Genre gesprochener und geschriebener Sprache, z. B. das Empfehlungsschreiben oder das Meeting (1992), als auch *Genrerepertoires* (Orlikowski und Yates 1994) als kommunikative Haushalte von Organisationen oder sog. *Genresysteme* (Orlikowski und Yates 2002). Letztere bezeichnen Strukturen aus zusammenhängenden Gattungen, die in einem bestimmten konsekutiven Verhältnis zueinanderstehen, z. B. die Ausschreibung, das Bewerbungsschreiben, die Einladung zum Bewerbungsgespräch, das Bewerbungsgespräch selbst etc.

In vorliegendem Kontext besonders relevant ist ein Artikel von Kellogg, Yates und Orlikowski (2006), in dem sie das eingangs dieses Abschnitts vorgeschlagene einfache Modell formaler Organisationen, vor dem Hintergrund der oben erläuterten Zeitdiagnose (Abschnitt 2.2.3), wie unsichere Umwelten und verschwimmende Organisation-Umwelt-Grenzen, durch den Begriff der *postbürokratischen Organisation* konkretisieren. In dieser Arbeit betrachten sie die Kommunikation zwischen verschiedenen Communities innerhalb eines Marketingunternehmens (Adweb). Mit Bezug auf das Konzept der „trading zones" (Galison 1997) fokussieren sie, wie die Wissenskommunikation zwischen den unterschiedlichen Gruppen (Projektmanagement, Design, Technologie sowie Kundenbetreuung) hier organisiert ist:

> Working across community boundaries was complicated because the activities and outcomes of one community were interdependent with those of other communities. Furthermore, as conditions on projects changed, new sources of difference and inter-dependence emerged that had to be addressed. Thus, within-community identities, expertise, and interests were "at stake" for community members because they were often reluctant to compromise on investments they had made to ensure their distinctive competence, status, and position within Adweb and their broader occupational communities beyond the firm. Nevertheless, they had to coordinate across community boundaries to achieve the innovative product demanded by their clients, and to do so in compressed time frames. (ebd., S. 26)

Eine besondere Herausforderung für ‚postbürokratische Organisationen', wie z. B. die untersuchte Marketingfirma („Adweb"), stellt die zunehmende Beschleunigung und Diskursivierung ihres Workflows dar. Dieser, so die Autorinnen, sei maßgeblich von der digitalen Arbeitsumgebung, dem Internet, bestimmt, das sich permanent weiterentwickele und dabei neue Kommunikationspotentiale erschließe, deren Nutzung in der Organisation sich schließlich aufdränge (soziale Tatsache). Zudem sei der Gegenstand von Adweb, die Werbung selbst, durch wechselnde Kundenwünsche, Lerneffekte und die Marktkonkurrenz permanenten Entwicklungen unterworfen. Dadurch würden auch die Teams innerhalb der Organisation sich rasch verändern: Neue Mitglieder würden integriert, etablierte in andere Teams wechseln etc.

Vor diesem Hintergrund beobachten die Autorinnen drei Praktiken der grenzüberschreitenden Kommunikationsarbeit: *Sichtbarmachung* (display practices), *Repräsentation* (representation practices) und *Integration* der Arbeitsergebnisse (assembly practices). Zur Sichtbarmachung ihrer Arbeitsfortschritte bedienten sich die Angestellten sowohl des firmeneigenen Intranets (z. B. eines gemeinsamen digitalen Kalenders) als auch der Emailkorrespondenz sowie schließlich eines externen Netzwerks, in das auch die Klienten eingebunden waren. Zur Repräsentation ihrer Arbeit nutzten sie eine große Variation von Gattungen der organisationalen Kommunikation wie Memos, Proposals etc. Von besonderer Bedeutung habe sich aber die Powerpoint-Präsentation erwiesen (ebd., S. 31). Die Integration der einzelnen Arbeitsfortschritte werde schließlich maßgeblich über die digitale Arbeitsumgebung des Intranets erzeugt, auf der interaktiv Kollagen aus Präsentationen, Dokumenten und Webseiten erstellt würden, wobei die eigentliche Zusammenfügung der Teilergebnisse, die in den einzelnen Gruppen oder Communities erarbeitet würden, vollzogen werde. Der „Text", der dabei entstehe, diene den Angestellten anschließend als Repositorium, sodass auf eine große Anzahl vorgefertigter Lösungen für wiederkehrende Probleme zurückgegriffen werden könne.

The availability of documents on the firm's intranet facilitated the assembly of work across time, clients, and functional areas as information was extracted from prior projects (decontextualized) and then included in current project work (recontextualized). As this work was typically represented in a form that had been "road-tested" on earlier projects, it did not require extensive "reprocessing." (ebd., S. 33)

In der Beobachtung stellte sich allerdings auch heraus, dass die für die grenzüberschreitende Koordination zwischen den einzelnen Communities innerhalb der Organisation genutzten Kommunikationsformen unter Inkaufnahme hoher ‚Kosten' praktiziert wurden: So seien zwar einige Gruppen, insbesondere die Technolog/-innen, gerne dazu bereit gewesen, ihre Arbeit sichtbar zu machen und ihren ‚Code' in den Diskurs einzubringen. Andere hingegen, die für das Design zuständigen ‚Kreativen' etwa, fühlten sich häufig unwohl dabei, unfertige Arbeiten sichtbar zu machen. Deren Praxis, die sie als individuellen Schöpfungsprozess verstünden, der keine Kooperation erlaube, sei vielmehr davon charakterisiert gewesen, erst fertige Arbeitsresultate vorzustellen. Zudem zeigte sich, dass nicht jede Community gleichermaßen die übliche Form der Präsentation durch PowerPoint schätzte. Sowohl die Technolog/-innen als auch Kreative fühlten sich durch das Medium eingeschränkt: Die Einschätzung, das Medium führe zu Vereinfachung und kreativer Einschränkung, führte in diesen Gruppen zur Ablehnung (ebd., S. 35) von PowerPoint. Alle Communities beklagten außerdem gemeinsam Schwierigkeiten durch die echtzeitliche Sichtbarmachung des Arbeitsfortschritts. Hier war insbesondere die Einbindung der Klient/-innen von Bedeutung. Durch die Kommunikation mit diesen werde ein steter Strom von Kundenfeedback erzeugt, so die Kritik, der das Projekt verändere, worauf die Communities permanent reagieren müssten. Last but not least wüchse der notwendige Aufwand für die Kommunikation auch durch die rege Nutzung des Intranets und die Emailkommunikation, wodurch, wie Yates und Orlikowski betonen, paradoxerweise die grenzübergreifende Kommunikation innerhalb von Organisationen sogar empfindlich gestört werden könne.

Die Autorinnen verdeutlichen, dass der oben als Kommunikativierung erläuterte Prozess an formale Organisationen Anforderungen stellt, die den Aufwand

der Kommunikationsarbeit erhöhen (Problem). Dabei kommt es zur Etablierung
oder Neuausbildung von organisational verbindlichen kommunikativen Mustern, Gattungen, Gattungsrepertoires und -systemen (Lösung). So soll neuen
Herausforderungen begegnet werden, wobei gleichzeitig neue Handlungspro-
bleme geschaffen werden. Die kommunikativen Praktiken der Sichtbarmachung,
Repräsentation und Integration stellen typische, gattungsförmige Lösungen für
gewachsene Erfordernisse der Kommunikationsarbeit bereit. Gleichzeitig führen
die Gattungen der organisationalen Kommunikation aber ihrerseits zu Problemen (wie Kritik etc.), sodass Kommunikation sich auch in Organisationen weit
davon entfernt erweist, perfekt zu sein. Vielmehr offenbart sie auch hier eine ihrer
Grundeigenschaften: Sie stellt stets die Lösung bis auf Weiteres eines Problems
dar, das nur approximativ gelöst werden kann. Das Problem der Kommunikation, das, in der komplex differenzierten, heterarchisch organisierten Lebenswelt
sowie in korrespondierenden Sinnprovinzen wie Wirtschaft und Wissenschaft,
von wachsender Bedeutung ist.

3.3.2   Weitere GA-Ansätze im Überblick

Die vorangegangene Darstellung der GA ist an der Entwicklung zur sprachsoziologischen bzw. kommunikationssoziologischen GA orientiert, an die meine
eigene Analyse anschließt. Dabei wurden von mir zahlreiche andere Ansätze
auf dem Feld der GA weitgehend oder völlig außer Acht gelassen. Schon im
Bereich der hier dargestellten Entwicklung ist meine Arbeit weit davon entfernt,
einen vollständigen Forschungsstand abbilden zu wollen. Umso mehr bescheidet
sie sich in den Traditionen der rhetorischen (Bitzer 1968, Miller 1984), sprach-
(Swales 1990) und religionswissenschaftlichen (Gunkel 1901) Gattungsanalyse.
Abschließend möchte ich dieses Versäumnis abmildern, indem ich kursorisch auf
Publikationen vor allem aus den Bereichen der linguistischen und medienwissenschaftlichen GA hinweise, die sich zur weiterführenden Lektüre bzw. für einen
tieferen Einblick in die interdisziplinäre GA empfehlen.

Einen breiten Überblick bietet, u. a. für die Bereiche *sprach-, kunst-, musik-
, theater-, medien-, sozial- und religionswissenschaftliche Gattungsforschung*
ein von dem Literaturwissenschaftler Rüdiger Zymner (2010) herausgegebe-
ner Sammelband. Die Linguistinnen Karin Aijmer und Diana Lewis sind
Herausgeber/-innen eines aktuellen Bands im Bereich der *Korpuslinguistik* mit
dem Schwerpunkt eines 'neuen' die Sprechpraxis fokussierenden Ansatzes der
vergleichenden Sprachwissenschaft. Diese unterzieht der Linguist Vijay Bhatia
(2016) einer Kritik und wendet sie zur *kritischen Gattungsanalyse* (Critical Genre

Analysis). 2010 veröffentlichten Piotr Cap und Urszula Okulska (2010) einen linguistischen Sammelband, der sich den *Gattungen politischer Kommunikation* widmet. Aus soziolinguistischer Perspektive beleuchtet Ahmed Fakhri (2014) *Fatwas* und *Gerichtsurteile als Gattungen* arabischer Rechtsauffassungen. Eine aktuelle Monografie zu dem ausgesprochen großen Forschungsfeld der linguistischen Gattungsanalyse im Bereich der *Sprache in professionellen und edukativen Kontexten,* stellt Sunny Hyon (2018) vor. Neuere Ansätze der *medienwissenschaftlichen Gattungsforschung* editieren die Medienwissenschaftler Assimakis Tseronis und Charles Forceville in einem Sammelband (2017). Explizit *Genres im Film* widmet sich Raphaëlle Moine (2008). Eine Monografie zu *TV-Gattungen* legt der Film- und Medienwissenschaftler Jason Mittell (2004) vor. *Medienwissenschaftlich* ist auch die Ausrichtung des Sammelbands von Giuliana Garzone und Cornelia Ilie (2014), der im Kontext der neuen Medien den Wandel etablierter und die Entstehung neuer Gattungen beleuchtet. Ausdrücklich *Gattungen des Internets* fokussiert der Sammelband von Janet Giltrow und Dieter Stein (2009). Eine medienwissenschaftliche Monografie zum Thema der *Gattungsanalyse von Onlineenzyklopädien* stellt die Linguistin Anna Tereszkiewicz (2014) vor.

Die Gattungsanalyse des Group-Talks

4

Das Beispiel von Kellogg, Yates und Orlikowski (2006) (siehe Abschnitt 3.3.1) dient mir im Folgenden als Überleitung zum empirischen Teil meiner Arbeit. Obgleich in einem Wirtschaftsunternehmen verortet erinnert die Situation dort an die des Group-Talks: Auch in der CNS-Gruppe ist die Kommunikationsarbeit mit laufender *Digitisierung* und *Digitalisierung* (siehe Abschnitt 2.2) der (Forschungs-)Fortschritte verbunden. Wie bei AdWeb sind auch die Teilnehmer/-innen der beobachteten CNS-Forschungsgruppe unentwegt mit der ihr *präsentationales Wissen* charakterisierenden Sichtbarmachung, Repräsentation und Integration ihrer Arbeit beschäftigt, sowohl gegenüber internen als auch externen Teilnehmer/-innen der Organisation. Dafür bedienen sich beide Gruppen ähnlicher Gattungen (z. B. Präsentation). Hier wie dort stellt sich das Problem, im interdisziplinären bzw. trans-professionellen Diskurs, die eigenen Outputs so zu kommunizieren, dass sie von den anderen verstanden und in das gemeinsame Produkt integriert werden können. Sowohl für die Werber/-innen bei Kellogg et al. als auch für die Forscher/-innen, die ich beobachtet habe, gilt, dass das, was einmal integriert wurde, in das institutionelle Gedächtnis aufgenommen wird und für spätere Arbeiten als Blaupause fungiert. Hier wie dort kommt es so zur Stabilisierung (Institutionalisierung) eines Identitäts-stiftenden Kerns, eines spezifischen Wissensbestands, der bei AdWeb im Intranet, in der beobachteten CNS-Gruppe in typischen sprachlichen und visuellen Ausdrucksformen abgelagert wird.

Insbesondere aber ist die Situation bei AdWeb und in der CNS-Forschungsgruppe hinsichtlich der starken institutionellen Kontextualisiertheit der individuellen Tätigkeiten gekennzeichnet. Beider Orts unterstellen sich die einzelnen Akteure, die untereinander z. T. sehr heterogene (professionelle) Interessen haben, die sie (auch) innerhalb der Organisation (AdWeb bzw. Universität) verfolgen, freiwillig mit ihrem Eintritt in die formale Organisation deren (formalen und informellen) Zielen und Vorgaben. In diesen Zielen und Vorgaben,

© Der/die Autor(en) 2022
R. Wilke, *Wissenschaft kommuniziert*, Wissen, Kommunikation und Gesellschaft,
https://doi.org/10.1007/978-3-658-36704-6_4

die die Richtschnur für die eigenen Arbeiten darstellen, müssen die Beiträge der Mitarbeiter/-innen aufgehen. Zentral für meine Analyse sind daher auch die institutionell-institutionalisierten ‚Schalen' auf der gesellschaftlichen Makro- und der organisationalen Mesoebene, die meinen auf der Mikro-Ebene gelegenen Forschungsgegenstand, den Group-Talk, rahmen und strukturieren. Im Folgenden Kapitel (Abschnitt 4.1 und 4.2) wende ich mich daher zunächst dieser äußeren Strukturierung zu, bevor ich zum ‚Kern' fortschreite (Abschnitt 4.3). Ich beginne die empirische Auseinandersetzung dabei auf der gattungsanalytischen Ebene der *Außenstruktur*. Die maßgebliche empirische Grundlage für deren Analyse beziehe ich aus den geführten Expert/-inneninterviews, der Videographie sowie der Kenntnis von Literatur und anderen Objektivationen aus dem Feld selbst.

4.1   Der Group-Talk und seine Außenstruktur

Zur Einleitung in dieses Kapitel möchte ich ein letztes Mal an meinen Vergleich von kommunikativen mit literarischen Gattungen erinnern. In Bezug auf die Binnenstruktur wurde in diesem Zusammenhang (Abschnitt 3.2.1) ein Unterschied von mir nicht thematisiert, nämlich dass kommunikative Gattungen i. d. R. keine konkretere Autor/-in als den sozialen Institutionalisierungsprozess kennen, wohingegen Theaterstücke ebenso regelmäßig eine individuelle Autor/-in aufweisen. Dieser Unterschied kann nun vor dem Hintergrund der Arbeiten von Kellogg et al. zu den organisationalen Kommunikationsgattungen relativiert werden, da sich zeigt, dass Organisationen (bzw. ihre Funktionär/-innen) die Autor/-innen (oder wenigstens Dramaturg/-innen) einer kommunikativen Gattung sein können: In Organisationen finden sich Bedingungen, die, z. T. von Vorgesetzten (mit-)bestimmt, von den organisationalen Strukturen (formal/informell) vorgegeben werden. So erweist sich die Nutzung spezifischer Gattungen bei AdWeb als organisationaler Zwang. Dieser Zwang in Organisationen soll hier, in Anlehnung an Durkheim (1999[1895]), als *organisationale Tatsache* betrachtet werden, an die sich Mitglieder der jeweiligen Organisation anpassen müssen.

Die Bedeutung der *sozialen Tatsachen* bzw. der *sozialen Tatbestände* für unser Handeln hob Durkheim bereits zum Ende des 19. Jahrhunderts in seinem Buch *Die Regeln der soziologischen Methode* (1999[1895]) hervor. Demnach variieren diese, ganz ähnlich den kommunikativen Mustern und Formen (Abschnitt 3.2), in einem Kontinuum aus Verfestigungsgraden: von stark strukturiert bis zu (noch) nicht gefestigten ‚freien Strömungen'. Soziale Tatsachen sind, so Durkheim, "mehr oder weniger kristallisiertes Leben" (ebd., S. 113). Sie bestehen aus mit unterschiedlichem Verfestigungs- bzw. Institutionalisierungsgrad ausgestatteten

besondere[n] Arten des Handelns, Denkens, Fühlens, deren wesentliche Eigentüm-
lichkeit darin besteht, daß sie außerhalb des individuellen Bewußtseins existieren
(ebd., S. 106).

Als „Typen des Verhaltens" (ebd.) sind sie überdies mit einem immanenten
Zwangscharakter ausgestattet, der z. B. bei Zuwiderhandlungen durch (negative)
Sanktionen zum Ausdruck kommt. Diese Tatsachen sind dabei weder organisch,
da sie aus „Vorstellungen und Handlungen" erschaffen, noch psychisch, da sie
überindividuell zu verorten (ebd., S. 107) sind, sondern ‚sozial'. Durkheim zählt
zahlreiche Beispiele für seine sozialen Tatbestände auf. Neben Kommunikati-
onsregeln nennt er so unterschiedliche gesellschaftliche Institutionen wie soziale
Rolle, Erziehung, Religion, Konvention, Wirtschafts- und Produktionsweise, politische Strukturen, Infrastrukturen, Wohnformen und soziale Strömungen. Ihnen ist
gemein, dass sie soziale Sinnzusammenhänge darstellen, die unserem Handeln als
Richtschnur dienen.

Im Folgenden werde ich die außenstrukturellen Aspekte des Group-Talks, die
hier thematisiert werden sollen, als *organisationale Tatsachen* betrachten, da ihre
Existenz von konkreten Organisationen herrührt. So wurde z. B. das Kommunikationsformat, dessen Analyse hier zentral ist, in Einklang mit universitären
Konventionen durch Wolf[1] festgelegt, der Forschungsgruppenleiter der beobachteten Gruppe ist. Als Vorbild für den Group-Talk diente ihm dabei das universitäre
Kolloquium, d. h. das regelmäßig stattfindende Fachgebiets- oder Institutstreffen
(„institutional talk" (Rendle-Short 2006)), das der Vorstellung der Arbeit von
internen oder externen Expert/-innen auf dem entsprechenden Forschungsgebiet
dient und auch in den Geistes- und Sozialwissenschaften verbreitet und populär
ist.[2]

---

[1] Zugunsten des Leseflusses habe ich mich dazu entschieden, anstatt zu anonymisieren,
Pseudonyme zu wählen, die es einfacher machen sollen, einzelne Charaktere, auf die ich
mehrfach rekurriere, wiederzuerkennen.

[2] Als wir selbst uns, zum Vergleich, die Erhebung und Auswertung videographischer Daten
eines geisteswissenschaftlichen Kolloquiums vornahmen, stellte sich allerdings heraus, dass
dieses, in Übereinstimmung mit unseren allgemeinen Erfahrungen, stark Goffmans *lecture* (siehe 3.1.5) entsprach und für uns kein Forschungsresiduum darstellte. Dass der von
Wolf etablierte Group-Talk sich tatsächlich völlig anders präsentierte als das Kolloquium,
weckte mein ursprüngliches Forschungsinteresse und ließ mich die Arbeitshypothesen zu
dieser Arbeit formulieren. Offenbar war der Unterschied zwischen beiden Formaten der
besonderen Verschränkung von formaler und lokaler Organisation, von situierenden und
situativen Aspekten des Group-Talks, geschuldet. Die besonderen Voraussetzungen der Forschungsgruppe im Feld, sowohl die Heterogenität der Teilnehmer/-innen als auch die Komplexität des gemeinsamen Ziels, interdisziplinäres Verstehen zu ermöglichen, hatten dazu

4.1.1 Die Universität und das Fachgebiet[3]

Wie erwähnt findet der Group-Talk als regelmäßiges Arbeitstreffen der untersuchten Forschungsgruppe in einem Seminarraum einer deutschen Universität statt. Dadurch ist er stark präfiguriert. Während die Universität formal vorgibt, dass es sich bei ihren Räumen um „Ort[e] der Wissenserzeugung" (Capurro 2007, 49) handelt, definieren die Institute und Fachgebiete der Universität, um welche Art von Wissen es sich dabei handeln muss. Die Ziele und Aufgaben der beobachteten Forschungsgruppe sind damit eingegrenzt. Rafael Capurro betont dabei aber, dass die räumliche Metapher der Universität als Ort der Wissenserzeugung nicht lediglich als *Ein*grenzung, sondern, im Sinne der Eröffnung eines durch Fachleute konstituierten Horizonts (ebd., S. 48), auch als *Ent*grenzung verstanden werden darf. Es soll sich demnach bei dem, was an einem Fachgebiet als inhaltlich definierte, organisationale Struktureinheit geschieht, um eine thematisch eingegrenzte wissenschaftliche Kommunikation handeln, die offen ist für das, was außerhalb von ihr geschieht und so auch den Blick auf das Nicht-Gewusste eröffnet (ebd.).

Diesem Ideal ist auch die Forschungsgruppe rund um Wolf verpflichtet, umso mehr, da sich die CNS als genuin interdisziplinäres Forschungsfeld versteht. Die grundlegenden Ziele der Gruppe um Wolf, die in Kommunikation (Mikro) zu realisieren sind, werden daher auf institutionellen Ebenen, die den Group-Talk umgeben, seitens der Gesellschaft (Makro), der Universität und ihrer thematischen Gliederung in Institute und Fachgebiete (Meso) vorgegeben. Angesiedelt ist Wolfs Fachgebiet an einem Institut für Informatik. Wolf selbst ist Physiker. Sein Lehrstuhl, den er seit der Gründung innehat, war gemäß der ursprünglichen Ausschreibung und Bezeichnung einem recht anderen Bereich der KI-Forschung als der CNS gewidmet: Er sollte sich mit dem ingenieurwissenschaftlich geprägten Machine Learning (Neuronale-Netze-Ansatz[4]) beschäftigen, das heute, anders

---

geführt, dass das ursprünglich vorgegebene Format lokal angepasst und ausdifferenziert werden musste. Der Group-Talk, in seiner beobachteten Realisierung (Abschnitt 4.3), stellt das Ergebnis dieses Prozesses dar.

[3] Die folgenden Abschnitte (4–4.1.2) bauen teilweise auf einer frühen Version eines Aufsatzes auf, den ich als Erstautor mit Eric Lettkemann verfasst habe (Wilke und Lettkemann 2018). Alle Übernahmen stammen ursprünglich von mir. Wenn ich Textelemente des Zweitautors verwende, sind diese als Zitat kenntlich gemacht.

[4] Der Ansatz, der heute unter der Bezeichnung Neuronale-Netze geläufig ist, geht auf das Perzeptron-Modell von Frank Rosenblatt (1958) zurück. Es stellt einen Vorläufer der CNS dar. Über diesen Ansatz geht die CNS hinaus, da sie nicht bloß, gleichsam als Teilgebiet der Informatik, neurobiologisch *inspirierte* Modelle künstlicher Intelligenz entwickelt. Vielmehr versucht die CNS, auf der Grundlage von Computermodellen organischer Intelligenz, das biologische Gehirn und seine Funktionsprinzipien zu verstehen und in KI nachzubilden.

als die CNS, keinen Anspruch mehr auf biologische Plausibilität seiner Modelle erhebt.

Die Gelder für die Ersteinrichtung von Wolfs Professur stammten u. a. aus einem Innovationsförderprogramm des ehemaligen Bundesministeriums für wissenschaftliche Forschung (BMWF), das der Förderung des zum damaligen Zeitpunkt besonders populären Neuronale-Netze-Ansatzes verschrieben war. In einem Interview legte Wolf allerdings detailliert dar, dass seine Forschungsbiografie als Physiker maßgeblich von seinem großen Interesse an biologischen Fragestellungen getrieben gewesen sei. Vor diesem Hintergrund erklärt sich auch die von ihm betriebene informelle Umwidmung seines Lehrstuhls vom ingenieurwissenschaftlich geprägten Neuronale-Netze-Ansatz zu den biologisch plausibl(er)en Modellen der CNS. Im Interview erläuterte er mit Bezug auf die ursprüngliche Ausschreibung seiner Stelle, er

```
glaube nicht, dass damals angedacht war, das so stark biologisch zu
machen, sondern wirklich mehr das, was Neuronale Netze sind. (EXP_1, Z.
225-226)
```

Erst durch Wolfs Neuausrichtung des (ursprünglich stark ingenieurwissenschaftlich) geplanten Fachgebiets, die eng mit seiner forschungsbiografischen Entwicklung auf dem Gebiet der CNS verknüpft war und zugleich auf seinen persönlichen Forschungsinteressen beruhte, erklärt sich, dass die Forschungsgruppe am Fachgebiet (CNS-typisch) so heterogen angelegt wurde, nämlich unter starkem Einbezug systembiologischer, hirnanatomischer, psychologischer und anderer an den Funktionsweisen organischer Systeme orientierter Disziplinen.

Hier wird einerseits die Bedeutung der Universität als Bündel von organisationalen Tatsachen des Group-Talks deutlich (Ort der Erzeugung von Wissen, thematisch gegliederte Organisation, Stellen und Ausschreibungen). Zugleich zeigt sich aber in Wolfs Einfluss auch, dass diese Tatsachen in Organisationen einen konkreten, individuellen ,Autor' aufweisen können. Deshalb steht z. B. auch die gattungsförmige Kommunikation in organisationalen Kontexten in engem Zusammenhang mit institutionell verliehener *Kommunikationsmacht* (Reichertz 2009). Wolf war es, Kraft der Position, die ihm durch die Universität verliehen wurde, möglich, eigene Schwerpunkte zu setzen, die strukturelle Auswirkungen auf die thematische und personelle Zusammensetzung seiner Forschungsgruppe und ergo die Kommunikationssituation hatten.

Im Feld wird der Unterschied, den Wolf macht, in vielen Hinweisen darauf verdeutlicht, dass die biologische Plausibilität der zu entwickelnden Modelle in der Gruppe prioritär sei. Dies entspricht nicht dem ursprünglich angedachten formalen Ansatz des Fachgebiets, allerdings ganz und gar dem eingangs erläuterten doppelten Anspruch der CNS, zum einen Erkenntnisse über das (menschliche) Hirn entwickeln zu wollen und zugleich die KI-Forschung voranzutreiben. Modelle, die im Rahmen der Gruppe auch für die KI-Forschung entwickelt werden sollen, müssen dabei stets an der Funktionsweise organischer Intelligenz orientiert sein. Mit anderen Worten: Wolfs Fachgebiet repräsentiert (auch) einen Strang der KI-Forschung, aber nur insofern, als dass die hier entwickelten Modelle nicht allein technische Systeme zum Wirken bringen sollen, sondern die interne Funktionslogik dieser Modelle, die Art, in der die Wirkung hervorgebracht werden soll, zudem biologisch plausibel ist, d. h. sie soll am Prozess der neuronalen Informationsverarbeitung orientiert sein und dabei nicht zu stark vereinfachen.

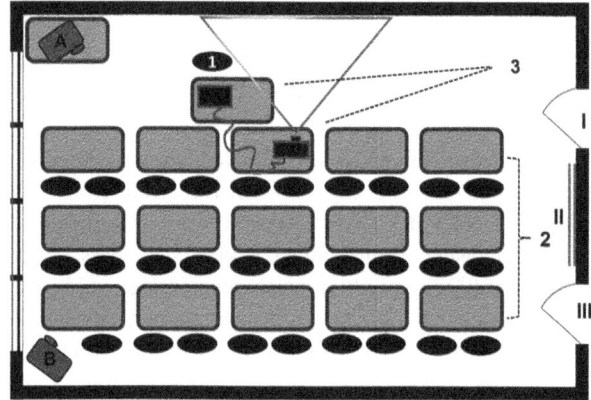

Abbildung 4.1   räumliches Setting des Group-Talks: Ein- und Ausgänge (I, III) und Whiteboard (II)

Neben die starke inhaltliche Präfiguration des Group-Talks durch das Forschungsfeld, das Fachgebiet, das Institut und die Universität als *Ort der Wissenserzeugung*, treten weitere organisationale Tatsachen der Kommunikation im Group-Talk, die der spezifischen Art des umbauten *Interaktionsraums* (Hausendorf und Schmitt 2013, 4) geschuldet sind, den die Universität als physischer Ort dar- und verpflichtend bereitstellt. So wurden Wolf die Räumlichkeiten, die sein Fachgebiet belegt, von der Instituts- oder Universitätsverwaltung zugewiesen. Das bedeutet, dass er oder andere Teilnehmer/-innen vermutlich keinen Einfluss darauf hatten in welchen Räumlichkeiten sich die Forschungsgruppe installieren konnte. Zudem gehört das Fachgebiet, dass sich im Theoriebereich verorten lässt, nicht zu der Kategorie wissenschaftlicher Disziplinen, die seitens der Universität oder Drittmittelgeber/-innen die Notwendigkeit einer besonderen Ausstattung der zugewiesenen Räumlichkeiten (z. B. Labor) geltend machen könnte. Schließlich verfügte das Fachgebiet neben Einzel- und Doppelbüros über keinen speziellen Workshop- oder Institutsraum. Entsprechend fiel die Wahl auf den größten Raum, der der Forschungsgruppe am Fachgebiet zur Verfügung stand, einen kleinen Seminarraum, der für ca. 30 Personen Platz bot (Abbildung 4.1). (Da hier keine Lehrveranstaltungen oder überhaupt andere Veranstaltungen als der Group-Talk stattfanden, liegt die Vermutung nahe, dass die Universität Wolf, in Ermangelung einer Alternative in dem Gebäude, in dem das Fachgebiet beheimatet war, diesen Raum anstelle eines Workshop- oder Versammlungsraums zur Verfügung gestellt hat.)

Viele moderne Seminarräume zeichnen sich durch eine typische „Interaktionsarchitektur" (ebd., S. 5) aus, d. h. sie stellen „architektonische Erscheinungsformen" dar, die „als Lösungen für interaktive Probleme" (ebd.) rekonstruiert werden können. Der Seminarraum, in dem der Group-Talk stattfand, stellte hier keine Ausnahme dar. Es handelte sich um einen rechtwinkligen oder nahezu quadratisch geschnittenen Raum von ca. 70 Quadratmetern, der entlang eines langen Flures gelegen war, von dem aus die übrigen Räumlichkeiten des Fachgebiets zu erreichen waren. Mittels Leichtbauwänden war der Raum von den ihn flankierenden Büros separiert. Da er im Zentrum des Fachgebiets gelegen war, stellte seine Lage sicher, dass die Gruppenteilnehmer/-innen zügig aus ihren Büros zum Group-Talk gelangen konnten.

Die Inneneinrichtung bestand aus beweglichen Zweier-Tischen, einer entsprechenden Bestuhlung und einem Whiteboard. Die Möblierung sowie die Tatsache, dass der Raum über zwei Türen verfügte, sodass er leicht in zwei Räume, z. B. weitere Büros oder ähnliches aufgeteilt werden konnte, legen seitens der Raumplaner/-innen einen an Flexibilität und Effizienz orientierten Gestaltungsgedanken nah. (Eine der beiden Türen (Position I in Abbildung 4.1) war im Rahmen der aktuellen Benutzung allerdings dauerhaft abgesperrt und darüber hinaus i. d. R. durch Gegenstände wie ein gelegentlich aufgestelltes Flip-Chart völlig verdeckt). Die Interaktionsarchitektur erweist sich hier allgemein als in erster Linie an einer möglichst breiten Anwendungsvielfalt und Beliebigkeit gegenüber dem Wechsel von Nutzer/-innengruppen orientiert.

Dies zeigt sich insbesondere an den mobilen Tischen und Stühlen, die man auch in Klassenzimmern findet. Sie können, dem jeweiligen Bedarf genügend, jederzeit verstellt, zur Seite geschoben, gestapelt oder in unterschiedlichen

Konstellationen neu arrangiert werden. Einerseits entsprechen sie so dem prototypischen Mobiliar entindividualisierter Masseneinrichtungen. Andererseits kommt dabei ein demokratisches Verständnis von Architektur zum Ausdruck, die den Raum potenziell zu einem tatsächlichen *Interaktions*raum macht, d. h. zu einem „mit und durch Interaktion geschaffenen Raum" (ebd., S. 4). In ihm gibt die ausrichtende Institution die räumliche Orientierung der Interaktion in deutlich geringerem Maße vor als dies etwa bei einem anderen Typ universitärer Räume, dem Hörsaal, der Fall ist:

> In den aufsteigenden fest montierten Sitzreihen mit den aufklappbaren Schreibflächen eines *Hörsaals* […] manifestiert sich die Erwartung, dass sich Interaktionsteilnehmende in grosser (sic!; R.W.) Zahl als nach vorne und unten orientierte „Zuhörer" und „Zuschauer" mit der entsprechenden Aufmerksamkeits-, Sitz- und Verweildisziplin sowie Mit- und Aufschreibdisziplin am Interaktionsereignis „Vorlesung" beteiligen. Die Architektur der Sitzreihen materialisiert diese Erwartung – und macht sie in genau diesem Sinne selbst erwartbar (als Erwartungserwartung bzw. Norm). Das lässt sich sehr weitgehend an den Details der wahrnehmbaren architektonischen Erscheinungsform selbst ‚ablesen', die auf diese Weise als Lösung für ein spezifisches Situierungsproblem des Typs „Vorlesung" rekonstruiert werden kann. (Hausendorf und Schmitt 2013, 13)

In seiner absichtsvollen Unterbestimmtheit hingegen ist der Seminarraum, durch seine Ebenerdigkeit und sein bewegliches modulares Mobiliar, einerseits für viele potenzielle Nutzungsweisen geeignet. So eröffnet seine Innenarchitektur die Möglichkeit der interaktiven Raumgestaltung, die von den Interagierenden selbst an den jeweiligen Kommunikationszweck bzw. an unterschiedlichste Kommunikationsweisen angepasst werden kann. Andererseits kommt in dem Mobiliar ein (pädagogisches) Konzept der Kommunikation zum Ausdruck, dass im Kontext der zunehmenden Diskursivierung westlicher Gesellschaften in den 1960er und 1970er Jahren entstanden ist (Abschnitt 2.2.3) und dabei maßgeblich auf die Entlastung der Kommunikation von sozialstrukturellen Faktoren wie Alter und Status zielte.

So sollte es in Seminaren nach Sokratischem Vorbild darum gehen, anders als in dem älteren universitären Format der Vorlesung eines über zahllose Sitzreihen entfernt dozierenden Professors oder berühmten Experten, einer (situativ) nivellierten, (kleineren) Teilnehmer/-innenzahl, die gleichen Rechte einzuräumen, sich an der stattfindenden (wissenschaftlichen) Kommunikation zu beteiligen (M. Mead 1968, 3):

> The seminar is a device by which the student can be temporarily accorded a podium from which to speak to his peers and his seniors with the right to challenge and be challenged (ebd., S. 4).

Wobei bereits M. Mead den Zusammenhang zwischen der Nivellierung von Kommunikationshierarchien, Raumgestaltung bzw. „Situierung" (Hausendorf und Schmitt 2013, 8) und der Teilnehmer/-innenzahl in der Situation herausstellte. Dies wird schon in dem Titel ihrer Publikation „The Small Conference" (Mead und Byers 1968) deutlich. Und auch ihre Definition der 'Kleinen Konferenzen' betont diesen Aspekt explizit:

> It is within these world-wide trends that the small substantive conference has developed, distilled from a stream of historical forms. The word itself is still used rather loosely and it is one of the purposes of this work to give it greater specificity. I shall use the word conference for *a group small enough* to sit around *one large table*, called together for a specific purpose, at a specific place, for a limited time, once, or at specified intervals in a series of designated length to consider new aspects of a specified topic. (M. Mead 1968, 5)

Paradoxerweise, trotz des ursprünglich Sokratischen Ansatzes von Seminaren und der unzweifelhaften Notwendigkeit spezifischer interaktionsarchitektonischer Erfordernisse für diesen Zweck, sind viele universitäre Seminarräume, trotz der bildungspolitisch umgesetzten flächendeckenden Ausstattung mit flexiblem Mobiliar, heute wieder in der klassischen Frontalstellung aufgebaut. In realiter wird offensichtlich häufig kein Gebrauch von dieser mobiliar ermöglichten Flexibilität gemacht. Dies mag u. a. den Gruppenstärken in typischen Seminarkontexten geschuldet sein.) Der Group-Talk stellt hier keine Ausnahme dar. Auch die beobachtete Forschungsgruppe nutze ihren Seminarraum stets in frontaler Bestuhlung.

Die Sitzplätze ergaben sich in diesem Frontalsetting entlang von drei Reihen aus jeweils mehreren Zweiertischen (Abbildung 4.1). Die räumliche Orientierung wurde dabei durch die Anordnung der Stühle vorgegeben, wobei die Teilnehmer/-innen sich dem Setting anpassten, indem sie die durch die Stühle implizierte Ausrichtung im Raum, im Sinne einer „Normalformerwartung" (Hausendorf und Schmitt 2013, 16), übernahmen und so die den Stuhlreihen gegenüberliegende Wand als ‚vorne' markierten. Dadurch konstituierte sich zugleich mit dem wachsenden Abstand der hintereinander aufgebauten Sitzplätze zu diesem Vorne eine Topografie, die von den Teilnehmer/-innen implizit, wenigstens zum Teil, auch als sozial verräumlichende bzw. kommunikative Karte interpretiert wurde. So konnten wir z. B. beobachten, dass immer wieder dieselben Personen ein und denselben der Sitzplätze einnahmen. Wolf etwa saß stets auf demselben Platz in der ersten Reihe.

Der Hauptsprecher/-in stand in diesem Setting, um das klassisch frontale Ensemble zu komplettieren, ein einzelner Seminartisch zur Verfügung, der sich mittig an die dritte, vorderste Reihe der Zuhörer/-innentische anschloss. Dadurch sowie abermals durch die Orientierung des zugehörigen Stuhls in entgegengesetzter Richtung wie die anderen, gab er die räumliche Ausrichtung der Sprecher/-in frontal gegenüber den übrigen Sitzplätzen vor. Die sich daraus ergebende räumliche Konstellation bzw. Situierung der Teilnehmer/-innen wurde im Beobachtungszeitraum stets unverändert beibehalten. Lediglich bei starker Frequentierung wurden einige überzählige Stühle, die sich in der übrigen Zeit mehr oder minder unsortiert an der rückwärtigen Wand des Raums stapelten, von den Nachrücker/-innen aufgestellt, um sitzend am Group-Talk teilnehmen zu können.

Während die Interaktionsarchitektur im Seminarraum des Group-Talks also prinzipiell mobil war und dabei dem Kommunikationsbegriff entsprach, der dem Seminar als Ort des Wissensaustauschs geschuldet ist, wurde der Raum von der Gruppe tatsächlich in Form einer Frontalkonstellation und somit unflexibel bzgl. der räumlichen Anordnung genutzt. Dies kann nicht allein mit der Gruppengröße erklärt werden, da diese stark schwankte. Häufig war die Gruppe daher nicht zu groß, um M. Meads Anspruch an ‚Runde-Tisch-Kommunikation‘ als Idealfall von Seminaren und ‚Kleinen Konferenzen‘ zu genügen, der maßgeblich auf der interaktionsarchitektonisch herzustellenden, gleichberechtigten wechselseitigen Wahrnehmung aller Teilnehmer/-innen basiert. Auch die Erklärung, der situative Umbau in eine am Ideal des Seminars orientierte Form sei aufgrund einer effizienten Nutzung der Zeit unterlassen worden überzeugt nicht, da Zeit z. B. regelmäßig darauf verwendet wurde, die technische Infrastruktur aus Beamer, Laptop und Verlängerungskabeln zu jedem Group-Talk neu zu installieren.

Die von der Universität teilweise vorgegebenen Umstände des räumlichen Settings haben sicher ihren eigenen Anteil an der Gestaltung der Kommunikation im Group-Talk und sollten daher an dieser Stelle, im Kontext seiner Außenstruktur, als organisationale Tatsachen nicht unerwähnt bleiben. Einerseits lässt sich hypothetisch argumentieren, dass sich in anderen, z. B. stärker räumlich und technisch vorstrukturierten Settings, mit fest installierten Möbeln und technischen Infrastrukturen (z. B. Hörsaal), völlig andere Kommunikationsformen für den Group-Talk entwickelt haben könnten. Andererseits ist es tatsächlich so, dass die den Raum hierarchisierende Inneneinrichtung, die klar zwischen vorne und hinten diskriminiert und diese Unterscheidung den Teilnehmer/-innen des Group-Talks damit aufdrängt bzw. auch in Bezug auf das Teilnahmeformat und die jeweilige Inklusion in die Gruppe(-nkommunikation) nahelegt, jederzeit der Veränderung offenstand. Wolf und/oder die anderen Teilnehmer/-innen hätten die Sitzordnung, etwa im Zuge der Einrichtung der technischen Infrastruktur im Raum, jederzeit und mit relativ wenigen Handgriffen ändern können, wenn sie die Frontalkonstellation als Problem wahrgenommen hätten. Universitäten, die Seminarräume mit beweglichen Tischen und Stühlen ausstatten, sind nicht dafür verantwortlich, wenn die damit verbundene Flexibilität von den Nutzer/-innen nicht als solche wahrgenommen bzw. umgesetzt wird.

M. Mead, die in ihren ‚Kleinen Konferenzen‘ (M. Mead 1968) ihren eigenen Idealtyp von (auch explizit: *interdisziplinärer* (ebd., S. 10 f.)) Wissenskommunikation entwirft, betont nicht zuletzt die Bedeutung des räumlichen Settings für das, was Habermas einen von hierarchischen Verzerrungen „herrschaftsfreien Diskurs" (ebd.) (Habermas 1981, 149 ff) nennt: Während in vielen Architekturen Vorstellungen von Ungleichheit fest eingebaut seien (M. Mead 1968, 4, Hausendorf und Schmitt 2013, 3 f.), wie am Beispiel des Hörsaals als weiterer Typ universitärer Räume deutlich wird, bedürften die ‚Kleinen Konferenzen‘, gemäß ihres Seminarcharakters, als Orte des schnellen Wissensaustauschs (M. Mead 1968, 9), der Ideenentwicklung (ebd., S. 3), der Konzeption gemeinsamer Ausdrucksschemata (ebd.) und der Selbstversicherung (ebd., S. 6), einer ‚idealen Sprechsituation‘, d. h. völliger Gleichheit aller Teilnehmer/-innen: Ungeachtet ihrer Erfahrung, ihrer Position, ihres Geschlechts usw. Vor diesem Hintergrund und im Kontext eines verstehenden Ansatzes, wie ich ihn in meiner Arbeit verfolge und der explizit keinen Wissensvorsprung gegenüber den ‚Praktiker/-innen‘ in dem von mir beobachteten Feld behauptet, muss daher davon ausgegangen werden, dass eine völlig nivellierte, von der Last der Ungleichheit befreite Kommunikation im Group-Talk, strukturell durch Wolf, nicht vorrangig angestrebtes Ziel der Kommunikationssituation unter den Teilnehmer/-innen war.

In dieser Interpretation der Frontalkonstellation des inneneingerichteten Settings spiegeln sich durchaus einige Aspekte der tatsächlichen Realisierung (Abschnitt 4.3) des Group-Talks deutlich wider: Darunter einerseits die autoritäre Rolle des Forschungsgruppenleiters, der von immer demselben Platz in der ersten Reihe aus genau über die Einhaltung der Normen und Werte wachte, die sein Fachgebiet sowie seine Forschungsgruppe charakterisierten. Darüber hinaus die kommunikativen Rollen, die einige der Teilnehmer/-innen als Sprachrohre der einen oder anderen Domäne im Group-Talk einnahmen und dabei eine interne Hierarchie der Wortmeldungen konstituierten, die nicht deckungsgleich mit institutionellen Rollen, etwa in Form von Prä- und Postdoktorand/-innen-Positionen war. Der Beitrag dieser Personen bestand auch darin, die anderen z. T. weniger erfahrenen Teilnehmer/-innen in die allgemeinen von Wolf und seinen langjährigen Mitarbeiter/-innen institutionalisierten Gepflogenheiten der lokalen Interaktionsordnung einzuführen bzw. in diesem Sinn zu sozialisieren. Schließlich die Position weniger selbstsicherer und sich selbst im Kontext der herausfordernden interdisziplinären Konstellation der Forschungsgruppe hinterfragender

Teilnehmer/-innen, die sich regelmäßig auf den hinten gelegenen Sitzplätzen im Raum niederließen und nur selten eigene Wortbeiträge hatten. All diese Elemente der räumlichen Strukturierung des Group-Talk bzw. der räumlichen Situierung seiner Teilnehmer/-innen stehen dabei offensichtlich in Zusammenhang mit anderen außenstrukturellen Faktoren bzw. organisationalen Tatsachen, die ihrerseits einen wesentlichen Einfluss auf die Kommunikationsweise im Group-Talk hatten, nämlich die Normen und Werte, denen im Folgenden ein eigenes Unterkapitel (4.1.2) gewidmet ist.

Bevor ich dazu komme, möchte ich, abschließend zu den außenstrukturellen Merkmalen des physischen Raums, noch ein weiteres Mal auf die technische Infrastruktur zu sprechen kommen, von der ich oben kurz sagte, dass sie wöchentlich aufs Neue installiert werden musste. Auch in diesem Umstand spiegelt sich tatsächlich ein typisches Charakteristikum des Group-Talks auf Ebene der situativen Realisierung wider, nämlich sein Werkstattcharakter. Die technische Improvisiertheit ist durchaus typisch, auch für die Inhalte der Kommunikation. Hierbei trägt der Group-Talk tatsächlich die Züge der ‚Kleinen Konferenzen‘: Geht es doch, anders als bei der Vorlesung (Goffman 2005b), bei Group-Talks (sowie bei Meads ‚Kleinen Konferenzen‘) nicht darum, fertige Texte zu verlesen, die anderenfalls lesend rezipiert werden könnten, sondern vielmehr um das, was man mit Goffman und der CA als ‚Reden in Interaktion‘ bezeichnen könnte. So kann die technische Improvisiertheit des Group-Talks als Merkmal seiner situativen Realisierung auch als starkes Unterscheidungskriteriums dieses Formats gegenüber der ‚polierten Oberfläche‘ feierlicherer Vorträge verstanden werden, die der Form nach ganz der Repräsentation von Erfolgen und dem Ruhm der Vortragenden und der ausrichtenden Institution gewidmet sind. Ganz im Gegenteil dazu erzeugte der Werkstattcharakter des Group-Talks, der vorgängig notwendige, improvisierende technische Aufbau, zwischen der Suche nach einem geeigneten Platz für Laptop und Beamer und der Bändigung des entstehenden ‚Kabelsalats‘, auch den Raum für Seitengespräche, wenigstens mit der ersten Hauptsprecher/-in des Talks, die zum zeitigen Erscheinen gezwungen war, um diesen Aufbau zu bewerkstelligen (u. a. musste der Beamer zunächst aus dem Sekretariat abgeholt werden etc.). Hierdurch ergaben sich häufig informellere Kommunikationen in Form typischer Prä-Sequenzen zum Group-Talk, für die formalere Vorlesungen in Hörsaal-artigen Settings weniger Raum bieten.[5] Auch scheint diese ‚institutionalisierte Improvisation‘ geradezu dazu geschaffen, um die Spontaneität im Group-Talk zu fördern, was in statischeren Settings, etwa

---

[5] Dies wurde uns u. a. bestätigt, als wir die Gelegenheit hatten, eine u.s.-amerikanische Expertin während eines feierlichen Vortrags auf Einladung der NNCN zu videographieren.

in Hörsälen mit festinstallierter technischer Anlage, schwerer fallen würde. So konnte im Group-Talk beispielsweise auf die Nachfrage einer Teilnehmer/-in hin jederzeit und sehr schnell unkompliziert von der Digitalfolie, die gegenüber den Zuhörer/-innen auf die nackte Wand projiziert wurde, auf das seitlich angebrachte Whiteboard gewechselt werden, das sich als einziges Kommunikationsinstrument festinstalliert im Raum befand (Abbildung 4.1).

4.1.2 Normen und Erwartungen

Neben Faktoren wie der historischen Genese der Forschungsgruppe, der Verortung im universitären Wissenschaftsbetrieb und der inhaltlichen wie architektonischen Determiniertheit der Kommunikation, zählen auch spezifische Förderstrukturen im Feld der CNS, einschließlich breiterer Initiativen des Agenda-Settings und weitere organisationale Tatsachen zur Außenstruktur des Group-Talks hinzu. Nennen möchte ich hier zunächst Normen und Erwartungen, die Wolf vor dem Hintergrund seiner persönlichen Forschungsinteressen in der von ihm gegründeten Gruppe etabliert hat (Lettkemann und Wilke 2016) und die nicht nur implizit im Group-Talk zum Ausdruck kamen, sondern in der Gruppe durchaus auch explizit verhandelt wurden. Hierzu zählen, neben der internen Vernetzung der Forschungsgruppenmitglieder im Rahmen des Group-Talks, auch dessen Formalstruktur, d. h. seine konkrete zeitliche wie räumliche Terminierung, sein für die Gruppenteilnehmer/-innen verpflichtender Charakter, seine stark diskursive Form, in der allen Teilnehmer/-innen jederzeit eine Fragestellung und/oder Kommentierung des Vortrags gestattet ist sowie, last but not least, die Normen der Darstellung, die, bei notwendigem Rückgriff z. B. auf vereinfachende Visualisierungen, auch die formale Repräsentationskonvention mittels mathematischer Gleichungen nicht vernachlässigen durfte.

4.1.2.1 Normen in der Selbstthematisierung I
Die explizite Thematisierung solcher Normen und Werte konnten wir häufiger in den oben angesprochenen Seitengesprächen beobachten, die sich typischerweise (aber nicht regelmäßig) vor dem Group-Talk und während bzw. nach dem Aufbau der technischen Infrastruktur ergaben. Im Folgenden werde ich eine umfangreiche *Präsequenz* (Abschnitt 3.1.4) analysieren, die eine derartige Thematisierung zwischen den Teilnehmer/-innen des Group-Talks darstellt und die wir glücklicherweise videographieren konnten, da wir unseren eigenen technischen Aufbau, in der Kenntnis darum, dass durch die Hauptredner/-in des Group-Talks allerlei Vorbereitungen im Raum zu treffen sind, bereits zeitig begonnen hatten und

unsere Kameras daher schon liefen, bevor der eigentliche Group-Talk begonnen hatte.[6]

Um einen genauen Einblick in mein Vorgehen bzw. konkret in das von mir eingangs (Abschnitt 1.2.3.1) beschriebene mehrstufige Analyseverfahren meiner Interpretation von videographischen Daten zu geben, habe ich mich dazu entschieden, dieser ersten hier analysierten audio-visuellen Sequenz exemplarisch mein tabellarisches Analyseprotokoll voranzustellen (Tabelle 4.2). Derartige Tabellen waren mir zu Beginn einer Sequenzanalyse hilfreich: Unter Verwendung des *Transkripts* (Spalte 1), das ich bereits vorgängig angefertigt hatte, konnte ich so zeilenweise die auf Ebene der *Interaktion* (Spalte 2) und *Konversation* (Spalte 3) für meine spätere Detailanalyse relevanten Momente festhalten. In weiteren Spalten habe ich zudem Notizen verfasst, die sowohl Explikationen meines *ethnographisches Wissens* (Spalte 4) sowie bereits Ansätze für erste *basishermeneutische Interpretationen* (Spalte 5) der jeweils notierten interaktions- oder konversationsanalytischen Ereignisse darstellen. Bei diesem Protokoll handelt es sich um ein prozessproduziertes Forschungsdokument, das ursprünglich nicht zur Veröffentlichung gedacht war. In seiner unaufgeräumten Kurzschrift erinnert es an klassische ethnographische Feldnotizen. Ich füge es hier ein, da es den Nachvollzug meiner Vorgehensweise exemplarisch dokumentiert.[7]

Ich gebe die ausgewählte Sequenz im Folgenden ungekürzt wieder. Dabei nehme ich in Kauf, dass so nicht nur die analytisch dichteren Datenfragmente in Betracht geraten, sondern unweigerlich auch solche Passagen wiedergegeben werden, die sich als von geringerer Ausbeute erweisen. Meine Entscheidung zugunsten dieser Darstellungsweise hat vor allem zwei Gründe: Zum einen erscheint es mir relevant, den Verlauf der Konversation in dem natürlichen, von den Feldteilnehmer/-innen bestimmten und strukturierten Ablauf wiederzugeben. Zum anderen dient mir diese Präsequenz zu mehreren Zwecken: Primär möchte ich empirische Aspekte des Group-Talks, namentlich die in Selbstthematisierung zum Ausdruck kommenden Normen und Erwartungen, so aufzeigen, wie sie von den Teilnehmer/-innen selbst thematisiert wurden. Andererseits habe

---

[6] Folgend übernehme ich analytische Rohtexte, die ich erstellt habe und die in eine gemeinsame Publikation eingeflossen sind (Lettkemann und Wilke 2016). Alle übernommenen Analysen stammen von mir.

[7] Um das Vorgehen auch in der folgenden Detailanalyse zu verdeutlichen, habe ich zudem, zu deren Beginn (erste Paarsequenz; Z. 1–4), eine sukzessive Darstellungsweise gewählt, die es den Leser/-innen ermöglichen soll, meine jeweiligen Interpretationen den zugrundeliegenden Analyseverfahren (*Interaktions-* oder *Konversationsanalyse*) bzw. Daten (audio-visuelle oder ethnographische Daten) im Detail zuzuordnen und auf dieser Grundlage die Güte meiner ‚integrativen Schlüsse' beurteilen zu können.

ich im ersten Abschnitt der folgenden Analyse eine Darstellung gewählt, die solche Analyseschritte zeigt, die der aggregierenden Darstellungsweise von Forschungsergebnissen vorausgehen. Das bedeutet, dass diese Interpretationen auch Elemente enthalten, die sich, bei der späteren Integration der auf unterschiedlichen Ebenen erzeugten Forschungsergebnisse als weniger relevant erweisen konnten. Während es im eigentlichen Forschungsprozess darum gehen muss, diese frühen potenziell relevanten Prä-Aggregate nicht vorschnell aus der Interpretation auszuschließen, soll diese *in situ*-Offenheit der Analyse auch (wenigstens ein Stück)[8] anhand der gewählten Darstellungsweise ablesbar sein.

Der folgende Text stellt daher teilweise, in der Wiedergabe der Analyse der ersten Paarsequenz, meine Aufschriften so dar, wie ich sie am Bildschirm und unmittelbar vor dem audio-visuellen Material erstellt habe. So ist den Leser/-innen ein Blick auf die ‚Werkbank‘ meiner Analyse- bzw. Interpretationsweise möglich, der mir interessant erscheint und zugleich dazu beitragen mag, meine Ergebnisse zu fundieren. Die Darstellung meiner Analyse in dieser Arbeit folgt ansonsten systematisch einer dreigliedrigen Struktur: Zunächst findet sich der entsprechende Abschnitt aus dem Transkript. Anschließend folgen die Aufschriften der unterschiedlichen in dem jeweiligen Abschnitt interpretierten Elemente, die ich zu Beginn des folgenden Abschnitts (zwei Paarsequenzen) in einer detaillierten Darstellungsweise explizit den einzelnen Auswertungsverfahren bzw. Datengrundlagen zuordne (IA, CA, EW, BH), bevor ich zur Integration der Analyseergebnisse fortschreite. In manchen Fällen, insbesondere dann, wenn sich die Situation auf dem videographierten Material für eine entsprechende Repräsentation eignet, habe ich dem Transkriptauszug zusätzlich eine Abbildung von in der entsprechenden Sequenz eingesetzten Folien oder eine Momentaufnahme aus dem audio-visuellen Material vorangestellt. Sofern sie Nachzeichnungen aufweist, handelt es sich bei Letzteren um *Interpretationsbilder* (Wilke 2018).

Interpretationsbilder weisen meiner eigenen Forschungserfahrung zufolge zwei Aspekte auf, die sie für videographische Forscher/-innen besonders wertvoll machen. (Entsprechend handelt es sich um ein populäres Verfahren in der Videographie, für das René Tuma (Tuma 2017, Tuma, Schnettler und Knoblauch 2013) als Pionier betrachtet werden kann). Sie besitzen sowohl repräsentativen als auch analytischen Mehrwert. Z.B. lassen sich mittels derart nachzeichnend-bearbeiteter Momentaufnahmen Elemente aus Videodaten deutlicher sichtbar machen und so

---

[8] Diese Darstellungsweise ist daher Nachvollzug und Beleg verpflichtet. Zugunsten einer besseren Lesbarkeit werde ich nach der ersten Paarsequenz der Analyse aber auf diese Darstellungsweise verzichten.

für die Publikation in Printmedien aufarbeiten. Tatsächlich leiden viele Videographien situativ unter Lichtverhältnissen, die für Videoaufzeichnung ungeeignet sind, sodass relevante Sequenzen möglicherweise nur mit großer Anstrengung zu analysieren sind. In solchen Fällen ist es dann leider häufig so, dass unbearbeitete Momentaufnahmen derartiger Sequenzen für den Druck überhaupt nicht mehr verwendet werden können. Ein weiteres Hindernis bei der Verwendung von unbearbeiteten Momentaufnahmen in Publikationen ist zudem der Datenschutz. Dabei machen klassische Anonymisierungswerkzeuge, die die Gesichter der abgebildeten Personen verzerren oder ähnliches, die Abbildungen im Kontext soziologischer Mikroanalysen in der Regel wertlos (Wilke, Pröbrock und Pach 2019, 473). Bei diesen und anderen repräsentativen Schwierigkeiten können Interpretationsbilder daher sehr hilfreich sein.

Neben dem repräsentativen Mehrwert weisen sie auch noch einen weiteren wichtigen Aspekt für audio-visuelle Forscher/-innen auf. Dieser kommt darin zum Ausdruck, dass man durch das Verfahren der nachzeichnenden Bearbeitung von Momentaufnahmen, Stills bzw. *Fotogrammen* (Wilke 2020, Bohnsack, Fritzsche und Wagner-Willi 2015, 21) auch die eigenen Daten bzw. die für die Analyse ausgewählten Sequenzen besser kennenlernt, denn:

> Praktisch dient es vorgängig der kinästhetisch vermittelten Aneignung (*Nachzeichnung*) von Momentaufnahmen, der – in ihren zeitlich multimodalen Sinnbezügen überkomplexen (und für die Druckpublikation von Forschungsergebnissen ungeeigneten) – Rohdaten, durch die Forschenden selbst. Im Prozess der *Nachzeichnung* fügen sich die räumlichen Konstellationen von Objekten und Personen sowie deren wechselseitige Ausrichtung zu einem *empirisch geleiteten Verstehensprozess*, einer *umgekehrten Phänomenologie des Augenblicks* zusammen. Erst die vollständige Rekonstruktion aller Linien und Flächen, unter Einbezug des ethnographischen Wissens, ergibt buchstäblich das ganze (*Interpretations-*)*Bild*. So lassen sich rein empirische Beschreibungen von audio-visuellen Forschungsdaten erzeugen, die das Ergebnis einer feinanalytischen Bild- Interpretation darstellen und dabei dem was zu sehen ist, nicht vorausgreifen. (Wilke 2018, 496)

Vor diesem Hintergrund erklärt sich die von mir gewählte Bezeichnung *Interpretations-Bild*: Diese Bilder sind selbst Produkte eines forschenden Interpretationsprozesses, der in die Bilder eingeschrieben ist. An dieser Stelle soll aber nicht der Eindruck erweckt werden, die Analyse der Momentaufnahmen konkurriere in der Videographie mit der des Bewegt-Bildes. Vielmehr gilt in der audio-visuellen Analyse stets das Primat des Videodatums.

Mein analytisches Vorgehen sowie die Wiedergabe meiner Forschungsergebnisse weisen eine vom Video ausgehende, aufsteigende Struktur auf, indem sie vom Bewegt-Bild (Interaktionsanalyse), zum gesprochen Wort (Konversationsanalyse), zur Explikation (ethnographisches Wissen) und schließlich zur (basishermeneutischen) Interpretation aufsteigen. Dabei gilt stets, die Rückkopplung an das Videomaterial nicht aus den Augen zu verlieren und im Zweifelsfall zum Video zurückzukehren. Dies gilt sowohl für die Erstellung des Transkripts, die sich nicht allein auf die Tonspur verlässt, als auch für die Konversationsanalyse, die ihrerseits nicht auf dem Transkript, sondern dem audio-visuellen Material basiert sowie last but not least natürlich für die Interaktionsanalyse, die, neben Informationen zum räumlichen Setting, maßgeblich auf der Performanzanalyse beruht (Rendle-Short 2006, 24). Erst vor dem Hintergrund dieses iterativen, in rekursiven Schleifen verlaufenden Analyseprozesses mehrstufiger Paraphrasierungen der in den methodologischen Einzelschritten gewonnenen analytischen Annotationen, können dann schließlich die diese Schritte integrierenden soziologischen Interpretationen verfasst werden, die der stärker an Publikation orientierten Form entsprechen.

Da es sich bei der im Folgenden analysierten Präsequenz um eine relative lange Passage von ca. 135 Sekunden handelt, die zudem eine größere Zahl von Sprecher/-innen umfasst, stelle ich zum erleichterten Verständnis der nachfolgenden Analyse zunächst das vollständige von mir verfasste Transkript voran. Die verwendeten Transkriptionszeichen finden sich in Tabelle 4.1. Dem Transkript schließt sich das Analyseprotokoll in Tabelle 4.2 an. Im Anschluss daran findet sich die Detailanalyse. Nach dieser Vorrede nun zu den Daten:

Tabelle 4.1
Transkriptionszeichen[9]

_____ = Emphase	(1.0) = 1-sekündige Pause
(()) = Analysekommentar	(.) = kurze Pause
? = steigende Intonation	(…) = unverständlich
, = leicht steigende Intonation	. = fallende Intonation
[= Überlappung	>< = schneller
°° = ruhiger	SO = lauter
: = Dehnung	

---

[9] Die Transkription habe ich an den Konventionen der CA (Rendle-Short 2006) angelehnt, ohne jedoch dieses sehr elaborierte Verfahren vor dem Hintergrund meines eigenen Erkenntnisinteresses voll auszuschöpfen.

Vollständiges Transkript: VID_8_Seq_1

```
 1   E0: bist du heut alleine oder sind es zwei?
 2   E1: ich hoffe ich bin heute alleine
 3   Ex: [alleine?
 4   E1: [so steht's jedenfalls, so steht's jedenfalls auf dem zettel
 5   E2: ach du hast schon damit geplant?
 6   E1: >ja selbstverständlich, vollet programm hier<
 7       [((Gelächter))
 8       [((Gemurmel im Hintergrund))
 9   E1: ei::gentlich bin ich ja durchaus ein fan von °dreiviertelstunden-
10       talks°
11   E2: ((zu E3; …))
12   E3: ((schüttelt den Kopf)) nö, ich glaube, da hat keiner was dagegen
13       ((lacht))  [(…)
14   E1:            [ist aber immer nen bisschen ne Sache >mit den fragen<,
15       aber ansonsten äh halt ich nicht so viel davon wenn man sich zwei
16       stunden hier einen ablabert.
17   E2: >das find ich gut.<
18   E1: >also wenn's die diskussion entsprechend hergibt, dann ist das halt
19       so aber dann ist ja auch interesse da, dann ist es ja auch in ordnung
20       dann aber (.) ich meine man muss sich halt auch bewusst sein, dass
21       man dreißig leute von der arbeit abhält ne also< ((Gelächter))
22   E3: ((ins leiser werdende Lachen)): wenn man spaß daran hat zu erzählen
23   E1: >andere leute von der arbeit abzuhalten?< Ja °mhm mhm ja°
24   E2: ((zu E3)) °wir sollten keine meetings einberaumen° (2.0)
25   E3: ((zu E2)) wahrscheinlich hat er das einfach einmal gemacht, die fo-
26       lie, und hat keinen bock [das mehr zu ändern,
27   E1:                          [((trinkt))
28   E2: mhm
29   E3: weil das einfac[h,
30       ((E6 verlässt den Raum kurz und blickt den Flur entlang))
31   E1:                [außerdem könnt ich's ja nicht verantworten, dass <[Z
32       und E4]> nicht zu ihrer telefonkonferenz kommen ((einige lachen))
33   E4: vielen dank °ja ja°
34   E1: immer der rücksichtsvolle kollege, (6.0)
35       ((E6 kehrt zurück und setzt sich wieder))
36   E4: ja ich sollte mal (.) mitmachen, [>kommt auf's gleiche raus<
37   E5:                                  [((geht abermals vorüber))
38   E2:                                  [((wendet sich kurz E4 zu))
39   E1: ja bei [As] position (könnte das so werden), so einmal guten morgen
40       sagen und dann? ((allgemeines Lachen))
41   E2: ((zu E4 gewandt)) du könnt's ja einfach eine woche lang das einmal
42       aufzeichnen von dir und dann nur das abspielen[((lacht)), am besten
43       versuchst du dann immer nur zu nicken und ja zu sagen ((allgemeines
44       Gelächter))(3.0)
45   E1: aber seid froh, dass die rollen so gut verteilt seid sind ja, wenn
46       wenn jetzt wirklich alle zwanzig was sagen würden dann,
47       [((einzelne lachen))
48       [((E7 betritt den Raum und [setzt sich))
49   E1:                            [SO, morning everybody. ((steht auf)) ähm so
50       this is ähm about preliminary results of our dfg-project the first
51       phase. so we have three-phases design and the first phase and ja we
52       will talk a little bit about…
```

Tabelle 4.2 Protokoll der Datenanalyse VID_8_Sequ_1[10]

Zeile	IA	CA	EW	BH
1–2	Raum, Folie E0, E1	self-selection adjacency pair: Frage-Antwort	Varianz der Vortragszahl	**Thema: Ablauf des Talks**
3–4	E1, Ex	Gleichzeitige self-selection zweiter Redner; Reparatur	„zettel" bezeichnet den aushängenden Veranstaltungsplan	**Koordinative Rolle des „zettels".** ‚Papier ist geduldig!'
5–8	E2, E1	self-selection adjacency pair: Frage-Antwort	Varianz des „zettels"	Ironische Replik auf Z. 4–5
9	E1	self-selection Monolog	Zwei Vorträge zu je 45 Minuten	**Thema: ‚idealer Talk'**
10–11	E2, E3	self-selection adjacency pair: Frage-Antwort	Experteninterview EXP_3	Versuch einer Zentrierung der Interaktion zwischen E2 u. E3, **Wissenschaftliche Argumentation vs. Ironie, Legitimer Sprecher**
12–15	Folie, E1, E2, E3	Gleichzeitige self-selection zweier Redner; Reparatur	‚Idealer Computational Neuroscientist'	Legitimer Sprecher, ‚ideale Talk-Teilnehmer'
16–22	E1, E3, (E5 passiert den Raum)	current speaker selects next, self-selection	Geringe Ausprägung informeller Kommunikationskultur der Gruppe	**Wissenschaftliche Argumentation vs. Ironie, Charakterisierung des idealen Group-Talks**
23–28	Folie E2, E3, E1	self-selection, current speaker selects next	Kommunikation als Zeitverschwendung	Reflexion der bisherigen Konversation

(Fortsetzung)

---

[10] Dieses Dokument stellt eine Analysenotiz dar, die nicht zu repräsentativen Zwecken erstellt wurde. Ihre Wiedergabe hier dient dazu, einen Einblick in meine Arbeitsweise zu geben. Die bislang unbekannten Abkürzungen in der Titelzeile stehen für *ethnographisches Wissen* (EW) und *Basishermeneutik* (BH). E in der Spalte IA steht für Expert/-in. Im folgenden Analyseteil habe ich, um ein möglichst natürliches Lesen zu ermöglichen, diese Chiffren durch Pseudonyme ersetzt.

Tabelle 4.2 (Fortsetzung)

Zeile	IA	CA	EW	BH
29	E6 verlässt den Raum	–	E6 kann nicht folgen, da sie kein Deutsch spricht. Die Verzögerung des Talks ist ungewöhnlich.	**E6 sucht nach der Ursache der Verzögerung.**
30–35	E1, E4, (E6 kehrt zurück)	Self-selection, current speaker selects next	Kommunikation mit externen Forschungsgruppen	**Kommunikation als Zeitverschwendung**
36–40	E4,, E2, E1	Nach langer Pause, self-selection	–	**Probleme der Kommunikation**
41–44	E2, E4	self-selection	Video-Telefon-Konferenzen als Teil des Group-Talk	**Probleme der Kommunikation vs. Allgemeinplätze von deren Bewältigung**
45–47	E1	Nach einer Pause self-selection	Rollen im Group-Talk	**Institutionalisierte Erwartung**
48	E7	Tritt ein und nimmt Platz	Stammplatz	**Anlass der Verzögerung**
49–52	E1, E7	,within turn-event', current speaker wählt sich selbst	Englisch als Sprache des Group-Talks	**Formalität beendet Konversation**

Audio-visuelle Analyse I: Präsequenz (VID_8, Seq 1)

Abbildung 4.2 Beginn der Sequenz – Der Blick von Ern ruht in der Ecke des Raumes (links) und wendet sich Olaf zu (rechts)[11]

---

[11] Die Abbildungen zeigen das Datum als Bild-im-Bild-Montage. Gezeigt werden beide Kameraperspektiven, wobei die Kameraperspektive aus der Perspektive des Vortragenden, jeweils nicht nachzeichnend bearbeitet wurde. Für die Montage bedanke ich mich bei unseren studentischen Hilfskräften.

(Anmerkung: Erste Paar-Sequenz – Beginn der sukzessiven Darstellungsweise)

```
1   Olaf:      bist du heut alleine oder sind es zwei?
2   Ern:       ich hoffe ich bin heute alleine
```

Interaktionsanalyse (IA): Das räumliche Setting entspricht einem klassischen Seminarraum: Eine Person (im Folgenden Olaf) sitzt erhöht auf der Ecke eines Seminartisches, gleichsam in einer Ecke des Raumes (Abbildung 4.2, links). Sein Blick ruht auf der ihm gegenüber liegenden Ecke des Raumes (rechts). Von ihm aus rechts begrenzt eine Fensterfront den Raum. Zu seiner Linken befindet sich die Stirnseite, der er die linke Schulter und z. T. den Rücken zuwendet. Dieser Wand gegenüber sitzen in mehreren Reihen 15 weitere Personen (z. T. an Seminartischen). Die erste Reihe von Seminartischen ist unbesetzt. Die Sitzpositionen der weiteren Personen sind auf die Stirnseite des Raumes ausgerichtet. Zentral auf der ersten Tischreihe befindet sich ein Digitalprojektor, der mit einem Laptop verbunden ist, dessen Monitor an der Sitzposition von Olaf ausgerichtet ist. Offensichtlich sind die technischen Geräte in Betrieb. Auf der stirnseitigen Wand des Raumes ist die Lichtprojektion einer digitalen Vortragsfolie zu sehen: *„Phase 1: preliminary results; XX group talk; XXX XXX; XXX XXX (XXX)"*[12]. Ern sitzt in der zweiten Reihe von Seminartischen. Er blickt zu Olaf auf und stellt eine Frage („Bist Du heute allein oder sind es zwei?"). Darauf wendet Olaf seinerseits den Kopf leicht nach rechts in den Raum hinein (Abbildung 4.2, rechts), sodass sich die Blickachsen beider treffen. Olaf behält die Blickrichtung zu Ern während dessen Antwort auf seine Frage bei (Zentrierung).

Konversationsanalyse (CA): Erste turn-taking-Sequenz: Ern eröffnet die Konversation durch „self-selection" und bestimmt durch seine Adressierung den nächsten Sprecher (*current speaker selects next*-Regel). Von Ern befragt antwortet Olaf: Frage-Antwort-Paar („adjacency pair").

Explikation durch ethnographisches Wissen (EW): Die Zahl der Vorträge variiert im Rahmen des Group-Talks.

basishermeneutische Interpretation (BH): Thematisch zielt die Frage von Ern an Olaf auf die Ablaufstruktur der gegenwärtigen Veranstaltung. Ern drückt den Wunsch aus, heute den einzigen Vortrag zu halten. Sicher ist er sich aber offensichtlich nicht.

```
3   Ex:        [alleine
4   Olaf:      [so steht's jedenfalls, so steht's jedenfalls auf dem zettel
```

---

[12] Personennamen oder Institutionen auf der Folie wurden durch XXX ersetzt.

Interaktionsanalyse (IA): Während einer Mikropause von Olaf (Z. 2), beginnt Ex[13] das Wort „alleine" seines Vorredners zu wiederholen (Z. 3). Gleichzeitig startet Olaf aber (Z. 4) mit einer Ergänzung. Dabei richtet er seinen Blick weiter in den Raum. Offensichtlich adressiert er nun nicht mehr nur Ern, sondern richtet seine Worte an alle Anwesende.

Konversationsanalyse (CA): Ex wählt sich selbst als nächsten Redner. Da Olaf mit seiner Antwort auf die Frage von Ern aber noch nicht fertig war, kommt es zur Gleichzeitigkeit von Redezügen (Z. 3–4). Den ersten Teil seiner Ergänzung („So steht's jedenfalls") wiederholt Olaf daher. Dadurch zeigt er den Regelverstoß (Gleichzeitigkeit von Redezügen) an und repariert die hierdurch entstandene Störung seines Turns.

Explikation durch ethnographisches Wissen (EW): Im Flur des Institutes, gegenüber dem Büro von Wolf, befindet sich ein Schaukasten, in dem ein häufig aktualisierter Verlaufsplan für die Veranstaltung über einen wechselnd großen Zeitraum hinaus ausgehängt wird. Häufig kommt es aber zu spontanen Änderungen in der Vortragsreihenfolge, in dem einzelne Redner/-innen bzw. ganze Termine gestrichen oder neu hinzugefügt werden.

basishermeneutische Interpretation (BH): Olaf erklärt, dass er auf Grundlage des im Flur des Institutes ausgehängten Plans (Z. 4: „dem Zettel") davon ausgeht, allein vorzutragen. Er verweist damit explizit auf die koordinative Rolle dieser Einrichtung. Gleichzeitig impliziert er aber auch die Kontingenz der darin festgelegten Zahl und Reihenfolge von Vorträgen, nach dem Muster ‚Papier ist geduldig!' (Z. 5: „So steht's jedenfalls").

---

[13] Ex steht für ‚unbekannte Stimme eines Experten', dessen Identität anhand des Datums nicht geklärt wurde.

Integration der Analyseergebnisse:

Abbildung 4.3 Der „Zettel" – Trotz Schwärzung gut zu erkennen, die vielen Korrekturen etc

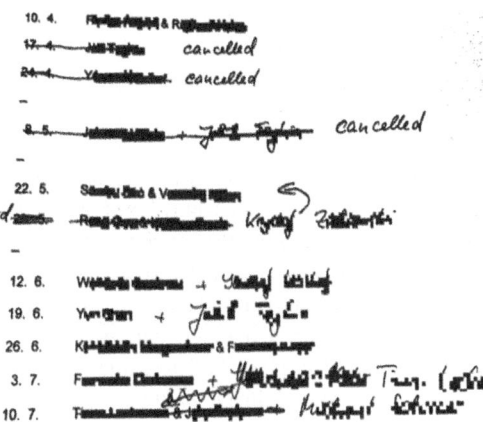

In der Situation hat sich eine lokal organisierte, informelle Konversation entsponnen, die sich thematisch auf die Ablaufstruktur des Group-Talks bezieht. Der hierbei von Olaf und Ern thematisierte „Zettel" (Abbildung 4.3) hat sich, wie Olaf impliziert, tatsächlich auch in unserer Beobachtung häufig unzuverlässig gezeigt. Olaf hatte dies erst kürzlich erlebt und teilt diese Erfahrung mit vielen der Teilnehmer/-innen. (Auch wir standen oft vor verschlossener Tür, weil Termine kurzfristig verlegt wurden.) In den analysierten Paarsequenzen zeigt sich, vor dem Hintergrund seiner Thematisierung, dennoch die Bedeutung des Zettels. Einerseits ist er aufgrund seiner spontanen Aktualisierungen nicht immer zuverlässig, andererseits stellt er das zentrale Koordinationsinstrument für den Group-Talk dar. Er gilt, bis auf weiteres. Daher verlässt sich auch Olaf (probeweise) auf ihn und verteidigt dabei, gleichzeitig mit der Gültigkeit des Zettels, auch die formalen Strukturen der Forschungsgruppe.

(Anmerkung: Ende der detaillierten Darstellungsweise)[14]

```
5   Marc:    ach du hast schon damit geplant?
6   Olaf:    >ja selbstverständlich, vollet programm hier<
7            [((Gelächter))
8            [((Gemurmel im Hintergrund))
```

---

[14] In den folgenden Abschnitten werde ich auf die sukzessive Wiedergabe der analytischen Teilergebnisse zugunsten der integrativen Gesamtdarstellung verzichten.

Marc, der zu Beginn der Sequenz für einen Moment aus dem Fenster schaute und seit dem Wort „alleine" in der Frage von Ern (Z. 1) zu Olaf blickt, richtet nun eine weitere Frage an diesen. Olaf, dessen Blick sich im Verlauf seiner vorangegangenen Bemerkung (Z. 4) wieder in Richtung des ersten Fragenden bewegt hat, blickt nun zu Marc. Marc hat sich selbst zum nächsten Sprecher bestimmt („self-selection"). Er richtet eine Bemerkung an Olaf, aus der syntaktisch nicht eindeutig hervor geht, dass es sich um eine Frage handelt. Es handelt sich vielmehr um einen Aussagesatz, der durch die steigende Intonation gegen Ende nahelegt, dass es sich um eine Frage handelt. Dass Olaf die Aussage als eine Frage versteht, gibt er dadurch zu erkennen, dass er, wie auf eine Frage hin, u. a. mit einem „Ja" (Z. 6) antwortet.

In seinem „schon damit geplant" (Z. 5) kommt Marcs Erstaunen, gepaart mit gespieltem Unglauben darüber zum Ausdruck, dass Olaf sich im Vorfeld und dabei auf Grundlage des ‚Zettels' darauf vorbereitet hat, der einzige Vortragende zu sein. Was Marc vielmehr *impliziert* ist, dass man sich im Vorfeld nie sicher sein kann, wie die Veranstaltung verläuft und dass der Verlaufsplan der Veranstaltung kein sicherer Indikator dafür ist, wie die Veranstaltung tatsächlich ablaufen wird. In dieser Einschätzung kommt sicher auch Marcs eigene Erfahrung aus dem Group-Talk zum Ausdruck, die wir ebenfalls videographieren konnten: Durch die kurzfristige Hinzunahme zweier weiterer Vorträge blieb Marc damals selbst viel weniger Zeit für seinen Talk als ursprünglich (in einer langfristig ausgehängten Version des „Zettels") vorgesehen war. Statt zwei fanden an diesem Tag vier Vorträge statt. In seiner Antwort (Z. 6) greift Olaf nun die Ironie der von Marc gestellten Frage auf. Allerdings stimmt er nicht in die implizite Kritik von Marc ein, sondern verweist mit „vollet Programm hier" (Z. 7) auf seinen Vortrag und dessen geplante Dauer hin. Gleichzeitig lässt sich seine Antwort als Hinweis auf den (hohen) Grad seiner Vorbereitung und Professionalität sowie auf sein Vertrauen hinsichtlich der Verlässlichkeit des Zettels als organisationales Koordinationsinstrument des Group-Talks bzw. Ausdruck des Vertrauens in die Organisation am Fachgebiet verstehen.

```
9        Olaf:       ei::gentlich   bin   ich   ja   durchaus   ein   fan   von
10                   °dreiviertelstunden-talks° ((lacht))
```

Olaf ergreift daraufhin erneut, ohne direkt angesprochen worden zu sein, selbst den nächsten Redezug (‚self selection of current speaker'). Mit seiner Bemerkung (Z. 9–10) greift er den Stimulus der Ausgangsfrage von Ern (Z. 1: „Bist du heut alleine oder sind es zwei?") wieder auf (thematische Fokussierung). Mit ungerichtetem Blick spricht er dabei, fast wie zu sich selbst, mit nach rechts gewandtem Kopf und leicht gesenkten Augen, in Richtung der Fensterfront. Mit dem Terminus „dreiviertelstunden-talks" (Z. 10) bezieht Olaf sich auf die häufige Zusammensetzung des Group-Talks aus zwei Vorträgen, sodass beiden Vortragenden im Durchschnitt etwa 45 Minuten für ihren Talk zur Verfügung stehen.

Durch seine Äußerung wechselt Olaf sowohl den thematischen Schwerpunkt als auch für kurze Zeit seinen Redestatus (Goffman 2005b, 21 f.): Nachdem zuvor der Ablauf des aktuellen Group-Talks besprochen wurde, gibt er sich nun einer Reflexion hin. Wenn er sagt, dass er die Aufteilung auf zwei Vortragende präferiere (Z. 9: „Fan"), spricht er den Group-Talk in idealistischer Weise an, im Sinne eines aus seiner Sicht ‚perfekten' oder ‚idealen' Talks. Seine Haltung und paraverbale Sprechweise verändern sich dabei, sodass Olaf eine väterlich-patronisierende Wirkung erzielt, womit er seinen Worten besonderes Gewicht verleiht.

```
11   Marc:    ((zu Anja; unverständlich))
12   Anja:    ((schüttelt den Kopf)) nö, ich glaube, da hat keiner was dagegen
13            ((lacht)) [(…)
```

In direkter Folge auf die Bemerkung von Olaf (Z. 9–10) wendet der deutlich jüngere und unerfahrenere Kollege Marc seinen Kopf seiner ebenfalls weniger erfahrenen Sitznachbarin Anja zu und macht ihr gegenüber eine kurze Bemerkung (Z. 11: unverständlich). Marc hatte sich zuvor selbst als nächster Sprecher gewählt (‚self-selection') und durch seine direkte Ansprache Anja zur nächsten Sprecherin bestimmt (‚current speaker selects next'). (Bei Anja handelt es sich um eine Physikerin innerhalb der Forschungsgruppe, die sich in einem Interview als unzufrieden mit ihrer jetzigen Position geäußert hat. Mit den Anforderungen der Gruppe kommt sie nicht gut zurecht und ihr Modell wurde von Wolf kritisiert (EXP_3, Z. 310–324)).

Anja quittiert Marcs Bemerkung nun mit einem leicht zu ihm eingedrehten Kopfschütteln, ohne dabei ihre Blickrichtung zu Olaf deutlich zu verändern. Sie antwortet mit „Nö" (Z. 12) und markiert damit Marcs vorangegangene Bemerkung als Frage. Ihre Bemerkung erscheint als Antwort auf die Bemerkung von Marc, doch adressiert sie durch ihre Blickrichtung auch Olaf. Während Marc eine *Faceformation* (Kendon 1990, 210 ff und passim) initiieren wollte, öffnet Anja diese Zentrierung sogleich gegenüber Olaf. Durch ihr Lachen (Z. 13) signalisiert sie Einverständnis mit Marc und versucht dabei, Olaf in dieses miteinzubeziehen.

Gleichzeitig senken Marc und Anja beide für einen kurzen Moment ihre Köpfe und drehen diese dabei zur jeweils einander abgewandten Seite (Dezentrierung).

Durch seine direkte und mit gesenkter Stimme vorgetragene Ansprache von Anja hat Marc seine Bemerkung als persönliche Botschaft an sie markiert. Ein Vorgang, der im Rahmen von sozialen Veranstaltungen, mehr noch während der Konversation Dritter, häufig sanktioniert wird (Interaktionsordnung). Auch Anja scheint diese Form der Ansprache situativ zu sanktionieren: So antwortet sie Marc etwa nicht in gleicher Weise, also mittels direkter Zuwendung und gesenkter Stimme, sondern mit gehobener Stimme, die es Dritten erlaubt, die Konversation mit Marc zu bemerken und ihr inhaltlich zu folgen bzw. ihr anzuschließen. Gleichzeitig behält sie Olaf als legitimen Sprecher der Situation im Blick. Seine Legitimität wird sowohl durch situierende Aspekte (räumliches Setting) als auch durch Bezug auf den „Zettel" sowie, last but not least, durch das kommunikative Handeln (Blicke und Adressierungen) erzeugt.

```
14   Olaf:      [ist aber immer nen bisschen ne Sache >mit den fragen<, aber
15              ansonsten äh halt ich nicht so viel davon wenn man sich zwei
16              stunden hier einen ablabert
17   Marc:      >das find ich gut<
```

Nach ihrem Lachen (Z. 13) fügt Anja mit Blick auf die Projektion an der ihr gegenüberliegenden Wand eine Bemerkung hinzu (Z. 13: unverständlich). Marc blickt daraufhin, da Anja und Olaf gemeinsam zu sprechen beginnen (Z. 13–14), mit starkem Akzent zu Olaf. Damit bestätigt Marc Olaf nun seinerseits als legitimen Sprecher. Indem Olaf die Äußerung von Anja gleichsam überspricht, behauptet er seinerseits diese Rolle und sanktioniert die erneute Störung. Bis zum Ende von Olaf Äußerung verharrt Anjas Blick auf der Folie. Marc hingegen fixiert Olaf und markiert seine Replik deutlich als Zustimmung (Z. 17: „Das finde ich gut.").

Auf konversationsanalytischer Ebene zeichnet sich die Situation durch eine konkurrenzierende Aushandlung des legitimen Rederechts aus, die sich zu Gunsten von Olaf entscheidet. Marc ratifiziert diesen Ausgang, indem er sich dazu entscheidet, Olaf und nicht Anja anzublicken und schließlich die Äußerung von Olaf als Stimulus für seine Selbstwahl zum nächsten Sprecher zu wählen. Mit dieser Äußerung (Z. 17) stimmt er Olaf zu, bei dem es sich um einen sehr erfahrenen Post-Doktoranden der Gruppe handelt, der sich in der ‚Königsdisziplin' der Forschungsgruppe bewegt, der neurobiologischen Modellierung anhand selbst erhobener experimenteller Daten. (Marc dahingegen arbeitet als Doktorand ohne empirische Daten. Er ist im Bereich der reinen Computermodellierung neuronaler Prozesse tätig.) Meine ethnographisch informierte These besagt, dass die oder der ‚ideale' Computational Neuroscientist die Elemente (Verhaltens-) Experiment, Neurobiologie und Computermodellierung in der eigenen Forschung zusammenführt. Diesem Ideal kommt Olaf sehr nahe, sodass er eine große Autorität in der Forschungsgruppe besitzt, die Marc in der vorangegangenen Teilsequenz bestätigt.

Thematisch berichtigt Olaf mit seiner Äußerung (Z. 14–16) die Interpretation seiner zuvor gemachten Aussage (Z. 10: „Eigentlich bin ich ja durchaus ein Fan von dreiviertelstunden-talks.") durch Anja (Z. 12: „Ich glaube, da hat keiner was dagegen"). Nun stellt er ein wissenschaftliches Argument der Konnotation von Anja entgegen, dass, unabhängig von den Umständen, jeder in der Gruppe 45-minütige Vorträge bevorzuge. Dieser Bemerkung, die so verstanden werden kann, dass sie eine gewisse alltägliche Lässigkeit zum Ausdruck bringt, stellt Olaf die Bedeutung der wissenschaftlichen Debatte gegenüber (Z. 14–16: „Ist aber immer 'nen bisschen 'ne Sache mit den Fragen."): Dabei verweist er auf die Verantwortung aller, den Talk des Vortragenden zu nutzen, um sinnvolle Fragen zu stellen. So unterstreicht er den diskursiven Charakter des Group-Talks, in dem er darauf hinweist, dass er dessen Bedeutung nicht darin sieht, dass der Vortragende „sich zwei Stunden hier einen ablabert" (Z. 15–16). Vielmehr formuliert Olaf die klare Erwartung, den Group-Talk, gemäß seiner Feldbezeichnung, nicht als klassischen Vortrag zu verstehen, nicht als Monolog, sondern dialogisch.

```
18   Olaf: >also wenn's die diskussion entsprechend hergibt, dann ist das halt
19        so aber dann ist ja auch interesse da, dann ist es ja auch in ordnung
20        dann aber (.) ich meine man muss sich halt auch bewusst sein, dass
21        man dreißig leute von der arbeit abhält ne also< ((allgemeines Gelächter))
22   Anja: ((ins leiser werdende Lachen)) wenn man spaß daran hat zu erzählen
23   Olaf: >andere leute von der arbeit abzuhalten?< Ja °mhm mhm ja°
```

Durch die vorangegangene Zustimmung von Marc (Z. 17) wird Olaf durch ihn erneut als nächster Sprecher bestimmt. In dem Olaf allerdings nicht direkt auf die Äußerung seines Vorredners eingeht, sondern vielmehr, ungerührt von der Zustimmung durch Marc, seine zuvor gemachten Äußerungen fortführt und expliziert, entspricht sein Redezug auch einer Selbstwahl (Ausübung des legitimen Rederechts). Schließlich kürt auch Anja sich erneut selbst zur nächsten Sprecherin. Dabei fixiert sie Olaf während ihres Redezugs und spricht ihn so direkt und im Kontext seiner zuvor gemachten Äußerung an. Erneut stellt sie dabei ein außerwissenschaftliches Kriterium (Z. 22: „Wenn man Spaß daran hat zu

erzählen") in den Raum, woraufhin Olaf dieses, in diesem Falle mittels einer rhetorischen Frage, die er sogleich selbst beantwortet, erneut sanktioniert: „Andere
Leute von der Arbeit abzuhalten? Ja, hm, ja" (Z. 23).

In der teilnehmenden Beobachtung stellte sich schnell heraus, dass es neben
dem „topic talk" (Rendle-Short 2006) nur sehr wenige informelle Gespräche
zwischen den Teilnehmer/-innen der Forschungsgruppe gab. Gerade im zeitlichen Umfeld des Group-Talks war informelle Kommunikation eher selten. Die
Teilnehmer/-innen erschienen häufig erst sehr kurz vor dem Talk, setzten sich
wortlos auf einen der freien Plätze im Raum und verließen diesen zügig nach dem
Talk, ohne ein Seitengespräch anzustreben. Diese Geringschätzung der kommunikativen Ablenkungen von der ‚Arbeit' (Z. 21) greift Olaf nun auch in Bezug auf
den ‚idealen Talk' auf. Erneut stellt er dabei Wissenschaftlichkeit und den dialogischen Charakter des Group-Talks an die erste Stelle der Kriterien, nach denen
die ideale Dauer eines Talks zu bestimmen sei. Dabei verwahrt er sich gegenüber
einer Ironisierung, die den Talk aus einer alltagsweltlichen Perspektive als Ort
der Zeitverschwendung charakterisiert. Vielmehr lenkt er die Verantwortung für
die Produktivität der Veranstaltung erneut auch auf das Publikum des Talks und
dessen Anteil an der Güte der Diskussion. Gleichzeitig verweist er aber auch auf
die Erwartungen an die ‚idealen' Vortragenden, die sich auch der ‚Kosten' ihrer
Vorträge im Gruppenkontext bewusst sein sollten (Z. 18: „Ich meine, man muss
sich halt auch bewusst sein, dass man dreißig Leute von der Arbeit abhält").

```
24   Marc: ((zu Anja)) °wir sollten keine meetings einberaumen° (2.0)
25   Anja: ((zu Marc)) wahrscheinlich hat er das einfach einmal gemacht, die
26         folie, und hat keinen bock [das mehr zu ändern,
27   Olaf:                           [((trinkt))
28   Marc: mhm
29   Anja: weil das einfac[h,
```

Marc, der den Ausführungen von Olaf an dieser Stelle mit ernster Miene gefolgt
ist, greift diese nun auf, um sich erneut, mit einem leichten Lächeln, direkt an
Anja zu wenden (Z. 24: „Wir sollten keine Meetings einberaumen."). Anja quittiert diese direkte Ansprache abermals, ohne sich ihrerseits Marc zuzuwenden.
Stattdessen schaut sie wieder auf die Lichtprojektion der Folie, auf deren korrespondierenden Foliensatz sie sich schließlich (nach ca. 2-sekündiger Pause) mit
ihrer Replik auf Marcs Bemerkung (Z. 24) bezieht. Zum Schluss ihrer Aussage
wendet sie sich mit den Worten „keinen Bock" (Z. 26) Marc zu, der ihre Bemerkung, ohne den Kopf zu ihr zu drehen, mit einem kurzen Nicken und einem
„mhm" (Z. 28) bestätigt. Hierauf möchte Anja fortfahren, lässt sich aber von dem

seinerseits fortfahrenden Olaf dabei unterbrechen, sodass ihre Aussage Fragment bleibt (Z. 29: „Weil das einfach…").

In ihrer Replik (Z. 25) reflektiert Anja nun aber offenbar die zuvor von Olaf gemachten Aussagen, die dessen Präferenz von 45-minütigen Talks (Z. 9–10) und die Rolle der anderen im Group-Talk (Z. 14–16; Z. 18–21) thematisierten. Anja interpretiert diese offensichtlich so, dass die Planung des gegenwärtigen Vortrages von Olaf durchaus nicht berücksichtigte, dass er diesen Talk über den gesamten Zeitraum des Treffens, also über 90 Minuten, halten würde. Vielmehr scheint sie nun davon auszugehen, dass der Foliensatz noch aus einer Vorbereitung stammt, die von 45 Minuten ausgegangen ist. Die Aussagen von Olaf bzgl. des Anteils der Fragenstellenden an der Länge eines idealen Talks interpretiert Anja in diesem Sinne dahingehend, dass Olaf klar machen möchte, dass die Länge des heutigen Talks von dem Ausmaß der gestellten Nachfragen abhänge (und nicht so sehr von seiner Planung).

Tatsächlich war der Vortrag von Olaf bereits einige Wochen zuvor zu einem inzwischen verstrichenen Termin angekündigt, zu dem der Group-Talk allerdings nicht stattfand. Zu diesem Termin wäre Olaf nur einer von zwei Vortragenden gewesen, sodass ihm für diesen ursprünglich geplanten Talk tatsächlich nur die nun von ihm präferierten 45 Minuten geblieben wären. Mit seiner Bemerkung (Z. 24) greift Marc inhaltlich die Ausführungen zum Zeitmanagement der Forschungsgruppe und der Notwendigkeit dieses im Talk zu reflektieren wieder auf und wendet sie ironisierend in ein Extrem: „Wir sollten keine Meetings einberaumen" (Z. 24). Auch in dieser Aussage kommt der prekäre Status des Group-Talks zum Ausdruck. Zum einen ist er das zentrale Kommunikationsereignis der Forschungsgruppe, zum anderen droht ihm stets, als ‚bloße Kommunikation' von den Teilnehmer/-innen als Zeitverschwendung betrachtet zu werden. Diese Bewertung scheint hier Marc und Anja nicht fernzuliegen.

30   ((Elif verlässt den Raum kurz und blickt den Flur entlang))

Elif, die die bisherige Konversation merklich nicht mitverfolgt hat, verlässt nun den Raum. Sie stammt aus der Türkei und arbeitet, neben ihrer Beschäftigung in dieser Forschungsgruppe noch in einer zweiten Gruppe in den USA. Auf Grund der Tatsache, dass sie kein Deutsch spricht, konnte sie der Konversion zwischen Olaf und den anderen Gruppenmitgliedern nicht folgen. Die Verzögerung des Beginns des Group-Talks ist untypisch und erklärt sich damit, dass Wolf noch nicht anwesend ist. Elif verlässt den Raum nun offensichtlich auf der Suche nach ihm. Dadurch, dass sie geht, um der Ursache der Verspätung auf den Grund zu gehen, kommt hier praktisch zum Ausdruck, was in der Konversation von Olaf und den anderen gerade explizit thematisiert wird: nämlich die ambivalente Rolle des Group-Talks als Kommunikationsereignis zwischen Kommunikationsarbeit und Ablenkung von der Arbeit.

```
31   Olaf:              [außerdem könnt ich's ja nicht verantworten, dass
32          <Zac und Tom> nicht zu ihrer telefonkonferenz kommen
33   Tom:   vielen dank °ja ja°
34   Olaf:  immer der rücksichtsvolle kollege (6.0)
35   Elif:  ((kehrt zurück und setzt sich wieder))
```

Olaf wählt sich, in Ermangelung direkter Ansprache, erneut selbst als nächsten Sprecher. Mit seiner Äußerung (Z. 31–33), mit der er Anja überspricht, wendet er seinen Blick über die ersten Sitzreihen hinweg in Richtung der letzten Reihe, in der der angesprochene „Tom" (Z. 32) sitzt. (Dessen Gesicht ist dabei für die Kamera vollständig durch eine vor ihm sitzende Person verdeckt.) Bei Tom handelt es sich um ein Gruppenmitglied, das mit der Koordination der Kommunikation der eigenen mit einer zweiten, externen Forschungsgruppe, die im Ausland beheimatet ist, betraut ist. Mit dieser finden regelmäßige Telefonkonferenzen statt. Olaf greift hier erneut den Gedanken auf, dass Talks die Zeit der anwesenden Forschungsgruppenmitglieder nicht übermäßig in Anspruch nehmen sollten. Gleichzeitig verweist er auf die Telefonkonferenz als ein weiteres Kommunikationsereignis, das für (einige) Forschungsgruppenmitglieder mit einem erheblichen Zeitaufwand verbunden ist. Während der Angesprochene mit gespielter Höflichkeit antwortet (Z. 34: „vielen Dank"), reagieren einige Anwesende mit Lachen und markieren Olafs Bemerkung damit als Scherz (Z. 33). Dass Olaf mit seiner Aussage Tom, über den er eine Aussage formuliert, ohne dass er diesen Redezug dabei performativ eindeutig als direkte Ansprache markierte, tatsächlich persönlich anspricht, verdeutlicht er durch den Umstand, dass er auf Toms Reaktion direkt antwortet. Dabei greift er die gespielte Höflichkeit sowohl paraverbal, d. h. hier durch seine Intonation, als auch sprachlich auf (Z. 35: „immer der rücksichtsvolle Kollege"). In diesem Moment kommt Elif in den Raum zurück, setzt sich auf den Platz, den sie zuvor bereits eingenommen hatte und nimmt, wie zuvor, ohne auf die Konversation zu achten, einen Schluck aus ihrer Tasse.

```
36   Tom:    ja ich sollte mal (.) mitmachen, [>kommt auf's gleiche raus<
37   Matze:  ((passiert abermals den Raum an der geöffneten Tür))
38   Marc:                                    [((wendet sich kurz Tom zu))
39   Olaf:   ja bei heinz position (könnte das so werden), so einmal guten
40           morgen sagen und dann? ((lacht))((allgemeines Lachen))
```

Nach einer langen Pause von ca. sechs Sekunden (Z. 34) ergreift Tom, der indi-rekt von Olaf angesprochen wurde, den nächsten Redezug. Offensichtlich greift er in seiner Replik eine durch Olaf angespielte ‚Nutzlosigkeit' der Telefonkonferenz für seine Arbeit auf: Er räumt ein, dass er nicht regelmäßig an dieser teilnehme und ergänzt, dass es aber so oder so „auf's gleiche raus" (Z. 36) käme. Olaf bestä-tigt diese Äußerung mit dem Verweis auf „Heinz' Position" (Z. 39), nicht aber, was eine andere zulässige Interpretation darstellte, mit mangelnder Kompetenz von Tom. (Auf Grundlage meiner Ethnographie ist eine Explikation hier nicht vollständig möglich. So entzieht es sich meiner Kenntnis, wer genau „Heinz" (Z. 39) ist. Sicher aber stellt er einen Teilnehmer der mittels Telefonkonferenz kontaktierten Forschungsgruppe dar.)

```
41   Marc: ((zu Tom gewandt)) du könnt's ja einfach eine woche lang das einmal
42         aufzeichnen von dir und dann nur das abspielen [((lacht)), am besten
43         versuchst du dann immer nur zu nicken und ja zu sagen
44         ((allgemeines Gelächter))(3.0)
```

Erneut kürt Marc sich selbst zum nächsten Sprecher. Ohne direkt angesprochen zu sein, wendet er sein Wort an Tom, wodurch er ihn als nächsten Sprecher bestimmt. Bereits während des abklingenden Gelächters (Z. 40) wendet Marc sich zu Tom um. Nach einem Augenblick wendet er sich langsam wieder nach vorne. Dann blick er mit einer schnellen Kopfbewegung abermals zurück zu Tom und spricht diesen direkt an (Z. 41–43). Marc, der sich im Verlauf der Konversation bereits mehrfach ironisch geäußert hatte, bringt in seiner Äußerung nun erneut seine Geringschätzung der Kommunikationsformate der Gruppe zum Ausdruck. Die angesprochene Telefonkonferenz (Z. 31–32) scheint ihm sinnlos zu sein, denn er schlägt vor, wenn auch in scherzendem Ton, Tom solle sich durch eine standar-disierte Videoaufzeichnung von sich selbst vertreten lassen. Tom wendet seinen Kopf während Marcs Äußerung zu seiner Linken, sodass er Blickkontakt zu ihm herstellen kann. Tom aber, der offenbar ein tatsächliches Problem seiner Arbeit angesprochen hatte (Z. 36: „Ja, ich sollte mal mitmachen"), greift die Gelegenheit zur Replik auf Marcs erneuten Versuch, einen Scherz zu machen, nicht auf, son-dern wendet seinen Kopf nach dessen Bemerkung zügig wieder nach vorn, sodass er aus Marcs Blickfeld verschwindet. Auch Marc wendet sich daraufhin langsam von Tom ab und orientiert sich mit einem Blick zur Folie wieder nach vorne. Sein Vorschlag war offensichtlich ein Scherz, Tom hingegen hatte Olafs voran-gegangenen Scherz (Z. 31–32) dazu genutzt, sich offen zu einem tatsächlichen Problem im Rahmen seines Arbeitsalltags zu bekennen.

```
45   Olaf: aber seid froh, dass die rollen so gut verteilt seid sind ja, wenn wenn
46         jetzt wirklich              [alle zwanzig was sagen würden dann-
47         ((einzelne lachen))
```

Nach einer erneuten Pause von drei Sekunden wendet sich Olaf, mit über der Gruppe schweifenden Blicken, erneut an alle anwesenden Teilnehmer/-innen der Forschungsgruppe. Neben seiner Blickrichtung ist diese Adressierung auch syntaktisch markiert (Z. 45: "seid froh"). Einige der Teilnehmer/-innen suchen daher seinen Blickkontakt, darunter auch Marc, Anja und Tom, die in der vorangegangen Konversation bereits jeweils von Olaf direkt angesprochen wurden. Andere Teilnehmer/-innen sind währenddessen weiterhin mit ihren Mobiltelefonen beschäftigt oder betrachten die projizierte Folie. In der Tat entspricht es meiner ethnographischen Beobachtung, dass es in der Gruppe Lager entlang der drei Hauptelemente der Forschung in der Gruppe (Experimente, Neurobiologie, Modellierung) zu geben scheint, die je durch ein bis zwei Hauptprotagonist/-innen im Group-Talk vertreten werden. Es ist daher tatsächlich nicht so, dass alle Teilnehmer/-innen regelmäßig Fragen im Verlauf des Talks stellten und dabei in ihren thematischen Schwerpunkten stark variierten, sondern vielmehr so, dass es einzelne Individuen gab, die zu den meisten Talks jeweils ein oder mehrere Fragen aus der Perspektive eines spezifischen Problems stellten. So lassen sich die disziplinären Grenzen der heterogenen Forschungsgruppe anhand der Fragesteller/-innen und ihrer thematischen Schwerpunkte sehr leicht beobachten.

Mit dem Begriff der „Rollen" (Z. 46) verweist Olaf auf die Organisiertheit des Talks auf Grundlage von kommunikativen Rollen und entsprechenden Erwartungshaltungen seitens der übrigen Teilnehmer/-innen. Seine Äußerung (Z. 45–47: „Aber seid froh, dass die Rollen so gut verteilt sind. Ja, wenn jetzt wirklich alle zwanzig was sagen würden, dann…") impliziert, dass der Group-Talk ohne diese Rollenaufteilung dysfunktional wäre. Damit kehrt er, eingeleitet durch ein „aber" (Z. 45), nach einer konversationellen Durststrecke von insgesamt neun Sekunden, die jeweils durch einen Scherz eingeleitet wurde (Z. 34 und Z. 44), wieder zurück zur Thematisierung des ‚idealen Talks' (unterbrochen ab Z. 20). Nun spricht er in diesem Kontext, neben der Rolle der Vortragenden, abermals die vitale Rolle der weiteren Teilnehmer/-innen des Talks an. Dabei nennt er sowohl deren Tun (Fragen stellen), als auch deren Lassen (keine Fragen stellen) als rollenspezifisch notwendiges Kriterium für die Funktionalität des Group-Talks als Kommunikationsereignis der Forschungsgruppe an. Der Begriff der kommunikativen Rolle lässt sich in diesem Kontext also von der aktiven Beteiligung am Talk auch auf das schweigende Partizipationsformat erweitern (M. Mead 1968, 5).

```
48   Wolf: [((betritt den Raum, zieht einen Stuhl heran und setzt sich))
```

Im Hereinkommen blickt Wolf für einen kurzen Augenblick in Richtung der Fensterfront. Daraufhin wendet er sich schnell rechts und geht, entlang der der Fensterfront gegenüberliegenden Wand, zielstrebig zu einem Sitzplatz, dem ersten (bzw. letzten) Platz der bislang leeren ersten Tischreihe. An diesem Platz angekommen, zieht er einen Stuhl mit einer schnellen Bewegung zu sich und dreht ihn dabei so, dass er nun schräg zur Tischreihe und Olaf in gerader Linie gegenübersteht. Wolf setzt sich wortlos mit einem kurzen Blick zu Olaf auf den Stuhl. Dieser blickt dabei zu Wolf und ihre Blicke treffen sich. In diesem Augenblick nicken sich beide sehr knapp zu. Als Wolf den Raum betrat, wendeten sich einige Anwesende dem Eintretenden zu, darunter vor allem solche, die der Konversation bisher nicht gefolgt waren, wie z. B. Elif, die den Raum bereits zuvor (Z. 30) einmal verlassen hatte, um den Grund für den verspäteten Beginns des „topic talks" zu ergründen. Bei einzelnen Teilnehmer/-innen der Gruppe ist daraufhin zu beobachten, wie sie sich nun umpositionieren und ihre Körper in eine aufrechtere Haltung bringen. Gleichzeitig unterbricht Olaf seine Äußerung und bleibt die konkrete Konsequenz dessen, „wenn jetzt wirklich alle zwanzig was sagen würden" (Z. 46–47) schuldig.

Die Art des Eintretens sowie die Reaktionen hierauf, nicht zuletzt, dass Olaf seine Ausführungen an dieser Stelle sofort unterbricht, legen nahe, dass es sich beim Eintreffen von Wolf um das Ereignis handelt, dessen Ausbleiben bisher zur Verzögerung des eigentlich Group-Talk-Beginns geführt hat. Entsprechend ist nach Wolfs Auftreten eine sofortige Veränderung der Grundstimmung im Raum deutlich bemerkbar. (Hier vermittelte die direkte, teilnehmende Beobachtung einen stärkeren Eindruck, als es das Videodatum vermag, das durch die Funktionsweise der Aufzeichnungstechnik auf die Wahrnehmung bzw. Registrierung des Akustischen und Visuellen beschränkt ist.) Seine Präsenz beendet die Informalität schlagartig und rahmt die Situation augenblicklich um, von einer beiläufigen, thematisch nicht determinierten Konversation zu einem formalen, gattungsförmig strukturierten Group-Talk.

Diese Wirkung erzielt Wolfs Auftreten sowohl vor dem Hintergrund seiner organisationalen als auch seiner kommunikativen Rolle innerhalb der Forschungsgruppe. Zugleich wird sie durch die wortlose Ernsthaftigkeit seines Eintretens, das sich hier absolut typisch darstellt, unterstrichen. Auch Wolfs Platzwahl ist nicht zufällig. Vielmehr handelt es sich um den Stammplatz des Forschungsgruppenleiters. Durch die Ausrichtung des Stuhls verknüpft er performativ Olaf, seine Präsentation sowie die anderen Teilnehmer/-innen des Talks. Damit nimmt

er selbst die *Körperformation* (Knoblauch 2007, 126 ff) ein, die der des Vortragenden bei einem Vortrag ähnlich ist (siehe auch (Rendle-Short 2006, 44)). Die
erste Tischreihe, in der er diesen Platz einnimmt, bleibt ansonsten regelmäßig
unbesetzt.

Abbildung 4.4 Olaf steht auf als Wolf sich setzt (links) und wendet sich der Folienprojek-
tion zu (rechts); die Präsequenz endet und der Group-Talk beginnt

```
49    Olaf:  [SO¿, morning everybody. ((steht auf)) ähm so this is ähm about pre
50           liminary results of our dfg-project the first phase. so we have three-
51           phases design and the first phase and ja we will talk a little bit
52           about…
```

Wolfs Eintreten innerhalb des vorangegangenen Redezuges, für den sich Olaf
selbst als Sprecher gewählt hatte (Z. 45–46), führte dazu, dass Olaf seine
ursprüngliche Bemerkung abbrach. Nach einer kurzen Unterbrechung wählt er
sich scheinbar (!) erneut selbst zum nächsten Sprecher und beginnt eine Präsentation. Mit dem Beginn seiner jetzigen Äußerung steht Olaf auf und bedient
sich, anders als zuvor, der englischen Sprache. Seine Ausführungen beginnen mit
einer allgemeine Begrüßung (Z. 49: „So, morning everybody.“). Hierauf beginnt
er einige Erläuterungen zu einem spezifischen Forschungsprojekt (Z. 49: „So,
this is about…“). Mit den Worten „so this is“ (Z. 49) dreht Olaf sich zu seiner
Linken ein und stellt sich, aus Publikumsperspektive in Profilansicht von rechts,
neben die Power-Point-Projektion an der Stirnseite des Raumes. In der rechten
Hand hält er einen Laserpointer, mit dem er seine folgenden Äußerungen auf der
Projektion begleitet. Wolf blickt währenddessen zu seiner Rechten auf die projizierte Folie. Schließlich gibt Olaf mit seiner Äußerung explizit ein neues Thema
vor (Z. 51–52: „and ja, we will talk a little bit about…“).

Im Gegensatz zu der Konversation (Z. 1–48), zeichnet sich Olafs Präsentation (Z. 49–52) durch ihre klar zum Ausdruck gebrachte Formalität aus. Dies
zeigt sich an sehr unterschiedlichen Elementen zugleich: Zunächst wählt Olaf

sich jetzt nicht mehr selbst zum nächsten Sprecher (VIA). Das Videodatum zeigt vielmehr, dass Wolf, durch kurzes Nicken beim Platznehmen, Olafs erneuten Redezug initiiert (und dabei zugleich die Gültigkeit des Zettel bestätigt).[15]

Gleichzeitig bringt Olaf die stärkere Formalität auch performativ zum Ausdruck, in dem er nun zu Beginn seiner Äußerung aufsteht (Abbildung 4.4) und auch die vorgängig präparierten technischen Geräte wie Laptop, Laserpointer, Digitalprojektor und Folie zum Einsatz bringt. Dafür nimmt er die für Präsentationen (und auch im Group-Talk) typische *Körperformation* (Knoblauch 2007, 128 ff) ein, die im Gegensatz zu seiner vorherigen, sitzenden Position, sein volles Engagement in der Interaktion mit den anderen zeigt (Rendle-Short 2006, 44). Die größere Formalität der neuen Situation verdeutlicht Olaf bereits mit den ersten Worten seiner Äußerung auch sprachlich: „So, morning everybody." Sie kommt hier einerseits dadurch zum Ausdruck, dass er die Forschungsgruppe nun formal begrüßt, obgleich er sich bereits seit längerer Zeit im Raum befindet und dabei, buchstäblich quer über Tische und Bänke, eine umfangreiche, lokal organisierte Konversation mit einigen der Anwesenden geführt hatte. Andererseits aber auch dadurch, dass er das Deutsche, das zuvor der informellen Konversation diente, jetzt durch Englisch ersetzt, also die offizielle Kontaktsprache des Group-Talks (Abschnitt 4.2). Insgesamt bringt er hier zugleich alle formal-typischen Markierungen (stehende Position, Körperformation, Lingua Franca, Einsatz der technischen Infrastruktur) in die Situation ein, die den Group-Talk charakterisieren, wodurch für alle Teilnehmer/-innen sofort offensichtlich wird, dass dieser, im Sinne des eigentlich „topic talks", nun begonnen hat.

(Anmerkung: Ende der Detailanalyse von VID_8_Seq_1)

An dieser Stelle möchte ich meine Ergebnisse im Kontext der oben dargestellten *Selbstthematisierung von Normen und Erwartungen* in der beobachteten Forschungsgruppe zusammenfassen. Bei näherer Betrachtung erweist sich die analysierte Präsequenz in dieser Hinsicht, über alle inhaltlich-thematischen und interaktionellen Brüche der kurzen, nur etwas mehr als zwei Minuten andauernden Konversation hinweg, als ausgesprochen informativ. Dabei ist es für die Analyse ebenso überraschend wie befriedigend, wie explizit Normen und Erwartungen innerhalb der Gruppe und ausdrücklich in Hinblick auf den Group-Talk als zentrales Kommunikationsereignis diskutiert werden. Insbesondere Olaf zeichnet sich durch eine große Reflektiertheit aus, die einerseits uns, als soziologischen Beobachtern wertvolle Einblicke gewährt, andererseits aber auch eine wichtige

---

[15] Die konversationsanalytische Betrachtung profitiert hier klar von der Interaktionsanalyse auf Grundlage des Videodatums.

Bedeutung für seine Kolleg/-innen bzw. seine spezifische kommunikative Rolle in der Gruppe aufweist.

Wenn oben (Abschnitt 2.2.2) von der Bedeutung der Sozialisation bzw. der Institutionalisierung und Internalisierung spezifischer Wissensbestände für die Anwendung spezifischer Kommunikationsformen gesprochen wurde, so kommt in Olafs Selbstthematisierung eben dieser Prozess eindrücklich zur Anschauung. Seine Rolle stellt sich dabei als die eines Funktionärs organisationaler Strukturen dar, die er, aufgrund seiner Vorerfahrung bzw. seiner langen Verweildauer in Wolfs Gruppe, einzunehmen in der Lage ist. (Nicht zuletzt aufgrund dieser forschungsbiografischen Eigenschaften von Olaf gelingt es ihm auch mehrfach in der informellen Konversation die Legitimität als Sprecher zu behaupten, obgleich Redezugwechsel und -dauer hier anders als in formaleren Settings nicht vorfestgelegt sind.)

Gegenüber den anderen, explizit gegenüber den jüngeren und weniger stark integrierten Gruppenmitgliedern, die sich in die Konversation mit ihm einbringen, im Sinne eines ‚Mithörens‘ aber auch für alle anderen anwesenden Teilnehmer/-innen des Group-Talks, verteidigt er sowohl die Gültigkeit der formalen Koordinationsinstrumente der Gruppe (Zettel, Talk, Telekonferenz) gegenüber trivialisierenden Andeutungen seiner Kolleg/-innen, als auch die Wichtigkeit der richtigen, inhaltlichen Gestaltung des Group-Talks, als zentrales Kommunikationsformat der Gruppe. Er reflektiert dabei insbesondere unterschiedliche Beteiligungsformate und hebt in diesem Kontext unterschiedliche kommunikative Rollen hervor, die von konstitutiver Bedeutung dafür sind, dass die Kommunikation sinnvoll strukturiert ist.

Zunächst wendet er sich der Thematisierung des Vortragenden zu. In diesem Kontext kommt er, durch die thematischen Impulse seiner Gesprächspartner/-innen motiviert, auch auf die Ambivalenz zu sprechen, die Kommunikationsarbeit wenigstens in einigen der Teilnehmer/-innen auszulösen scheint. Er geht dabei darauf ein, dass Sprechen im Group-Talk kein Selbstzweck ist, sondern der wissenschaftlichen Debatte dient. Dabei verwahrt er sich ausdrücklich vor, durch seine Gesprächspartner/-innen vorgebrachten, alltäglichen Relevanzen wie Kürze und Lust bzw. Unlust. In diesem Kontext ermahnt er deshalb potenzielle Hauptsprecher/-innen, sich der Bedeutung bewusst zu sein, dass während ihres Talks zugleich die Zeit der anderen Teilnehmer/-innen verstreiche. Dabei scheint er sich zugleich in die Lage der passiveren Rolle im Group-Talk zu versetzen. Mit einer scherzhaften Bemerkung exemplifiziert er die Schonung der Zeitressource der jeweils anderen, in dem er darauf hinweist, dass auf diese, außerhalb des Group-Talks, weitere (z. T. ebenfalls kommunikative) Verpflichtungen warteten.

Gleichzeitig hebt er aber auch die Bedeutung der Teilnehmer/-innen am Group-Talk hervor, die sich jeweils in der Zuschauer/-innenposition befinden. Sie sieht er in der Pflicht, von der Kommunikationsarbeit sinnvollen Gebrauch zu machen, indem sie die Gelegenheit des Talks für Nachfragen nutzten, deren Beantwortung durch die Hauptredner/-in dann keine Zeitverschwendung, kein ,sich-einen-ablabern' darstellt. Dabei kommt er auf ein gattungsanalytisch besonders auffälliges Merkmal des Group-Talks zu sprechen, nämlich seine stark dialogische Struktur, die davon herrührt, dass hier jederzeit zwischengefragt und kommentiert werden darf. Die Zuteilung von Rederecht und die Dauer von Redezügen sind im Group-Talk, trotz bzw. aufgrund seiner spezifischen Gattungsförmigkeit nicht vollständig vorfestgelegt. Olaf scheint dieses Charakteristikum zu begrüßen. Seine Worte lassen sich dahingehend interpretieren, dass er diese Teile des Group-Talks als besonders produktiv betrachtet, d. h. als sinnvolle Kommunikationsarbeit versteht. In diesem Sinne scheint er auch in Bezug auf seinen eigenen geplanten Group-Talk (z. B. von Anja) interpretiert zu werden. Dessen Dauer, deutet Olaf an, hängt davon ab, welche Fragen gestellt würden.

Schließlich kommt er mit dem ausdrücklichen Verweis auf die Bedeutung der unterschiedlichen Rollen bzw. Beteiligungsformate am Group-Talk implizit auch auf die disziplinäre Heterogenität zu sprechen, indem er eine Gruppe von Teilnehmer/-innen definiert, die stellvertretend für die anderen die wichtige Rolle des Nachfragens und Debattierens übernehmen würde. Aus meiner ethnographischen Perspektive ist diese Gruppe deckungsgleich mit den Personen, die stellvertretend für jeweils eine der versammelten Domänen die Wortführerschaft innehaben und dabei jeweils Aspekte aus Sicht einer der in der CNS vertretenen Ausrichtung ansprechen. Mit der Thematisierung dieser Frontstellung innerhalb der beobachteten Forschungsgruppe komme ich abschließend für dieses Unterkapitel noch zu einer weiteren Erwartung, die, in der hier analysierten Präsequenz, von Olaf nur kurz angeschnitten wird, aber, vor dem Hintergrund der erläuterten forschungsbiografisch begründeten Ausrichtung von Wolfs Fachgebiet (Abschnitt 4.1.1), einen besonders starken Einfluss auf die Kommunikation im Group-Talk hat: die neurobiologische Plausibilität der Modelle.

4.1.2.2 Normen in der Selbstthematisierung II

Innerhalb der beobachteten Forschungsgruppe ist insbesondere der Anspruch auf die neurobiologische Plausibilität der Modelle für einige Teilnehmer/-innen ein häufiges Thema und dabei, wie wir sowohl beobachten konnten als auch in Seitengesprächen sowie während eines Interviews gesagt bekamen (EXP_3, Z. 73 ff), ein gelegentlicher Quell der Verunsicherung. So wird einerseits Wolfs Anspruch zum Anlass genommen, über den Vereinfachungsgrad des eigenen Modells zu reflektieren und sich selbst zu befragen, ob das Modell plausibel genug ist, d. h. ob es den Anspruch erheben kann, nach aktuellen Theorien und/oder empirischen Erkenntnissen, dem entsprechenden neurobiologischen Prozess gerecht zu werden. Andererseits ist die Differenz zwischen mehr oder minder stark biologisch orientierten Ansätzen innerhalb der Gruppe auch ein beliebtes Diskussionsthema und dabei häufig Anlass für den einen oder anderen Seitenhieb während des Group-Talks, wie der folgende kurze Auszug beispielhaft illustriert:

```
Frage: Äh Marc, the study by Yser, is it experimental or just simulation?
Antwort: Simulation. It's basically the same as I do.
Nachfrage: No data?
Antwort: Hä? No, no data. It's – it's just all made up! (VID_3)
```

dieser kurzen Sequenz aus zwei Paaren, die während eines Group-Talks des Informatikers Marc aufgezeichnet wurde, den wir aus der vorangegangenen Analyse bereits kennen, war dieser eingangs seines Talks gerade dabei, die grundlegenden Konzepte seines Modells zu erläutern. Dabei rekurriert er auf eine Studie, die ihm als Grundlage diente („study by Yser"). An dieser Stelle wirft der Psychologe Björn, der an experimentellen Datenkorpora arbeitet, eine Frage nach der Datengrundlage dieser Studie ein („Äh Marc"). Daraufhin antwortet Marc in aller Kürze: „Simulation", womit er zum Ausdruck bringt, dass die zugrundeliegende Studie ohne experimentelle Daten zustande gekommen sei. Ohne dass er explizit danach gefragt wird, fügt er dann, in einem vollständigen Satz noch hinzu, dies verhielte sich bei seiner Arbeit genauso („Its basically the same as I do"). Er sagt also, dass auch sein eigenes Modell nicht auf experimentellen Daten beruhe. Björn konkretisiert seine Nachfrage nun, offensichtlich noch in Bezug auf Yser, durch eine sehr kurze Ellipse: „No data?", woraufhin Marc, zunächst sein Unverständnis markierend („Hä?"), mit der negierten Wiederholung dieser Kurzform antwortet: „No, no data.". Schließlich ergänzt er seine Antwort durch einen Zusatz, indem er eine von ihm offenbar antizipierte, implizite Kritik Björns an seinem Vorgehen sprachlich persifliert und auf die Spitze treibt: ‚Es ist einfach alles frei erfunden!' („It's just all made up!"). Hierauf nimmt er einen Schluck aus seiner Kaffeetasse und fährt in seinem Vortrag fort.

Die kleine Sequenz, die ich hier ohne Transkriptionszeichen wiedergebe, illustriert zunächst, wie zwischen den interdisziplinären Forscher/-innen der Gruppe regelmäßig Dissenspotenzial in der Kommunikation aufbricht, das aus den unterschiedlichen Forschungsansätzen resultiert und zu umfangreichen Expansionen führen *kann* (Abschnitt 4.3). Darüber hinaus zeigt sie, dass diese wiederkehrende Situation im Group-Talk Techniken der Eindrucksmanipulation (Goffman) erfordert, um wechselseitig Gesichtsverlust zu meiden. Ob Björn mit seiner Nachfrage tatsächlich Kritik an Marcs nicht-experimentellem Ansatz äußern möchte oder man davon ausgeht, dass Björns „No data?" auf Yser und nicht auf Marc abzielte: Durch seine Erfahrung in der Gruppe und die Kenntnis, dass die Auseinandersetzung zwischen mehr oder minder neurobiologisch fundierten Arbeiten im Group-Talk regelmäßig viel Raum einnimmt, erkennt Marc einen möglichen Dissens. Daraufhin unterbindet er eine nähere Erörterung dieser Thematik, indem er scheinbar auf eigene Kosten einen Scherz macht und die potenziell kritische Frage zusätzlich performativ (Trinken) ‚wegspült'.

Die barsche Reaktion seitens Marc mag aus persönlicher Angegriffenheit resultieren, aufgrund der antizipierten Kritik an rein theoretischer Modellierung, in deren Feld sich seine Forschung bewegt. Daher könnte sie einerseits als „Rauschen" interpretiert werden, das als nicht-intendierte „Selbstentblößung und Offenlegung" „die eigentliche Quelle der Befriedigung der Zuhörer" bei Vorträgen darstellt (Goffman 2005b, 39 f.) Insofern sie sich aber andererseits dagegen gerichtet hat, erneut eine Debatte zu führen, die diesem Dissens kostbare Zeit von seinem Teil des Group-Talks einräumen würde, wäre diese Interpretation zu kurz gegriffen. Denn die Situation zeigt eindrücklich, wie Marc die kurze Unterbrechung durch Björns Frage, die, wie wir später noch sehen werden, im Group-Talk durchaus das Potenzial hat, zu einer großen Expasionsepisode zu führen, erfolgreich ‚repariert'. Durch diesen ‚Schachzug auf dem Spielfeld der Interaktionsordnung' gelingt es ihm, die durch Björn ausgelöste Einschubsequenz schnell zu beenden und ungestört in seinem Vortrag fortzufahren.

Hintergrund der Situation, die sich in dem kurzen Auszug illustriert, ist der der Forschungsgruppe inhärente Antagonismus, der im Rahmen der Interdisziplinarität der Forschung, auf die gesetzte Erwartung zurückzuführen ist, dass einerseits die Computermodelle biologisch plausibel entwickelt werden und andererseits auch die empirische, neurobiologische Forschung in formale, mathematische Modelle mündet. Wie stark die Gruppe von diesem Dualismus geprägt ist, illustriert eine andere Sequenz aus dem Group-Talk des Psychologen Björn, der hier als Fragender auftritt, wo er, wie wir noch sehen werden (Abschnitt 4.3.1), an einer Stelle seines Talks ad hoc nicht dazu in der Lage ist, einen Aspekt seiner Arbeit mathematisch zu erläutern.

Der in den hier wiedergegebenen zwei Paarsequenzen zum Ausdruck kommende ‚Antagonismus' innerhalb der Forschungsgruppe erwies sich im Beobachtungszeitraum als die maßgebliche Triebfeder für die Kommunikation der Gruppe im Group-Talk. Sie rührt dabei unmittelbar von dessen außenstrukturellen Bedingungen her, namentlich der Universität und dem Fachgebiet (Abschnitt 4.1.1). Dabei sind Wolfs strukturelle Position und persönliche Haltung entscheidend, insofern er weitgehend selbst bestimmt, worüber geredet wird: Denn, während entsprechende Konfliktlinien, die für die inhaltliche und sprachlich-strukturelle Form des Group-Talks so entscheidend sind, in dem ursprünglich von den Institutsverantwortlichen geplanten Fachgebiet noch nicht angelegt waren, resultieren sie unmittelbar aus der aufgrund persönlicher, forschungsbiografischer Motive gewählten (informellen) Neu-Ausrichtung des Fachgebiets durch Wolf. Sein besonderes Interesse an biologischen Fragestellungen wirkt sich dabei allerdings nicht in erster Linie durch individuelle Verunsicherung oder vor dem Hintergrund kleiner Sticheleien aus. Als CNS-Forschung ist die Arbeit der Gruppe vielmehr ausdrücklich ein multidisziplinäres Unterfangen, das genuin dazu angetreten ist, natur- *und* geisteswissenschaftliche Ansätze der Hirnforschung mit informationswissenschaftlichen Methoden zu integrieren. Es ist diese spezifische, normative Ausgangskonstellation, die das Fachgebiet von Wolf, die Ausrichtung der von Wolf betreuten Projekte bzw. die Zusammensetzung seiner Forschungsgruppe und damit letztlich auch die Kommunikationsprobleme und -lösungen der Gruppe präfiguriert. Wie sich nun zeigen wird, sind Wolfs Setzungen last but not least auch für die Finanzierung der Forschungsgruppe entscheidend.

4.1.3 Die Förderungsstruktur

Neben den Fördermitteln des BMWF und denen des Lehrstuhls werden die einzelnen Projekte der Forschungsgruppe maßgeblich von weiteren Drittmittelgeber/-innen finanziert, wie z. B. der *Deutschen Forschungsgemeinschaft* (DFG), der *Volkswagenstiftung*, des *Human Frontier Science Program* (HFSP) sowie durch Förderinitiativen der Europäischen Union (EU). Besonders hervorzuheben ist aber das *Nationale Bernstein Network Computational Neuroscience* (NNCN), das vom Bundesministerium für Bildung und Forschung (BMBF) unterstützt wird. Durch Wolfs Ausrichtung seines Lehrstuhls zur CNS konnten sein Lehrstuhl sowie seine Forschungsgruppe erheblich von den Mitteln des NNCN profitieren. Am eigenen Fachgebiet wurden zum Zeitpunkt des Interviews drei Postdoktorand/-innen-Stellen durch das Netzwerk finanziert. Zudem berichtet Wolf von insgesamt sechs CNS-Professuren einer Nachwuchsforschungsgruppe, die „wir" (EXP_1, Z. 353–354) durch das Netzwerk besetzen konnten. Insbesondere hat das Netzwerk auch die internationale Kooperation angekurbelt und so zu international verteilten Forschungsprojekten geführt.

Neben der finanziellen Unterstützung durch das NNCN betrachtet Wolf die internationale Vernetzung der beteiligten Forschungseinrichtungen als positives

Hauptmerkmal des Bernsteinzentrums. So habe sich seine maßgeblich theoretisch ausgerichtete Forschungsgruppe mit Institutionen vernetzen können, die
mit „invasiven" Methoden arbeiteten. Diese seien am eigenen Standort aus
rechtlichen Gründen und vor dem Hintergrund der öffentlichen Meinung nicht
umzusetzen. Derartige invasive Experimentalsettings, die z. B. Versuche an Affen
oder Nagetieren umfassen, stoßen in Deutschland auf zum Teil sehr große
öffentliche Ablehnung, die Wolf, der zuvor andernorts selbst invasiv arbeitete,
als Standortnachteil empfindet. Dieses Handicap sieht er allerdings durch die
Zusammenarbeit im NNCN teilweise wettgemacht. So hätten sich durch das
Bernsteinzentrum für den Standort neue Forschungsfelder verwirklichen lassen.

Zusätzlich dienten die durch das NNCN geknüpften internationalen Ver-
bindungen auch als Grundlage für die Ausbildung einer „Jagdgemeinschaft"
(EXP_1, Z. 362). So können durch die internationale transdisziplinäre Zusammenarbeit, inhaltlich bzw. methodisch verteilte gemeinsame Forschungsförde-
rungsanträge entwickelt und eingereicht werden. Dies habe sich, so Wolf, in
der Vergangenheit bewährt. Die Kooperation habe durch das NNCN stark zugenommen. Neben der Interdisziplinierung hat die Ausrichtung auf die CNS an
Wolfs Lehrstuhl somit auch die Internationalisierung der assoziierten Forschungsgruppe nach sich gezogen, sodass schließlich auch der Group-Talk von Deutsch
auf Englisch umgestellt wurde.

Die Förderinitiative des NNCN hat somit sowohl indirekt als auch ganz unmittelbar auf die Kommunikation innerhalb von Wolfs Forschungsgruppe eingewirkt.
Einerseits dadurch, dass sie im Sinne der CNS zur Interdisziplinarität verpflichtet
bzw. diese überhaupt erst ermöglichte, wie im Bereich der Kooperation mit invasiv arbeitenden Forschungsgruppen. Andererseits dadurch, dass sie die Gruppe
internationalisiert hat. Diesen Zusammenhang bestätigt Wolf mit Hinblick auf
das Netzwerk als prestigereiches Aushängeschild, von dem die Außenwirkung
seiner Forschungsgruppe entscheidend profitiere. Diese Sichtbarkeit habe u. a.
auch dazu geführt, dass Promovierende und Postdoktorand/-innen weltweit auf
die Gruppe aufmerksam würden und sie zu Ausbildungs- und Forschungszwe-
cken besuchten. Dies wird wiederum durch die internationale Zusammensetzung
der Gruppe zum Zeitpunkt unserer Beobachtung bestätigt. Auch eine der beiden
MA-Studierenden, die wir im Rahmen unseres Feldaufenthalts im Group-Talk
kennenlernten, war aus dem europäischen Ausland zu Studienzwecken an Wolf
herangetreten und konnte bei ihm bzw. einer Wissenschaftlerin aus seiner Gruppe
(Sabine) sowohl ihre Forschungen als auch ihre Masterthesis in englischer
Sprache absolvieren.

Während vor allem die Netzwerkinitiative NNCN maßgeblich zur internationalen Wahrnehmung und Kooperation des Lehrstuhls beitrug und somit auch die

Zusammensetzung und Themenstellungen der beobachteten Forschungsgruppe beeinflusste, müssen zur Entwicklungsförderung der CNS zusätzlich weitere, breiter angelegte Initiativen hinzugezählt werden, die in den letzten Jahrzehnten stark zur Wahrnehmung der modernen Neurowissenschaften beigetragen haben und so ihrerseits teilweise den Hintergrund für die Entstehung des NNCN bildeten und/oder zur Popularisierung der CNS, auch unter Studienanfänger/-innen, beitrugen. Hierzu zählt insbesondere die *Decade of the Brain 1990–2000*, eine Initiative, die 1990 von dem damaligen US-Präsidenten George Bush angestoßen und durch den US-Senat beschlossen wurde (Roth und Snell 2000, Goldstein 1994). Die *Decade of the Brain 1990–2000* brachte der u.s.-amerikanischen Neurowissenschaft, nach anfänglichen Schwierigkeiten mangels fiskaler Unterstützung, seit Mitte der 1990er Jahre erhebliche Fördermittel ein und trug so erfolgreich dazu bei, die Zielsetzung der Initiative, die klinische Forschung im Bereich der neurologischen Erkrankungen zu fördern, zu verwirklichen. Erwähnenswert ist aber auch die kleinere private Initiative *Die Dekade des menschlichen Gehirns 2000–2010*, in der namhafte deutsche Neurowissenschaftler/-innen, unter der Schirmherrschaft des damaligen nordrhein-westfälischen Ministerpräsidenten Wolfgang Clement, organisiert waren. Diese Initiative war angetreten, um, nach dem u.s.-amerikanischen Vorbild, wenn auch mit deutlich geringerem Output, die finanzielle Förderung der Neurowissenschaft in Deutschland zu intensivieren.

Neben finanziellen Mitteln zur Forschungsförderung, zur Einrichtung von Professuren und Instituten sowie zur Schaffung von Prä- und Postdoktorand/-innen-Stellen, haben diese Initiativen, gemessen an der Publikationsrate seit deren Entstehen, auch zur öffentlichen Wahrnehmung der Neuroscience bzw. der Hirnforschung beigetragen. Seit den 1990er Jahren ist deren (populär-) wissenschaftliche Präsenz in zahlreichen inter- und transdisziplinären wie populären Feldern merklich gestiegen. Davon zeugt die Omnipräsenz von neurowissenschaftlichen Expert/-innen des Feldes in den klassischen Massenmedien ebenso wie ein Blick auf die Internetseiten von Google Books: Mit dem Programm „Ngram Viewer" ist es dort möglich, den von Google gescannten Bücherkorpus[16] zu analysieren und dabei u. a. nach Begriffen zu durchsuchen, deren Häufigkeit in Büchern je Erscheinungsjahr grafisch dargestellt werden kann, um so z. B. thematische Trends in Büchern erkennen zu können (Abbildung 4.5 und Abbildung 4.6).

---

[16] In einem Artikel des *New Yorker* ist von 30 Millionen Bänden die Rede (Wu 2015), Google selbst spricht von über acht Millionen Büchern oder sechs Prozent aller Bücher, die jemals publiziert wurden (Lin, et al. 2012).

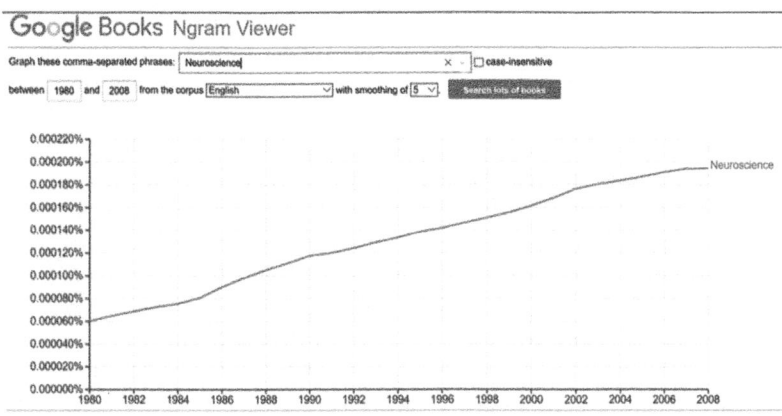

Abbildung 4.5   „Neuroscience" im englischsprachigen Korpus von Google Books[17]

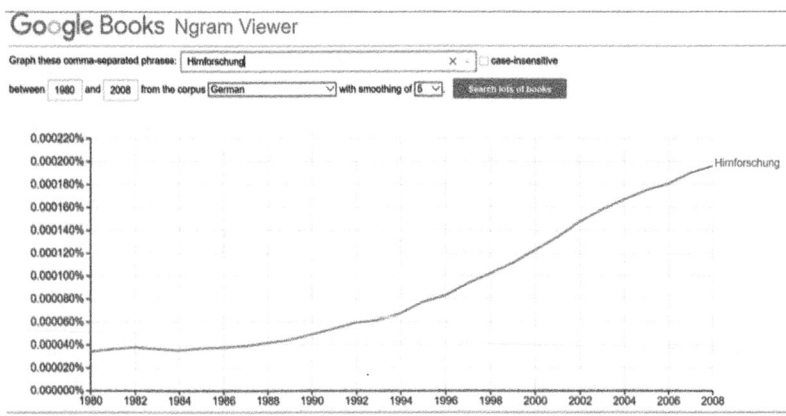

Abbildung 4.6   „Hirnforschung" im deutschsprachigen Korpus von Google Books[18]

---

[17] Der Ngram-Korpus wurde 2011 zuletzt ergänzt. Der englischsprachige Korpus ist laut Yin Lin et al. (2012, S. 170) inzwischen auf über 4,5 Millionen Bücher oder „close to half a trillion words" (ebd., S. 170) angewachsen.

[18] Der deutschsprachige Ngram-Korpus umfasst laut Yin Lin et al. (2012, S. 170) ca. 660000 Bücher.

Ngram umfasst Bücherpublikationen ab dem 16. Jahrhundert. Die Ausgaben von Ngram stellen einen Funktionsgrafen dar. Auf der X-Achse befindet sich der Strahl des gewünschten Zeitraums. Auf der Y-Achse gibt Google den jeweiligen Anteil der Bücher des gewählten Korpus an, in denen der gesuchte Begriff (1-Gram bzw. unigram bei einem Wort, 2-Gram bzw. bigram bei zwei Wörtern usw.) mindestens einmal vorkommt. Während die absoluten Werte hinter den Prozentangaben auf der Y-Achse eine untergeordnete Rolle für die Frage nach Trends spielen, kann der relative Anstieg, den die Grafen visualisieren, einen interessanten Hinweis darauf geben, wie stark die Thematisierung eines bestimmten Begriffs im Laufe der Zeit zugenommen oder abgenommen hat. Im vorliegenden Fall habe ich in Ngram nach den Begriffen „Neuroscience" in englischsprachigen bzw. „Hirnforschung" in deutschsprachigen Publikationen gesucht. Betrachtet man nun den von mir gewählten Zeitabschnitt, 1980 bis 2008 (dort endet die Datengrundlage der analysierten Korpora), so wird deutlich, dass mit dem Beginn der oben erwähnten Initiativen *Decade of the Brain 1990–2000* bzw. *Die Dekade des menschlichen Gehirns 2000–2010* die Häufigkeit der Begriffe „Neuroscience" bzw. „Hirnforschung" signifikant zugenommen hat.

Betrachtet man zunächst die Kurve der Häufigkeit des Begriffs „Neuroscience" in englischsprachigen Buchveröffentlichungen, gleich welchen Publikationslandes, so wird deutlich, dass dessen Vorkommen, gemessen an der Gesamtzahl der Bücher des Korpus, sich von 1980 (0.000060 %) bis 1990 (0,000120 %) bereits verdoppelt hat. Dieser Anstieg setzt sich in den 1990er Jahren (0,000160 % im Jahr 2000) und auch über die Jahrtausendwende hinweg fort, sodass er im Jahr 2008 bereits die Verdreifachung des Ausgangswertes von 1980 übersteigt (0,000200 %). Etwas anders verhält es sich mit dem Begriff der „Hirnforschung" in deutschsprachigen Buchpublikationen. Der Anstieg der Bücher, in denen das Wort vorkommt, steigt hier vom Beginn der 1980er bis 1990 zunächst ‚nur' um ca. 39 Prozent (von ca. 0,000036 % auf 0,000050 %), was einen markant geringeren Anstieg bedeutet als die Verdopplung der Häufigkeit des Begriffs „Neuroscience" in englischsprachigen Publikationen im gleichen Zeitraum. Im Folgejahrzehnt, von 1990 bis 2000, holt die deutschsprachige „Hirnforschung" dann allerdings rasant auf: Der Wert auf Ngram steigt von 0,000050 % auf 0,000120 %, das bedeutet einen erstaunlichen Zuwachs von ca. 240 %. Dieser Trend setzt sich auch hier nach der Jahrtausendwende fort, sodass der Wert im Jahr 2008 die Marke von 0,000200 % erreicht.

Zwar kann auf dieser Datengrundlage kein Ursache-Wirkungs-Zusammenhang zwischen dem Anstieg und den genannten Initiativen behauptet werden, dennoch vermittelt der zu verzeichnende Zuwachs an Buchpublikationen, die im Zeitraum seit der Entstehung der Initiativen zur Förderung der Neurowissenschaft die gewählten Begriffe aufgreifen, einen interessanten Einblick: Er dokumentiert einen Trend, der sich sowohl in den erwähnten Initiativen sowie in der deutlich gestiegenen Zahl an Publikationen bzw. Thematisierungen in englisch- und deutschsprachigen Büchern widerspiegelt und ist dabei als Ausdruck eines allgemeinen ‚Klimas' zu verstehen, das mitbetrachtet werden muss, wenn es um die außenstrukturellen Bedingungen des Group-Talks in der beobachteten Forschungsgruppe geht.

4.1.4 Resümee

In dem vorangegangenen Abschnitt 4.1 habe ich gezeigt, wie die Kommunikationsformen der von mir beobachteten Forschungsgruppe im Rahmen ihres wöchentlichen Group-Talks *außenstrukturell* von dem spezifischen institutionellen Setting, in dem diese Treffen stattfinden, abhängen. Die Darstellung erstreckte sich dabei *erstens* auf die Einflüsse der Universität, sowohl als gesellschaftlich definierter metaphorischer Ort der Wissenserzeugung, der u. a. eine thematische Strukturierung in Institute und Fachgebiete aufweist und dabei festlegt, welches Wissen produziert werden soll, als auch als physischer Ort, im Sinne eines umbauten, mit spezieller Inneneinrichtung ausgestatteten Raums. Hier konnte ich zeigen, dass die Universität als Organisation, die buchstäblich ‚Tatsachen schafft', ebenso wörtlich ‚Spielräume lässt', die von den Feldakteur/-innen im Sinne einer hierarchisch strukturierenden Interaktionsarchitektur umgesetzt bzw. genutzt wurden, in der sich die spezifischen sozialen und kommunikativen Rollen der einzelnen Gruppenmitglieder, in der Gruppe und an dem Fachgebiet, widerspiegelten. Vor diesem Hintergrund habe ich auch gezeigt, dass der Forschungsgruppen- und Fachgebietsleiter, angesichts von institutionell verliehener Kommunikationsmacht und seiner persönlichen forschungsbiografischen Prägung, spezifische Normen und Erwartungen setzte.

Zweitens habe ich anhand empirischer Beispiele aus meinen Daten gezeigt, wie die so vorgegebenen Normen und Erwartungen an die Forschungsgegenstände der Forscher/-innen der beobachteten Gruppe, deren Wissenskommunikation maßgeblich prägten und dabei von den Wissenschaftler/-innen nicht nur ‚befolgt', sondern auch explizit (Abschnitt 4.1.2.1) und implizit (Abschnitt 4.1.2.2) thematisiert wurden. Hierbei konnte ich sowohl die Bedeutung der unterschiedlichen kommunikativen Rollen im Group-Talk im Sinne unterschiedlicher Beteiligungsformate sichtbar machen als auch zeigen, wie diese Rollen zur institutionellen Aushärtung der Normen und Erwartungen beitragen.

Schließlich konnte ich *drittens* zeigen, wie Förderstrukturen das Fachgebiet und die Forschungsgruppe thematisch beeinflusst haben und sich so auf die Kommunikation im Group-Talk auswirkten. In diesem Kontext habe ich die Rolle von konkreten Förderprogrammen sowie von breiter angelegten Initiativen des Agenda-Settings beleuchtet, die sich sowohl auf die personelle und strukturelle Entwicklung der CNS an (deutschen) Universitäten als auch auf die öffentliche Wahrnehmung und Popularität der Neuroscience bzw. Hirnforschung im Allgemeinen sowie, last but not least, die Publikationsrate auf diesem Gebiet ausgewirkt und damit einen unmittelbaren wie mittelbaren Beitrag zur inhaltlichen und personellen Zusammensetzung auch der von mir beobachteten Forschungsgruppe geleistet haben.

4.2   Der Group-Talk und seine Binnenstruktur

Einige Elemente der *Außenstruktur* (Abschnitt 4.1) lassen sich direkt an der *Binnenstruktur* des Group-Talks ablesen. An sich ist die Binnenstruktur aber besonders eng mit der *situativen Realisierung* (Abschnitt 4.3) verknüpft, da das, was konkret gesagt und gezeigt wird, gemeinsam mit dem *Wie* des Sagens und Zeigens (*Binnenstruktur*), in der Struktur der beobachtbaren Interaktion (*situative Realisierung*) i. d. R. präsenter ist, als der außenstrukturelle Rahmen (obgleich dieser Erstere inhaltlich maßgeblich präfiguriert). Alle drei Ebenen verbindet allerdings eine Kausalkette, die aufgezeigt werden kann und dabei verdeutlicht, wie eng Situationen und Kommunikationsweisen auf Mikroebene mit den sozialen Sinnzusammenhängen verknüpft sind, die auf Meso- und Makroebene der Außenstruktur rekonstruiert werden können.

In diesem Sinn dient die Binnenstruktur des Group-Talks seinen Teilnehmer/-innen als variable Toolbox, die alle kommunikativen Werkzeuge enthält, die notwendig sind, um die organisationalen Tatsachen, die als struktureller Rahmen von ‚außen‘ auf der Kommunikation lasten, bewältigen zu können. Dabei ist die Binnenstruktur, wo die entsprechende kommunikative Gattung oder Form, wie z. B. der Group-Talk, Weiterentwicklung und Improvisation gestattet (Wilke und Lettkemann 2018, 83), der ständigen Anpassung und Entwicklung im Rahmen der situativen Realisierung unterworfen. Soziale Akteure erschließen sich ihre soziale Wirklichkeit interpretativ und sind, in entsprechenden Situationen, überaus erfinderisch darin, Lösungen für kommunikative Probleme zu finden, zu installieren und weiterzuentwickeln.

Ein einfaches Beispiel hierfür ist die Hinzufügung des Englischen als ‚Lingua Franca' (im Folgenden ELF) des Group-Talks zu diesem binnenstrukturellem ‚Werkzeugkasten'. Die Umstellung wurde vom Gruppenleiter initiiert, um dem multilingualen Kommunikationshemmnis durch die zunehmend internationale Zusammensetzung seiner Forschungsgruppe zu begegnen, die maßgeblich durch die außenstrukturellen Förderbedingungen (siehe Abschnitt 4.1) angestoßen wurde. Unseren Beobachtungen zufolge stellte diese Umstellung für die Teilnehmer/-innen allerdings keine große Herausforderung dar. Alle Teilnehmer/-innen beherrschten ELF gut genug, um am Talk teilnehmen zu können.[19] Als Kontaktsprache war Englisch die Grundlage dafür, dass die Gruppe um Wolf sich überhaupt internationalisieren konnte.

Zwar ließen sich die unterschiedlichen kommunikativen Rollen, die sich in der Gruppe entwickelt haben und die ich empirisch zeigen konnte (Abschnitt 4.1.2.1), mit unterschiedlich weit gespannten Englischkenntnissen begründen. Für diese Interpretation hat sich in unserer Beobachtung allerdings kein Hinweis ergeben. Im Gegenteil erwies sich, wie an gleicher Stelle gezeigt werden konnte, dass mangelnde *Deutsch*kenntnisse der internationalen Forscher/-innen zum Problem werden konnten, wenn in Präsequenzen oder Seitengesprächen statt Englisch, als ‚formale' Sprache des Group-Talks, ausnahmsweise Deutsch gesprochen wurde. So waren auch wir, häufig selbst dann, wenn wir es mit einem deutschsprachigen Mitglied der Gruppe zu tun hatten, gezwungen, Englisch zu sprechen, wenn wir im Englischen angesprochen wurden oder unsere Gesprächspartner/-in ins Englische wechselte, um beispielsweise einer Beisteher/-in den Einstieg in unsere Kommunikation zu ermöglichen.

ELF hat sich in den Jahrzehnten nach dem Zweiten Weltkrieg unzweifelhaft als *die* Kommunikationssprache („language of communication", (House 2003, 559 ff)) in Wirtschaft, Politik und in der Medienöffentlichkeit etabliert. Diese Entwicklung wird von einer großen Zahl linguistischer Arbeiten begleitet, analysiert und kommentiert. Zentral sind dabei häufig die Fragen, ob ELF, nicht zuletzt im Kontext der Globalisierung, die Hegemonie des Westens bzw. der USA repräsentiere bzw. befördere und ob durch ELF der Verlust von sprachlicher und damit kultureller Diversität drohe (Dewey 2007, Tardy 2004, House 2003, Xue

---

[19] Dies kann allerdings nur für die Teilnehmer/-innen ausgesagt werden, die zu den Wortführer/-innen zählten. Unter dieser Voraussetzung war es, anders als für uns, scheinbar auch kein Problem für sie, den Ausführungen in der muttersprachlichen Betonung zu folgen. Wir hatten damit bei der Videoanalyse größere Schwierigkeiten. Aus diesem Grund konnten wir die Transkription auch nicht an Dritte abgeben. Daher habe ich die Transkription der Videosequenzen vollständig selbst übernommen und z. T. in gemeinsamen Datensitzungen überprüfen lassen.

und Zuo 2013). Jenseits solch kritischer Reflexionen, die nicht im Interesse der vorliegenden Arbeit liegen sollen, spielt Englisch für die Wissenschaft (Kamadjeu 2019) eine zentrale Rolle. Dies zeigte sich sehr deutlich auch in der beobachteten Forschungsgruppe.

ELF stellt im Feld der Wissenschaft ein kulturelles Kapital von vitaler Bedeutung dar, eine *inkorporierte Kapitalsorte* (Bourdieu 2005), die einen hohen Marktwert besitzt. Neben der englischen Schrift als wissenschaftliches Rezeptions- und Publikationsinstrument, das in der CNS, wie in den meisten anderen Disziplinen auch, den Zugang zum wissenschaftlichen Diskurs heute überhaupt erst ermöglicht, ist ELF in der Wissenschaft auch für die hier insbesondere fokussierte Face-to-face-Kommunikation, z. B. auf internationalen Konferenzen oder in international besuchten Seminaren, als Kontaktsprache, unabdingbar. Wolf, der sowohl wissenschaftlich als auch in Form von Renommee und Aufmerksamkeit für seine Arbeit von der Internationalisierung seiner Forschungsgruppe profitierte, setzte auf diese ‚Sprach-Währung', um seine Gruppe für internationale Gäste öffnen zu können. Während umgekehrt, die internationalen Gastwissenschaftler/-innen ihr ELF dafür einsetzen, um zur Teilnahme an der Gruppe eingeladen werden zu können.

Schon komplexere Beispiele für die Instrumente der erweiterbaren binnenstrukturellen ‚Werkzeugkiste' des Group-Talks stellen sprachliche und visuelle Register dar, die sich für die ungleich spezifischere, inhaltliche Kommunikation elaborierter und heterogener wissenschaftlicher Forschungsansätze, -methoden und -ergebnisse entwickelt haben. Zwar zeigte sich im Feld, dass vieles von dem, was im Group-Talk gesagt wurde, an einer möglichst alltagsweltlichen Sprech- und Argumentationsweise orientiert war. In der Kommunikation entpuppte sich diese niederschwellige Ausdrucksweise aber sehr häufig als zu unterkomplex, um nicht hinterfragt zu werden. Vor diesem Hintergrund erwies sich die Einfachheit der Sprache oder der visuellen Kommunikation also als trügerisch. Andererseits war dieses alltagsweltliche Ausdrucksregister der Kommunikation im Group-Talk zentral dafür, um auch sehr fachspezifische Zusammenhänge allgemein, d. h. für die Vertreter/-innen der unterschiedlichen Disziplinen verständlich, erläutern zu können.

Neben der Alltagssprache dominierte außerdem die Anwendung der unterschiedlichen, hochkomplexen Fachsprachen der Neurobiologie, Hirnanatomie, Computerwissenschaft, Physik, Psychologie oder Mathematik, die zwar sehr elaborierte gegenstandspezifische Ausdrucksschemata darstellen, dabei aber nicht das im vorliegenden Fall so zentrale Kriterium der Allgemeinverständlichkeit erfüllen.[20] Fachsprachen sind keine Kontaktsprachen. Dies zeigte sich auch in der beobachteten Forschungsgruppe. Hier stellte sich der Gegensatz zwischen kommunikativ notwendiger Vereinfachung und wissenschaftlicher Erfordernis einer formalen Darstellungsweise als geradezu charakteristisch für den dialogischen Verlauf des Group-Talks heraus.

Beiden Redeweisen, der allgemeinverständlichen sowie der formalen, war im Group-Talk stets der Bezug auf Bilder, das Zeigen, gemein. Es stellte sich, wie ich im Folgenden zeigen werde, in Form der Orchestrierung von Objektivierung und (digitaler) Objektivation mittels entsprechender Technik als integraler, medialisierter Bestandteil des kommunikativen Handelns dar. Die Hauptsprecher/-innen nutzten für ihre Group-Talks stets Digitalfolien, die zumeist viele Bilder beinhalteten. Wir konnten dabei beobachten, dass drei verschiedenen Visualisierungs*typen* (Alltagsbilder, Kollagen und statistische Bilder) besondere Rollen zukamen. Da die Redeweisen und diese drei Bildtypen sich jeweils ineinander widerspiegeln, werde ich sie, im Sinne einer Kommunikation mit Bildern bzw. einer *Bild-Kommunikation* im Folgenden im wechselseitigen Kontext analysieren.

4.2.1 Bild-Kommunikation I: Alltagssprache und -bilder

Sehr häufig verwendeten die Forscher/-innen der beobachteten Forschungsgruppe, um ihren Beitrag zum Group-Talk einzuleiten, illustrative, metaphorisch gebrauchte oder im Sinne einer Analogie verwendete Alltagsbilder (häufig aus Google Images), um ihre Forschungsfelder abzustecken, ihre Forschungsfragen zu erläutern oder um die grundlegenden Begriffe oder Konzepte zu exemplifizieren, auf denen ihre Arbeiten basierten oder auf die sie zurückgriffen. Entsprechend setzte z. B. die Bio-Physikerin Sabine solche Bilder ein. Sabine ist uns, in ihrer Selbstbeschreibung als ‚Computational Cognitive Neuroscientist', bereits kurz in der Einleitung zu dieser Arbeit begegnet. Sie nutzte in ihren Group-Talks Alltagsbilder, wie sie den meisten Menschen aus Massenmedien bekannt sind, um auf ihre kognitiv-neurowissenschaftliche Forschungsfrage, auf das in ihrer Forschung entwickelte neurobiologische Modell und schließlich auf ihre klinischen und theoretischen Forschungsergebnisse hinzuführen.

---

[20] Das interdisziplinäre Fachwissen, das in der Gruppe verhandelt wurde, stellte mich selbst sicherlich vor eine teilweise unlösbare Aufgabe, wodurch insbesondere die folgenden Analysen (Abschnitt 4.2 und 4.3) auch von dem „resignierten Bewusstsein belastet" (Weber 1919, 10) sind, das Weber als unumgängliche Begleiterscheinung soziologischer Forschung überhaupt betrachtet, die aufgrund ihres Gegenstands *notwendigerweise* sehr häufig „auf Nachbargebiete übergreif[t]".

Bevor ich einen ihrer Group-Talks ausführlich analysiere, gebe ich an dieser Stelle eine kurze Zusammenfassung von Sabines Arbeit, aus der sie zu diesem Anlass berichtete: Sabine kooperierte mit einer externen Forschungsgruppe. In Zusammenarbeit mit diesen Wissenschaftler/-innen, hatte sie ein kognitionspsychologisches Experimentalsetting entworfen und entsprechende Experimente durchgeführt, in denen Proband/-innen standardisierten Entscheidungstests unterzogen wurden. Während die Proband/-innen Aufgaben lösten, wurden ihre Hirnaktivitäten mittels funktionaler Magnetresonanztomografie (fMRT) aufgezeichnet. Die Aufgaben umfassten das schnelle optische Erfassen von jeweils zwei gleichzeitig angezeigten Gegenständen auf einem Computerbildschirm (z. B. Saft und Brot), die Zuordnung dieser Gegenstände zu unterschiedlichen Kategorien (z. B. Getränke und Nahrung), die Auswahl einer der beiden Gegenstände (z. B. Saft *oder* Brot) sowie das Anklicken des entsprechenden, angezeigten Bildes (z. B. Brot). Während der Tests sollten die Proband/-innen außerdem Anreiz-basiert lernen, dass eine der jeweils zwei auf dem Bildschirm vertretenen Kategorien mit höherer Wahrscheinlichkeit als die andere eine Belohnung nach sich zieht.

In der Auswertung der Daten stellte sich u. a. heraus, dass das Lernverhalten der Proband/-innen, abhängig von Alter, Neurotransmitterniveaus und anderen Personen-bezogenen Faktoren, insbesondere aber hinsichtlich der Neuheit der Kategorien in den Tests, stark variierte. (Bei neuen Kategorien konnten die Proband/-innen noch nicht wissen, ob es sich lohnen könnte, sie anzuklicken). In Sabines Modell bzw. dem Teilaspekt, den sie in der folgenden Situation erörterte, ging es schließlich darum, unter Einbeziehung zahlreicher neurobiologischer Variablen, eine Erklärung für diesen Unterschied zu finden.

Vor dem Hintergrund dieses hier kurz zusammengefassten Projekts nun zunächst eine Zusammenfassung der konkreten Sequenz: Sabine erläutert hier zwei Begriffe von ‚Unsicherheit' („expected uncertainty" und „*un*expected uncertainty"). Diese spielen in ihrem neurowissenschaftlichen Entscheidungs-Modell eine wesentliche Rolle. Sie veranschaulicht die maßgebende Differenz dabei anhand von zwei aufeinanderfolgenden digitalen Folien, die beide Begriffe parallel gegenüberstellen und dabei zusätzlich zu den (foto-)grafischen Elementen auch Text beinhalten (siehe Abbildung 4.7): Neben einer *These* („claim") auf der zweiten Folie, finden sich jeweils auf beiden Folien die gleiche *Überschrift* („The Uncertainty framework: different forms of Uncertainty"), eine *Definition* des jeweiligen Begriffs (known inherent variability bzw. sudden changes), *Literaturangaben* sowie je ein sprachliches *Beispiel* für beide Begriffe („weather forecast" und „unpredictable flood"). Diese Beispiele sind es, die Sabine auch durch die (foto-)grafischen Elemente auf ihren Folien visualisiert.

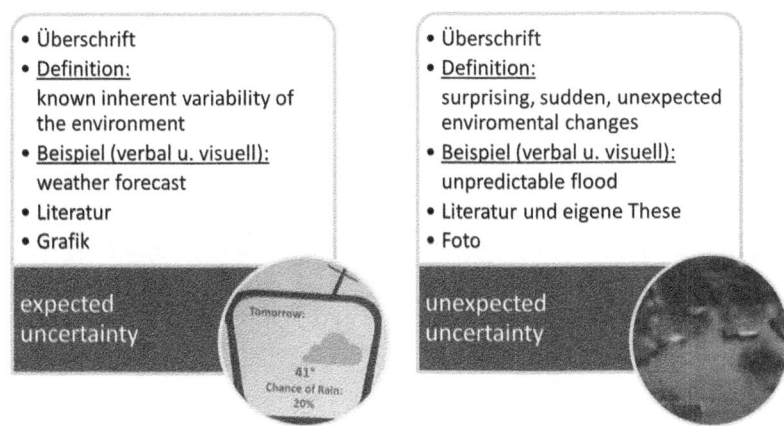

Abbildung 4.7 Gegenüberstellende Strukturierung der beiden Folien

Im Folgenden werde ich den Abschnitt, in dem Sabine sich dieser beiden Folien bedient, detailliert analysieren. Dabei steht die visualisierte Analogie, anhand derer sie die Begriffe erläutert, im Vordergrund. Der Fokus ist dabei diesem Kapitel geschuldet, in dem es um die Bild-Kommunikation als Werkzeug auf der Binnenstruktur des Group-Talks geht. Die Betonung des Visuellen ist aber vor allem dem Datum selbst, als typisches Beispiel aus der ersten Phase des dreigliedrigen Aufbaus des Group-Talks, zu eigen. Nicht nur sind die beiden Folien, derer sich Sabine hier bedient, durch (foto-)grafische Elemente dominiert. Auch ihre Präsentation fokussiert ganz auf die Folie als digital-bildliche Objektivation ihres Redegegenstands, wobei ihr mündlicher Vortrag in den Hintergrund zu treten scheint.

Vollständiges Transkript[21]: VID_7_Seq_1

Hier füge ich wieder zunächst das vollständige von mir erstellte Transkript des entsprechenden Abschnitts aus dem Videodatum von Sabines Group-Talk ein. Voran stelle ich außerdem die Abbildungen der von Sabine hier genutzten Folien,

---

[21] Das Transkript lässt sich auf mehrere Weisen lesen: Zur besseren inhaltlichen Verständlichkeit habe ich die transkribierte Lautsprache hervorgehoben (fett). Die so markierten Textteile können daher als Fließtext gelesen werden. Nicht hervorgehoben sind die Analysekommentare in Doppelklammern, die sich auf Blickrichtung und Gestik beziehen. Grau unterlegt sind zudem alle Passagen, in denen Sabine auf die jeweilige Folie blickt.

deren Inhalte ich oben bereits zusammengefasst habe (Abbildung 4.7). (Der Auszug ist ca. 1:27 min. lang. Für die Transkriptionszeichen, die ich verwende,
verweise ich abermals auf Tabelle 1.1.)

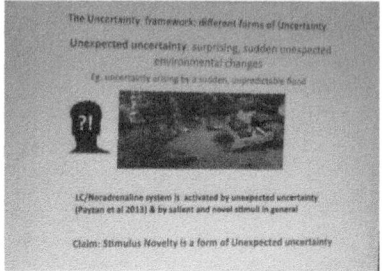

Abbildung 4.8 Analogische Bilder auf den Folien zu den Konzepten von „expected"
(links) und „unexpected uncertainty" (rechts)

(04.43) Ehm ((wechselt auf Folie (siehe Abbildung 18), schaut zur Folie,
richtet sich auf)) (1.0) SO:: ((blickt über ihre rechte Schulter zum
Publikum, linke Hand auf ihre Hüfte gestützt)) **novelty:: is also a form**
((blickt zur Folie, gestikuliert dabei in kleinen, kreisenden Bewegungen
mit ihrer rechten Hand)) **of uncertainty.** SO: °**there is**° ((kreisende
Bewegung der rechten Hand, die den Laserpointer hält)) >**lot of work**< on
((blickt zum Publikum)) **different types** ((nimmt linke Hand von der Hüfte,
beginnt mit beiden Händen zu gestikulieren)) **of uncertainty in**
>**probabilistic** ((blickt zur Folie, Hände vor dem Körper zusammengelegt))
decision making?< (.) ((Schritt zurück)) **and we can** °**actually**° ((macht
kleine Auf- und Abbewegungen mit zusammengelegten Händen)) >**look**< (.) or
((ausholende Geste mit zusammengelegten Händen) °**define**° **different**
°**types**° **of <uncertainty.>.** There is >**the** ((blickt zum Publikum, gleiche
Gesten)) **expected, kind of uncertainty,**< which is ((blickt zur Folie))
like the (1.0) **the >inherent variability** ((blickt zum Publikum)) **of the**
environment?< that ((blickt zur Folie)) **remains EVen if** ((Schritt zurück))

the >contingencies< are fully °known°. °Which is al::so ((lässt Hände
fallen)) sometimes ((Schritt nach vorne)) called ris::k.° >SO: a, good
example ((Gesten mit der rechten Hand)) would be. the uncertainty >of
the. ((beide Hände gestikulieren)) weather. forecast. (.) So if? you
will see ((Linke Hand ruhig, rechte Hand zeigt mit dem Laserpointer auf
die Folie)) on the tv? that the chance of rain. is twenty percent?<
((blickt zum Publikum, beide Hände gestikulieren)) all:: you can know is,
>that it's ((Kopf unter Oberkörper neigen sich zur Folie nach Links))
VEry likely, a probability of ((wippt mit dem Oberkörper hin und zurück))
eighty percent? °that it will. (0.5) ehm (.) >that it will not RAIn, so
that ((verlagert das Körpergewicht von einem Bein auf das andere und
zurück)) you will have sun and twenty percent ((blickt zum Publikum,
streckt den Hals nach vorne und gestikuliert mit Rechts)) chance it will
rain.< But you DON't. >really know. if it will rain. (unverständlich)
there`s ((gestikuliert mit beiden Händen, blickt zur Folie)) just a
chance. So and this? is expected uncertainty.< ((05:35))

((neigt sich vor, wechselt die Folie (Abbidung 19), betrachtet sie))

(1.0) ((richtet sich auf)) then >there's UNexpected? ((macht einen Schritt
nach hinten)) UNcertainty<, which ((blickt zum Publikum und gestikuliert
mit beiden Händen)) °in contrast°, is a VEry surPRISING, ((Schritt nach
vorne, blickt zur Folie)) unexpected. eh >environmental,< change, ((lässt
rechte Hand fallen, gestikuliert mit Links, blickt zum Publikum)) which
we:: were not >expecting at ((blickt zur Folie)) ALL.< °So.° (.)
((gestikuliert mit beiden Händen)) for example, if you have >a sudden,
totally unpredictable flood.< AND ((weist mit dem Laserpointer auf die
Folie)) what >is also ((Ende der Zeigegeste)) intere::sting?< °that SOMe
studies have ((Schritt zurück, macht wippende Bewegungen, linke Hand in
der Hosentasche)) shown:: >already, that the (unverständlich)< so °the
nor?°>adrenalin SYStem< is ((Schritt nach vorne, blickt leicht zum
Publikum und zurück)) ACtivated. >by unexpected. ((Schritt nach rechts))
uncertainty. °and° >actually it's activated. by. salient. and novel
stimuli in general.< SO ((Laserpointer weist auf die Folie)) our
°CLAIm::?° her:e? is. >that ((blickt zum Publikum und anschließend zum
Laptop, macht einen Schritt auf den Laptop zu)) STImulus Novelty< is a
for::m, of >unexpected, uncer::tainty, and ((Linke Hand vom Rücken zu
Hüfte, rechte Hand geht in Richtung des Laptops)) MIght also< ehm.
°invol::ve the° >(unverständlich) nor-adrenalin ((blickt zur Folie,
Schritt zurück, richtet sich wieder auf)) system.< ((wechselt die Folie))
((06:10))

Wenn wir uns diese Sequenz zunächst unter konversationsanalytischen Gesichtspunkten ansehen, so fällt auf, dass es sich um einen Monolog handelt. Sabine wird während ihrer Ausführungen nicht unterbrochen, es werden keine Fragen gestellt und es kommen keine Kommentare aus dem Publikum. Dies ist durchaus nicht selbstverständlich. In der Beobachtung hat sich gezeigt, dass gerade die einleitenden Teile des Group-Talks, d. h. erstens die Erläuterung grundlegender Begriffe und Konzepte sowie zweitens des eigenen Modells, im Gegensatz zum dritten und letzten typischen Abschnitt, der Ergebnisdarstellung anhand statistischer Bilder, sehr anfällig für Rückfragen, Widersprüche und Dissens sind. Gerade vor diesem Hintergrund erklärt sich allerdings auch, warum die Teilnehmer/-innen des Group-Talks gerade für diese einleitenden Teile ihres Talks viel Mühe in ihre Präsentation investieren. Sabine ist mit der Analogie ihrer Begriffe zu Wetterereignissen, den parallelgeführten Folien sowie den (foto-)grafischen Elementen, derer sie sich bedient, offenbar sehr gut vorbereitet. Die Veranschaulichung der unterschiedlichen Begriffe von Unsicherheit, die sie sich vorgenommen hatte, um darauf aufbauend ihr Modell und seine Vorzüge erläutern zu können, wird von ihrem Publikum angenommen und nicht weiter hinterfragt. Vor diesem Hintergrund kann man im vorliegenden Fall von einer gelungenen Wissenskommunikation sprechen. (Im Kontext der Analyse der situativen Realisierung werde ich zeigen, wie anderenfalls kurze oder sehr umfangreiche Einschubsequenzen dazu dienen, kommunikative Krisen im Group-Talk zu reparieren (4.3).)

Betrachtet man nun interaktionsanalytisch Sabines Blickrichtung während ihres Talks genauer, so fällt auf, wie auch dem Transkript deutlich anzusehen ist, dass sie, während des hier wiedergegebenen Monologs, zum überwiegenden Teil auf ihre beiden Folien schaut. (Das Verhältnis von grau unterlegten Passagen des Transkripts zu solchen, die nicht farblich unterlegt sind, vermittelt einen ungefähren Eindruck davon.) Dabei steht sie auf der typischen Position der Hauptrednerin/-in im Group-Talk (vgl. Abbildung 1.5) in *Körperformation* (Knoblauch 2007, 128 ff) zwischen dem Publikum und der Projektion ihrer Digitalfolien. Zugleich mit ihren eigenen Blicken lenkt sie dabei performativ auch die Blicke der anderen im Raum auf die von ihr hergestellten Objektivationen des Wissens, das sie in dieser Situation vermitteln möchte. Hierbei stellt sie die Folien bzw. deren Inhalte deutlich in den Mittelpunkt des von ihr unter Einbeziehung von Kommunikationstechnik und Interaktionsarchitektur hergestellten gemeinsamen Aufmerksamkeitsfokus. Wenn man ihre Blickrichtung nun mit den Inhalten vergleicht, die sie gleichzeitig bespricht, so wird deutlich, dass Sabine ihre Augen vor allem dann zur Folie richtet, wenn sie deren Inhalte bloß reproduziert, umgekehrt blickt sie dann häufiger zum Publikum, wenn sie die Folieninhalte spontan

ergänzt. Gleichzeitig mit der Blickrichtung wechselt Sabine auch ihren „Redestatus" (Goffman 2005b, 18 f.). Während sie beim Anblick der Folie vor allem
abliest, beginnt sie mit der Hinwendung zu den anderen mit (scheinbar) freier
Rede.

Diese Momente der Hinwendung zum Publikum nutzt Sabine eines Teils für
kurze Ergänzungen, d. h. dafür, den Anwesenden zusätzlich fachliche Informationen zu geben, die sich nicht auf den Folien finden, es den anderen aber
ermöglichen, Sabines Arbeit zu kontextualisieren. So erläutert sie vor allem eingangs, wobei sie das Publikum ansieht und scheinbar frei spricht, dass Neuheit
eine Form von Unsicherheit sei (Z. 3: „novelty is"), dass es verschiedene Formen von Unsicherheit gebe (Z. 7: „different types of") und dass ein Teilbereich
der Entscheidungstheorie (Z. 9: „probabilistic decision") den Hintergrund dieser
Unterscheidung darstelle. Die Blickzuwendung an das Publikum und der entsprechende Wechsel des Redestatus lassen sich anderen Teils dann beobachten,
wenn Sabine ihr Publikum direkt adressiert. Die beiden entsprechenden Passagen
(Z. 23: „All you can know is…"; Z. 30: „But you don't really know…") finden
sich im Kontext ihrer Analogie zwischen Wettervorhersagen und ihren Begriffen von Unsicherheit. Diese beiden Beispiele sind jeweils mit direkter Ansprache
bzw. Adressierung verbunden. Dafür verwendet Sabine neben der „Faceformation" (Kendon 1990, 210 ff und passim) und dem Blickkontakt mit dem Publikum
zusätzlich das Personalpronomen („you"), wodurch sie ihre Kolleg/-innen an
ihrem Beispiel der Wettervorhersage direkt beteiligt, sie in die gedankliche Situation einfügt und mit Bezug auf die grafischen Elemente auf der Folie, auf die
sie sich dabei bezieht, buchstäblich ‚ins Bild setzt'. Mit dem „you" versetzt sie
ihre Kolleg/-innen in die Situation, die ihr dazu dient, „expected uncertainty" zu
erklären.

Goffman bezeichnet die Wechsel des Redestatus als „zentrale Schaltstellen"
(Goffman 2005b, S. 19 f.), als „Verbindung zwischen dem Text und der Situation
seiner Vorführung" (ebd., S. 20). Entsprechend kommt diesen Momenten auch in
Sabines Präsentation eine besondere Rolle zu. Während sie sich in ihren monologischen Redeteilen eines ‚textlichen Selbst' (ebd., S. 21) zu bedienen scheint,
öffnet sie ihren Vortrag hier in Richtung eines Sprechens in Interaktion, an dem
das Publikum weitaus direkter beteiligt ist als auf die wesentlich grundlegen-
dere Weise, dass es während der vorgängigen Textproduktion bereits als Adressat
antizipiert wurde. Obgleich ihm hier zwar keine Redezüge zufallen, wird es doch
gedanklich aktiviert, in dem es eine explizite ‚Rolle' in Sabines Beispiel zugewiesen bekommt. Das Publikum wird von ihr dabei selbst in eine Situation von
‚erwarteter Unsicherheit' geführt: Einerseits weiß es etwas („you can know"),
nämlich die Regenwahrscheinlichkeit aufgrund einer Vorhersage, andererseits

kann es sich aber nicht sicher sein („but you don't really know"), da die Angaben Wahrscheinlichkeiten enthalten. Mit dem Wechsel des Redestatus moduliert Sabine das Beteiligungsformat der Präsentation: Von Rezipient/-innen werden die anderen dabei zu Beteiligten, die, gleichsam am eigenen Leib nachempfinden können, was „expected uncertainty" meint.

Mit der stärkeren Beteiligung ihres Publikums in diesen Momenten ihres Talks kommt zugleich, neben der intellektuellen, auch eine emotionale Aktivierung zum Ausdruck. Diese ist schon mit dem Blickkontakt und der Verwendung des entsprechenden Pronomens verknüpft. Noch stärker kommt sie darin zum Ausdruck, dass Sabine an diesen Stellen scheinbar frei spricht, sich also persönlich und nicht als abstraktes Text-Selbst an die anderen wendet und sie narrativ in die Situation versetzt, selbst ‚gedanklich' eine Unsicherheitssituation zu durchlaufen (und sich evtl. daran zu erinnern, wie es ist, z. B. selbst im Regen zu stehen). Dass mit der Blickzuwendung eine besondere Emotionalität verbunden ist, zeigt sich auch an den drei weiteren Passagen, die durch diese visuelle Hinwendung gekennzeichnet sind. Dabei handelt es sich *erstens* um eine explizite adverbiale (Z. 38: „in contrast, is a very surprising"), *zweitens* um eine implizite persönlich-forschungsbiografische Verknüpfung mit Emotionalität (Z. 52–55: eigene These) sowie *drittens*, an einer Stelle, wo Sabine sich wieder ihrem Vergleich zuwendet, erneut um eine rhetorisch-gedankliche Involvierung der anderen (Z. 40–41: „which we were not expecting at all").

All diese Momente der Blickzuwendung von Sabine zu ihrem Publikum erweisen sich als durch ein besonderes Engagement für die Situation bzw. den gemeinsamen Augenblick in der Kommunikation charakterisiert. Dies kommt einerseits durch Sabine, ihre Blickzuwendung, das freie Reden sowie die explizite und implizite emotionale Verknüpfung durch ihre Ausführungen zum Ausdruck. Andererseits erstreckt sich dieses besondere Engagement aber auch auf das Publikum, das durch die Aktivierung, die Sabine durch den Wechsel ihres Redestatus' erzeugt, gedanklich und emotional an der Präsentation beteiligt ist. Sowohl Sabines Commitment als auch ihre Anstrengungen, die anderen zu aktivieren, lassen sich dabei, last but not least, auch an ihrer Gestik erkennen bzw. ablesen. Während Sabine ihre Gestik angesichts der Folien nämlich scheinbar vor allem dazu einsetzt, sich mit einer ihrer Hände die Rhythmik ihres Sprechens zu signalisieren, setzt sie gegenüber dem Publikum häufiger beide Hände ein. Während diese beidhändigen Gesten den anderen anzeigen, dass Sabine sich emotional und körperlich vollständig in die Kommunikation einbringt, verweisen sie zugleich auf die Zeit und den in ihrem Verlauf getätigten Fortschritt in der gemeinsamen Kommunikation.[22]

Betrachten wir nun das das Vokabular, das Sabine für ihre Erläuterungen gebraucht, dann fällt auf, dass sie hauptsächlich Alltagssprache, d. h. solche Worte verwendet, die dem Alltagsmenschen, der gut informierten Bürger/-in, geläufig sind. Dies überrascht nicht, denn Sabine hat sich extra eine alltagsweltliche Analogie zurecht gelegt, um ihre fachspezifischen Begriffe von „expected" und „unexpected uncertainty" einleitend zu erläutern. Im Folgenden geht sie so vor, dass sie, im Sinne absteigender begrifflicher Komplexität, vom Definiendum zu den Definientia zum Beispiel und schließlich zur Visualisierung fortschreitet. Dieses Verfahren lässt sich anhand des Begriffs "expected uncertainty" aufzeigen:

"There is the **expected** kind of **uncertainty**, which <u>is</u> like *the inherent variability of the environment, that remains even if the contingencies are fully known*" (Z. 13–17).[23]

Zunächst nennt Sabine hier den Begriff, den sie definieren möchte. Er lautet „expected uncertainty" (‚erwartete Unsicherheit'). Darauf erfolgt die sprachliche Gleichsetzung durch das Verb „is". Sie definiert also im Sinne einer Gleichsetzung. Anschließend folgt der Teil ihrer Definition, mit dem sie den Begriff erklären möchte: ‚Erwartete Unsicherheit ist' demnach ‚die inhärente Variabilität der Umwelt, die auch dann erhalten bleibt, wenn die Kontingenzen vollständig bekannt sind'. In diesem ersten Schritt ist ihr bereits eine entscheidende Vereinfachung gelungen. Während der ursprüngliche Begriff einen kognitionspsychologischen Fachbegriff darstellt, setzen die gewählten Definientia diesen in den erweiterten Kontext einer allgemeinen System- oder Lerntheorie. Das Definiens besteht hier zudem aus einem ganzen Satz, der bereits eine basishermeneutische Interpretation durch alltägliches Wissen ermöglicht. Eine ähnlich alltägliche

---

[22] Hier kann nur von einer Häufung gesprochen werden. Tatsächlich sind nicht-deiktische bzw. nicht-ikonische Handgesten schwer zu interpretieren, nicht zuletzt daher, weil ihnen keine ‚objektive' bzw. gleichbleibende Bedeutung zugeordnet werden kann. Eine klare Zuordnung von ein- bzw. beidhändiger Gestik zu einer der beiden Blickrichtungen ist hier aber vor allem daher nicht möglich, da Sabine sehr häufig zwischen Folie und Publikum hin und her wechselt und es dabei, in Bezug auf ihre Faceformation, sowohl zu Vorzeitigkeit als auch zur Nachträglichkeit von händischen Gesten gekommen sein kann. Ich neige aber dazu, diese webende Bewegung der Hände als körperliche Sichtbarmachung des unsichtbaren Prozesses der kommunikativen Konstruktion zu deuten.

[23] Das **Definiendum** habe ich hervorgehoben (fett), das verbindende bzw. gleichsetzende <u>Verb</u> unterstrichen und das *Definiens* kursiv gesetzt. (Der Form nach handelt es sich also um eine Äquivalenzdefinition.)

Dimension weist auch ein weiterer Begriff aus der psychologischen Entschei-
dungstheorie auf, den Sabine zugleich als Definiens der Definientia bzw. als
Synonym anbietet:
„Which is also called risk" (Z. 17–18).
Mit dem Begriff ‚Risiko' ist die Vereinfachung einen erheblichen Schritt
fortgeschritten. Zwar handelt es sich nun wieder nur um ein einziges Wort.
Allerdings ist es ungleich lebensnäher als der Ausgangsbegriff. Risiko ist einer-
seits ein Begriff, der in zahlreichen wissenschaftlichen Disziplinen eine ähnliche
Bedeutung aufweist. Anderseits ist sich auch die gut informierte Bürger/-
in der Bedeutung des Begriffs Risiko bewusst: Er bezeichnet die erwartbaren
Nebenfolgen eines Handelns.

In einem weiteren Schritt vereinfacht sie die Erklärung ihres Begriffs von
„expected uncertainty" noch weiter. Nun bedient sie sich nicht mehr einer Definition, sondern eines Beispiels, das sie einer buchstäblich alltäglichen Erfahrung
entlehnt, der Wettervorhersage:
„So, a good example would be the uncertainty of the weather forecast" (Z. 18–
20).
Mit diesem Beispiel übersetzt sie schließlich den wissenschaftlich-
theoretischen Ausgangsbegriff (bzw. seine durch die Definitionen gewonnene
Adäquanz bzw. sein Synonym) in eine Alltagserfahrung, die eng mit der menschlichen Leiblichkeit bzw. dem körperlichen Empfinden verknüpft ist. Tatsächlich
sieht schon Schütz den Alltag, als Welt des Pragmas (2003, 118 f.), unmittelbar
mit der Leiblichkeit verbunden. Anders als die Sphäre der theoretischen Einstellung des denkenden Ichs (Schütz 1981, 110 ff), ist die Alltagswelt von der
leiblich-körperlichen Bewältigung bestimmt und daher eng mit entsprechenden
Erfahrungen verknüpft. Beispiele, die den Alltag auf diese Weise berühren, wie
das Beispiel der Wettervorhersage, können daher besonders leicht nachempfunden
werden. In dem folgenden Teil führt Sabine ihre Kolleg/-innen nun buchstäblich, anhand einer Grafik (Abbildung 4.12, oben), in diese alltägliche, körperlich
konnotierte Erfahrung hinein:
"So, if you will see on the tv that the chance of rain is twenty percent, all you
can know is, that it's very likely, a probability of eighty percent, that it will not
rain, so that you will have sun. And [a] twenty percent chance, [that] it will rain.
But you don't really know, if it will rain. There is just a chance. So, and this is
expected uncertainty" (Z. 18–32).
Mit diesem Abschnitt beendet Sabine schließlich ihre im Sinne absteigender
begrifflicher Komplexität konzipierte Erklärung des Begriffs der „expected uncertainty". Wenn man die einzelnen Abschnitte miteinander vergleicht, so fällt auf,
dass die Komplexität des Ausgangsbegriffs und die Wortanzahl der endgültigen

alltagsweltlichen Erklärung dieses Begriffs in einem umgekehrten Reziprozitäts-
verhältnis zueinander stehen oder mit anderen Worten: Ist die Komplexität der
Sprache hoch, so braucht es wenige Worte, sinkt der Komplexitätsgrad, so sind
wesentlich mehr Worte notwendig, um denselben (bzw. einen adäquaten oder
synonymen) Sachverhalt zu beschreiben. Dies entspricht sicherlich der allgemeinen Bedeutung wissenschaftlicher Begriffe, dass sie, vor dem Hintergrund eines
elaborierten Fachwissens, starke Verdichtungen darstellen, für deren Explikation,
im Sinne einer alltagsweltlichen Verständlichkeit, häufig weitschweifende Erklä-
rungen notwendig sind. (Wobei natürlich nicht gesagt ist, dass eine derartige
Übersetzung überhaupt bzw. in welchem Maß etc. gelingen kann.) Gleichzeitig
wird deutlich, dass und wieso der Kommunikationsbedarf in Interdisziplinarität
steigt.

Vor diesem Hintergrund zeigt sich, dass der überwiegende Gebrauch von all-
täglichem Vokabular im Group-Talk weder Zufall noch Selbstzweck darstellt.
Vielmehr ist er die unintendierte Nebenfolge einer der zentralsten Zielsetzungen des Group-Talks, nämlich Wissenskommunikation über die fachdisziplinären
Grenzen hinaus zu ermöglichen, die die CNS als multi-disziplinären Ansatz kennzeichnen, und dabei ein allgemeines Verständnis für die je eigenen Ansätze der
einzelnen Wissenschaftler/-innen innerhalb der Gruppe zu ermöglichen. Dabei
stellt sich die Alltagssprache als der vitalste Kode der Binnenstruktur des
Group-Talks dar. Sie ist, wenn man so will, die eigentliche Lingua Franca und
Kontaktsprache innerhalb der Gruppe.

Abbildung 4.9
Detailansicht I (links) und
II (rechts) aus
Abbildung 4.8 (links)

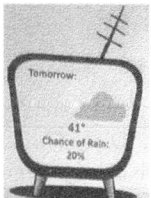

Im Folgenden werde ich vor allem die visuellen Elemente betrachten, derer
sich Sabine zum Zweck ihrer Analogie bedient. Auf der ersten Folie erläutert
sie den Begriff „expected uncertainty", den sie explizit mit der Unsicherheit von
Wettervorhersagen vergleicht (Z. 18–20). Ihre Analogie nutzt dabei grafische Elemente, die sie einer Wetter-App (Abbildung 4.9) entnommen haben könnte und
die sie zu einer Kollage (Abbildung 4.8) ergänzt hat. Auf der linken Seite ihrer
ersten Folie ist ein stilisiertes TV-Gerät zu sehen, auf dem eine Wettervorhersage
unter Angabe einer genauen Regenwahrscheinlichkeit zu sehen ist. Im Vortrag

bezieht sie sich ausdrücklich darauf: (Z. 20–22: „If you will see on the tv that the chance of rain is twenty percent"). Daneben sehen wir die Silhouette eines Kopfes, in die ein Fragezeichen eingefügt ist. Silhouette und Fragezeichen scheinen einen nachdenkenden Menschen zu symbolisieren. Der im Kopf verortete Intellekt („?"), versetzt den Menschen in die Lage zu denken. Über dem ‚denkenden Kopf' befindet sich entsprechend eine Gedankenblase (‚stilisierte Wolke'). Sie enthält ähnliche Angaben wie die Wetterangaben auf dem TV-Bild. Offensichtlich ist dieser Kopf es, in den die Anwesenden sich hineinversetzen sollen (Z. 20–22), um, auf Grundlage der Analogie mit der Wettervorhersage, nachzuvollziehen, was eine Situation charakterisiert, die sich durch das auszeichnet, was Sabine „expected uncertainty" nennt.

[Kontext: Der Zusammenhang zu Sabines Experimenten liegt darin, dass (gute) Lerner/-innen, aufgrund vorangegangener Testdurchläufe, die Wahrscheinlichkeit positiver Sanktionen ihrer Klick-Entscheidungen erlernen. Durch dieses Wissen erhöht sich ihre ‚Treffsicherheit' in Folgedurchläufen, sodass durch fortgesetztes Lernen ‚*un*erwartete Unsicherheit' in Entscheidungsprozessen nur dann auftritt, wenn neue Kategorien erstmals in den Test eingeführt werden und deren wahrscheinlicher Wert daher noch unklar sein muss.]

Abbildung 4.10
Detailansicht aus
Abbildung 4.8 (rechts)

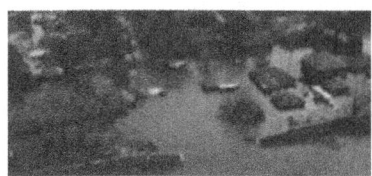

Auf der zweiten Folie erläutert Sabine den Begriff „*un*expected uncertainty", um den es ihr vorrangig geht. Diese Form der Unsicherheit ist, wie sie erläutert, durch gänzliche Unvorhersehbarkeit gekennzeichnet (Z. 35–38). Das Bild, das sie zeigt (Abbildung 4.10), ist das einer Flutkatastrophe: Offenbar handelt es sich um eine Luftaufnahme, die aus einem Helikopter aufgenommen worden sein könnte. Sie zeigt Verwüstungen, die nach einer Naturkatastrophe eingetreten sind: Zu sehen ist ein stark überschwemmtes Wohnviertel. Aus den hellgrün leuchtenden Wassermassen ragen nur noch vereinzelt höhere Gebäudeteile hervor, darunter Dächer und Mauerelemente von Wohnhäusern und anderen Immobilien. Straßen und Brachen, wie Gärten oder Grünflächen, sind unter den großen ‚Wasserfeldern' bzw. ‚-wegen' zu erahnen. Sabines mündlicher Kommentar besteht hier, wie während der gesamten Sequenz, vor allem aus Paraphrasen oder wörtlichen Wiedergaben der textlichen Folienelemente. Sie bestätigt uns dabei implizit, dass es sich bei dem Foto auf ihrer Folie tatsächlich um das Bild einer Naturkatastrophe handelt. Offensichtlich symbolisiert es die „sudden, totally unpredictable flood", von der sie spricht (Z. 41–42) und von der wir im gleichen Wortlaut auf der Folie lesen können. Explizit Bezug nimmt sie auf das Bild allerdings nicht, vielmehr scheint sie es für selbsterklärend zu halten, sodass sie sich auf seine visuelle Wirkung voll verlässt. Folgen wir ihr in diesem visuellen Imperativ, so mutmaßen wir, welche Bedeutung das Foto für ihre Argumentation hat: Offenbar zeigt es ein Ereignis, das in Übereinstimmung mit der Definition, die Sabine etablieren möchte, gänzlich unvorhersehbar eingetreten ist: Ereignisse, wie das abgebildete, suggeriert das Foto im vorliegenden Kontext, können nicht vorhergesehen werden, da kein Vorwissen existiert, um ihre Ursachen zu antizipieren.

[Kontext: Der Zusammenhang zu Sabines Experimenten liegt hierbei nun darin, dass, wenn den Proband/-innen in den Tests, aufgrund der Neuheit einer Kategorie, kein Wissen über die Folgen von zuvor getroffenen Entscheidungen zur Verfügung steht, diese auch die zu erwartenden Sanktionen von aktuellen bzw. zukünftigen Entscheidungen nicht einschätzen können. In diesem Sinn spricht Sabine von „unexpected uncertainty", wenn der Stimulus in ihren Tests neu ist, sodass vorangegangene Entscheidungsfolgen nicht erinnert werden können. Diese Formulierung entspricht ihrer These: „Novelty is a form of Unexpected Uncertainty".]

Analysieren wir das von Sabine ausgewählte Foto (Abbildung 4.10) genauer, so wird deutlich, dass sie es mit großem Bedacht und keineswegs willkürlich ausgewählt hat: Mittels einer umgekehrten Bildersuche im Netz erwies es sich als Reproduktion einer Flutaufnahme der u.s.-amerikanischen Katastrophenschutzbehörde *Federal Emergency Management Agency* (FEMA). Sie datiert auf den 07. September 2005 und zeigt konkret ein Gebiet rund um einen Abschnitt des *Michoud Canal*-Dammes, der New Orleans vor Hochwasserkatastrophen schützen soll(te). Am 29. August desselben Jahres, also nur wenige Tage vor dem Aufnahmedatum des von Sabine genutzten Fotos, versagte dieser Schutz allerdings. An diesem Tag war der Wirbelsturm *Katrina* über die Stadt gezogen und hatte dabei eine der größten Naturkatastrophen in der Geschichte des Landes ausgelöst. Unter anderem war an der Stelle, die die Abbildung zeigt, der *Michoud Canal*-Damm gebrochen, sodass sich die Wassermassen in die Wohnviertel New Orleans' ergossen und 80 Prozent der Stadtfläche überfluteten.

Wichtige Wissenselemente, auf deren Grundlage Sabines visuelle Analogie mit der „unexpected uncertainty" ihres Modells aufbaut, erweisen sich vor dem Hintergrund dieser Explikation als von Sabine selbst unerwähnt. Ihre Analogie entfaltet die intendierte Wirkung daher erst durch die Interpretation der Betrachter/-innen und auf Grundlage der *Ikonographie* (Panofsky 1975[1955]) des gezeigten Bildes: Welches Motiv zeigt es, was soll es uns sagen und welches Ereignis dokumentiert es? – Erst in diesem Prozess wird den Betrachter/-innen deutlich, dass es sich bei dem verwendeten Bild nicht um das Dokument irgendeiner Flut handelt, sondern um die Flut von New Orleans im Jahr 2005. Diese Naturkatastrophe ging als Medienereignis in ikonischen Bildern in unser *kommunikatives Gedächtnis* (Assmann 1988, 10) ein. Als visuelle Erinnerung repräsentieren ihre Bilder ein Ereignis, das mit Emotionen der Verunsicherung und Machtlosigkeit verknüpft ist: Selbst Klima- und Wetterexpert/-innen konnten, anders als z. *B.* bei saisonal bedingten Hochwassern, das Unglück von New Orleans (mit weit über 1000 Toten) (vermeintlich) nicht vorhersehen. Durch die Wahl speziell dieses Ereignisses für ihre Analogie macht sich Sabine so auch die Emotionen zunutze, mit denen Ikonen des zerstörten New Orleans nach *Katrina* verbunden sind und die diese Katastrophe als „completely unpredictable flood" im Gedächtnis vieler Menschen fest verankert haben.

Die Analyse des Bildkontexts zeigt auch, dass die situativ-richtige Interpretation des Bildes sich nicht, im Sinne eines *(intrinsischen) Bildakts* (Bredekamp 2007, 231 ff), unmittelbar aus ihm selbst heraus ergibt, da Fluten tatsächlich nicht generell *un*vorhersehbar sind. Vielmehr handelt es sich bei ihnen i. d. R. um kalkulierbare (häufig periodisch wiederkehrende) Wetterfolgen und somit, in Sabines Analogie, um das Gegenteil von „expected uncertainty". Das Foto irgendeiner Flut würde diesen Widerspruch geradezu provozieren (siehe 4.3.2). Die Widerspruchslosigkeit, mit der Sabines Analogie hier aufgenommen wird, kann daher *nicht* der Abbildung allein zugerechnet werden, sondern muss vielmehr, im Sinne einer visuellen Identifikation, als Verknüpfung des Bildes mit dem richtigen Wissen erklärt werden. Die Appräsentation ist wesentlich für die Wirkung von Sabines Analogie. Erst durch die visuelle Identifikation, durch das Mitgegenwärtig-Machen, dass es sich bei dem Dammbruch in New Orleans nicht um eine ‚gewöhnliche Flut' handelte, wirkt das von Sabine gewählte Bild im Sinne der von ihr beabsichtigten Analogie (*un*expected uncertainty). Eben durch diese besondere Wirkungsweise erweisen sich Bilder, wie das der Flut von New Orleans, als Alltagsbilder. Ihre Bedeutung erschließt sich dem „bona-fide collectivity member" (Garfinkel 1984[1967], 57) auf Basis eines geteilten Wissens. Die Grundlage dafür ist erinnerter sozial abgeleiteter Sinn. Dieser soziale Sinn umfasst sowohl ein (mehr oder minder kohärentes) Wissen über die gemeinsame Welt, in der wir leben und über die wir u. a. aus den Medien erfahren, als auch solches Wissen, das alltägliche *Sehgewohnheiten* (Raab 2008, 306) und *Sehtechniken* (Raab und Soeffner 1998, 131) konstituiert, die uns das Erkennen, Verstehen und Identifizieren des Bildlichen mit dem Wirklichen erlauben, wenn wir Bilder oder Dinge in der physischen Welt betrachten.

Der Sinn von Alltagsbildern ist unmittelbar mit Effekten der Sozialisation ver-knüpft, mit der Wirkung von sozialen Sinn, der in einer gemeinsamen (Medien-) Umwelt geteilt und internalisiert wird (Abschnitt 2.2.2). Auf dieser Grundlage bil-den (größere und kleinere) soziale Gruppen ‚richtige' Arten des Zeigens, Sehens und Erkennens aus, die dabei die Grundlage für ‚visuelle Reziprozität' bilden, auf der auch die beobachtete Verwendung von Alltagsbildern zur Erläuterung von Begriffen und Konzepten im Group-Talk fundiert. Der ‚objektive' Sinn basiert im vorliegenden Fall darauf, dass man Sabines Sozialisationshintergrund, dass man ihr Wissen über Fluten im Allgemeinen und die Flut von New Orleans im Beson-deren sowie ihre Weise, Bilder in Kommunikationsprozessen zu verwenden, zu betrachten und zu erkennen, versteht.

Unterhalb dieser alltäglichen verbirgt sich in der von Sabine gewählten Analo-gie allerdings noch eine weitere Bedeutungsschicht, die sich *nicht* auf Grundlage von Alltagswissen offenbart, sondern sich vielmehr erst im Kontext des spezi-ellen professionellen Wissens innerhalb der CNS-Gruppe entfaltet: Tatsächlich spielten bei *Katrina* bzw. bei der großen Flut, die der Dammbruch angerichtet hatte, Computermodelle bzw. ihr (vermeintliches) Versagen, eine große Rolle. So heißt es im Bericht der FEMA, in Bezug darauf, eine Erklärung dafür zu finden, wieso die Modelle die Katastrophe (vermeintlich) nicht vorherzusagen erlaubten:

The apparent lack of correlation between ground-based damage observations and the computer models in these areas may result from terrain effects, from construc-tion variations, or from the uncertainty of the computer models. (Federal Agency of Emergency Management 2006, 2/16)

Andererseits hatte sich bereits kurz nach der Flut ein namhafter Hurricane-Experte in den USA, Ivor van Heerden, vom Louisiana State University Hurricane Center, in einem Interview mit dem Wissenschaftssender NOVA zu Wort gemeldet, der die Verantwortung für das große Desaster bei den Katastro-phenschutzverantwortlichen der Behörde FEMA zu sehen scheint. Er verweist darauf, dass ein von ihm entwickeltes Computermodell, in das er in den Tagen vor dem Drama die Messdaten des heraufziehenden Hurricanes *Katrina* einge-speist habe, die Flut von New Orleans vorhergesagt und er den Verantwortlichen bei FEMA darüber kurzfristig Bescheid gegeben habe. In seinem Interview sagt er, mit Bezug darauf, wieso die Katastrophe dann nicht verhindert werden konnte:

I think that there is a real lack of appreciation for the science. I know from the exerci-ses we've been involved in, certainly with FEMA officials, not all of them have been very responsive. You know, I think a lot of them are ex-military folk, and to them we may be geeks.[24]

---

[24] Online unter https://www.pbs.org/wgbh/nova/article/predicting-katrina/

Die hier kurz zusammengefasste Kontroverse zwischen Anwender/-innen und
Produzent/-innen von Computer-Modellen verdeutlicht eine zweite, tiefere Sinn-
schicht, die mit dem von Sabine gewählten Foto verbunden ist. Dieser tiefere
oder Hinter- Sinn lässt sich nicht ohne weiteres aus dem allgemeinen Alltagswissen herleiten (obgleich auch die Massenmedien von der Kontroverse berichteten).
Während die Flut von New Orleans landläufig in lebendigen Bildern als unvorher-
sehbare Katastrophe erinnert wird, auf die Sabine sich mit dem Motiv ihres Fotos
direkt beziehen konnte, spricht der Hintersinn des Fotos vielmehr die *Sinnfransen*
(Schütz 1993[1932], 176) an, von denen das abgebildete Ereignis im Kontext des
speziellen Sonderwissens von Expert/-innen für Computermodellierung umgeben ist. Dabei ist es für die Analyse an diesem Punkt von untergeordneter
Bedeutung, ob die einzelnen Forscher/-innen innerhalb der Gruppe, die Sabine
zuhören, detailliert über die kurz dargestellte Kontroverse informiert sind, ob
sie die Meinung vertreten, der FEMA sei Recht zu geben, dass die Modelle
nicht real-weltlich genug waren („terrain effects") oder eher glauben, ihr Kollege sei von den Vertreter/-innen der FEMA tatsächlich als „geek" verunglimpft
worden. Jedenfalls ist ihnen aus der allgemeinen Berichterstattung über den Fall
und im Kontext ihrer professionellen Beschäftigung mit Computermodellierung
der Zusammenhang zwischen Vorhersagen von Extremwetterlagen zum Katastrophenschutz und Computermodellen, die solche Vorhersagen ermöglichen sollen,
besonders präsent.[25] Das Foto bietet ihnen daher ganz spezifische Anknüpfungs-
punkte an ihre eigene Arbeit und Fragestellungen, die sich vor dem Hintergrund
des in der Gruppe geltenden Anspruchs, plausibel zu modellieren und dabei nicht
zu stark zu vereinfachen, auch für sie selbst ergeben.

    In der Wahl des Bildes dokumentiert sich so, zugleich mit dem erläu-
terten ‚Hintersinn', der sich auf die Praxis der Computermodellierung und
die Bedeutung ihrer realweltlichen Adäquanz bezieht, auch ein spezifisches
Rezipient/-innen-Design, Dieses ist ganz besonders kennzeichnend für die (Bild-
)Kommunikation im Group-Talk. Die Gelegenheit eines Interviews mit Sabine
nutzten wir daher auch dazu, um sie ganz konkret auf ihre Nutzung entspre-
chenderalltagsweltlicher Bilder (und anderer Bildtypen) im Group-Talk hin zu
befragen. Während dieses Gesprächs zeigte sich die Forscherin, typisch für die
Forschungsgruppe, als ausgesprochen reflektierte Wissenskommunikatorin, die

---

[25] Tatsächlich hat der Fall *Katrina* dazu geführt, dass in den USA zusätzliche Mittel in
Aufbau und Weiterentwicklung von Zentren geflossen sind, die sich dem Computer-Modell-
basierten Katastrophenschutz widmen.

die Wirkung ihrer Präsentationen nicht dem Zufall überlässt und deren Einsatz von Sprache und -bildern einem klaren Konzept von Wissenskommunikation folgt:[26]

```
I1: Uns ist aufgefallen, dass du sehr viele solcher Darstellungen hattest,
ich glaube das ist das, was du jetzt mit intuitiv meinst, oder? Dass du
beispielsweise bei deinem Konzept von Uncertainty diese Wetterfolie hast
und Unexspected Uncertainty dieses Bild von der Flutkatastrophe. Spielt
sowas eine wichtige Rolle?

S: Also meiner Meinung nach spielt das eine wichtige Rolle. Es kann sein,
dass mir andere Leute da was ganz anderes sagen würden. Aber ich glaube
es spielt eine wichtige Rolle, weil diese ganzen Variablen, die ich
benutze, diese verschiedenen Formen der Unsicherheit, ich habe halt
versucht so ein Beispiel aus dem Alltag zu finden. Dass Leute überhaupt
verstehen, was ich da darstellen will. Das, glaube ich, war die Idee
dahinter. Deshalb habe ich diese Bilder aus dem Alltag, weil ich dachte,
wenn ich jetzt einfach direkt mit dem Begriff Estimation Certainty,
Unexpected Certainty komme, dann weiß keiner, was es ist. Und ich hab ja
dann auch die mathematischen Formeln dazu gegeben. Aber ich dachte, bevor
ich diese Formeln einführe, macht es vielleicht ersteinmal Sinn, dass man
überhaupt weiß, was diese Variablen darstellen sollen. Und deshalb hatte
ich halt diese Beispiele aus dem, sagen wir einmal, Alltag, weil ich
finde, also mir persönlich hilft das ganz gut, wenn ich ein konkretes
Beispiel aus dem Alltag habe.(EXP_11, Z. 818-838)
```

In dem Interviewauszug bestätigt sich, dass Sabine die Visualisierungen ihrer Präsentationen mit Bedacht auswählt und dass die anderen dabei die zentrale Rolle spielen: Oberflächlich betrachtet schließt sie dabei zwar scheinbar (!) schlicht von sich auf andere, diese Schlussweise umfasst allerdings, wie bereits oben mit Bezug auf Schütz erläutert wurde, die *Reziprozität der Perspektiven* (Schütz und Luckmann 1984, 95) bzw. die *Analogieschlusstheorie des alter ego*[27] (Schütz 2003, 116). In diesem Sinn stellt sich Sabines Rezipient/-innendesign als Ergebnis eines Austauschs der Standpunkte dar, den Schütz und Luckmann so formulieren:

---

[26] Die Fragen in diesem Interview wurden von Eric Lettkemann (I2) und mir selbst (I1) gestellt.

[27] Hier bezieht sich Schütz vermutlich (Schütz 2003, 168) auf Max Schelers Essay *Wesen und Formen der Sympathie* (Scheler 1973[1913]).

Wäre ich dort, wo er jetzt ist, würde ich die Dinge in gleicher Perspektive, gleicher Distanz, Reichweite erfahren wie er; und wäre er hier, wo ich jetzt bin, würde er die Dinge in gleicher Perspektive erfahren wie ich. (Schütz und Luckmann 1979, 88 f.)

Wenn man diese räumliche Metapher auf die Standortgebundenheit des Wissens überträgt, so erweist sich die Personenvertauschung (Schütz 1993[1932], 159) bzw. Rollenübernahme (G. H. Mead 1968/1973[engl. 1934], 113), die Sabine mit ihrem Publikum vornimmt, als ein komplexer Aspekt des Fremdverstehens, der sich auf die Verstehensprozesse der von ihr antizipierten Rezipient/-innen ihres Talks bezieht. Im Rahmen dieser Reziprozität entsteht die subjektive Perspektive der anderen gleichsam in Sabine (transformierender Bewusstseinsprozess), sodass sie dazu in der Lage ist, die von ihr vorentworfene Kommunikation, die sie maßgeblich anhand der von ihr verwendeten Bilder strukturiert, auf die Bedürfnisse der Verstehensprozesse ihrer Zuhörer/-innen bzw. Mitdiskutierenden zuzuschneiden. Dadurch berücksichtigt sie explizit, dass, im Gegensatz zu ihr, als studierter Physikerin, nicht jeder ihrer Zuhörer/-innen die mathematische Darstellungsweise ihrer unterschiedlichen Formen von Unsicherheit geläufig sein würde.

An dieser Stelle möchte ich noch einmal einen Blick auf Sabines Lautsprache werfen: Ihre Alltagsilder begleitet Sabine, wie ich oben zeigen konnte, mit einer alltagsweltlich vereinfachenden Sprechweise. Sie ist dabei offenbar bedacht, so wenige Fachbegriffe wie nötig zu verwenden. Sie hält sich in ihrem Verbalkommentar dabei maßgeblich an die Begriffe bzw. kurzen Sätze, die sie auch schriftlich auf ihren Folien vermerkt hatte. Ihre gesprochenen Erläuterungen gehen kaum darüber hinaus, diese Textbausteine zu vertonen. Dabei hält sie die Beispiele, mit denen sie ihre Analogie visuell veranschaulicht, sprachlich bewusst einfach, um die intendierte Wirkung der Bilder, die Plausibilisierung ihrer unterschiedlichen Begriffe von Unsicherheit, nicht zu gefährden. Die gewählten Analogien (Wettervorhersage/unvorhersehbares Katastrophenereignis) sollen es ermöglichen, bereits vor der formal-mathematischen Darstellung ein basales Verständnis von ihrer Arbeit zu erlangen.

Im Group-Talk, aber auch bei formaleren Vorträgen, dient eine solche Kommunikationsweise mit Bildern, die Bezug auf geteilte Kenntnisse nimmt, sehr häufig als Mittel der Wahl, um den anderen, dem Publikum, auf Grundlage von Alltagswissen, feldübergreifenden (visuellen) Kompetenzen oder basierend auf *fachspezifischen* Sehgewohnheiten (Fleck 1980[1935]), die eigene Arbeit zu erläutern. Das *präsentationale Wissen* (Wilke, Lettkemann und Knoblauch 2018), das hierfür die Kernkompetenz der Vortragenden darstellt, verknüpft die Fähigkeit, Forschungsansätze und -ergebnisse in Wort und Bild plausibel zu präsentieren (und diese Präsentationsweise evtl. selbst zu thematisieren) und

gleichzeitig die (visuellen) Kompetenzen der Adressat/-innen, im Sinne eines
„recipient designs" (Sacks, Schegloff und Jefferson 1974, 727), zu antizipieren,
um so die Aufgabe der kommunikativen Übersetzung zwischen unterschiedlichen Wissenskulturen in der CNS bzw. der Forschungsgruppe zu bewältigen
(Abschnitt 4.2.3). Sabine erzählte uns:

```
Ich bin oft auf Konferenzen, entweder fMRT-Konferenzen, Neuroimaging,
oder mehr allgemeine Neurowissenschaft. Und dann sind Leute im Saal, die
sind Psychologen, Psychiater, Mediziner, Neurologen, Biologen,
Mathematiker, einfach alles. Also versuche ich eine Sprache zu benutzen,
wo ich das Gefühl habe, dass das jeder verstehen kann. Also sehr intuitiv,
die Konzepte und so weiter. Ob das gelingt ist eine andere Sache, weil
das nicht leicht ist. Ich meine, immerhin sind das ja trotzdem noch
komplexe Daten und Mechanismen, die man beschreiben will. Also versucht
man, viel mit Bildern zu arbeiten. Aber, ich glaube, das ist auch egal in
welchem Bereich, weil ich glaube, dass Leute mit Bildern viel mehr
anfangen können als mit Tabellen oder Formeln. (EXP_11, Z. 784-96)
```

Auch in diesem Auszug zeigt Sabine sich sehr aufmerksam hinsichtlich der
jeweils anderen Teilnehmer/-innen von Wissenskommunikation. Ihr Zuschnitt
auf die Rezipient/-innen ihres Vortrags bezieht dabei ausdrücklich Bilder *und*
Sprache mit ein, die sie möglichst „intuitiv" wählen möchte, damit alle anderen Teilnehmer/-innen ihrem Beitrag folgen und sie so „verstehen" können:
Alltagssprache und -bilder dienen Sabine, wie ich oben bereits zeigen konnte,
als Übersetzungen in alltagsweltliche Erfahrungen, und nehmen dabei für die
Kommunikation ihrer Arbeit eine zentrale Rolle ein. Dies betonte Sabine
später in unserem Gespräch auch in Bezug auf Modelldarstellungen (siehe
Abschnitt 4.2.2), einen, neben den Alltags- und statistischen Bildern, weiteren
wichtigen Bildtyp der Kommunikation im Group-Talk. Auf Nachfrage erläutert
sie uns, wieso sie diese ‚kybernetischen' Visualisierungen, die auch von Kolleg/-
innen gerne verwendet werden, sowohl auf externen Konferenzen nutze, deren
Publikum (evtl. noch) heterogener ist als im Group-Talk, als auch im engeren
Kreis der eigenen Forschungsgruppe:

I2: Und du hattest gesagt, du nimmst diese [bildliche] Darstellung, damit
das auch Mediziner verstehen, aber du hast es ja auch hier [im Group-
Talk] benutzt. War das einfach, weil du die Folien weiter benutzt, oder?
S: Ja, das ist eine Sache. Aber ich meine, was ein Mediziner versteht,
kann auch eine Person hier in der Gruppe verstehen. Also, ich meine, wenn
ich sage: ,das benutzen Mediziner`, dass das auch andere benutzen. Also
es ist nicht so, dass Mediziner diese Bilder verstehen und andere Leute
diese anderen. Also meistens ist es so, dass diese Bilder mit diesen
Netzwerken, oder so ein bisschen kybernetisch, das haben Leute schon
öfters gesehen und können damit schon eher was anfangen, auch ohne große
Kenntnisse zu haben. Ich weiß nicht, ob es eine natürliche Darstellung
ist, aber es ist meistens eine Darstellung, wo Leute das einigermaßen
verstehen können, ohne viele Vorkenntnisse zu haben und das ist so eine
Darstellung, die halt auch oft benutzt wird. (EXP_11, Z. 878-91)

In dieser Passage zeigt sich erneut Sabines feldtypische Reflektiertheit bzgl. des
Einsatzes von Visualisierungen in der Kommunikation. Dieser bewusste Ausdruck ihres präsentationalen Wissens kulminiert in ihrer Spekulation, die von
ihr gewählte Darstellungsweise könne in einem Ausmaß als allgemeinverständlich angesehen werden, dass man sie evtl. als „natürliche Darstellung" begreifen
könne. Jedenfalls aber als eine, „wo Leute das einigermaßen verstehen können,
ohne viele Vorkenntnisse". Ähnlich äußerten sich auch viele weitere Expert/-
innen im Feld. Bezogen auf die Bedeutung der Visualisierungen für die Kommunikation ihrer Forschungsergebnisse formulierte z. B. die bereits oben zitierte
u.s.-amerikanische Expertin, die wir im Nachgang eines vom NNCN organisierten Vortrags interviewen konnten: Well, I think that is the only
way. That's how we explain our work (EXP_6, o.Z.).

Diese Expertin machte während des Interviews sehr deutlich, dass Visualisierungen unabdingbar dafür sind, in der CNS einem größeren Publikum
Forschungsergebnisse zu präsentieren. Noch deutlicher wird diese Bedeutung in
der Kommunikation von Forschungsergebnissen in einem Interview mit einem
Kollegen von Sabine, dem Informatiker Axel. Dieses Zitat von Axel ist uns bereits
im Kontext der *Interaktivierung* (Abschnitt 2.2.3.2) begegnet. Axel beschäftigt
sich, wie wir noch sehen werden (Abschnitt 4.2.2), mit Modellen der KI-
Forschung. In dem Zitat äußert er sich u. a. zu Vorträgen und dem Schreiben
von Forschungsanträgen:

```
Nun, die Frage ist dann immer, welchen Teil [meiner Arbeit] kann ich
überhaupt darstellen, welcher Teil davon ist informativ und welche
Repräsentation ist informativ. Und dann, wenn es darum geht, neue Anträge
zu schreiben, und Vorträge zu halten, geht es dann noch darum, in welcher
Repräsentation sieht es denn gut aus. In welcher Repräsentation ist es
denn für - also erstmal ist es zugänglich für Nicht-Eingeweihte, aber vor
allem auch, verkauft es sich gut. Sieht es so kompliziert, interessant
und eindeutig aus, dass alle Leute denken, ‚das sieht ja so aus, als würde
es das Problem ein für alle Mal lösen'. (EXP_2, Z. 619-625)
```

In Axels Ausführungen wird sehr deutlich, welche Bedeutung er dem Visuellen in Bezug auf seine Arbeit, insbesondere hinsichtlich der Kommunikation von Forschungsergebnissen, beimisst. Er geht dabei so weit, dass er die Anschlussfähigkeit seiner Forschung danach bemisst, ob sie sich in einer Form visualisieren lässt, die überzeugt und per Augenschein den Eindruck erweckt, dass sie förderungswürdig ist. Dieser Anspruch an die Bild-Kommunikation wird in Axels Group-Talk konkret sichtbar, weshalb ich im Folgenden (Abschnitt 4.2.2 und 4.2.3) zwei videographierte Sequenzen aus seinem Beitrag zum Group-Talk analysieren werde.

4.2.2 Bild-Kommunikation II: Komplexe Modelldarstellungen

Ebenso häufig wie dazu, allgemeine Konzepte oder spezielle Begriffe anhand von Alltagsbildern zu erläutern (siehe Abschnitt 4.2.1), bedienten sich Forscher/-innen in der beobachteten Gruppe auch typischer Darstellungsweisen, um ihre konkreten Modelle zu beschreiben, die dabei in Form von Grafiken, kybernetischen Regelkreisläufen, kurzen Bewegtbildsequenzen oder Bildkollagen, neurobiologische Prozesse oder die Struktur von entsprechenden Computerprogrammen repräsentieren. Im folgenden Fall verwendete Axel eine aufwendige multidimensionale Visualisierung, die es ihm erlaubte, sein Modell, das sich im Bereich der an neurobiologischen Prozessen der Wahrnehmung orientierten KI-Forschung bewegt, zugleich auf drei Ebenen darzustellen (Abbildung 4.11, unten): neurologisch (neuronale Informationsverarbeitung), informatisch (Software) und mathematisch (Gleichungen). Im Folgenden werde ich mich in der Analyse zunächst auf diese Visualisierung konzentrieren. Die Analyse des sprachlichen Vorgangs derselben Sequenz betrachte ich gesondert unten (4.3.2).

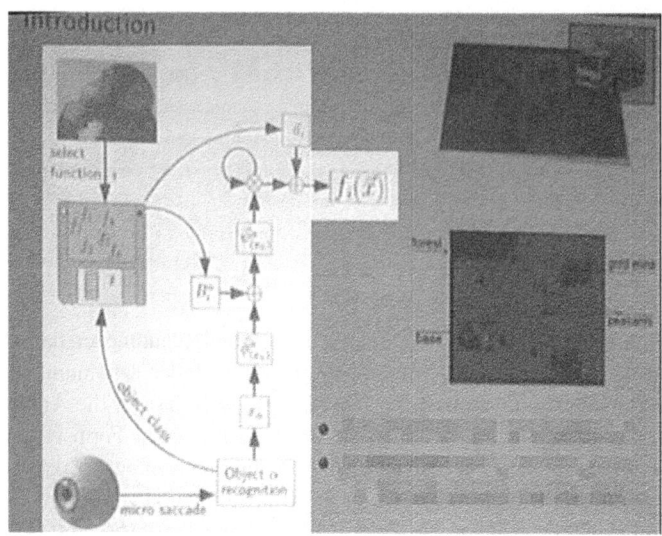

Abbildung 4.11 Mehrebenendarstellung eines Modells zur automatisierten Verkehrssteuerung auf Basis eines neurobiologischen Modells visueller Informationsverarbeitung

Komponiert in Form einer digitalen Bildkollage finden sich in Axels aufwendiger, mehrdimensionaler Visualisierung seines Modells sowohl textliche und mathematische als auch bildliche bzw. grafische Elemente: Prominent fällt (links oben in Abbildung 4.11) ein zur bewussten Reflexion fähiger Organismus (Schimpanse) ins Auge. Die Fotografie des Affen zeigt das Tier im Stil eines klassischen Renaissance-Portraits (Seitenansicht), wobei der Schimpanse eine Denkerpose eingenommen zu haben scheint: Mit versonnenem Blick hält er sich mit der rechten Hand das Kinn und schaut dabei leicht nach oben. Durch diese Darstellungsweise stellt der Schimpanse ein Element dar, das sich äquivalent auch auf Sabines Folie findet (Abschnitt 4.2.2). Das Bild des Schimpansen auf Axels Folie korrespondiert mit der Grafik eines Augapfels, die die aktive Wahrnehmung einer ‚Intelligenz' (Affe oder KI) versinnbildlicht und dabei zentral ist, da es bei Axels Ansatz um automatisierte computergestützte und kamerabasierte Verkehrssteuerung geht, wobei dieses KI-Modell sich am menschlichen Prozess der visuellen Wahrnehmung orientiert (biologische Plausibilität). Zwischen das Tier und den Augapfel ist die Grafik einer Floppy Disk angeordnet, die sowohl das organische Gehirn als auch eine KI zu symbolisieren vermag. Auf der Disk, die zugleich Festplatte (Gedächtnis) als auch Arbeitsspeicher (Verarbeitung von

Wahrnehmung) repräsentiert, findet sich die Variable für den Funktionswert f(x) mehrfach textlich eingefügt, wodurch angezeigt werden soll, dass sich hier sowohl der Langzeitspeicher bzw. das Gedächtnis befindet als auch sich die Berechnung oder mit anderen Worten: die Reflexion von Sinneseindrücken vollzieht (Hirn-Computer-Metapher). Die Floppy Disk besitzt daher strukturell eine vergleichbare Bedeutung wie die Gedankenwolke in Sabines Kollage, die sich dort oberhalb des Kopfes findet.

Rechts neben diesen (alltags-)bildlichen Elementen seiner Kollage befinden sich weitere visuelle Elemente auf Axels Folie. Zunächst ist dort eine vertikal angeordnete Reihe rechteckiger Kartuschen zu sehen, in die sowohl neurologische Prozesse (recognition) als auch mathematische Variablen, Funktionsgleichungen und Koeffizienten eingetragen sind. Diese Kartuschen sind sowohl mit den bildlichen Elementen auf der linken Seite der Darstellung als auch untereinander mit Pfeilen verbunden, die eine schrittweise Abfolge der jeweils symbolisierten Elemente als neurologischen (links) bzw. informatischen Regelkreis (rechts) aus Wahrnehmen, Erkennen, Bewerten, Integrieren etc. beschreiben. Mit der Gesamtdarstellung visualisiert Axel so zugleich mehrere Aspekte seiner Forschungsarbeit. Primär geht es darum, zu zeigen, dass er, auf Grundlage von neurologischen Modellen, den Prozess visueller Wahrnehmung digitisiert (siehe Abschnitt 2.2.3.1) und mathematisch modelliert hat, um ihn so, in Computercode übersetzt, schließlich in ein technisches System zur automatisierten Verkehrsraumsteuerung implementieren zu können.

Gleichzeitig dient ihm die Visualisierung aber noch zu einem weiteren sehr wichtigen, kommunikativen Zweck: Während nämlich sein Modell langfristig als Grundlage für eine KI zur technischen Steuerung von Fahrzeugen im öffentlichen Straßenverkehr dienen soll, ist es Axels kommunikatives Anliegen, den Zusammenhang seines Ansatzes mit dem zugrunde gelegten psychologischen bzw. neurobiologischen Prozess der visuellen Wahrnehmung besonders hervorzuheben. Dies ist für ihn so wichtig, da er, vor dem Hintergrund von deren Normen und Erwartungen (Abschnitt 4.1.2), in der Gruppe nur dann reüssieren kann, wenn sein KI-Modell tatsächlich auf plausiblen Theorien neuronaler Informationsverarbeitung fundiert. Diese Orientierung markiert er in der Visualisierung daher sehr deutlich: Durch das (menschliche) Auge und den räsonierenden Schimpansen. Zusätzlich zu diesen visuellen Elementen seiner Modellrepräsentation auf der Digitalfolie betont er bereits einleitend auch mündlich, noch bevor er sich der schrittweisen Erläuterung seiner Visualisierung zuwendet, dass sein Modell daher ,interessant' sei, da es eine ,biologische Interpretation' erlaube (Abschnitt 4.3.2):

```
And this model is kind of - I kind of have this model, because I pitched
it three years ago to the DFG and now I have to finish my project. But
this also has a couple of interesting - has a kind of more biological
interpretation. (VID_1)
```

Mit diesen Worten, die ich an dieser Stelle ohne Transkriptionszeichen wiedergebe, erklärt Axel, wieso er gerade diesen Teil seiner Arbeit für die Vorstellung
im Group-Talk ausgewählt hat. Er nennt dafür genau genommen zwei Gründe:
Zunächst deshalb, weil dieses Modell Teil eines Projekts sei, dessen Förderung
durch die DFG nach drei Jahren Laufzeit nun auslaufe und das Projekt beendet werden müsse. Diesen formalen Grund konterkariert er allerdings zugleich
mit einem weiteren Satz, den er interessanterweise mit einem ‚Aber' („but") einleitet: Neben der Deadline für das Projektende weise sein Modell *aber* auch
‚ein paar interessante' Aspekte auf. Axel möchte damit offenbar (durch das
aber scheinbar „en passant") auf neurobiologische Thesen seines Modells rekurrieren, die er als besonders interessant für seine Zuhörerschaft im Group-Talk
betrachtet. Er konkretisiert daher noch, in dem er die Natur dieser Interessant-
heit angibt: Sein Modell verfüge über eine ‚stärker biologische Interpretation',
womit er markiert, es sei für die stark an biologischer Plausibilität ihrer Modelle
gekennzeichnete CNS und sein Publikum in der CNS-Forschungsgruppe besonders interessant (Rezipient/-innendesign). Später erläutert er noch, dass für
dieses spezielle Problem der visuellen Wahrnehmung in der Neurobiologie selbst
kein elaboriertes Modell existiere und impliziert damit, dass diese von seinem
KI-Modell ihrerseits lernen könne.

Durch diese Rahmung grenzt Axel sich zugleich von ingenieurwissenschaftli-
chen Ansätzen der KI-Forschung (Machine Learning) ab, da diese Ansätze zwar
ebenfalls technischen Systemen Autonomität ermöglichen wollen, dabei aber
nicht daran orientiert sind, dass deren interne Funktionsweise biologische Prozesse nachbildet. Entsprechend werden diese Ansätze in der Forschungsgruppe
weniger geschätzt. Als Informatiker sieht Axel diese Abgrenzung seiner Arbeit
von anderen Ansätzen der KI-Forschung als notwendig, um sich innerhalb der
CNS-Forschungsgruppe, nicht zuletzt vor dem Hintergrund von Wolfs Anspruch,
‚es mehr biologisch zu machen', erfolgreich positionieren zu können. Dieses
Bestreben ist uns auch seitens anderer Gruppenteilnehmer/-innen begegnet, die
wie Axel nicht aus den Bereichen der Neurobiologie, Psychologie oder Hirnanatomie stammten. Diese Mitglieder stehen fortlaufend vor der Aufgabe, ihre
Modelle biologisch plausibel zu entwickeln und entsprechend zu kommunizieren. Andersherum besteht, wie wir noch sehen werden (Abschnitt 4.3.1), für all
jene Teilnehmer/-innen, die nicht aus der Mathematik, der Physik oder der Informatik stammen, wie z. B. den Psychologen Björn, die Aufgabe darin, ihre Arbeit
formal genug zu repräsentieren (vgl. Abbildung 4.12).

Abbildung 4.12 Systematisierung der inhaltlichen Strukturierung der Folie (Abbildung 4.11)

Dieser Aspekt wird u. a. auch darin sehr deutlich, wenn man die Argumentationsstruktur von Sabine und Axel vergleicht. Es zeigt sich, dass, neben den bereits erwähnten inhaltlichen und strukturellen Parallelen (Affenkopf/Silhouette eines menschlichen Kopfs, Gedankenwolke/Floppy Disk), die den letztgültigen Legitimationshintergrund der CNS, die Hirn-Computer-Analogie, symbolisieren, auch noch weitere Gemeinsamkeiten auftreten. Besonders typisch ist, dass und auf welche Weise beide darum bemüht sind, ein jeweils spezifisches Interesse seitens der Gruppe zu erzeugen: Während Sabine diese Rahmung dadurch implizit gelingt, dass sie ein Beispiel nutzt, das alltagsweltlich bekannt ist, dabei aber zugleich (konnotativ) auch von konkretem beruflichem Interesse für ihre Kolleg/-innen ist (Computermodellierung), weist Axel explizit darauf hin, dass sein Modell Aspekte aufweist, die für die anderen, d. h. hier: die stärker neurobiologisch arbeitenden Kolleg/-innen, von Relevanz sein könnten (biologische Plausibilität).

Die Gegenüberstellung der beiden zeigt, wie mit ihren jeweils spezifischen Argumentationsweisen zugleich die außenstrukturellen Einflüsse der Normen und Erwartungen auf die Inhalte im Group-Talk zum Ausdruck gelangen, und zwar in Form ihrer typischen wechselseitigen Verschränkung. Mit wechselseitiger Verschränkung meine ich dabei, dass Sabine, die umfangreiche klinische Studien unternommen hat und dabei auf empirische Befunde zurückgreifen kann, das Interesse ihrer Kolleg/-innen mit einem Beispiel weckt, das immanent mit der ,anderen Seite' der CNS-Gruppe, nämlich dem stärker informatisch informierten Modellierungsaspekt verknüpft ist, während Axel, der als Informatiker ohnehin zu ,dieser Seite' gerechnet wird, explizit mit der biologischen Interpretierbarkeit seines Modells um Aufmerksamkeit wirbt. In der hier gewählten ersten Sequenz aus Axels Group-Talk kommt dabei, wie zuvor bei Sabine, nicht zuletzt das Hauptcharakteristikum des Group-Talks zum Ausdruck, nämlich die ständige Übersetzungsarbeit, die durch das präsentationale Wissen der Forscher/-innen geleistet wird.

4.2.3   Bild-Kommunikation III: statistische Visualisierungen

An dieser Stelle komme ich zu dem dritten und letzten Bildtyp, der in der CNS-Forschungsgruppe bzw. während des Group-Talks besonders häufig eingesetzt wurde. Dabei handelt es sich um statistische Bilder (wie Graphen, Heatmaps oder fMRT-Bilder), die i. d. R. dazu genutzt wurden, um ein Forschungsergebnis evident zu machen. Statistische Bilder zeichnen sich dadurch aus, dass sie statistische Verteilungen in großen numerischen Datenkorpora anschaulich zu visualisieren erlauben. Die Bildpunkte, ihre Form und Farbe, entsprechen dabei Zahlenwerten, die zuvor im Laufe von empirischer oder theoretischer Forschung erhoben wurden. Dabei kann es sich um so unterschiedliche Daten wie z. B. sozialwissenschaftliche Umfragewerte, geografische Klimawerte oder die Messdaten von Blutflüssen in den Hirnen von Proband/-innen handeln. Derartige Visualisierungen haben gegenüber den numerischen Datenkorpora, die sie visualisieren, den entscheidenden Vorteil, dass sie nicht nur für andere, sondern, wie uns die Expert/-innen im Feld wiederholt bestätigten, auch für die erhebenden Forscher/-innen selbst, die inhärente Beweisstruktur der Daten von einer abstrakten Zahlenkolonne, vom Reich der Mathematik also, in einen visuell erfassbaren und in die Lebenswelt des Pragmas integrierbaren Gegenstand verwandeln, der sich aus verschiedenen Perspektiven oder Blickwinkeln (anders) betrachten lässt und dabei unmittelbar jeweils unterschiedliche Erkenntnisse vermittelt. Als virtuelles Ding, als Gegenstand, der seiner (visuellen) Wirkung nach in der alltäglichen Raum-Zeit-Welt verortbar ist, wird der Datenkorpus so direkt erfahr- und erforschbar.

Wo in der Medizin mit (f)MRT-Bildern gearbeitet wird, ist es so, dass die numerischen Datenkorpora, die während des bildgebenden Verfahrens anfallen, überhaupt nicht mehr betrachtet werden, sodass die Mediziner/-innen sich allein auf die visuelle Evidenz der Bilder verlassen. Möglich ist diese Methode durch die computergestützte Visualisierungstechnik moderner Tomografen, die Messwerte in Farbpunkten darstellt und auf ein ,Standardhirn', eine digitale Form des klassischen Hirnatlas, projiziert (Rijcke und Beaulieu 2014, Beaulieu 2002).

Auch in der klinischen Forschung mit fMRT (vgl. Alać 2008) ist es häufig so, wie uns u. a. Sabine bestätigte, dass nur mehr die aggregierten Resultate in Form der Bilder angesehen würden (EXP_11, Z. 566–596). (Statistische Zusammenfassungen von Daten lassen sich zwar auch in Form von Tabellen generieren. Wissenschaftler/-innen im Feld bestätigten uns aber, dass im Zweifelsfall stets die Bilder zu Rate gezogen würden.)[28]

Im Folgenden werde ich, wie angekündigt anhand einer weiteren Sequenz aus Axels Group-Talk, erläutern, welche Bedeutung statistische Bilder, als Bestandteil des binnenstrukturellen Werkzeugkoffers, für den dritten und finalen Teil des Group-Talks besitzen, nämlich die abschließende Evidenzerzeugung für die Ergebnisse der individuellen Forschungsarbeit. Bei der im Folgenden betrachteten Sequenz des Group-Talks von Axel handelt es sich um den abschließenden und daher typischerweise stark monologischen Teil des Group-Talks, der sich „sequenziell schon dadurch auszeichnet, dass ihm nicht mehr widersprochen wird" (Wilke, Lettkemann und Knoblauch 2018, 266). Wie ich im Kapitel zur situativen Realisierung (Abschnitt 4.3) noch genauer zeigen werde, ist der Group-Talk in seinen früheren Teilen (Erläuterung des Forschungsansatzes und des eigenen Modells) maßgeblich durch einen dialogischen Charakter geprägt. Während Einleitung und Explikation der eigenen Modelle befinden sich die Hauptredner/-innen häufig in einer Art Kreuzverhör, in dem die Vertreter/-innen der einen oder anderen Domäne, z. B. des mehr informatischen einer- und des stärker biologisch geprägten ‚Flügels' andererseits, die Ausführungen hinterfragen und offensiv kritisieren bzw., gleichsam im Namen der Hauptredner/-innen, erläutern, erklären oder legitimieren (vgl. Abschnitt 4.3). In der typischen dritten und letzten Phase des Group-Talks (Ergebnisdarstellung) verstummen diese kontrovers geführten Dialoge häufig zugunsten einer formaleren Zurückhaltung. Dies entspricht dem Gegenstand dieser Phase des Talks, in dem die ‚harte Fakten' präsentiert werden. (Dass auch in diesem dritten Teil des Group-Talks Einsprüche erfolgen können, dokumentiert die im folgenden Abschnitt (4.3.1) analysierte Sequenz aus dem Group-Talk des Psychologen Björn.)

In den folgenden Ausführungen von Axel geht es ihm darum, die Güte eines von ihm entwickelten Kompressionsalgorithmus zu belegen, der, für die Effektivität seines zuvor erläuterten Modells (Abschnitt 4.2.2) elementar ist. Im Kern geht es dabei um die Frage, wie sich die Flut von visuellen Wahrnehmungsdaten reduzieren lässt, sodass ein videogestütztes Computersystem dazu in die Lage versetzt

---

[28] Das folgende Beispiel wir auch in einem Aufsatz behandelt, den ich als Erstautor gemeinsam mit Eric Lettkemann und Hubert Knoblauch publiziert habe (Wilke, Lettkemann und Knoblauch 2018, 264 ff). Ich beschränke mich hier darauf Textelemente aufzugreifen, für die ich allein verantwortlich bin. Die Passagen, die nicht ursprünglich aus meiner eigenen Feder stammen, werde ich als Fremdzitate kennzeichnen.

werden kann, wesentliche von unwesentlichen Daten zu unterscheiden, um die gewünschten Operationen effektiv und effizient prozessieren zu können. Hierfür schlägt Axel die Kompression der Messdaten vor, wobei er der Logik einer Regressionsanalyse folgt. Hierzu habe er einen eigenen Algorithmus entwickelt, der es erlaube, die Datenmenge auf Hauptkomponenten zu reduzieren, die denselben Informationsgehalt aufwiesen, wie die ursprünglichen, nicht komprimierten Rohdaten. Den Nachweis darüber, dass sein Algorithmus tatsächlich in der versprochenen Weise funktioniert, führt Axel in der folgenden Sequenz anhand einer Beispielfunktion, die er zur Testung seines Algorithmus der Fachliteratur entnommen hat. Diese von ihm gewählte Datengrundlage habe er mittels seines Kompressionsalgorithmus auf zwölf Hauptkomponenten reduziert, deren lineare Kombination, so Axel, die ursprüngliche Funktion näherungsweise abbilde. Auch dieses abschließende Ergebnis wird von ihm keineswegs nur sprachlich vollzogen. Vielmehr bezieht sich Axel auch hier wieder auf Visualisierungen. Dazu dienen ihm Bilder, die er mittels eines Statistikprogramms (MATLAB) erzeugt hat und die er in der Sequenz präsentiert (siehe Abbildung 4.13).

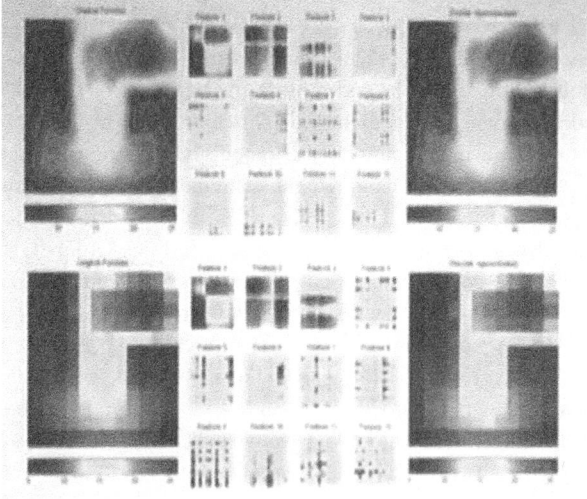

Abbildung 4.13   Die von Axel verwendeten statistischen Bilder (Heatmap) – links oben die Darstellung der ursprünglichen Funktion, in der Mitte die komprimierten Funktionen von 12 Hauptkomponenten, rechts oben die Linearkombination der 12 Hauptkomponenten

Um die gattungstypische Verschränkung seiner Argumentationsweise mit den Visualisierungen bzw. statistischen Bildern, die er in seiner Präsentation zeigt, nachvollziehen zu können, muss man Axels Verbalkommentar im Wortlaut ebenso berücksichtigen wie seinen performativen Stil während der entsprechenden Sequenz. Aus diesem Grund stelle ich der Analyse hier wieder ein vollständiges und zusammenhängendes Transkript voran. Für die Transkriptionszeichen, die ich verwende, verweise ich abermals auf Tabelle 1.1.[29]

Nachdem Axel auf die entsprechende Folie (Abbildung 4.13) gewechselt ist bzw. diese auf die Wand projiziert wird, erläutert er:

Vollständiges Transkript: VID_1_Sequenz 3

1	**These** are the results. So **these** are like the classical (1.5) **value**
2	**functions >that I am always dealing with<.** So(.), **they are really >like**
3	**something<** that I ((linke Hand weist hinter sich auf die Folie)) **WANT.**
4	(…) So::: ((Blick- und Körperausrichtung auf die Folie; Pointergeste auf
5	die Heatmap in der oberen linken Ecke von Abb.16))>this is the original
6	function?< **These are the first** (.) **twelve:: features?** ((Blick über die
7	Schulter zur Publikum, leichte Hinwendung zum Publikum, sodass er mit der
8	linken Schulter zur Folie, mit der rechten nun dem Publikum zugewandt
9	ist)) (.) °that my algorithm° ((Pointergeste auf die zwölf kleineren
10	Heatmaps, mitte/oben in Abb.16)) (.) >my compression algorithm< °finds°.
11	(1.0) ((Blick zurück auf Folie und Pointergeste auf die Heatmap oben
12	rechts von Abb.16)) **AND:::** >this is the linear combination of those twelve
13	features,< (.) The (.) 1-square-error is (.) somewhere:: ((Blick in die
14	obere, rechte Raumecke, versonnen)) °in the range of (.) ten: to: minus:
15	nine or so.° ((wendet sich wieder stärker der Folie zu, versonnener
16	Ton)) And it's ((leiernd)) really, really really close. And ((kreisende
17	Pointergeste auf die Heatmap oben links in Abb. 16)) when you really?
18	compare those things here (…)((Blick zurück zum Publikum)) there is
19	really, ((blickt zwischen Folie und Publikum hin und her, endet auf der
20	Folie; begleitet sich dabei mit einer Hin- und Her-Bewegung seiner rechten
21	Hand)) (.) °You can't find a difference with the eye ((blickt nochmals
22	zum Publikum und zurück)) between those two functions anymore.° (VID_1)

---

[29] Die Transkription lehnt abermals an Rendle-Short (2006) an. Die formale Gestaltung des Transkript wie zuvor: Die Rede ist hervorgehoben und Passagen der Zuwendung zur Folie sind grau hinterlegt.

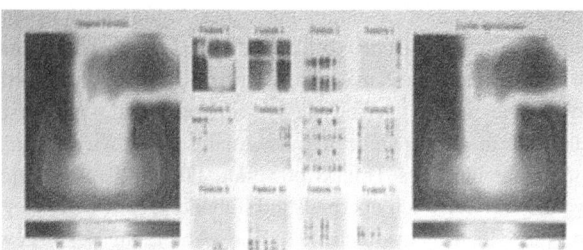

Abbildung 4.14 Ausschnitt, obere Hälfte von Abbildung 4.13

In der transkribierten Sequenz (Z. 1–22), die einen Monolog darstellt, da Axel keine Nachfragen gestellt bekommt und nicht unterbrochen wird, erklärt er sein Vorgehen bei der Komprimierung und die Wirkung des von ihm zu diesem Zweck entwickelten Kompressionsalgorithmus, den er als Resultat seiner Arbeit präsentieren möchte. Dazu bedient er sich statistischer Heatmaps, einer Visualisierungsweise, „die an das Bild einer Wärmebildkamera erinnert und zweidimensionale Korrelationen mittels unterschiedlicher Farben leicht einsichtig macht. Entsprechend dem Vorbild des Wärmebilds werden Rottöne i. d. R. für hohe, Blautöne dagegen eher für niedrige Werte gebraucht. Eine verbindliche Konvention gibt es innerhalb der CNS aber nicht" (ebd., S. 266).[30] Schauen wir uns, bevor wir zu Axels Ausführungen kommen, zunächst seine Folie noch etwas genauer an: In der oberen Hälfte befinden sich zwei große sowie zwölf kleinere Wärmebilder (Abbildung 4.14). Das linke große Bild stellt eine Heatmap der ursprünglichen Funktion dar. Die kleineren Wärmebilder in der Mitte bilden die zwölf Hauptkomponenten ab, die Axel durch seinen Kompressionsalgorithmus gefunden hat. Das große Bild oben rechts schließlich repräsentiert die Linearkombination der zwölf komprimierten Hauptkomponenten, Axels Ergebnis.

Die Schluss-Sequenz aus Axels Group-Talk weist eine dreigliedrige Struktur auf: Im ersten Abschnitt (Z. 1–13) objektiviert Axel die relevanten Elemente seiner Argumentation in gesprochener Sprache. Im Vergleich zu vorangegangenen Sequenzen dominiert dabei durchgängig ein mathematisch geprägter fachlicher

---

[30] Später erläuterte Axel, die Farbe Rot stünde für höchste Werte, die Farbe Blau hingegen für Werte von fast Null bis Null. Allerdings spielten diese Werte keine Rolle, da es sich lediglich um Beispieldaten handle. Tatsächlich habe er diese aus ästhetischen Gründen ausgewählt, da er die spiralförmige Anordnung, die sich bei der Darstellung der Daten als Heatmap ergibt ‚kind of beautiful' fand.

Kode. Axel nimmt Bezug auf Termini aus der Statistik, genauer aus der Regressionsanalyse bzw. der linearen Algebra. Einzeln geht er so die Begriffe „value functions" (Wertfunktionen), „original function" (Ursprungsfunktion), „features" (Merkmale/ Komponenten) und „linear combination" (Linearkombination) durch, wobei er sein methodologisches Vorgehen in knappen Sätzen beschreibt.[31] Im zweiten Abschnitt der Sequenz (Z. 13–15) nimmt Axel auf einen statistischen Kennwert Bezug („l-squares-error"), den er hinsichtlich seiner regressionsanalytischen Schätzung (Least Squars Method) dazu gebraucht, um näherungsweise die Abweichung der von ihm gewählten Funktion (Linearkombination aus den zwölf Wertfunktionen) von den tatsächlichen Datenpunkten (Ursprungsfunktion) zu bestimmen. Dieser Wert, der „l-square error", sei sehr klein. Das bedeutet, seine Funktion ist „really, really close" in Bezug auf die Ursprungsfunktion. Im dritten und letzten Abschnitt der Sequenz (Z. 16–22) wendet sich Axel wieder den Visualisierungen selbst zu und thematisiert an ihnen ausführlich die visuelle Evidenz, die seine Heatmaps in Bezug auf die methodologische Güte seiner Kompression liefern.

Betrachten wir zunächst Axels Performanz während dieser drei Abschnitte etwas genauer: Zu Beginn seiner Ausführungen steht er vom Publikum aus gesehen links neben der an die Wand projizierten Digitalfolie. Während der ersten Sätze blickt er das Publikum so noch frontal an (face formation). Mit dem Bezug auf die inhaltlichen Aspekte seines Vortrags wendet er sich für einen Augenblick vollständig seiner Folie zu (Z. 4–6). Dabei hält er einen Laserpointer in seiner rechten Hand und weist damit auf die jeweils seinen Worten entsprechenden digital visualisierten Objektivationen auf der Folie. Während er so schrittweise die relevanten Begriffe durchgeht, bedient er sich zahlreicher Pronomen („these", „they", „this"). Die Hinwendung zur Folie löst er erst wieder auf, als er zum Höhepunkt des ersten Abschnitts der vorliegenden Sequenz gelangt, zu seinen Resultaten („features" und ihre „linear combination"). An dieser Stelle nimmt er die für Präsentationen typische *Körperformation* (Knoblauch 2007, 126–133) ein, „die den Körper in eine Halbstellung bringt" (ebd., S. 127). „Er weist mit seiner Vorderseite zwischen das Publikum und die Leinwand" (ebd.) und tritt so als Vermittler zwischen sich, die anderen und die visuellen Objektivationen, die er in der Präsentation zeigen möchte (Triade des kommunikativen Handelns; Abschnitt 2.2.1). Im zweiten und dritten Abschnitt der Sequenz bleibt Axel in

---

[31] In Regressionsmodellen dient die Auswahl von speziellen Komponenten („features") aus der ursprünglichen Datengrundlage dazu, die mathematische Komplexität des Modells zu verringern.

Körperformation, sodass er fortgesetzt den Konnex zwischen den Objektivationen seiner Arbeit und den anderen performativ herstellt. Hierbei wechseln auch
seine Blicke und Gesten laufend zwischen den Visualisierungen auf der Folie und
dem Publikum hin und her.

Anhand der visuellen Repräsentationen macht er das Ergebnis seiner Arbeit
für die anderen Teilnehmer/-innen des Group-Talks so buchstäblich evident: Er
weist im Wortsinn darauf hin, dass sein Kompressionsalgorithmus, dem bloßen
Augenschein nach (Z. 21: „with the eye"), gemäß seinen Ausführungen funk-
tioniere. Den letztgültigen Beweis der Güte führt er dabei maßgeblich anhand
der visuellen Übereinstimmung der linken mit der rechten Datenrepräsentation,
also den Heatmaps der ursprünglichen und der komprimierten Daten. Er macht
die anderen, während er die Visualisierungen mit ihnen betrachtet, sprachlich auf
diese ‚Gleichheit', auf die visuelle Ununterscheidbarkeit aufmerksam und fordert
sie dazu auf, sich selbst zu überzeugen: „when you really? compare those things
here" (Z. 17–18). Mit diesen Worten formuliert Axel mit gesprochenen Worten
den Imperativ, dem er auch mit seinen hin- und hergleitenden Blicken und Gesten Ausdruck verleiht, nämlich seine Kolleg/-innen mögen seine Argumentation
selbst unmittelbar visuell überprüfen.

Dabei nimmt er das Ergebnis der Überprüfung, zu der er so energisch auffordert, vorweg: Mit seinem ‚wenn ihr wirklich' („when you really") im Kontext
von „compare those things", insinuiert er, dass, wenn man es (den Vergleich:
„compare") richtig anstelle, zu keinem anderen Urteil gelangen könne wie er
selbst. Dass es sich bei den Worten „when you really? compare those things here"
(Z. 17–18) um etwas anderes als eine Einladung zum selbstständigen Nachvollzug
seiner visuellen Beweisführung handelt, wird zudem durch die darauf folgenden
Worte von Axel deutlich: Er fährt zunächst mit ‚es gibt wirklich' („there is really"; Z. 18–19) fort, korrigiert sich dann aber zu „you can't find a difference
with the eye" (Z. 21). Es hat dabei den Anschein, als habe er ursprünglich
damit fortfahren wollen, zu sagen, dass es wirklich keinen visuell zu erken-
nenden Unterschied zwischen beiden Visualisierungen gibt („there is really").
Dann unterbricht er diesen Satz allerdings, sodass die Aussage Fragment bleibt.
Spätestens aber durch den vollständigen Zusatz: „You can't find a difference
with the eye" (‚Ihr könnt mit bloßem Auge keinen Unterschied finden', Z. 21),
entpuppt sich die anfängliche Aufforderung zur Überprüfung als geschickte Rhe-
torik: Axel gibt das Ergebnis der Überprüfung, zu der er seine Kolleg/-innen
auffordert, gemeinsam mit dieser Aufforderung sogleich vor und schließt sein
Publikum dabei in seiner Bild-Kommunikation an das eigene Urteil an. So nutzt
er im Rahmen seines präsentationalen Wissens die Überzeugungskraft des Visuellen (Latour 1990), der er sprachlich und performativ Ausdruck verleiht: Er ist

sich bewusst, dass die Objektivation seiner Argumentation, in Form der von ihm erstellten und nebeneinander arrangierten Heatmaps auf der von ihm vorbereiteten und an die Wand projizierten Digitalfolie, buchstäblich ‚im Raum steht' und daher von niemandem bestritten werden kann.

Mit den Worten „The l-square-error is somewhere in the range of ten to minus nine or so. And it is really, really close" (Z. 13–16) nimmt Axel zusätzlich auf einen statistischen Koeffizienten Bezug, der bei linearen Regressionen dazu dient, die Abweichung zwischen einem wahren und einem vorausgesagten Wert zu ermitteln. Durch das Datenbeispiel wird daher auch deutlich, dass Axel die Güte seines Kompressionsalgorithmus nicht allein durch einen Bildervergleich und seine sprachliche Ausführung kommuniziert. Dass es nicht zu Einsprüchen und Dissensmarkierungen kommt, liegt vielmehr auch daran, dass unter den Teilnehmer/-innen der Forschungsgruppe, insbesondere bei Wolf, ein priorisiertes Formalwissen besteht, auf das Axel in der Sequenz ausdrücklich Bezug nimmt und auf das die visuellen Darstellungen lediglich hinweisen. Die Bedeutung der Kennziffer, die Axel der Aufforderung zum Vergleich vorausschickt, wird erst vor dem Hintergrund eines weitgehend geteilten bzw. vorausgesetzten Wissens (hier: um quantitative Datenanalyseverfahren) ‚objektiv'. Sie stellt dabei die mathematische Grundlage dafür dar, wieso die in Form von Heatmaps präsentierten Funktionen optisch nicht zu unterscheiden sind und untermauern diesen Befund so mit formaler Autorität (vgl. Abschnitt 4.2.1).

Typisch für die Bild-Kommunikation im Group-Talk ist (vgl. Abschnitt 4.2.1 und 4.2.2), dass, neben der digitalen Repräsentation von Forschungsansätzen, -modellen und -ergebnissen, ein entsprechendes präsentationales Wissen erforderlich ist, durch das sich das intersubjektive Verstehen visuell erst einstellen kann. Dieses Wissen, als wesentlicher Bestandteil der Binnenstruktur des Group-Talks, umfasst sowohl die Fähigkeiten, visuelle Kompetenz, fachspezifische Repräsentationsordnungen und Sehgewohnheiten der jeweils anderen Anwesenden zu antizipieren, als auch entsprechende Formen auswählen zu können (Rezipient/-innendesign).

In Axels Schlusssequenz zeigt sich, dass die Visualisierungen, die er gewählt hat, selbst Visualisierungen von Repräsentationen (numerisches Korpus) und keineswegs, wie in den vorangegangen Beispielen, Abbildungen von Gegenständen sind. Statistische Bilder, die für die Ergebnisdarstellung im Group-Talk der beobachteten CNS-Forschungsgruppe typisch sind, werden, im Gegensatz zu den in der Regel analogisch eingesetzten Alltagsbildern zur Erläuterung von Forschungsansätzen, von den Akteuren im Feld, wie auch hier von Axel, selbst hergestellt, wodurch ein weiterer Aspekt des präsentationalen Wissen (Herstellung entsprechender Visualisierungen) zum Ausdruck kommt. Bilder müssen also nicht nur ausgewählt oder zusammengestellt, sondern auch produziert werden, sodass sie dem Zweck der Bild-Kommunikation im Group-Talk genügen. Während die Hauptsprecher/-innen des Group-Talks immer dann vor besonderen Herausforderungen stehen, wenn sie mit ihren Ausführungen zu ihren Forschungsansätzen und -modellen den interdisziplinären Kontext der CNS und damit der Forschungsgruppe adressieren müssen (Abschnitt 4.2.1 und 4.2.2), kann sich die Darstellung von Ergebnissen dabei auf einen Bildtyp verlassen, der mit in der Gruppe priorisiertem formalen Wissen verknüpft ist (Statistik).

Sowohl in der Nutzung und Herstellung von Bildern als auch in der richtigen Auswahl und Zusammenstellung von Visualisierungen sowie nicht zuletzt in der sprachlichen Adressierung des richtigen Wissens kommt in der CNS präsentationales Wissen zum Ausdruck. Gelingende Wissenskommunikation entspringt dabei jeweils aus dem Zusammenspiel unterschiedlicher Wissensformen (Alltagswissen, visuelles Wissen, formales Wissen). Wie diesen letzten Abschnitt des Group-Talks, zeichnet auch seine typischerweise vorangegangenen Abschnitte (Einleitung und Modell) aus, „dass hier ein von Wissen geleitetes Sehen relevant wird, dessen Wissensgrundlage von allen geteilt wird" (Wilke, Lettkemann und Knoblauch 2018, 267). Dabei zielt präsentationales Wissen in der Ergebnisdarstellung zwar häufig auf die Integration von visuellem Wissen und Statistik ab, ist aber, wie wir in den Analysen der vorangegangen Episoden sehen konnten, keineswegs darauf beschränkt. In allen Fällen erweist sich das präsentationale Wissen für die Wissenskommunikation im Group-Talk als essenziell: Es zielt "nicht auf die Abbildung eines epistemischen Objekts", sondern erlaubt „Wissen auf eine Weise auf[zuzeigen; R.W.], die es für andere verwendbar macht" (ebd., S. 246). Vor dem Hintergrund dieser Zweckbestimmung ist das präsentationale Wissen daher elementar für die Wissenskommunikation der beobachteten CNS-Forschungsgruppe und von vitaler Bedeutung für die binnenstrukturelle Verknüpfung des Group-Talks zu einem gattungsanalytischen Gesamtmuster.

4.2.4 Resümee

Die Binnenstruktur umfasst die zeichenhaften linguistischen und visuellen Elemente des Group-Talks, einschließlich des Wissens, diese gattungstypisch anzuwenden. In der Analyse zeigte sich, wie stark der Group-Talk binnenstrukturell, auf Grundlage der englischen Sprache als Lingua Franca (ELF) und dem unentwegten Übersetzen zwischen verschiedenen Fachjargons, von präsentationalem Wissen geprägt ist. Die drei typischen, konsekutiv aufeinanderfolgenden Episoden des Group-Talks, *erstens* Erläuterung der Bedeutung von eigenen Ansätzen,

zweitens von Modellen und *drittens* die Evidenzerzeugung von Forschungsergebnissen, hängen maßgeblich von dem Wissen ab, welche Visualisierungsformen
gewählt, welches (Visualisierungs-)Wissen und welche Sehgewohnheiten bei den
Rezipient/-innen antizipiert werden und schließlich, ob ein spezifischer Ansatz
oder ein Forschungsergebnis überhaupt (bild-)*kommunikativ* darstellbar ist. Entsprechend haben sich für die typischen drei Teilepisoden des Group-Talks jeweils
korrespondierende Bildtypen, nämlich *Alltagsbilder*, die für Analogien eingesetzt
wurden (Ansätze), *kybernetische Darstellungsweisen* (Modelle) sowie *statistische
Visualisierungen* (Ergebnisse) etabliert. Das Rezipient/-innendesign, als Teil des
präsentationalen Wissens, umfasst dabei nicht nur die Auswahl und die Herstellung von Visualisierungen, sondern bezieht auch die Sprache mit ein. Dazu
gehört sowohl die schrittweise Erläuterung eigener Ansätze im Sinne absteigender
begrifflicher Komplexität als auch die Verwendung von Alltags- und Fachsprache
(z. B. Statistik).

Das präsentationale Wissen darum, wie Wissen kommuniziert werden kann,
sodass andere es verstehen und nutzen können, die korrespondierenden Objektivierungen und Objektivationen in Form von intelligent vereinfachender Sprache
und unterschiedlichen Visualisierungstypen, stellen das markanteste Merkmal der
Binnenstruktur des Group-Talks dar. In den Interviews belegen die Forscher/-
innen, dass dieses Wissen explizit ist, d. h. dass sie es bewusst in ihrer
Bild-Kommunikation zum Einsatz bringen. Die derart angeleitete Kombination
von visuellen und sprachlichen Registern ist das wesentliche Tool in der Bewältigung der feldtypischen Herausforderungen und daher im Feld tief verankert.
Das kam auch anekdotisch, z. B. in einem Nebengespräch mit zwei Feldteil-
nehmerinnen zum Ausdruck, die uns irritiert berichteten, einmal hätten sie eine
interdisziplinäre Konferenz besucht, auf der auch Sozialwissenschaftler/-innen
ihre Arbeiten vorstellten. Allerdings seien deren Vorträge, wie sie schmunzelnd
eingestanden, äußerst ‚langweilig‘ („boring") gewesen, da diese keine Bilder
gezeigt und im Übrigen schlicht ihre vorbereiteten Manuskripte vom Papier abge-
lesen hätten. Für die beiden Forscherinnen in der CNS dokumentierte diese Praxis
offensichtlich einen Mangel, eine Schlichtheit in der Ausstattung des zum Einsatz
gekommenen binnenstrukturellen Werkzeugkastens, die sie zu erstaunen schien.

4.3 Der Group-Talk und seine situative Realisierung[32]

Nach der empirischen Analyse der Binnenstruktur folgt in diesem Kapitel abschließend die Analyse der Merkmale der *situativen Realisierung* des Group-Talks. Dazu werde ich zwei im Rahmen unserer Videographie aufgezeichnete Einschubsequenzen genauer betrachten. Die Episoden wurden von mir in Hinblick auf ihre exemplarische Typizität für die situative Realisierung des Group-Talks ausgewählt. Sie bringen die beschriebenen, charakteristischen Eigenarten der Gattung in situ auf den Punkt. Aus Anonymisierungsgründen wurden auch die im Folgenden wiedergegebenen Momentaufnahmen aus der Videographie nachzeichnend bearbeitet (Wilke 2018).

4.3.1 Talk in Interaction I: Die kollektive Erzeugung von Konsens

(VID_2: Sequenz 41:08–44:05)
Björn, der Hauptsprecher des Group-Talks aus dem die kurze Sequenz stammt, die zunächst betrachtet werden soll, ist Psychologe und Neurowissenschaftler, der vor seiner Partizipation an Wolfs Forschungsgruppe bereits in den USA und Frankreich an CNS-Forschungsgruppen beteiligt war. Björn ist uns bereits kurz in Abschnitt 4.1.2.2 begegnet. Er arbeitete als Postdoktorand mit experimentellen Daten in der beobachteten Forschungsgruppe. Im Vorlauf der Einschubsequenz hat er bereits den Rahmen seiner Forschung skizziert: Mittels eines statistischen Verfahrens (Principal Component Analysis, kurz PCA) re-analysiert er verhaltensexperimentelle Daten, die mit Hilfe von Zellableitung (cell recording) im visuellen Kortex von wachen Affen erhoben wurden. Technisch basiert diese Form der Datenerhebung auf sehr feinen Elektrodenleitern, die in das Hirngewebe eingebracht werden. So ist eine Messung im Bereich der fraglichen Neuronen theoretisch Zell-genau möglich. Im Rahmen der Datenerhebung wurden die Erregungszustände von ca. 100 Zellen je Versuchstier gleichzeitig gemessen. Den Versuchstieren wurden während der Experimente visuelle Stimuli präsentiert. Wegen der hohen Datenrate der neuronalen Informationsverarbeitung (gemessen

---

[32] Der folgende Abschnitt basiert z. T. auf der frühen Version eines Textes, den ich als Erstautor gemeinsam mit Eric Lettkemann publiziert habe (Wilke und Lettkemann 2018). Selbstredend verwende ich an dieser Stelle ausschließlich solche Textelemente aus dieser frühen Textversion, die ausschließlich von mir selbst verfasst wurden. Übernahmen aus anderen Passagen werde ich als Zitate kennzeichnen.

in spikes) wurden pro Versuchslauf ca. 6000 Messpunkte erhoben. Der Datensatz umfasst je 400 Versuche an zwei unterschiedlichen Versuchstieren. Das statistische Verfahren dient also auch hier, wie bereits im Fall der zuvor analysierten Sequenz aus dem Group-Talk des Informatikers Axel (Abschnitt 4.2.3), der Datenreduktion, mit dem Ziel aussagekräftige Werte zu extrahieren. Als Ergebnis der PCA zeigt Björn schließlich eine zweidimensionale Visualisierung von drei komprimierten Hauptkomponenten des ursprünglichen Datensatzes von insgesamt 4,8 Millionen Datenpunkten. Diese Art von statistischen Visualisierungen ist erfahrungsgemäß schwer zu lesen. Mit der nächsten Folie seiner digitalen Präsentation möchte er daher eine andere Visualisierung der bereits durch die PCA ‚geglätteten' Daten vorschlagen. Die folgende Einschubsequenz beginnt, als Björn eine Taste auf seinem Laptop bedienen möchte, um die Folie seiner digitalen Präsentation zu wechseln (siehe Abbildung 4.15). Wegen einer Nachfrage stoppt Björn allerdings und seine Präsentation verharrt auf der zuvor besprochenen Folie. (Hier füge ich das von mir erstellte Transkript aus dem Videodatum abschnittsweise ein. Der Auszug ist ca. 2:57 min. lang. Für die Transkriptionszeichen, die ich verwende, verweise ich wieder auf Tabelle 1.1.)

Abbildung 4.15 Björn möchte die Folie seiner digitalen Präsentation wechseln, als er vom Gruppenleiter Wolf eine weitere Nachfrage gestellt bekommt

```
1   Wolf:    sorry, but i'm (.) °maybe i'm a bit slow° (.). but i still, (.)
2            initially I thought that. >so what's going into the pca<, what
3            kind of vector?
4   Björn:   ((zeigt auf die Digitalfolie an der Wand)) THEse vectors. SO,
5            here i'm coding for four different cells, so i'm using 100 sepa-
6            rate lines and each of them is the smoothed firing rate of ONE
7            cell and THIS will be one column in my matrix.
8   Wolf:    ((an Axel gerichtet)) which vectors,
9   Axel:    ((an Wolf gerichtet)) THESE vectors. ((gestischer Verweis auf
10           einen Bereich auf der projizierten Digitalfolie))
11  Wolf:    ((an Axel gerichtet)) but then ((zeigt auf einen bestimmten Punkt
12           auf der Folie)) you get these pc::s?
```

Zu Beginn der Einschubsequenz wendet Björn, der soeben die Folie wechseln wollte, seine Aufmerksamkeit dem Forschungsgruppenleiter Wolf zu, da der eine Nachfrage an ihn richtet (Z. 1–3). Dabei zeigt sich der Werkstattcharakter des Group-Talks sogleich in zweierlei Hinsicht: *Erstens* wird dieser in Wolfs unvermittelter Nachfrage deutlich, für die dieser sich an Björns Performanz, d. h. dem körperlichen Vollzug seines Talks orientiert. (Interaktionsanalytisch ist die Wahl des Zeitpunkts dabei kein Zufall. Tatsächlich nutzt Wolf eine ikonische Körperhaltung von Vortragenden bei PowerPoint-Präsentationen (Wilke und Hill 2019), die Björn in diesem Moment einnimmt und die uns auch später (Abschnitt 4.3.2) noch einmal begegnen wird). Die gattungstypische Symmetrie von Sprecher/-innen- und Zuhörer/-innenrolle zeigt sich zudem darin, dass auch der Informatiker Axel sich unangekündigt selbst zum nächsten Sprecher kürt (Z. 9) und anstelle von Björn das Wort ergreift, um das Problem zu lösen. Dass dies keine reparaturbedürftige Störung des Ablaufs darstellt, sondern es sich um eine typische ‚Werkstattsituation' handelt, zeigt Björn *zweitens* dadurch, dass ihn die Zwischenrufe nicht zu irritieren scheinen. Vielmehr nutzt er seinerseits die Gelegenheit, um an das Whiteboard zu treten und die betreffenden Punkte auf andere Art zu repräsentieren (Abbildung 4.16). Spontan öffnet er dabei die vorentworfene lineare Produktionsweise der digitalen Präsentation zugunsten einer dynamischeren Darstellungsweise am Whiteboard und illustriert so, gleichsam die Black Box seiner bisherigen Darstellungsweise öffnend, ein typisches Strukturmerkmal der situativen Realisierung des Group-Talks als ‚CNS-Werkstatt'.

Abbildung 4.16 Björn möchte sein Vorgehen mittels einer skizzierten Matrix am White-board erläutern

```
13   Björn:    ((geht zum Whiteboard und zeichnet eine Matrix; Abb. 28, oben
14             rechts)) >the x-axis is basically the number of data points and
15             on the y-axis you have the firing rate of each data point<. (.)
16             so each line is one
17             [ (…)
18   Wolf:     [ (…)
19   Björn:    so it's (.) so this is the matrix in our (…). so i'm having here
20             ((im Folgenden seine Emphasen mit Zeigegesten auf die Matrix
21             (Abb. 28, oben rechts) begleitend)) unit one, unit two, unit
22             three time one, two to the end. so the time will be (…) here on
23             the graph from zero to 6000. and the units are unit one to 104.
24             so i'm looking at the °co-variations° of the °firing rates° of
25             the different units over time. so if ((auf einzelne Matrixposi-
26             tionen weisend)) this unit fires? a lot and this unit fires a lot
27             here? but not here?, then i'm having a large co-variance. and i'm
28             trying to distract these joint variations in firing rates for
29             different units. and so i'm wondering for example,
30   Wolf:     so, °each vector is a component (over time instances) (.) and
31             every unit is a vector?
32   Björn:    no, every unit is a single number. SO ((abermals auf einzelne
33             Matrixpositionen weisend)) this would be for example 17? spikes,
34             20? spikes, 5 spikes.
35   Wolf:     and for another (group)?
```

Nachdem Björn zum Whiteboard gegangen ist (Z. 13) wendet sich die Gruppe seitlich, um ihn bei der Aufschrift einer Matrix betrachten zu können (Abbildung 4.16, oben rechts). Allerdings liefert auch diese neue Darstellung (Z. 14–29) nicht unmittelbar die von Wolf eingeforderte Erklärung des Vorgehens von Björn bei der PCA. – In einem Elizitationsinterview, das wir im Anschluss an die hier videographierte Episode mit Björn durchführten, erläuterte er, dass sich seine Darstellung an einer in seiner Ursprungsdisziplin (Psychologie) geläufigen sozialwissenschaftlichen Konvention orientierte, die dem Physiker Wolf ad hoc nicht geläufig war: Je nach Lehrbuch, sagte uns Björn, würden unterschiedliche Informationen in die Hauptkomponenten („principal components") einfließen, sodass, je nach Fachhintergrund, unterschiedliche Interpretationen, sowohl des Begriffs als auch der Matrix möglich seien. – Abermals, nachdem Wolf zwei weitere Verständnisfragen stellt (Z. 30–31, 35) wählt sich Axel selbst zum nächsten Sprecher:

Abbildung 4.17   Axel bittet um den Stift und führt seine Erläuterung am Whiteboard aus

```
36   Axel:     ((steht auf und begibt sich zu Björn an die Tafel. Dort bittet
37             er ihn gestisch, mit ausgestrecktem Arm, um den Stift)) may:: i?
38   Axel:     °i got the question very easy°, you have to do it more mathemat-
39             ically. ((nimmt einen Stift und beginnt auf der Tafel zu
40             schreiben; linke Hälfte))) this is X. are we talking about XᵗX
41             or are we talking about XXᵗ?
42   Björn:    ((wendet sich selbst der Tafel zu)) i'm talking (.) so this is
43             X. (1.0) so I am talking about XᵗX. and the dimensionalities are
44             ((schreibt; rechte Hälfte)) 104 times 104.
45   Axel:     °and then basically over time and each vector of units is one
46             data point°.
47   Björn:    yeah.
48   Axel:     and then the temporal structure is >completely irrelevant<. ex-
49             cept for smoothing.
50   Björn:    yeah
```

Axel ‚springt' Björn im Wortsinn zur Seite (Z. 36–37) und fordert ihn höflich auf (Z. 37: „may i?"), die Hauptkomponenten ‚mathematischer' zu definieren (Z. 38–39) (Abbildung 4.17). Zu diesem Zweck schreibt er daraufhin, mit einem anderen Stift, da der noch über die Matrix nachdenkende Björn nicht schnell genug auf seine Geste reagieren kann, zwei Funktionen an das Whiteboard (Z. 39–40), die unterschiedliche Interpretationen der Hauptkomponenten repräsentieren. Er fragt hierauf Björn, welche Interpretation die richtige sei (Z. 40–41). Auf Grundlage dieser mathematischen Reformulierung der ursprünglichen Fragestellung von Wolf übernimmt Axel in dieser Situation spontan die Rolle des Übersetzers zwischen den unterschiedlichen fachlichen Herangehensweisen. Indem er sein Vorgehen einer der beiden von Axel vorgeschlagenen Funktionen zuordnen kann (Z. 43), gelingt es Björn nun auch tatsächlich, Wolfs Frage zu beantworten, welche Größen in die PCA eingeflossen sind. Das Ende der Einschubsequenz markiert eine kurze Abfolge von Redezügen zwischen Axel und Björn (Z. 45–50). Axel rekonstruiert dabei aus Björns Klarstellung das zur Diskussion gestandene Vorgehen von Björn und leitet daraus eine positive Implikation seiner Methodik ab (Z. 48), was dieser jeweils mit einem kurzen „yeah" (Z. 50) ratifiziert.

Typisch an der ausgewählten Sequenz ist ihre hochgradig dialogisch-argumentative Struktur, die es den Teilnehmenden des Auditoriums erlaubt, jederzeit und unangekündigt Nachfragen an die Hauptredner/-in zu stellen oder Kritik zu äußern und so Einschubsequenzen zu initialisieren. Ebenso typisch für den Group-Talk als Werkstatt der CNS ist zudem, dass Björn die Nachfragen nutzt, um erstens spontan ein neues Repräsentationsmedium (Whiteboard) zu wählen und dabei zweitens die ‚Oberflächenversiegelung' seiner auf PowerPoint-Folien vorentworfenen Forschungsergebnisse für die Nachfragenden in situ nochmals zu öffnen.

An dieser Stelle möchte ich den Group-Talk erneut, anhand Goffmans Arbeit zu den *Forms of Talk* (1981), mit dem *Vortrag* (Abschnitt 3.1.5) vergleichen, der ein Kommunikationsereignis darstellt, das Ähnlichkeiten, wie sich hier allerdings zeigt, auch erhebliche Unterschiede zum Group-Talk aufweist. Goffman zufolge ist Aufgabe des Vortrags die Herstellung eines „calmly considered understanding" und nicht etwa „emotional impact, or immediate action" (ebd., S. 165):

> A lecture, then, purports to take the audience right past the auditorium, the occasion, and the speaker into the subject matter upon which the lecture comments. (ebd., S. 166)

Im Zentrum des Vortrags steht demnach die Narration der Vortragenden, in deren Verlauf das Publikum ganz in deren Sinnwelten eintauchen soll. Dies entspricht unseren Beobachtungen eines zur Kontrastierung videographisch erhobenen geisteswissenschaftlichen Kolloquiums. Für den Vortrag ist vor allem die stimmliche Vortragsweise, eine möglichst geschliffene Stimmproduktion, zentral. Ganz in diesem Sinne bezeichnet Goffman ihn folgerichtig als ein ‚Sprechereignis' (ebd.). Als solches, so Goffman, sei der Inhalt dem Vortrag völlig äußerlich (ebd., S. 172). Der Text, der zum Zweck des Vortragens auswendig gelernt würde, könne nämlich, so argumentiert er, grundsätzlich auch als Druckerzeugnis rezipiert werden. Spezifisch für die situative Realisierung des Vortrags sind demnach vielmehr die Unabwägbarkeiten, die durch die Face-to-face-Situation entstünden und so zur Textreproduktion der Vortragenden hinzutreten würden (ebd., S. 172 f.). Das Besondere, das die Teilnehmenden des Auditoriums im Vortrag erhielten, sei daher auch, wie Goffman sich ausdrückt, die Verpackung und nicht der Kuchen: „the box, not the cake" (ebd., S. 173).

Betrachtet man zum Vergleich die zerklüftete Ablaufstruktur des vorangegangenen Beispiels aus einem typischen Group-Talk, so liegt evtl. die Frage nahe, wieso die Gruppe nicht eine andere Kommunikationsform, etwa den klassischen Vortrag, wählte. Die GA liefert hierauf eine klare Antwort. Vergleicht man Group-Talks und Vorträge hinsichtlich ihrer Funktion, dann wird deutlich, dass die beobachtbaren Unterschiede auf den jeweiligen außen- und binnenstrukturellen Kontext (Abschnitt 4.1 und 4.2) hindeuten: Vor diesem Hintergrund erweisen sich die Merkmale (Dialogizität, Spontanität, Werkstattcharakter), die sich in der oben analysierten typischen Sequenz zeigen, als höchst funktionale Elemente des Group-Talks. Rekapituliert man im Kontrast dazu die Auszüge aus Goffmans

Analyse des Vortrags, so wird deutlich, dass dieser eine maßgeblich *re*präsentative Funktion hat, die sich für die Zuhörenden in Form einer gelungenen Darbietung, für die Vortragenden (sowie die ausstattende Institution) als Prestigegewinn bezahlt machen kann. Goffman nennt zahlreiche Techniken, wie etwa das „textual self" (ebd.), derer sich Vortragende in ihrer Redeweise bedienten, um die Teilnehmenden des Auditoriums, bis auf weiteres, in die Rolle stiller Zuhörer/-innen zu bannen:

> [T]he textual self, that is, the sense of the person that seems to stand behind the textual statements made and which incidentally gives these statements authority. Typically this is a self of relatively long standing, one the speaker was involved in long before the current occasion of talk. This is the self that others will cite as the author of various publications, recognize as the holder of various positions, and so forth (ebd., S. 173 f).

Die Rolle des Text-Selbst ermöglicht die Erzeugung und Aufrechterhaltung einer Asymmetrie zwischen dem oder der Vortragenden und dem (stillen) Auditorium. Im Text-Selbst spricht eine hochgradig idealisierte Person, die Legitimität, Wissenschaftlichkeit und die diskursive Autorität der Wissenschaft besitzt und in situ praktisch behauptet:

> Their speaking presupposes and supports the notion of intellectual authority in general: that through the statements of a lecturer we can be informed about the world. Give some thought to the possibility [...] that after a speech, the speaker and the audience rightfully return to the flickering, cross-purposed, messy irresolution of their unknowable circumstances (ebd., S. 195).

Gegensätzlicher könnten Ablauf und Funktion des Group-Talks sich hierzu kaum darstellen. Er dient, wie wir sehen konnten, keineswegs dem Ziel ‚ruhiges' oder gar ‚beruhigendes' Verstehen zu erzeugen, bevor die Teilnehmenden wieder in ihre „flickering, cross-purposed, messy [...] circumstances" entlassen werden. Im Gegenteil: Der Group-Talk ist zuweilen selbst Ort und Zeit der systematischen Verunsicherung, in Goffmans Worten eine ‚flimmernde, sich überkreuzende, chaotische Situation'. Indem die Hauptsprecher/-in, den Merkmalen der situativen Realisierung des Group-Talks ‚gehorchend', den weiteren Teilnehmenden eine aktive Rolle in der Kommunikation einräumt, kommt das in der Gattung institutionalisierte Ziel zur Realisierung, Wissenskommunikation zu ermöglichen, d. h. Behauptetes in Frage stellen zu können, um so geteiltes Wissen herzustellen. Der Konsens ist daher idealiter Produkt des Talks, nicht, wie für den Vortrag, seine Voraussetzung. Dieses Charakteristikum des Group-Talks wird in der folgenden Episode besonders deutlich, wo es, im Gegenteil zur raschen Ratifizierung der Einschubsequenz aus dem Beispiel im Rahmen von

Björns Group-Talk (wechselseitiges „Yeah!"), konsekutiv zu mehreren Expansionen bzw. Dissensepisoden kam. Der Fall illustriert dabei besonders eindrücklich, vor welchen Hürden die Hauptsprecher/-innen im Group-Talk stehen und welche Bedeutung die situative Realisierungsebene für die Gattungsförmigkeit des Group-Talks besitzt. Hauptsprecher ist abermals Axel (vgl. Abschnitt 4.2.2). (Da der Datenausschnitt sehr lang ist (ca. 06:29 min.) und nicht alle besprochenen Inhalte für das Verständnis der hier angestellten Analyse relevant sind, bediene ich mich im Folgenden zunächst einer stark zusammenfassenden Wiedergabe der Redebeiträge.)

4.3.2 Talk in Interaction II: Dissens[33]

(VID_1: 12:05–18:34; gekürzte Wiedergabe)

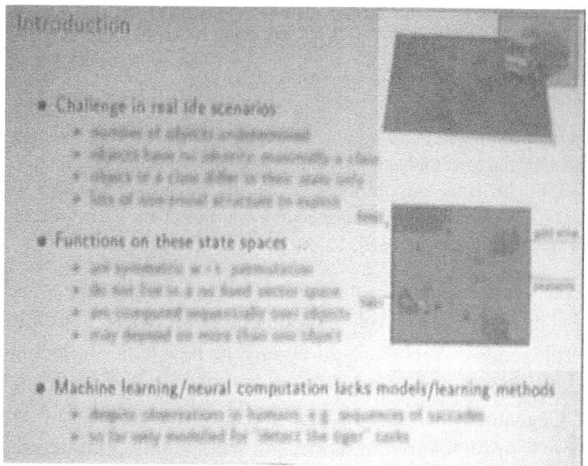

Abbildung 4.18 Die Einleitungsfolie mit Spiegelstrichen (li.) und *Visualisierungen* (re.); Textelemente wurden teilweise unkenntlich gemacht – Zu sehen sind zwei Grafiken (oben V1, unten V2), die Axel zur Veranschaulichung einer Analogie dienen

---

[33] Der Folgende Abschnitt basiert auf Auszügen eines Textes, den ich als Erstautor gemeinsam mit Eric Lettkemann und Hubert Knoblauch (Wilke, Lettkemann und Knoblauch 2018) publiziert habe. An dieser Stelle habe ich ausschließlich Fragmente der empirischen Analyse übernommen, die ich selbstständig verfasst habe.

Axel ist uns im Rahmen dieser Arbeit bereits aus vorangegangenen Kapiteln bekannt. Im heterogenen Kontext seiner Forschungsgruppe scheint allerdings nicht allen seinen Kolleg/-innen klar zu sein, woran er forscht bzw. worin der thematische Zusammenhang seiner Arbeit zur Gruppe besteht. Offensichtlich hat er diese Unklarheit im Vorfeld seiner Präsentation antizipiert. Er verwendet gleich zu Beginn seines Talks, zur Erläuterung seines Forschungsansatzes, eine Analogie, mittels derer er seine Arbeit im Kontext der CNS verorten möchte.[34] Die Analogie veranschaulicht er anhand von zwei Visualisierungen auf einer Folie seiner Powerpoint-Präsentation (Abbildung 4.18). Im Fall der oberen Visualisierung (V1) auf Abbildung 4.18 handelt es sich um eine Kollage. Diese setzt sich aus der Grafik einer befahrenen Autostraße und der Grafik eines LKW zusammen. Letztere überlappt die rechte obere Ecke der Verkehrsabbildung nach Art eines vergrößernden Ausschnitts. Die untere Visualisierung (V2) auf Abbildung 4.18 ist ein Screenshot. Er zeigt die Benutzeroberfläche eines Computerspiels, bei dem es sich um ein Strategiespiel handelt.[35]

Rhetorisch führt Axel die Analogie mit einer expliziten Einladung an die Teilnehmer/-innen seiner Forschungsgruppe ein, die sich eher mit Anwendungen und Problemen der ‚echten Welt' beschäftigten (Axel: „if you like looking to real-life scenes"). Direkt im Anschluss beginnt er die Erläuterung der Visualisierungen und der mit ihnen verbundenen Analogie. Er fordert seine Kolleg/-innen dabei auf, die technische Leistung eines intelligenten elektronischen Verkehrsleitsystems (V1 in Abbildung 4.18), dem sein Algorithmus (vgl. Abschnitt 4.2.3) dienen könnte, mit der menschlichen Aktivität beim Vollzug eines PC-Strategie-Spiels (V2 in Abbildung 4.18) gleichzusetzen (Axel: „take this as an analogy"). Hierauf erläutert er einige seiner theoretischen Vorannahmen, die seiner Gleichsetzung zugrunde liegen. Zum einen betrachte er sowohl Verkehrssituationen als auch Computerspiele als ‚komplexe Zustandsräume'. Zum anderen könne hier wie dort keinem Objekt (z. B. einem PKW bzw. einer virtuellen Spielfigur) eine spezifische Identität zugesprochen werden (Axel: „the objects itself do not have any identity"). Jedes mögliche Einzelereignis in beiden Zustandsräumen

---

[34] Aus Axels Talk sollen im Folgenden zwei Sequenzen näher betrachtet werden. Um den Leser/-innen allzu lange Transkriptauszüge zu ersparen, bediene ich mich für die Betrachtung der ersten Sequenz einer komprimierten Wiedergabeweise. Für die zweite Sequenz ist die Kenntnis des zusammenhängenden Redetranskripts allerdings notwendig (siehe unten).

[35] Zur Illustration verwende ich hier die Abbildungen, wie ich sie aus der Videographie extrahiert habe. Ich bitte die Qualität daher zu entschuldigen. Mittels der jeweiligen Beschreibung sollen die relevanten Eigenschaften der beiden Abbildungen deutlich gemacht werden.

sei deshalb einzigartig, sodass sowohl diese Zustandsräume als auch die jeweiligen Wahrnehmungs- und korrespondierenden Entscheidungsprozesse vergleichbar seien. Beide Prozesse, so Axel, unterliegen einem strukturell homologen Datenverarbeitungsprozess. Im Kern behauptet er also, sein Algorithmus stelle eine Funktion dar, die dem biologischen Prozess bei der visuellen Wahrnehmung in einem vergleichbaren Zustandsraum entspreche. Eine Gleichsetzung, die von einem Biologen aus der Gruppe nicht unwidersprochen bleibt. Die besondere Form des Group-Talks kommt, wie bereits erwähnt, vor allem darin zum Ausdruck, dass jede Zuhörer/-in ohne besondere rituelle Vorrede den nächsten Redezug ergreifen kann. Diese Gelegenheit nutzt nun der Postdoktorand Will für einen Einspruch, der eine argumentative Episode (Dissens) auslöst:

```
Will:   but they have some number plates.
Ern:    ye::ah.
```

Mit Wills Formulierung, die von einem anderen Mitglied des Publikums, dem Biologen Ern, Zustimmung erfährt („ye::ah"), kommt Axels Analogieversuch ins Wanken. Entscheidend dafür sind die gewählten Visualisierungen, denn Will bezieht sich offenbar auf die Identifizierbarkeit der Objekte, die Axel bestritten hatte, denn Nummernschilder leisten genau dies. Diese Interpretation wird auch von Axel bestätigt, der im Gegenzug eine rhetorische Frage stellt, die sich ebenfalls konkret auf die entsprechende Visualisierung bezieht:

```
Axel:   do you see any license plates here?
        ((allgemeines Lachen))
```

Dass diese Frage rhetorisch gemeint ist, zeigt sich sogleich an dem allgemeinen Lachen im Publikum. Offenbar ist es evident, dass die Fahrzeuge nicht identifizierbar sind. Axel macht sich für die Pointe seiner Antwort zunutze, dass die Auflösung der Visualisierung auf der Digitalfolie zu gering ist, um überhaupt entscheiden zu können, ob die Fahrzeuge Nummernschilder tragen oder nicht. Dass auch Axel seine Erwiderung als rhetorische Frage versteht, zeigt sich darüber hinaus daran, dass er nun keine Antwort abwartet, sondern selbst eine Erläuterung produziert, die, durch den Bezug auf seine zuvor formulierte Analogie, als Begründung für die von ihm behauptete Ununterscheidbarkeit der Einzelobjekte dient:

Axel: °i take this as an analogy too.° of course, in reality no two
               cars are the same. but sometimes you can't identify them really
               quick. and in this case ((umkreist mit dem Laserpointer V2)) it
               is actually the case? every peasant here is exactly the same. i
               mean, >they follow the same computer code, they use the same
               pixel representation on screen, they have the same internal sta-
               tistics.< everything is exactly the same.

Nun nutzt Axel die zweite Visualisierung (V2) dazu, seine theoretischen Vorannahmen, die seiner Analogie zugrunde liegen, sprachlich evident zu machen. Im
Rahmen einer ersten kleinen „Expansion" (Jacobs und Jackson 1981) nennt er
eine Reihe von Merkmalen der Objekte in dem PC-Spiel von dem der Screenshot (V2) stammt, wobei er die Behauptung der Ununterscheidbarkeit, die Will
zuvor anhand von V1 in Frage gestellt hatte, in diesem Kontext überzeugend
zu erläutern vermag. Tatsächlich erfolgt zunächst auch keine Nachfrage mehr,
allerdings verdeutlicht der weitere Verlauf, dass dieser erste Einschub, die ich
an dieser Stelle gekürzt und teilweise in Paraphrasen darstelle, lediglich den
Auftakt zu weiteren, größeren Einschubsequenzen darstellt. Als an einer Stelle
zunächst wieder kein weiterer Einspruch mehr erfolgt, greift Axel zum Laptop, um die Folie zu wechseln (Abbildung 4.19). (Im Folgenden werde ich die

Abbildung 4.19 Axel
möchte die Folie wechseln,
als er erneut zu seiner
Einleitung befragt wird

Auszüge des vollständigen Transkripts abschnittsweise wiedergeben. Bzgl. der Transkriptionszeichen, wie zuvor.)

```
1   Axel:      ((im Begriff die Folie zu wechseln, innehaltend)) so this is the
2              kind of functions i like to talk about
```

Während Axel die Folie wechseln möchte, resümiert er seine einleitenden Ausführungen (Z. 1–2: „so this is the kind of functions i like to talk about."). Dabei markiert seine Prosodie zum Satzende (Z. 2: „i like to talk about."), dass er nun zu einem weiteren Punkt seiner Präsentation fortschreiten wird. Doch just bevor er dazu kommt, die Folie tatsächlich zu wechseln und damit den Übergang zu seinem nächsten Punkt abzuschließen, wendet sich Will, der Axels Körperhaltung und Prosodie entsprechend interpretiert, mit einer neuen Nachfrage an ihn:

```
3   Will:      axel, practically speaking, what do you want to do? do you want
4              to navigate that space? [from one thing to the other without
5              bumping into anything?
6   Axel:                             [°no, i want,° ((innehaltend, sich vom
7              Laptop ab- und kopfschüttelnd Will zuwendend)) >i want to learn
8              something very, very basic<. and this is, (.) °i want to do
9              regression, basically.°
```

Noch bevor Will mit seiner Frage, die er mit einem vorangestellten „Axel" (Z. 3) sehr direkt adressiert, fertig ist, beginnt der Angesprochene bereits zu antworten (Z. 9: „no, i want"). Als er dies bemerkt, hält er inne und wendet sich dem Fragenden zu. Während er sich Wills Frage zu Ende anhört, läuft er, vehement kopfschüttelnd, auf Will zu und versucht, im Rahmen einer weiteren Expansion, sich zu erklären (Z. 6–9). Zu diesem Zweck beendet Axel an dieser Stelle seine in der Eingangssequenz eingeführte analogische Sprechweise und wendet sich direkt dem statistischen Kern (Z. 8–9: „regression, basically") seiner Arbeit, seinem mathematischen Modell (siehe auch Abschnitt 4.2.2) zu. Damit aber verlässt er zugleich die (neurobiologisch plausible) Anwendungsorientierung, die er zuvor anhand der Visualisierungen und der gewählten Analogie für seine Arbeit etablieren wollte und auf die Will ihn nun festzulegen versucht. Dass Axel sich durch seine Antwort aber noch weiter von dem entfernt hat, was Will eigentlich von ihm erfahren möchte, verdeutlicht dieser durch seine Replik, die nun klar einen Dissens markiert und dabei die Frage nach der Anwendbarkeit des Modells mit der Frage nach der Angemessenheit von Axels Sprache verknüpft:

```
10  Will:        NO, practically speaking. in eng:::lish.
```

Will fordert Axel auf, in klaren Worten zu beschreiben, was er praktisch mit seinem Modell vorhabe. Mit seinem „NO" verdeutlicht er, dass er sich mit Axels bisheriger Antwort auf diese Frage noch nicht zufrieden gibt und markiert den Dissens: Während er verlangt zu erfahren, wozu der von Axel bislang nur mittels Analogie vorgestellte Ansatz zu gebrauchen sei (Z. 3: „practically speaking"), antwortet dieser, gleichsam von der Einleitung weg und in das Zentrum seiner geplanten Präsentation hinführend, dass er „basically" (Z. 9) eine Regression, also ein statistisches Standardverfahren durchführen möchte, um sein Modell zu testen.

Daher widerholt Will seine Forderung, Axel solle ‚praktisch gesprochen' davon berichten, was er mit seinem Modell vorhabe und verleiht diesem Anspruch noch erheblichen Nachdruck, indem er in gedehnter Sprechweise und mit starker Emphase hinzufügt, als spreche er zu jemanden, der ihn aufgrund einer Sprachbarriere nicht zu verstehen vermag: „in eng:::lish." (Z. 10). Damit verdeutlicht Will, dass er das Gefühl habe, beide, also Axel und Will, würden in unterschiedlichen Sprachen zueinander sprechen. Mit seinem Bezug auf das Englische insinuiert er zudem, dass Axel, offensichtlich ganz im Gegenteil zu ihm, wiederholt in Kauderwelsch oder einer jedenfalls ganz und gar unverständlichen und damit auch unangemessenen Sprache auf seine klaren (auf Englisch vorgetragenen) Nachfragen geantwortet habe.

Dabei scheint es durchaus kein Zufall zu sein, dass er dem von Axel vorgebrachten „basically" nun erneut das lautlich verwandte „practically" entgegensetzt. Damit ist nicht nur das Thema des Widerspruchs benannt, denn Will möchte ja darauf hinaus, ob es für Axels Ansatz ein praktisches Anwendungsbeispiel gibt, was im Rahmen von Wolfs CNS-Gruppe ein legitimer Anspruch ist. Vielmehr deutet sich in der Wahl dieser Adverbien zugleich die fachliche Zuständigkeit an, denn Axel ist Informatiker und deckt damit in der CNS eher den Bereich der Theorie ab, wohingegen Will als Neurobiologe den Wolf so wichtigen Aspekt der biologischen Plausibilität der Modellierung repräsentiert. Axel scheint sich dem bewusst, was sich daran zeigt, dass er nicht mit dem von ihm geplanten Verlauf, sondern weiterhin im Rahmen der begonnenen Expansion, mit einer sehr präzisen, praktischen Erläuterung dessen fortfährt, was er „basically", also im Grunde, mit seinem Modell beabsichtigt:

```
11   Axel:     OKAY. (2.0) °i give you ((Laserpointergeste auf V1)) this image°
12             > (.) or a series of this images<, a::nd you give me (.) if this
13             traffic-light should be red or green. this is °what i want to
14             learn.°
```

Offenkundig adressiert Axel hier mit „you" (Z. 11 und 12) jeweils Will; seine
Äußerung bezieht sich dann, erneut anhand einer seiner Visualisierungen, auch
tatsächlich sehr ‚praktisch' darauf, was er von Will ‚möchte' (Z. 12: you give
me) und was er ihm dafür ‚gibt' (Z. 11: i give you). Mit dieser Äußerung greift
er einerseits die von Will eingebrachte maximal-vereinfachende Sprechweise auf
und bemüht sich andererseits um eine formale Schließung der Expansion, indem
er mit seiner Formulierung, eingeleitet durch eine Einverständnismarkierung
(okay), Wills erste allgemeine Frage ganz konkret beantwortet:

```
Will (in Zeile 3):       what do you want to do?

Axel (in Zeile 13-14):   this is what i want to learn.
```

Axel impliziert hier zudem eine inhaltliche Schließung, indem er Will rhetorisch in seine Arbeit einbezieht. Dabei spricht er den Kooperationsgedanken
zwischen den autonomen Forschungsprojekten innerhalb der Gruppe an. Mit
seiner Wortwahl (i give you/ you give me) bedient er schließlich auch das ver-
söhnliche Prinzip des Gebens-und-Nehmens und entschärft so, offensichtlich auf
Heilung des Dissens abzielend, Wills Kritik (Interaktionsordnung). Dabei bin-
det er Will sprachlich in einer Weise in seine Arbeit ein, die diesen von einem
kritischen außenstehenden Kommentator zu einem involvierten Kooperationspartner umrahmt. Tatsächlich stellt Will im Fortgang des Talks keine weiteren
Nachfragen.

Damit sind die Hürden der Evidenzerzeugung für Axel in diesem Group-
Talk allerdings noch immer nicht überwunden. Einleitend hatte er vor allem die
neurobiologische Bedeutung seines mathematischen Modells stark gemacht. Zu
diesem Zweck hat er sich einer Analogie und zweier Visualisierungen bedient,
die die Brücke zu eher anwendungs- und biologisch orientierten Perspektiven
innerhalb der CNS schlagen sollten (Abschnitt 4.2.2). Auf der nächsten Digitalfolie fährt Axel nun damit fort, sein mathematisches Modell aus dem Bereich des
Maschinenlernens stark biologisch zu verorten. Die daraus hervorgehende dritte
große Einschubsequenz wird dieses Mal von Wolf, dem Gruppenleiter, eingefordert. Bevor ich allerdings mit dieser weiteren Dissensepisode in Axels Talk

fortfahre, möchte ich zunächst, anhand der bislang analysierten Einschubsequenzen, deren in mehrerlei Hinsicht große Typizität für die situative Realisierung des Group-Talk zusammenfassen:

Erstens ist die frühe kritische Einwendung aus dem Publikum, wie sie die oben analysierten Sequenzen illustrieren, kein Einzelfall, sondern im Group-Talk die Regel. Als wissenschaftliche Diskursgattung lässt der Group-Talk sich u. a. dadurch charakterisieren, dass er, wie wir bereits in Björns Talk sehen konnten, jederzeit Spielraum für unangemeldete Einsprüche und Fragekaskaden gewährt, sodass sich typischerweise erst im Fortschreiten eines ‚Kreuzverhörs‘ herausstellt, ob das in subjektiver Abgeschiedenheit erlangte ‚neue Wissen‘ der Hauptsprecher/-innen tatsächlich der intersubjektiven Validierung durch die Gruppe standhält.

Zweitens haben die Teilnehmer/-innen des Group-Talks sprach- und bildrhetorische Formen und Muster ausgebildet und etabliert, um ihre Ansätze und Erkenntnisse, trotz der Hürden interdisziplinärer Kommunikation, intersubjektiv evident zu machen. Die visuell illustrierte Analogie, derer sich auch Axel hier bedient, ist eines der am häufigsten verwendeten Stilmittel, das, wie wir bereits bei Sabine erfahren haben, dazu genutzt wird, einleitend geteiltes Verständnis über einen gewählten Forschungsansatz zu erzeugen (vgl. Abschnitt 4.2.1).

Drittens spielen, wie in dem hier behandelten Beispiel, sehr häufig Alltagsbilder eine hervorgehobene Rolle, die dabei nicht selten aus der Bildersuche von Google Images stammen. Deren Bedeutung wurde bereits in den Abschnitten 4.2.1 und 4.2.2 ausführlich thematisiert.

Viertens verdeutlicht das hier aus Axels Eingangssequenz gewählte Beispiel, dass Visualisierungen im Group-Talk nicht allein für die ‚stumme‘ Illustration Bedeutung haben, sondern dass sie auch für den argumentativen Fortgang der Kommunikation sehr wichtig sind. Nicht nur die Hauptsprecher/-innen bedienen sich des Einsatzes der Bilder, um die Begründetheit ihres Ansatzes oder die Güte ihrer Forschungsergebnisse evident zu machen, sondern auch die weiteren Teilnehmer/-innen beziehen sich in der situativen Realisierung des Talks auf diese Visualisierungen, um gegebenenfalls das Gegenteil zu veranschaulichen.

Nun zur angekündigten dritten Einschubsequenz. (Um das Verständnis der sehr theoretischen Auseinadersetzung an dieser Stelle zu erleichtern, wird das vollständige Transkript der Analyse hier wieder vorangestellt. Um die Übersichtlichkeit zu wahren, wird es mit einigen Kürzungen wiedergegeben, worauf eckige Klammern in doppelten runden Klammern ((\[…\])) hinweisen. Die Analyse der bildlichen Aspekte wird hier ausgespart, da sie bereits in Abschnitt 4.2.2 vorgenommen wurde. Transkriptionszeichen, wie zuvor.)

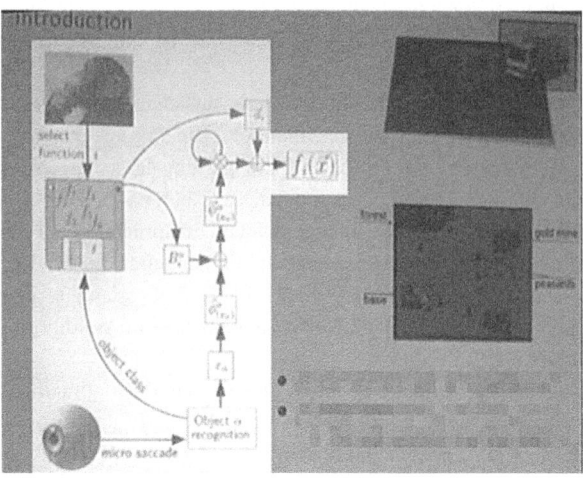

Abbildung 4.20 (wie Abbildung 4.11) Die schematische Darstellung von Axels Modell beinhaltet ‚biologisierende' Elemente (Affe und Auge), informatische Elemente (Pfeile, die einen Datenverarbeitungsprozess symbolisieren) und mathematische Elemente (Rechenoperatoren und Funktionen). Rechts die eingangs erläuterten Grafiken V1 und V2

```
1   Axel:      ((wendet schließlich die Folie))


2              SO (.) °how does that look like?° so (.) ((weist kurz auf die
3              neue Digitalfolie)) i have like a model here. and this model is
4              kind of (.) (([…])) has a kind of more biological interpretation.
5              (([…])) i'm just like saying, you are recognizing object alpha,
6              which is like one of many objects in the scene. (.) and this
7              gives you two things. >the first thing it gives< you is the class
8              of the object (.) which goes up to ((weist mit dem Laserpointer
9              auf die Floppy Disc in der Visualisierung seines Modells)) this
10             kind of storage (…) here. ((umkreist kurz das (jeweils von unten
11             gezählt) zweite rechteckige Kästchen)) and the second thing is,
12             it gives you the state of the object x(alpha). ((wiederholt die
13             vorangegangene Geste)) this state is ((umkreist das dritte
14             Kästchen)) in my case (.) expanded with a couple of basis-func-
15             tions. and ((wiederholt die vorangegangene Geste)) this basis-
16             function that we have here is that you are going from ((umkreist
17             das zweite Kästchen)) a one-dimensional state (.) >an attribute
18             or something of the object< (.) ((umkreist das dritte Kästchen))
19             to a multi-dimensional state which is a functional-basis.
20             ((umkreist erneut das dritte Kästchen)) (([…])) (2.0) now we are
21             coming to a selective point. so i kind of ((Laserpointergeste vom
22             dritten zum zweiten Kästchen)) (skip) back to the object recog-
23             nition. the object recognition ((Laserpointergeste vom ersten
24             Kästchen zur abgebildeten Floppy Disc)) (.) gave a class of the
25             object into ((umkreist die Floppy Disc)) this memory object. >and
```

```
26              this memory object basically maintains all the functions that the
27              ape knows.< so ((weist auf die Darstellung eines Schimpansen))
28              >this ape here(([...]))  so ((umkreist die Floppy Disc)) what you
29              do is, you basically select one out of many functions here (.)
30              and this gives you two things, ((umkreist ein weiteres Kästchen,
31              rechts von der Disc, das mit dieser durch einen gebogenen Pfeil
32              verbunden ist)) first thing is, it gives you the weight here. and
33              these weights ((umkreist abermals das dritte Kästchen)) are ba-
34              sically the weights of this functional space on that particular
35              variable of °x(alpha)°. and you just
36   Wolf:      and these are the coefficients (in front) of the basis functions?
37   Axel:      these are the coefficients, (.) well ((umkreist unspezifsch den
38              oberen Teil seiner Visualisierung)) they also give you these
39              coefficients, but this is like a weighting-vector (2.0).
40   Wolf:      but this is the coefficient (in front of the)  phi(alpha).
41   Axel:      ((umkreist das Kästchen rechts von der Floppy Disc)) these are
42              the coefficients ((umkreist abermals das dritte Kästchen)) in
43              front of the phi(alpha). exactly. SO (.) they weight, basically,
44              so after you (.) you multiply ((umkreist das Kästchen rechts von
45              der Floppy Disc)) this matrix with ((umkreist das dritte
46              Kästchen)) this vector, you get ((umkreist das vierte Kästchen))
47              a new vector. and this is like another set of basis-functions.
48   Wolf:      °sorry, but i don't understand this. i thought you compose a
49              function as a linear combination of the phis (.) and those are
50              the coefficients. and then you get one function of psis,°
51   Axel:      ja, actually it's a little bit confusing ((zeigt mit dem Finger,
52              konkret auf der Projektionsfläche, auf das Kästchen rechts von
53              der Floppy Disc)) this thing here (.) the b$^i$(alpha) is the matrix.
54              it's just the $^i$.
55              (([...]))
56              ähm, x(alpha) is a one-dimensional thing. but it's actually (.)
57              it doesn't matter if it's one or multi-dimensional because it
58              gets (...) here anyway. but it's one-dimensional.(1.0) >so, i can
59              like< ((wechsle die Folie)) °maybe i give you the equation
60              first°. so, maybe this is a little bit more, it's really simpler.
61              ((auf der neuen Folie sind mathematische Gleichungen zu sehen.
62              In einer der Gleichungen umkreist Axel nun einen mathematischen
63              Term)) what you have here is an input, this is the x(a).
64              ((umkreist einen weiteren Term)) this is like the functional
65              expanding of it. ((umkreist einen weiteren Term)) this is the
66              matrix, that makes ((umkreist einen weiteren Term)) these psis
67              out of it. but now all of these psis are pointwise for each (.)
68              each function in psi is pointwise multiplied with all the dif-
69              ferent (.)((umkreist einen weiteren Term)) over all the alphas.
70              (([...]))
71   Wolf:      (...) psi as a function of x$_1$ times psi as a function of x$_2$ times
72              psi (.) so it's pointwise.
73   Axel:      ja, exactly.
74   Wolf:      okay.
75              (([...]))
76   Axel:      yeah. so (.) and the thing is (.) this function is a function of
77              all variables and >even though i kind of realize now that i should
78              have gone a little more into details, i basically present these
79              functions for years now<. and no one ever asked me why they are
80              so complicated,
81   Wolf:      no, °i think that the equations are simpler than the pictures°.
82   Axel:      yea:::h, i think so too. i should have started with the equations.
```

In dieser leicht gekürzten Sequenz, die die dritte und umfangreichste Expansion der ursprünglich vorgesehenen Argumentation von Axel umfasst, beginnt dieser nun damit, sein Modell schrittweise, anhand der komplexen Visualisierung (Abbildung 4.20) zu erklären (Z. 2–35), deren detaillierte Analyse bereits in Abschnitt 4.2.2 erfolgte. Wie bereits in der Bildanalyse klar geworden ist, ist Axel dabei insbesondere bemüht, sein auf mathematischen Formeln basierendes Modell, das die Basis für eine darauf abgebildete informatische Datenverarbeitungsarchitektur darstellt, visuell und sprachlich (Z. 3–4) mit dem biologischen Wahrnehmungsprozess zu verknüpfen. Dabei bedient er den in der beobachteten Forschungsgruppe leitenden Imperativ, die Forschung „biologisch zu machen" (INT_1, Z. 200).

Entsprechend sagte er uns in einem Interview (INT_2), das wir unabhängig von dem videographierten Group-Talk mit ihm führten, dass er sich in Vorbereitung auf Präsentationen stets die Frage stelle, welcher Teil seiner Arbeit sich überhaupt visualisieren ließe, sodass er für ein interdisziplinäres Publikum interessant wirke (ebd., Z. 622–625). Axel folgt also dem in der Gruppe verbreiteten Anspruch eines gezielten Rezipient/-innendesigns, um seine Forschung als Informatiker im Kontext der Gruppe relevant erscheinen zu lassen. Nun aber, angesichts der Modellvisualisierung (Abbildung 4.20), stellt vor allem der Physiker und Gruppenleiter Wolf wiederholt Nachfragen (Z. 36, 40, 48) bzgl. der Details des *mathematischen* Grundlagenmodells (Wolf Z. 48: „sorry, i don't understand this. i thought you compose a function as a linear combination of phis?"). Im Kontext der zuvor analysierten Eingangssequenz illustriert die Erfordernis der auf diese Nachfrage folgenden Expansion, vor welchen Hürden die interdisziplinäre Wissenskommunikation in der Gruppe steht und welche Herausforderungen vor diesem Hintergrund für ein gezieltes Rezipient/-innendesign bestehen.

Wie uns ein externer Experte im Rahmen eines Elizitationsinterviews bestätigte, verwendet Axel die Visualisierung seines Modells hier vor allem dazu, seine Arbeit im Kontext der CNS zu verorten, die zwar KI-Forschung beinhaltet, aber nicht im Sinne der, wie Axel uns im Interview bestätigte, wenig an biologischer Plausibilität interessierten Machine-Learning-Ansätze. Tatsächlich droht Axel im Rahmen der Forschungsgruppe nämlich mit diesen Ansätzen identifiziert zu werden. Er bemüht sich daher stark, diesen Eindruck zu vermeiden. Für die CNS-spezifische Kontextualisierung seines im Grunde unspezifischen mathematischen Modells bedient er sich daher visueller (Auge, Affe, Floppy Disc) und rhetorischer Mittel (Analogie, ausdrückliche Gleichsetzung, ‚biologische Interpretation').

Für diese visuell und sprachlich erzeugte Nähe zu den neurobiologischen Ansätzen seiner Forschungsgruppe nimmt Axel in seiner Präsentation allerdings gleichzeitig die Unterkomplexität der Darstellungsweise des mathematischen

Grundlagenmodells in Kauf, die nun, nicht zufällig seitens eines Fachvertreters der Physik, moniert wird. In diesem Sinn hat Axel den Versuch, seine Arbeit als anwendungsorientiert und biologisch plausibel zu rahmen, mit mathematischer Uneindeutigkeit bezahlt. Diese Entscheidung, die notwendig war, um in der Präsentation dem interdisziplinären Charakter der CNS gerecht zu werden, kostet ihn daher nun zusätzliche Kommunikationsarbeit, um die aus dem gewählten Rezipient/-innendesign resultierenden Unklarheiten situativ zu reparieren.

Nach einigen Minuten und wiederholten Nachfragen entscheidet sich Axel daher schließlich dazu, eine weitere Folie zu zeigen (Z. 58–59: „maybe i give you the equations first")[36]. Axel sieht sich also, wie zuvor in der Diskussion mit Will, dazu gezwungen, von dem vorentworfenen Ablauf seines Talks abzuweichen. Nun zeigt er die mathematische Detailstruktur seines Modells, bevor er dessen biologische Interpretation voll entfalten konnte. Die neue Folie zeigt nun nur noch eine Reihe von mathematischen Gleichungen. Nachdem er auf sie gewechselt ist, geht er die Terme innerhalb der Gleichungen im Einzelnen durch (Z. 63–69). Dabei begleitet er die inhaltlich nun unbestimmten mathematischen Symbole mit Pointergesten. Diese verleihen seinen indexikalen sprachlichen Ausdrücken (z. B. „this" und „here"), in Verbindung mit der näheren Bestimmung der jeweils gezeigten Terme als Elemente der zuvor gezeigten Modelldarstellung (z. B. „the x_a", „the functional expanding of it", „the matrix"), kontextuellen Sinn.

Erst anhand dieser Folie und der begleitenden sprachlichen Erläuterung (einschließlich der performativen Herstellung der Beziehung zwischen beidem) treten die ersten Konsensmarkierungen auf. Wolf formuliert nun eine Verstehensmarkierung, die durchaus als Zustimmung verstanden werden kann (Z. 73: „okay"), und bietet einen Schluss, der eine Formulierung von Axel aufnimmt (Z. 71: „pointwise"). Dem stimmt Axel zu, was Wolf ausdrücklich ratifiziert. Schließlich thematisieren beide die Form der Visualisierung und bestätigen sich wechselseitig, dass die visuelle Repräsentation des Modells schwerer zu verstehen sei als die Gleichungen (Z. 80–81).

Unausgesprochen bleibt in der Situation, dass diese finale Feststellung vermutlich nicht von allen Teilnehmer/-innen des Group-Talks getroffen worden wäre. Denn vergleicht man diese Schließung mit den vorangegangenen Dissensepisoden, so wird der strukturelle Zwiespalt in dem sich die Forscher/-innen in der CNS befinden, überaus deutlich: Als ‚Computational Neuroscientist' ist Axel um die interdisziplinäre Perspektive seiner Forschungsgruppe auf den

---

[36] Hierbei wird deutlich, dass diese Folie durch Axels deiktische Referenzen nicht einfach als „lineare" Fortsetzung der vorherigen Folie erscheint, sondern als eine Erläuterung der Kästchen des Regelkreises (siehe Abb. 32). Zur Umgehung der vermeintlichen Linearität von Powerpoint-Folien vgl. Knoblauch (2013, S. 71 ff.).

Gegenstand der neuronalen Datenverarbeitung bemüht. Um die Güte seiner Forschungsarbeit evident zu machen, bedient er sich deshalb sowohl sprachlicher als auch visueller Register, die es ihm erlauben, seine Arbeit mittels multidisziplinär geteilter Marker in den jeweiligen Fachgebieten der einzelnen Forschungsgruppenteilnehmer/-innen zu verankern. Doch die hybriden Darstellungsformen, die für das Feld typisch sind, garantieren nicht, dass wirklich allen evident wird, was gezeigt werden soll.

So konnte in dieser Sequenz kein Konsens über die Visualisierung des Modells erlangt werden, die als Abbildung gleichsam auch das interdisziplinäre Feld selbst repräsentiert, sondern lediglich über die Plausibilität des mathematischen Grundlagenmodells, das Axel ursprünglich gar nicht als Hauptgegenstand seiner Präsentation gerahmt hatte. Ähnlich erging es zuvor auch Björn (Abschnitt 4.3.1), der allerdings davon profitieren konnte, dass Axel ihm am spontan zur Hilfe genommenen Whiteboard zur Seite sprang und ihm einen Weg aufzeigte, wie er das Problem, das seine Darstellung bis dahin aufwarf, ‚mathematischer‘ („more mathematical") und damit für Wolf leichter interpretierbar darstellen konnte.

Neben dem Zwiespalt der Interdisziplinarität illustrieren die beiden Datenbeispiele von Björn und Axel auch, dass bei aller alltäglichen Sprech- und analogischen Visualisierungsweise, die eben dieser Interdisziplinarität geschuldet ist, das zusätzliche Erfordernis, die eigene Forschung auch in Form formalmathematischer Darstellungsweisen kommunizieren zu können. In toto zeigen die hier analysierten Sequenzen aus Axels Group-Talk daher das Dilemma, in dem sich alle seine Teilnehmer/-innen grundsätzlich befinden. Einerseits muss sich ihre Forschung an neurobiologischen Prozessen messen lassen, andererseits muss sie auch mathematisch plausibel sein. Einerseits muss sie allgemeinverständlich kommuniziert werden, andererseits darf sie nicht auf die formal-richtige Darstellungsweise verzichten.

4.3.3 Resümee

Der Inhalt des Group-Talks erweist sich in den hier analysierten Sequenzen, ganz im Gegensatz zum Vortrag, als sehr wesentlich für die Gattung, insbesondere in ihrer situativen Realisierung. Was zum Gegenstand des Group-Talks wird kann mitnichten durch die Rezeption eines Texts eingeholt werden, eben weil die Gattung für die Ermöglichung von beidseitigem Erkenntnisgewinn in Kopräsenz ausgelegt ist. Im Group-Talk wird neues Wissen ausprobiert und verhandelt. Gegenstand *und* „Liveness" (Auslander 2008) sind deshalb, anders als beim Vortrag, untrennbar miteinander verknüpft. Im Group-Talk geht es, um Goffmans

Sprache aufzugreifen, um den ‚Kuchen'. Im Rahmen seiner situativen Realisierung begegnen sich die Sinndeutungen formal verschieden aber strukturell gleich kompetenter Sprecher/-innen, wodurch sich an diesem Kreuzungspunkt zugleich entscheidet, ob das im Forschungsprozess z. T. einsam erarbeitete subjektive Wissen der jeweiligen Hauptredner/-in der intersubjektiven Validierung durch die Gruppe standhält. Der Group-Talk stellt daher einen ‚Zwischen-Raum' dar, der weder einer ‚Hinterbühne' (Ort der Präparation) noch einer ‚Vorderbühne' (Ort der Präsentation) allein vollständig angehört.

Zwar gibt es im Group-Talk vorformulierte Inhalte, doch werden diese nicht in Form einer geschliffenen Inszenierung dargebracht, ihre Ambivalenz noch nicht restlos getilgt. Vielmehr ist erst der Group-Talk Ort und Zeit der wechselseitigen Auseinandersetzung über Wahrheit, Wissen und die Darstellungsweise von wissenschaftlicher Erkenntnis. Zum anderen ist er auch in dem Sinn ein Zwischen-Raum, als dass er als Werkbank spezifischer Kommunikationsweisen betrachtet werden kann. Als solche wird er von der Gruppe auch zum Erlernen, Erproben und Verfeinern solcher ‚Bühnenfertigkeiten' genutzt, die im Vortrag bereits vorausgesetzt und routiniert behauptet werden (müssen). Dass das „textual self" (Goffman 1980, S. 173), das im Vortrag die dominante Form der Relation der Vortragenden zu ihrem Text darstellt (footing), im Group-Talk nur selten auftritt, liegt daher nicht an der Unsicherheit unerprobter Darstellung, sondern vielmehr an der institutionellen Rahmung der Gattung als kommunikativer Begegnungsort einer interdisziplinären Forschungsgruppe. Im Text-Selbst stellen die Vortragenden ihre eigene Autorität in den Vordergrund, wohingegen, durch die dezidiert argumentativ-dialogische Struktur des Group-Talks, eine solche Einstellung in den CNS-Gruppentreffen keinen Raum hat: Im Group-Talk begegnen sich – in Abgrenzung zum idealisierten Text-Selbst – authentische(re) Akteure. Dabei kommt es ebenso regelmäßig wie häufig zu Unterbrechungen der Hauptsprecher/-in und damit zum Wechsel von deren Einstellung gegenüber den Inhalten des Gesagten. Dies darf aber nicht als Störung oder Ablenkung vom eigentlichen Zweck der Kommunikation betrachtet werden. Vielmehr handelt es sich dabei im Wortsinn um den eigentlichen Kern der Veranstaltung.

Zusammenfassung 5

Im Rahmen unseres Alltags sind wir es gewohnt, Gegenstände unserer Welt als gegebene Entitäten zu betrachten, die scheinbar eine von ihrer kommunikativen Realisierung unabhängige Existenz aufweisen. Anliegen dieser Forschungsarbeit ist es daher auch, im Rahmen eines kommunikativ konstruktivistischen Theorierahmens und vor dem Hintergrund der wissenssoziologisch-gattungsanalytischen Betrachtungsweise einer spezifischen Kommunikationsform, aufzuzeigen, dass dem nicht so ist. Vielmehr gilt selbst für die Wissenschaft, worauf ich eingangs dieser Arbeit mit einer allgemeingültigen Erkenntnis des KoKo hingewiesen hatte:

> [D]ass alles was am sozialen Handeln relevant ist, notwendig auch kommuniziert werden muss (ohne dass alles, was kommuniziert wird, sozial relevant sein muss). (Knoblauch 2013, 23)

Diese Kardinalsthese des der vorliegenden Arbeit zugrundeliegenden Theorierahmens, dass alles was uns beeinflusst, im Aggregatszustand der Kommunikation auf uns einwirkt, bedeutet vice versa, dass all das, was in unserer Welt Wirkung entfaltet oder Wirkung entfalten soll, den Weg der Kommunikation geht bzw. gehen muss. Dies gilt schon für den Alltag, umso mehr für Sphären, deren genuine Aufgabe es ist, Raum für die Erzeugung von Neuem zu bieten.

Gleich, ob ich die Neuausrichtung meiner persönlichen Beziehungen anstrebe oder neue Maßstäbe in Kunst, Politik oder Kultur setzen möchte, wenn ich dem (sozial) Gegebenen etwas hinzuzufügen wünsche, dann muss ich dies kommunizieren. Wobei zusätzlich gilt, dass es, wenigstens in unserer Welt, keine Kommunikation ohne Medien gibt. Dies gilt selbst dann, wenn Sender und Empfänger in Eins fallen: Sogar das Selbstgespräch, das stumme Gebet, der innere

R. Wilke, *Wissenschaft kommuniziert*, Wissen, Kommunikation und Gesellschaft,
https://doi.org/10.1007/978-3-658-36704-6_5

247

Glaube, ist Produkt eines (inneren) Anstoßes (und zugleich ein Angestoßen-
sein im Medium des Wortes): Keine Veränderung ohne Kommunikation, die
zugleich den Raum unserer individuellen sowie kollektiven Selbstverwirklichung
darstellt. Kommunikation macht den physischen Kosmos von Raum und Zeit
zu einem sozialen Kosmos, der Ersteren voll umschließt. Alle Wirklichkeit ist
kommunikativ.

Das gilt, wie bereits die Laborstudien gezeigt haben, allen voran die zitierten
Arbeiten von Latour, Lynch und Knorr-Cetina, umso mehr für die Wissenschaft, wissenschaftliches Wissen, Forschungsfelder und korrespondierende, hoch
spezialisierte wissenschaftliche Fachgebiete. Wissen ist eine gesellschaftliche
Konstruktion, sozial abgeleiteter Sinn. Wissenschaftler/-innen, ganz gleich welcher Disziplin, reihen sich ein, haben gelernt sich einzureihen, auf der Grundlage
eines geteilten, historisch aggregierten Spezialwissens zu denken, aus ihm heraus
zu reflektieren, zu abstrahieren, zu opponieren und dabei dem Gegebenen etwas
hinzuzufügen.

In der interdisziplinären Forschung, die i. d. R. in vorübergehenden Konstellationen operationalisiert wird, wird der Umstand sehr deutlich, dass, um
ein berühmtes Sprachspiel Wittgensteins aufzugreifen, die Grenzen des Verstehens durch die erlernte Sprache abgesteckt sind und wie mühsam es daher
ist, die anderen auch nur zu verstehen, geschweige dem, das Andere in die
eigene Arbeit aufzunehmen und weiterzudenken. Garfinkel hat diese Begrenzt-
heit des disziplinären Denkens gar zur Entwicklung einer neuen Soziologie
bewegt, der Ethnomethodologie, die einerseits, vor dem Hintergrund des „uni-
que adequacy requirements", Lynch dazu bewegte, Garfinkel zu bescheinigen,
dieses Gebot sei in gewisser Weise einem ‚Todeskuss' (1999, 219) gleichge-
kommen, da es zur Abwanderung der Studierenden in die studierten Felder
geführt habe. Andererseits, und auch dies verdeutlicht die Schwierigkeit der
Inter- oder Transdisziplinarität am Beispiel der Ethnomethodologie gut, gibt es
Kommentator/-innen, darunter Luckmann wohl der prominenteste, die, wie ich
bereits ausgeführt habe, berechtigte Zweifel haben, ob es sich bei Garfinkels
Soziologie überhaupt noch um eine Soziologie handele, denn Garfinkel verließ
in vielerlei Hinsicht, nicht zuletzt im Zuge seiner (vermeintlichen) Theorie-
feindlichkeit (tatsächlich war er selbst ein großer Theoretiker), die Pfade der
institutionalisierten Disziplin, die sich Soziologie nennt.

Am Beispiel der Ethnomethodologie kann aus soziologischer Perspektive
und zugleich am eigenen Beispiel daher sehr einfach verdeutlicht werden, wie
problematisch es ist, das etablierte Wissen, die autoritär legitimierten Herangehensweisen der eigenen Disziplin zu überschreiten. Häufig führt dies, weniger
erfolgreich als in Garfinkels Fall, zu Legitimitätsverlust, zur Einbuße von Prestige,

was sich schon daran zeigt, dass Forscher/-innen in interdisziplinären Kontexten oder mit interdisziplinären Herangehensweisen, Schwierigkeiten zu beklagen haben, geeignete Publikationsorgane für ihre Forschung zu finden und ihre Karrierechancen durch interdisziplinäre Arbeit gefährdet sehen. Zwischen den Disziplinen bewegt man sich in einem Freiraum, in dem es häufig an etablierten Kommunikationsformen mangelt:

> Offenbar sorgen die Kohäsionskräfte fachlicher Sozialisations- und Kommunikationsprozesse dafür, dass interdisziplinäre Kooperationsprojekte oft nicht über Antragsrhetorik hinauskommen und ihr Forschungsoutput hinter den hochgesteckten Erwartungen politisch motivierter Förderprogramme zurückbleibt. Dieses Bild spiegelt sich auch in einer Fragebogenstudie der *Akademie für Technikfolgenabschätzung in Baden-Württemberg* wider (siehe zum Folgenden Blättel-Mink u. a. 2003, S. 29–34): Den Autorinnen zufolge stimmen 67,3 % der Befragten voll oder teilweise der Aussage zu, dass die erfolgreiche Umsetzung interdisziplinärer Projekte zusätzliche Zeitressourcen erfordert. Die Mehrzahl begründete ihre Einschätzung mit der Notwendigkeit „intensiver Kommunikation" und fachübergreifender „Übersetzungsleistungen". Als wichtigste „hemmende Faktoren" interdisziplinärer Projektarbeit nennen die Befragten „Disziplinäre Codes/Sprachen" (75,4 %), „Disziplinäre Weltbilder/Sichtweisen" (62,2 %) sowie abweichende „Methoden" (42,6 %). (Wilke und Lettkemann 2018, 78 f.)

Vor diesem Hintergrund, der ausgesprochenen Schwierigkeit der Interdisziplinarität im Kontext der Standortgebundenheit des Wissens, ist die vorliegende Studie und ihr konkreter Gegenstand zu betrachten: die kommunikative Konstruktion von Wissenschaft, *Wissenschaft kommuniziert*. Die CNS ist, wie ich eingangs dargelegt und im empirischen Teil dieser Arbeit belegen konnte, ein hervorragendes Beispiel für diesen Prozess. Nicht zuletzt auch deshalb, weil sie nicht nur von einem explizit interdisziplinären Selbstverständnis geprägt ist und tatsächlich ein ausgesprochen multidisziplinäres Unterfangen darstellt, sondern auch deshalb, weil sie in diesem Status verharrt und somit kein flüchtiges, Projekt-artiges Zusammenkommen von zwei oder drei Expert/-innen aus unterschiedlichen Disziplinen darstellt. Vielmehr stellt die CNS ein exemplarisches Beispiel für ein Forschungsfeld dar, das genuin und auf Dauer sprichwörtlich ‚zwischen den Stühlen' etablierter, disziplinär ausgerichteter Forschungsgemeinschaften wie der Biologie, der Physik, der Informatik, der Mathematik u. a. angesiedelt ist.

Als Ausgangspunkt meiner Arbeit habe ich mir daher die folgenden Fragen gestellt:

a) Wenn die CNS sich bereits seit mindestens 30 Jahren ausdifferenziert, obgleich die Disziplinengrenzen im Forschungsfeld bis heute bestehen bleiben, welche Hürden der Kommunikation gilt es dann aufgrund dieser Persistenz heterogener Wissenskulturen innerhalb der CNS zu bewältigen?

b) Da die *Kommunikation* innerhalb stark interdisziplinär geprägter, neuer Forschungsfelder, wie sie von der CNS exemplarisch repräsentiert werden, vor besonderen Herausforderungen der *intersubjektiven* Evidenzerzeugung steht, in welcher Form kommunizieren die Wissenschaftler/-innen in der beobachteten Forschungsgruppe dann ihren Kolleg/-innen ihre Forschungsansätze und -ergebnisse?

c) Wenn bei der Bewältigung von *Kommunikationsproblemen* innerhalb der CNS *Visualisierungen* eine hervorgehobene Rolle spielen, sind im Feld für das *Problem der Kommunikation* dann typische *bild-kommunikative Lösungen* zu finden und welche Rolle spielen *Visualisierungen* ggf. für die Lösung des *Kommunikationsproblems* der CNS?

d) Welche Rolle spielt vor dem Hintergrund, dass die Beobachtung im Feld eine starke Aufwertung des *Visuellen* in der *Wissenskommunikation* und die Ausbildung zahlreicher *visueller Praktiken* erkennen lässt, ein mit diesen Praktiken korrespondierender Wissensbestand der Akteure im Feld?

e) Wenn sich, korrespondierend mit den institutionellen Zielen der CNS, eine spezifische *kommunikative Form* etabliert hat, durch die *interdisziplinäre Kommunikation* überhaupt erst ermöglicht wird, welche Strukturmerkmale eignet diese dann ggf. und lässt sich hier von einer *wissenschaftlichen Diskursgattung* sprechen?

Ausgehend von diesen Forschungsfragen habe ich dieser Arbeit eine Arbeitshypothese vorangestellt (vgl. Abschnitt 1.1), die besagt, dass das interdisziplinäre Forschungsfeld der CNS praktisch aus einer spezifischen Form *kommunikativen Handelns* resultiere, durch die es im Interaktionsprozess (re-)produziert wird. Innerhalb dieses kommunikativen Vollzugsprozesses manifestiere sich, gleichsam *ko-evolutionär* oder *dialektisch*, sowohl die inkrementelle Ausdifferenzierung und Stabilisierung einer spezifischen *Kommunikationsweise* als auch das korrespondierende wissenschaftliche Feld selbst. Beides, so meine These, werde in den Sozialwissenschaften meist diskret betrachtet, wohingegen meine *kommunikativ konstruktivistisch* informierte Fallanalyse schließlich auch die Frage beantworten möchte, ob eine dichotome Betrachtung dem tatsächlichen empirischen Phänomen angemessen wäre.

Vor dem Hintergrund der hier systematisch entfalteten empirischen Arbeit, die auf der Gattungsanalyse als zentraler Methodenholistik fußt, glaube ich, sowohl meine konkreten Forschungsfragen als auch diese letzte, allgemeinere Frage, nach dem methodologischen Zusammenhang einer spezifischen Kommunikationsweise und dem konkreten Feld einer empirischen Forschung, in dem sie beobachtbar ist, beantworten zu können. Im Folgenden werde ich mich, gestützt auf die in der vorangegangenen systematischen Auseinandersetzung mit dem Feld der CNS und der Kommunikation, die ich in der beobachteten Forschungsgruppe analysiert habe, der die Ergebnisse meiner Arbeit summierenden Beantwortung dieser Fragen zuwenden.

Die Kommunikationsweise innerhalb der beobachteten Forschungsgruppe ist in besonderer Weise von Offenheit geprägt. Sie dient nicht der Aufrechterhaltung persönlichen oder kollektiven Prestiges und basiert nicht auf einer Asymmetrie zwischen Sprecher/-innen und dem Publikum. Dieses Charakteristikum möchte ich mit einem letzten Vergleich illustrieren, denn der Group-Talk unterscheidet sich dabei stark von einem vielleicht ähnlich wirkenden Format der Wissenskommunikation, dem Schulunterricht. Während Letzterer heute in vielerlei Hinsicht, dem Sokratischen Beispiel folgend, eine stärker Seminar-hafte Form annimmt und, vor allem in höheren Jahrgangsstufen, eine offene und gegenseitig informative Form annimmt, in der die Statusunterschiede zwischen Schüler/-innen und Lehrkräften zeitweise camoufliert werden, beruht diese scheinbare Nivellierung, anders als im Group-Talk, vor allem auf einem didaktischen Konzept, das der argumentativen Selbst-Ermächtigung der Schüler/-innen dienen soll. Diese nehmen ihren Lehrkräften gegenüber daher auch nur in ausgesprochen seltenen Ausnahmefällen eine Expert/-innenrolle ein. Ebenso verhält es sich unter den Schüler/-innen selbst, die sich, abgesehen von individuellen Leistungsunterschieden, auf Grundlage eines gemeinsam durchlebten Bildungswegs, als homogene Gruppe darstellen lassen, in der alle gleichermaßen auf einen einheitlichen Wissensvorrat zurückgreifen können.

Die Asymmetrie im Schulunterricht besteht daher zwischen Schüler/-innen und ihren Lehrkräften. Wobei Letztere die Sichtbarkeit dieses Unterschieds, der auf der unterschiedlichen Wissensbasis zwischen Schüler/-innen und Lehrer/-innen und, seitens der Lehrkräfte, zusätzlich auf einer mehr oder minder verborgenen, erzieherischen Agenda basiert, ausschließlich für didaktische Zwecke aus- aber auch regelmäßig wieder anschalten. Ganz ähnlich verhält es sich

i. d. R. auch in universitären Seminaren[1], wo, selbst im Falle unerfahrener Dozent/-innen, wenigstens die ungleiche Verteilung von struktureller Vorkenntnis und auch hier nicht zuletzt pädagogische Aspekte für eine Ungleichheit sorgen, die die Kommunikationssituation maßgeblich prägt. Diese Eigenschaften des Unterrichts, ob in der Schule oder in universitären Seminaren, markieren einen strukturellen Unterschied zum Group-Talk in der Wissenschaft, konkret in der CNS, wie er von mir beobachtet wurde.

Der Group-Talk ist eine Kommunikationsform auf Augenhöhe aller Beteiligten. Das heißt nicht, dass es keine Statusunterschiede innerhalb der beobachteten Forschungsgruppe gäbe, und nicht einmal, dass diese Unterschiede, die sich an unterschiedlich weit vorangeschrittenen Wissenschaftsbiografien und Kommunikationsfähigkeiten oder – last but not least – institutionellen Rollen festmachen lassen, im Group-Talk keine Rolle spielten. Allerdings verfügt keine Partizipient/-in des Group-Talks über eine all umfassende Expertise auf den so heterogenen Fachgebieten, die an dem gemeinsamen Forschungsfeld der CNS beteiligt sind. Dies gilt – und vielleicht sogar insbesondere – für den Forschungsgruppenleiter, der als Physiker mit einem besonderen Interesse an neurobiologischen Fragestellungen zur CNS gekommen ist, lange bevor diese sich als Feld mit eigenen Lehrstühlen und Studiengängen etabliert hatte.[2]

Die disziplinäre Herkunft der beteiligten Forscher/-innen macht die CNS in der beobachteten Forschungsgruppe, und darin ist sie ganz typisch für das gesamte Feld zu betrachten, zu einem genuin interdisziplinären Unterfangen. Hier sprechen nicht mehr oder minder fähige Computational Neuroscientist miteinander, sondern Physiker/-innen, Mathematiker/-innen, Neurophysiolog/-innen, Psycholog/-innen, Informatiker/-innen u. a. Eine jede dieser Teilnehmer/-innen wurde zunächst im kanonischen Wissen ihrer Herkunftsdisziplin ausgebildet und trägt ausgehend von dieser Basis zum gemeinsamen Forschungsfeld bei.

Dabei zeichnet die CNS und die Kommunikationsweise im Feld aus, dass sie keine vorübergehende, projektförmig konstituierte Erscheinung ist, sondern ein auf Dauer gestelltes interdisziplinäres Forschungsfeld bildet. Und obgleich auch die Wissenschaftler/-innen, die wir im Feld interviewten, häufig noch in Zeitschriften ihrer Herkunftsdisziplinen publizieren, ist die CNS kein Ausflug

---

[1] Der maßgebliche Unterschied zwischen Group-Talk und universitärer Vorlesung wurde bereits im Kontext der räumlichen Analyse dargestellt (Abschnitt 4.1.1). Der Unterschied zum allgemeineren Gattungsbegriff des Vortrags wurde in Abgrenzung zu den einschlägigen Ausführungen von Goffman herausgearbeitet Abschnitt 3.1.5 und Abschnitt 4.3.1).

[2] Wie ich oben ausgeführt hatte, sind eigene Studiengänge im Bereich der CNS noch immer eher eine Seltenheit und auch das Fachgebiet des Leiters Wolf ist keines, das sich genuin der CNS widmet.

für sie. Vor diesem Hintergrund wird deutlich, dass CNS ein Feld darstellt, das im Rahmen der Kommunikation der beteiligten, aus verschiedensten Disziplinen herstammenden Wissenschaftler/-innen, selbst ausgebildet und institutionalisiert wird. Für diese Diagnose ist entscheidend, dass der Institutionalisierungsprozess der CNS, im Sinne von Berger und Luckmanns Institutionalisierungsthese, noch nicht allzu weit vorangeschritten ist.

Während es zwar bereits einige klassische Darstellungen der Zielsetzung und von allgemeinen Herangehensweisen für das Feld gibt, darunter die zitierte Feldliteratur von Koryphäen auf dem Gebiet wie Schwarz und andere, ist das Feld, sein Beobachtungsgegenstand und die zur Anwendung kommenden computerwissenschaftlichen Methoden und korrespondierenden Technologien, ist aktuell der Fortschritt selbst zu schnelllebig, als dass es zu einer weitreichenden Stabilisierung und damit zur Legitimation eines größeren Kanons von Rezeptwissen im Feld bereits gekommen sein könnte. Vielmehr scheint mir, als externem Beobachter, die Improvisation als innovatives Entwicklungskonzept (Kamoche und Pina e Cunha 2001) der CNS auf Dauer gestellt. Dieses Improvisationskonzept betrifft dabei – bis auf grundlegenden Konsens, der selbst aber nicht aus der CNS, sondern aus deren Herkunftsdisziplinen stammt, z. B. etablierte statistische Verfahren, hirnanatomische Erkenntnisse, Gesetze der Physik oder Mathematik – die zentralen Prozesse, die die CNS als spezifisches Forschungsfeld definieren, insbesondere die Modellierung von neuronalen Prozessen.

Dabei ist es eben dieser Improvisationscharakter als dauerndes Trial-and-Error-Verfahren, der maßgeblich für die spezifische Kommunikationsweise im Group-Talk ist und ihn dabei grundlegend von der Lecture-förmigen Vortragsweise (Goffman 1981) etwa in der zur Kontrastierung beobachteten Kommunikation im Rahmen eines geisteswissenschaftlichen Kolloquiums unterscheidet. Während es dort, abermals in Goffmans Worten, um die ‚Verpackung‘ geht, ist im Group-Talk der ‚Kuchen‘ selbst von zentralem Belang. Oder, um es in Anlehnung an die Jazzimprovisationsmetapher von Kamoche und Pina e Cunha (2001) auszudrücken: Jeder einzelne Ton im Group-Talk muss gehört und verstanden werden, um, gemäß des Trial-and-Error-Prinzips, aufgegriffen und weitergeführt oder verworfen werden zu können. Vor diesem Hintergrund wird auch der von mir zugrunde gelegte streng Verstehens-basierte Kommunikationsbegriff evident: Verstehen ist essenziell für die Improvisation.

Um dieses essenzielle Verstehen zu erzeugen, bedienen sich die Teilnehmer/-innen im Group-Talk daher einer möglichst alltagsweltlichen Kontaktsprache, die als Verbindungsglied zwischen den unterschiedlichen Teildisziplinen und den aus ihnen gewonnenen komplexeren Standards fungiert. Diese Alltagssprache ebnet für die mit heterogenen formaldisziplinären Wissensbeständen ausgestatteten

Wissenschaftler/-innen den Weg zum Zugang des jeweils anderen, gestattet den Psycholog/-innen Zugang zur Welt der Physiker/-innen, den Informatiker/-innen Zugang zu den Biolog/-innen usw. In den geführten Expert/-inneninterviews wurde sehr deutlich, dass die Teilnehmer/-innen des Group-Talks sich dieser Bedeutung der Alltagssprache für das gegenseitige Verständnis in der CNS, sowohl im Rahmen des Group-Talks als auch darüber hinaus, im Kontext weiter gefasster Konferenzen, bewusst sind und sie stark reflektieren. Dies bestätigen auch die eigenen Beobachtungen im Feld. (Zugleich mag hierin ein Grund dafür bestehen, wieso viele Publikationen, die schließlich doch in hoch spezialisierten Fachjargons geschrieben werden, dann letztlich vor allem in Journals erscheinen, die disziplinär ausgerichtet sind.)

In der von mir beobachteten Face-to-Face-Kommunikation jedenfalls führt die Problemstellung der Multidisziplinarität des Auditoriums, einem reflektierten Rezipient/-innendesign folgend, zur Ausbildung einer stark alltagsweltlich geprägten Sprechweise. Wie ich zeigen konnte, ist diese wenigstens zwei von drei typischerweise konsekutiv prozessierten Teilepisoden des Group-Talks eigen, nämlich der Hinführung zum eigenen Forschungsthema und -ansatz sowie der Erläuterung des eigenen Modellierungsansatzes. Eine fachspezifischere (z. B. stark mathematische oder neurobiologische) Sprechweise setzt in der Regel erst im Bereich der Ergebnisdarstellung an. Diese wiederum ist typischerweise der Hauptgegenstand für die Darstellung in Journal-Artikeln. Zentral für den Group-Talk ist es, ein allgemeines Verständnis über die individuellen Herangehensweisen an eine klassische Problemstellung der CNS, z. B. der visuellen Informationsverarbeitung oder neurobiologischer Lernprozesse zu erzeugen und dabei die eigene Forschung, die solitär im Digitallabor vorangetrieben wird, durch die Gruppe legitimieren zu lassen. Zu diesem Zweck bedienen sich die Sprecher/-innen im Group-Talk einer möglichst verständlichen Bild-Kommunikation. Ist diese nicht gegeben, führt dies häufig zu energischen Widersprüchen, in denen, wie hier ebenfalls aufgezeigt wurde, eine allgemein verständliche Erklärung eingefordert wird. Bei aller Kenntnis über formale Grundlagen der Problemstellung kann ein solcher Mangel in der Kommunikation zu erheblicher Kritik und damit verbunden zu Ansehensverlusten in der Gruppe führen, worin die große Bedeutung des Rezipient/-innendesigns für die Kommunikation im Group-Talk deutlich wird.

Zugleich stellt aber auch dieses Rezipient/-innendesign die Hauptsprecher/-innen und die übrigen Teilnehmer/-innen des Group-Talks, wie wir sehen konnten, vor erhebliche Herausforderungen. Es ist somit Brücke und Hürde der Kommunikation zugleich. Als Brückenkonzept ermöglicht es die Inklusion der unterschiedlichen in der CNS vertretenen Disziplinen, als Hürde wirkt es,

wenn von einzelnen Fachvertreter/-innen schließlich doch eine stärker formal-
disziplinäre Darstellung eingefordert wird. Während die allgemeine Problemstellung hierbei aus der *Außenstruktur* des Group-Talks resultiert und die Gestalt der
allgemeinsprachlichen (Bild-)Rhetorikregister sich aus dem Werkzeugkasten der
Binnenstruktur heraus (re-)konstruieren lässt, obliegt es den spezifischen Merkmalen der *situativen Realisierungsebene* des Group-Talks, solche Schwierigkeiten
in der Kommunikation in situ abfangen und reparieren zu können. Diese Merkmale, die den Group-Talk maßgebend von anderen Kommunikationsformen zu
unterscheiden erlauben, ermöglichen es seinen Teilnehmer/-innen, spontan auf
die Erfordernisse in der Kommunikation reagieren zu können, von vorgeplan-
ten Scripten abweichen und neue, nicht ursprünglich vorgesehene Medien der
Kommunikation, in ihre Ausführungen einbinden zu können. So kann es im
Group-Talk auch in krisenhaften Momenten noch gelingen, intersubjektives Verstehen zu erzeugen, wenn in anderen Formaten, wie z. B. dem Vortrag, der hier
als Kontrastfolie genutzt wurde, dem Auditorium nur mehr die stille Resignation
als Ausweg aus dem Unverständnis verbleibt.

Wie sich gezeigt hat, spielen Visualisierungen im Feld tatsächlich eine
hervorgehobene Rolle dabei, ein geteiltes Verständnis der vorgetragenen Wissenselemente herzustellen. Dabei hat sich zudem herausgestellt, dass diese
Visualisierungen mit der jeweils zur Anwendung kommenden Sprechweise in den
drei typisch unterscheidbaren Teilen des Group-Talks (Hinführung zur eigenen
Fragestellung, Erläuterung des zugrunde gelegten Modells, Ergebnisdarstellung)
korrespondieren. Während die ersten beiden Segmente des typischen Group-Talks
vor allem auf einer möglichst breit verständlichen Redeweise basieren, wird diese
sehr häufig von Alltagsbildern begleitet, die einen alltagsweltlichen Bezug und
ein typisches Hineinversetzen der Zuhörer/-innen in den erläuterten Gegenstand
ermöglichen sollen. Typischerweise erst der dritte und letzte Teil des Group-
Talks, die Ergebnisdarstellung, greift schließlich auf formale oder fachspezifische
Darstellungsweisen wie statistische Repräsentationen zurück, die neben Kurven
auch Heatmaps, fMRT-Bilder u. a. umfassen. In diesem Teil des Group-Talks
wird die alltäglichere Sprechweise, die eine möglichst leichte Verständlichkeit der
vorgetragenen Erkenntnis ermöglichen soll, durch die jeweils korrespondierenden
formalen (mathematischen, physikalischen, informatischen) bzw. fachspezifischen
(medizinischen, biologischen) Jargons ergänzt.

Wie ich zeigen konnte, spielen Visualisierungen dabei auch für die Evidenzerzeugung eine erhebliche Rolle. Häufig erlauben sie es, eine zur Veranschaulichung eines eigenen Forschungsansatzes gebrauchte Analogie so zu illustrieren,
dass sie widerspruchsfrei anerkannt wird, sodass ohne weitere Explikation zum

nächsten Schritt im Group-Talk fortgefahren werden kann. In anderen Fällen dienen sie der Hauptsprecher/-in oder den übrigen Teilnehmer/-innen am Group-Talk
dazu, Nachfragen zu stellen, nachzuhaken oder sogar, die aufgestellten Thesen,
die sie illustrieren sollen, gänzlich in Frage zu stellen. Wie sich zeigte, sind sie
dabei häufig die zentrale Referenz für den Fortgang einer Diskussion. An anderer
Stelle, beispielsweise bei der Ergebnisdarstellung, sind sie wiederum dazu in der
Lage, Forschungsresultate mit solcher Prägnanz und Aussagekraft auszustatten,
dass deren Güte im wahrsten Sinne des Wortes *evident*, d. h. augenscheinlich
hervortritt. Visualisierungen ermöglichen es in diesem Fall, die Beweise für
die Richtigkeit der eigenen Arbeiten in einem Augenblick zu erfassen, deren
Darstellung in sprachlicher Form allein vieler Worte bedürfte und allein schon
daher wesentlich angreifbarer sein würde. Latour fasste diesen Umstand in die
treffenden Worte: "You doubt what I say? I'll show you" (1990, 36).

Daher zeigte sich aber auch, dass es nicht unbedeutend ist, welche Visualisierungen zur Veranschaulichung von Forschungsansätzen, Modellen oder
Forschungsergebnissen ausgewählt werden. Während in gelungener Wissenskommunikation Bilder so eingesetzt werden, dass sie ein Verstehen der zur
Anschauung gebrachten Ansätze, Modelle und Forschungsergebnisse erleichtern, kann der Einsatz von Visualisierungen auch zu erheblichen Widersprüchen
und offenem Dissens führen. Vor diesem Hintergrund ist ein die Präsentation von Wissen begleitender Wissensbestand unter den Teilnehmer/-innen der
CNS-Forschungsgruppe erforderlich, den wir *präsentationales Wissen* (Wilke,
Lettkemann, Knoblauch 2018) genannt haben. Das *präsentationale Wissen* erst
erlaubt es, Visualisierungen so einzusetzen, dass sie den Verstehensprozess der
anderen tatsächlich befördern. Es basiert aber nicht nur darauf, Visualisierungen
einzusetzen, das Wissen und die *Sehgewohnheiten* der anderen zu antizipieren,
sondern zielt auch auf die *Herstellung von Visualisierungen* im Erkenntnisprozess
selbst.

As we can see, the visual representation of research objects in CNS is directly connec-
ted to the difficulties of research in the natural sciences and the problems ensuing from
big data. Researchers visualize their quantitative objects of research (e.g. counts of
[neuro-]electric activity) in terms of everyday objects like two- or three-dimensional
shapes (e.g. spike trains), colours (e.g. heat maps) and geometric forms (e.g. spirals).
Once measured and reduced to numbers, the object in question is reified as a digital
visual. As such, it is opened up for interpretation and communication processes. The
researcher becomes a hermeneutic (re-)presenter of (technological) aesthetics (e.g.
Mathlab). Therefore, successful researchers in the field have a very large degree of
"visual literacy" (Goodman, 1994) and "präsentationales Wissen". (Wilke und Hill
2019)

Die Feldteilnehmer/-innen verfügen als genuinen Teil ihrer Forschungsarbeit über große Erfahrung mit der Produktion von Visualisierung und der Erprobung neuer Visualisierungsweisen. Tatsächlich dient im transdisziplinären Feld der CNS, ganz im Gegenteil zum Feld der Hirnanatomie (Beaulieu 2002, 55), die Flut genutzter Bilder nicht allein der Realisierung eines antizipierten Fremdverstehens seitens eines nicht homogen formal-mathematisch informierten Fachpublikums, sondern vorgängig bereits der sinnlichen Aneignung des in seiner Sinnhaftigkeit unterbestimmten Zahlencodes der computeraufbereiteten Rohdaten durch die Forscher/-innen selbst. Im Feld erweist sich die Visualisierung der Daten daher auch z. B. für Mathematiker/-innen oder Physiker/-innen als unabdingbar, um die nummerische Objektivation in der Objektwelt der alltäglichen Wahrnehmung zu verstetigen und sinnlich und sinnhaft verstehbar zu machen. Hiervon zeugt insbesondere ein weiteres Zitat aus dem Interview mit der ausgewiesenen u.s.-amerikanischen Expertin auf dem Feld der CNS:

> [...] Visualizing data? Yeah, I mean it's really important. (...) I mean that's kind of the first things we do, when we get new data, that we visualize it in a hundreds ways. Because we don't know what to think of it, right? So we come like na-na-na-na-na (...) what if we try this and if we try this – whoa! I mean, yeah hugely important! And usually when we have like a kind of new data-sets, sometimes – a big part of what I do now and how I really kind of advanced my thinking that leads to a particular talk, is just staring at the neurons. Because I just don't understand them. And I stare at them and stare at them and I look at this neuron and this neuron –. And that's what I always do when I get a new data-set, is just look at it and look at it for a very long time and then think of other ways to visualize it. And that is really, I mean that's like the fantastic part of it. When you visualize it in a new way and you see something that you didn't realize it was there. That's great!"
>
> (EXP_6, o.Z.)

Diese Aussage steht in Kontrast zu Anne Beaulieus Erkenntnissen auf dem Feld der ‚Hirn-Atlas-Macher/-innen‘, die für die klinische Forschung und auf Grundlage von fMRT-Bildern Gehirnatlanten produzieren. Beaulieus Hirn-Atlas-Macher/-innen sind „iconoclastic imagers" (ebd., 56), die sich vor allem durch eine tiefe Vergessenheit des Visuellen am Bild auszeichnen. Beaulieu erklärt dies mit Thomas Gieryns Konzept der „boundary work" (1983) zwischen den Atlas-Macher/-innen und den klinischen Anwender/-innen ihrer Produkte. Letztere, so

Beaulieu, sind im Selbstverständnis der Ersteren „those who look at images and interpret them [...] those who have different or less technological support, a different expertise and goals that clearly differ, although they used some of the same technology" (Beaulieu 2002, 65).

Wissenschaftler/-innen im Feld der CNS hingegen kennen keinen Ikonoklasmus. Im Gegenteil, das Visuelle ist im Feld allgegenwärtig und der korrespondierende, präsentationale Wissensbestand ist umfassend. Vor dem Hintergrund dieser Diagnose liegt daher auch die Vermutung nahe, dass diese Nähe zu Visualisierungen und Visualisierungspraktiken in der CNS eine wichtige Voraussetzung für die Entwicklung funktionaler Kommunikationsformen in dem ausgesprochen interdisziplinären Feld darstellen könnte. Auch Gieryns Grenzziehung, im Sinne der Desintegration von anderen involvierten Disziplinen, könnte der CNS in diesem Sinne nicht ferner liegen. Vielmehr basiert sie auf der Integration unterschiedlichster Disziplinen, auch der Hirnanatomie, und basiert dabei weitgehend auf Bildern und präsentationalem Wissen, d. h. ihrem Wissen über den für die Wissenskommunikation zwischen den unterschiedlichen Feldern nutzenbringenden Einsatz von Visualisierungen und neuen Visualisierungs- bzw. Repräsentationsformen.

Dieser Einsatz von Bildern in der Kommunikation steht, wie diese Arbeit aufzeigen konnte, freilich nicht für sich allein. Vielmehr ist er mit einem komplexen Gewebe verknüpft, das Strukturen auf sehr unterschiedlichen sozialen Aggregatsebenen miteinander verbindet und erst in dieser Kohärenz eine institutionell-institutionalisierte Lösung für die Herausforderung eines gesellschaftlich beschaffenen Problems darstellt. Ich möchte dieses Gewebe eine *kommunikative Gattung*, genauer, eine *wissenschaftliche Diskursgattung* nennen, obgleich die Definition des Gattungsbegriffs in der gattungsanalytischen Literatur, wie ich in dieser Arbeit zeigen konnte, durchaus als uneinheitlich bezeichnet werden darf. Während Bachtin, der als Erfinder der Gattungen des Sprechens gelten kann, von dessen allgemeiner Gattungsförmigkeit ausging und dadurch Bachtinsche Gattungen überall dort zu finden sind, wo Menschen überhaupt den Mund auftun, ist es der wissenssoziologischen Gattungsanalyse, allen voran bei Luckmann, durchaus daran gelegen, zu betonen, dass bei weitem nicht alles Sprechen, nicht einmal sein größter Teil, in Gattungen vollzogen werde. Dieser Ansatz setzt dem gattungsförmigen Sprechen spontane Formen der Kommunikation entgegen, ohne allerdings, dass für dieses systematische Kriterien aufgezählt oder Beispiele genannt würden.

Für die vorliegende Arbeit soll daher der (vorläufige) Anspruch durchaus erhoben werden, dass es sich bei der untersuchten Kommunikationsform um eine kommunikative Gattung bzw. eine wissenschaftliche Diskursgattung handelt, da sie *erstens* einen Institutionalisierungsgrad aufweist, der stark genug vorange-schritten ist, sodass sie unabhängig von den jeweils Kommunizierenden und der Anwesenheit bestimmter Personen (wie etwa die des Forschungsgruppenleiters) ihre in dieser Arbeit beschriebene Gattungsförmigkeit in Aktualität beibehält.

Der Group-Talk weist *zweitens* typische Merkmale auf allen Ebenen der wissenssoziologisch definierten Kommunikationsgattung auf. Er ist durch eine Außenstruktur gekennzeichnet, die sich aus den makro- und mesosoziologischen Schalen konstituiert, die den Group-Talk als situatives Kommunikationsereig-nis umgeben. Außerdem weist er eine besondere Binnenstruktur auf, die aus bestimmten linguistischen Elementen und typischen visuellen, mediatisierten und performativen Aspekten des kommunikativen Handelns und dem präsentationalen Wissen besteht, diese Elemente in der interdisziplinären Wissenskommunika-tion zu verknüpfen. Schließlich besitzt er typische Merkmale auf der Ebene der situativen Realisierungsebene, deren Werkstatt-, Probebühnen- und Impro-visationscharakter maßgeblich dafür sind, dass der Group-Talk tatsächlich eine dauerhafte Lösung für das Kommunikationsproblem innerhalb der CNS darstel-len kann. Vor diesem Hintergrund stellt sich der Group-Talk als zu komplex dar, um ihn anstelle des Gattungsbegriffs lediglich als kommunikatives Muster oder Form zu begreifen. In diesem Sinne handelt es sich beim Group-Talk m. E. bis auf weiteres um eine kommunikative Gattung.

Die Einschränkung ‚bis auf weiteres‘ soll sich an dieser Stelle auf zwei wesentliche Punkte beziehen, die das Eingeständnis von gattungstheoretischen, methodologischen und empirischen Residuen als auch den Ausblick auf mög-liche Anschlussforschungen umfassen. Zunächst erscheint es auf Grundlage dieser Arbeit wünschenswert, dass die wissenssoziologische Gattungsanalyse in kommenden Forschungsprojekten weiter ausgearbeitet wird. Sie stellt ein besonders wertvolles Werkzeug der empirischen qualitativen Sozialforschung dar, dies nicht zuletzt vor dem Hintergrund der aktuellen Zeitdiagnose der Kommunikationsgesellschaft. Während Kommunikation sich in der Gegenwarts-gesellschaft von bisweilen rasant steigender Bedeutung erweist, muss im Kontext des KoKo konstatiert werden, dass sie wohl von jeher den empirischen Modus der gesellschaftlichen Konstruktion von Wirklichkeit darstellte. Diese Erkennt-nis verdeutlicht unausweichlich, wie wichtig es für die verstehende Erforschung sozialer Phänomene ist, diese als kommunikative Erscheinungen und Konstruktio-nen zu erfassen und zu analysieren, die allem voran in und durch Kommunikation erzeugt werden und ihre gesellschaftliche Wirkung entfalten.

Vor diesem Hintergrund plädiere ich nicht nur dafür, die kommunikativ-konstruktivistische Perspektive in der qualitativen Forschung stets zu berück-sichtigen und z. B. nicht soziologische Gegenstände von den in ihrem Kontext zu beobachtenden Kommunikationsprozessen getrennt zu betrachten, sondern konkreter auch dafür, den bereits von Luckmann ins Auge gefassten Kom-munikativen Haushalt als Gegenstand sui generis zu fokussieren. Tatsächlich sind bei der bisherigen Analyse und Inventarisierung der kommunikativen Gat-tungen die Lücken noch zu groß, sodass schwerlich von einem Korpus die Rede sein kann, der dringend notwendig wäre, um konkretere Aussagen dar-über treffen zu können, bei welcher Form es sich um eine Gattung handelt oder aber um eine Gattungsvariante, das Element eines Gattungssystems oder einer Gattungsverschachtelung.

Erst auf Grundlage eines erweiterten kommunikativen Gattungsinventars aber, einer umfassenderen Beobachtung, Analyse und Einordnung kommunikativer Gattungen, ließe sich schließlich auch eine Empirie-basierte wissenssoziolo-gische Gattungstheorie entwerfen, die es erlauben würde, eine systematische Unterscheidung zwischen gattungsförmiger und spontaner Kommunikation zu treffen. Entsprechende Arbeiten stellen aus Sicht dieser Dissertationsschrift daher ein wesentliches Residuum sowohl im Bereich der empirischen qualitativen Sozialforschung als auch der Weiterentwicklung der wissenssoziologischen Gat-tungsanalyse und der Methodenentwicklung dar. Es verhält sich daher in diesem Bereich ein wenig wie mit der Soziolinguistik der frühen 70er Jahre, als, wor-auf ich in dieser Arbeit hingewiesen habe, Hymes beklagen musste, dass sein Konzept einer Ethnographie der Kommunikation, das seinerseits bereits auf den Forderungen Sapirs aus den späten 20er Jahren des 20. Jahrhunderts aufbaute, noch nicht weit fortgeschritten sei. Gemessen an ihren Aufgaben ist m. E. auch die wissenssoziologische Gattungsanalyse, obgleich sie bereits vor über 30 Jah-ren entworfen wurde, noch nicht weit genug vorangeschritten. Allerdings machen neuere Forschungsprojekte, die aber größtenteils noch nicht zu einem Abschluss oder zu ihrer Veröffentlichung gelangt sind, Hoffnung darauf, dass die Gattungs-analyse in der Soziologie einer Renaissance entgegensieht. Zu nennen sind hier die Arbeiten von Juliane Haus (2021), Lars Mojem, Necdet Coskun Aldemir u. a.

Dabei sollten in der wissenssoziologischen Gattungsanalyse in zukünftigen Arbeiten auch solche Gesellschaftsbereiche wie die Wissenschaft nicht ausge-schlossen werden, die, für die ‚neue Wissenssoziologie' untypisch, nicht im Alltag, sondern in Sonderbereichen zu verorten sind und dadurch eine starke außenstrukturelle Komponente aufweisen. Entsprechende Arbeiten könnten, und damit möchte ich zum Schluss kommen, eine wertvolle Vergleichsfolie für meine eigene Arbeit darstellen, sodass vor diesem Hintergrund letztlich auch entschieden werden könnte, ob der Group-Talk, den ich am Beispiel der CNS gattungsanalytisch analysiert habe, eine eigene wissenssoziologische Diskursgattung darstellt oder nicht. Bis zum Vorliegen dieser Arbeiten, an denen ich mich gerne in meiner zukünftigen wissenschaftlichen Arbeit beteiligen möchte, gilt er mir als eine Gattung – bis auf weiteres.

Literaturverzeichnis

Aijmer, Karin, und Diana Lewis. *Contrastive Analysis of Discourse - pragmatic Aspects of Linguistic Genres.* Cham: Springer, 2017.

Alać, Morana. „Working with brain scans. Digital images and gestural interaction in fMRI laboratory.“ *Social Studies of Science, 38(4),* 2008: 483–508.

Amann, Klaus, und Karin Knorr Cetina. „The fixation of (visual) evidence.“ *Human Studies, 11(2),* 1988: 133–169.

Amann, Klaus, und Stefan Hirschauer. „Die Befremdung der eigenen Kultur. Ein Programm.“ In *Die Befremdung der eigenen Kultur. Zur ethnographischen Herausforderung soziologischer Empirie,* von Stefan Hirschauer und Klaus Amann, 7–52. Frankfurt am Main: Suhrkamp, 1997.

Assmann, Jan. „Kollektives Gedächtnis und kulturelle Identität.“ In *Kultur und Gedächtnis,* von Jan Assman und Tonio Höllscher, 9–19. Frankfurt am Main: Suhrkamp, 1988.

Auslander, Philip. *Liveness: Performance in a Mediatized Culture.* New York: Routledge, 2008.

Austin, John L. *How to Do Things with Words.* Oxford: Clarendon, 1962.

Bakhtin, Michael. „The problem of speech genres.“ In *Speech genres and other late essays,* von Michael Bakhtin, 60–102. Austin: University of Texas Press, 1986[1952].

Balck, Sandra. „Disziplinarität der Informationswissenschaft.“ *LIBREAS. Library Ideas,* 2016: 68–89.

Barley, Stephen R. „The Alignment of Technology and Structure through Roles and Networks.“ *Administrative Science Quarterly, 35(1),* 1990: 61–103.

Baudrillard, Jean. „Videowelt und fraktales Subjekt.“ In *Philosophien der neuen Technologie,* von Ars Electronica (Hrsg.), 113–131. Berlin: Merve, 1989.

Baur, Nina, Christina Besio, Maria Norkus, und Grit Petschick. *Wissen-Organisation-Forschungspraxis. Der Makro-Meso-Mikrol-Link in der Wissenschaft.* Weinheim, Basel: Beltz Juventa, 2016.

Beaulieu, Anne. „Images are not the (only) truth: Brain mapping, visual knowledge, and iconoclasm.“ *Science, Technology & Human Values, 27(1),* 2002: 53–83.

Bechtel, William. „The Epistomology of Evidence in Cognitive Neuroscience.“ In *Philosophy and the Life Sciences: A Reader,* von R. Jr., Allen, C. Skipper, R. A. Ankeny, C. F. Craver, L. Darden, G. Mikkelson und R. Richardson, o.S. Cambridge, MA: MIT Press, in press.

© Der/die Herausgeber bzw. der/die Autor(en) 2022   263
R. Wilke, *Wissenschaft kommuniziert,* Wissen, Kommunikation und Gesellschaft,
https://doi.org/10.1007/978-3-658-36704-6

Beck, Ulrich. *Risikogesellschaft. Auf dem Weg in eine andere Moderne.* Frankfurt am Main: Suhrkamp, 1986.

Beck, Ulrich, und Elisabeth Beck-Gernsheim. *Riskante Freiheiten: Individualisierung in modernen Gesellschaften.* Frankfurt am Main: Suhrkamp, 1994.

Behnke, Joachim, Nina Baur, und Nathalie Behnke. *Empirische Methoden der Politikwissenschaft.* Paderborn: Verlag Ferdinand Schöningh, 2006.

Bensman, Joseph, und Israel Gerver. „Crime and Punishment in the Factory: The Function of Deviancy in Maintaining the Social System." *American Sociological Review, 28(4),* August 1963: 588–598.

Berger, James. „Editor's Preface: Documents of an Education." In *The Story of my Life. The restored Edition,* von Helen Keller, o.S. New York: Modern Library, 2003[1903].

Berger, Peter L., Brigitte Berger, und Hansfried Kellner. *Das Unbehagen in der Modernität.* Frankfurt am Main: Campus, 1975.

Berger, Peter L., und Thomas Luckmann. *Die gesellschaftliche Konstruktion der Wirklichkeit. Eine Theorie der Wissenssoziologie.* Frankfurt am Main: Fischer, 1986/1969[engl. 1966].

Bergermann, Ulrike. „Konferenzdesign, Liebe und Selbstbeobachtung um 1968." In *Verhaltensdesign – Technologische und ästhetische Programme der 1960er und 1970er Jahre,* von Jeannie Moser und Christina Vagt, 211–226. Bielefeld: transcript, 2018.

Bergmann, Jörg. *Ethnomethodologie und Konversationsanalyse. Studienbrief der Fernuniversität in Hagen, Kurseinheit 1 und 3.* Hagen: Fernuniversität Hagen, 1988b.

Bergmann, Jörg. „Ethnomethodologische Konversationsanalyse." In *Dialogforschung,* von Peter Schröder und Hugo Steger, 9–52. Düsseldorf: Schwann, 1981.

Bergmann, Jörg. „Goffmans Soziologie des Gesprächs und seine ambivalente Beziehung zur Konversationsanalyse." In *Erving Goffman – Ein soziologischer Klassiker der zweiten Generation,* von Robert Hettlage und Karl Lenz, 301–326. Bern, Stuttgart: Haupt, 1991.

Bergmann, Jörg. *Klatsch: Zur Sozialform der diskreten Indiskretion.* Berlin, New York: de Gruyter, 1987.

Bergmann, Jörg. „Haustiere als kommunikative Ressource." *Soziale Welt. Sonderband 6: Kultur und Alltag,* 1988a: 299–312.

Bergmann, Jörg. „Über Erving Goffmans Soziologie des Gesprächs und seine ambivalente Beziehung zur Konversationsanalyse." In *Erving Goffman – ein soziologischer Klassiker der zweiten Generation,* von Robert Hettlage und Karl Lenz, 301–326. Bern, Stuttgart: UTB, 1999.

Bergmann, Jörg, und Christian Meyer. „Nachruf Dell H. Hymes (1927–2009)." *Zeitschrift für Soziologie, 39(2),* 2011: 151–153.

Bhatia, Vijay K. *Critical Genre Analysis: Investigating Interdiscursive Performance in Professional Contexts.* London, New York: Routledge, 2016.

Bijker, Wiebe E., und Trevor Pinch. „Preface." In *The social construction of technological systems: new directions in the sociology and history of technology. Anniversary Edition,* von Wiebe E. Bijker, Thomas P. Hughes und Trevor Pinch, XI-XXXIV. Cambridge, MA: MIT Press, 2012[1987].

Bitzer, Loyd F. „The Rhetorical Situation." *Philosophy and Rhetorics, 1,* 1968: 1–14.

Bohnsack, Ralf, Bettina Fritzsche, und Monika Wagner-Willi. *Dokumentarische Video- und Filminterpretation. Methodologie und Forschungspraxis. 2., durchgesehene Auflage.* Opladen, Berlin, Toronto: Verlag Barbara Budrich , 2015.

Bourdieu, Pierre. „Die verborgenen Mechanismen der Macht." In *Schriften zu Politik und Kultur 1*, von Margarete Steinrücke, 49–76. Hamburg: VSA, 2005.

Bourdieu, Pierre, und Loic Wacquant. „Die Logik der Felder." In *Reflexive Athropologie*, von Pierre Bourdieu und Loic Wacquant, 124–147. Frankfurt am Main: Suhrkamp, 1996.

Bower, James M. *20 Years of Computational Neuroscience*. New York: Springer, 2003.

Bredekamp, Horst. *Theorie des Bildakts. Frankfurter Adorno-Vorlesungen*. Frankfurt am Main: Suhrkamp, 2007.

Breger, Herbert. „Leibniz' binäres Zahlensystem als Grundlage der Computertechnologie." In *Jahrbuch der Akademie der Wissenschaften zu Göttingen 2008*, von Akademie der Wissenschaften Göttingen (Hrsg.), 385–391. Berlin: De Gruyter, 2008.

Bühler, Karl. *Sprachtheorie: Die Darstellungsfunktion der Sprache*. Jena: Gustav Fischer, 1934.

Burri, Regula Valérie. *Doing Images. Zur Praxis medizinischer Bilder*. Bielefeld: transcript, 2008.

Capurro, Rafael. „Über Zeugungslust und Fremdenliebe Oder vom Bau einer Universität." *wertewandel – werkundzeit, 1(2)*, 2007: 46–51.

Castells, Manuel. „Bausteine einer Theorie der Netzwerkgesellschaft." *Berliner Journal für Soziologie, Heft 4*, 2001: 423-439.

Cerullo, Michael J. „ Computer usage in business and accounting." *Information & Management, 3(3)*, 1980: 113–124.

Choudhury, Suparna, und Jan Slaby. *Critical Neuroscience: A Handbook of the Social and Cultural Contexts of Neuroscience*. Chichester: Blackwell Publishing Ltd, 2012.

Churchland, Patricia S., Christof Koch, und Terrence J. Sejnowski. „What is Computational Neuroscience?" In *Computational Neuroscience*, von Eric L. Schwartz, 46–55. Cambridge, MA und London: MIT Press, 1990.

Collins, Randall. *The Sociology of Philosophies. A Global Theory of Intellectual Change*. Belknap: Harvard University Press, 1998.

Coopmans, Catelijne, Janet Vertesi, Michael Lynch, und Steve Woolgar. *Representation in scientific practice revisited*. Cambridge, MA: The MIT Press, 2014.

Coulmas, Florian. „Einleitung: Sprache und Kultur." In *Soziolinguistik. Zur Ethnographie der Kommunikation. Eingeleitet und herausgegeben von Florian Coulmas*, von Dell Hymes, 7–21. Frankfurt am Main: Suhrkamp, 1979.

Coulter, Jeff. „Elementary Properties of Argument Sequences." In *Interaction Competence*, von George Psathas, 181–203. Washington, DC: University Press of America, 1979.

Crozier, Michel, und Erhard Friedberg. *Macht und Organisation. Die Zwänge kollektiven Handelns*. Königstein: Athenäum, 1979.

Currie, Haver. „A projection of sociolinguistics. The relationship of speech to social status." *Souther Speech Journal, 18*, 1952: 28–37.

Dahrendorf, Rolf. „Vorwort." In *Wir alle spielen Theater. Die Selbstdarstellung im Alltag*, von Erving Goffman, VII-X. München: Piper, 2003/1983.

Daston, Lorraine, und Peter Galison. *Objectivity*. New York: Zone Books, 2007.

Dewey, Martin. „English as a lingua franca and globalization: an interconnected perspective." *International Journal of Applied Linguistics, 17(3)*, 2007: 332–354.

Dreisholtkamp, Uwe. „Subjekt. IV. 19. und 20. Jahrhundert." In *Historisches Wörterbuch der Philosophie. Band 10.*, von Joachim Ritter und Karlfried Gründer, 391–400. Basel: Schwabe, 1998.

Dudley-Evans, A., and Johns, T.F. „The team teaching approach to lecture." In *The Teaching of Listening Comprehension*, 30–46. London: Tonbridge, 1981.

Durkheim, Emile. *Die Regeln der soziologischen Methode*. Frankfurt am Main: Suhrkamp, 1999[1895].

Esser, Hartmut. *Soziologie: Spezielle Grundlagen. Band 6: Sinn und Kultur*. Frankfurt am Main: Campus, 2001.

Fakhri, Ahmed. *Fatwas and Court Judgments. A Genre Analysis of Arabic Legal Opinion*. Columbus: The Ohio State University Press, 2014.

Federal Agency of Emergency Management, FEMA. *Summary Report on Building Performance: Hurricane Katrina 2005*. FEMA, 2006.

Fleck, Ludwik. *Entstehung und Entwicklung einer wissenschaftlichen Tatsache. Einführung in die Lehre vom Denkstil und denkkollektiv. Herausgegeben von Lothar Schäfer und Thomas Schnelle*. Frankfurt am Main: Suhrkamp, 1980[1935].

Frake, Charles O. „How to Ask for a Drink in Subanun." *American Anthropologist, 66(6)*, Dezember 1964: 127–132.

Galison, Peter. „Computer Simulations and the Trading Zone." In *From Science to Computational Science*, von Gabriele Gramelsberger, 118–157. Zürich: Diaphanes, 2011.

Galison, Peter. „Heterogene Wissenschaft: Subkulturen und Trading Zones in der modernen Physik." In *Neue Perspektiven auf Zusammenarbeit*, von Jörg Strübing, Ingo Schulz-Schaeffer, Martin Meister und Jochen Gläser, 27–57. Opladen: Leske und Budrich, 1994.

Garfinkel, Harold. *Studies in Ethnomethodology*. Los Angeles: Polity, 1984[1967].

Garfinkel, Harold, und Harvey Sacks. „Über formale Strukturen praktischer Handlungen." In *Ethnomethodologie: Beiträge zu einer Soziologie des Alltagslebens*, von Elmar Weingarten, Fritz Sack und Jim Schenkein, 130–176. Frankfurt am Main: Suhrkamp, 1975.

Garzone, Giuliana, und Cornelia Ilie. *Genres and Genre Theory in Transition. Specialized Discourses across Media and Modes*. Boca Raton: BrownWalker Press, 2014.

Gehlen, Arnold. *Der Mensch. Seine Natur und seine Stellung in der Welt*. Wiebelsheim: Aula, 2009[1940].

Gibbons, Michael, Camille Limoges, Helga Nowotny, Simon Schwartzman, Peter Scott, und Martin Trow. *The new production of knowledge: The dynamics of science and research in contemporary societies*. London: Sage, 1994.

Giddens, Anthony. *The Constitution of Society. Outline of the Theory of Structuration*. Cambridge: Polity Press, 1984.

Gieryn, Thomas. „Boundary-work and the demarcation of science from non-science: Strains and interests in professional ideologies of scientists." *American Sociological Review 48(6)*, 1983: 781–795.

Giltrow, Janet, und Dieter Stein. *Genres in the Internet. Issues in the theory of genre*. Amsterdam, Philadelphia: John Benjamins Publishing, 2009.

Glaser, Barney G., und Anselm L. Strauss. *Grounded Theory: Strategien qualitativer Forschung*. Bern: Huber, 2005[1967].

Gläser, Jochen, und Grit Laudel. *Experteninterviews und qualitative Inhaltsanalyse*. Wiesbaden: Springer VS, 2010.

Goffman, Erving. „The Neglected Situation." *American Anthropologist, 66(6), Part II: The Ethnography of Communication*, Dezember 1964: 133–136.

Goffman, Erving. *Der Vortrag. Aus dem Englischen von Hubert Knoblauch unter Mitarbeit von Christine Leuenberger, Bernt Schnettler und Marion Mackert.* Berlin: TU Berlin. Online abrufbar unter: https://www.as.tu-berlin.de/fileadmin/i62_astypo3/HK_Schrif ten_2001-2005/Goffman2005Der-Vortrag_Übersetzung_von_HK.pdf, 2005b.

Goffman, Erving. *Forms of Talk.* Pennsylvania: University of Pennsylvania, 1981.

Goffman, Erving. *Frame Analysis. An Essay on the Organization of Experience.* Boston: Northeastern Univerity Press, 1974.

Goffman, Erving. *Interaktionsrituale. Über Verhalten in direkter Kommunikation.* Frankfurt am Main: Suhrkamp, 1971[1967].

Goffman, Erving. *Rede-Weisen. Formen der Kommunikation in sozialen Situationen. Herausgegeben von Hubert Knoblauch, Christine Leuenberger & Bernt Schnettler.* Konstanz: UVK, 2005a.

Goffman, Erving. *Wir alle spielen Theater. Die Selbstdarstellung im Alltag.* München: Piper, 2003/1983[engl.1959].

Goldstein, Murray. „ Decade of the brain-An agenda for the nineties." *Neurology-From Basics to Bedside [Special Issue],* 1994: 239–241.

Goodwin, Charles. *Conversational Organization. interaction between Speekers and Hearers.* New York et al.: Academic Press, 1981.

Goodwin, Charles. „The Interactive Construction of a Sentence in Natural Conversation." In *Everyday Language: Studies in Ethnomethodology,* von George Psathas, 97–121. New York: Irvington, 1979.

Gramelsberger, Gabriele. *Computerexperimente. Zum Wandel der Wissenschaft im Zeitalter des Computers.* Berlin: transcript, 2010.

Gramelsberger, Gabriele. *From Science to Computational Sciences. Studies in the History of Computing and its Influence on Today's Sciences.* Chicago: The Chicago University Press, 2015.

Gramm, Andreas. „Binärcodierung. Von den Trigrammen und Hexagrammen des Buchs der Wandlungen (I Ging) über Leibniz zum ASCII-Code." www.andreasgramm.de. 2001. http://andreasgramm.de/papers/Gramm_Geschichte_der_Binaercodierung.pdf (Zugriff am 24. Juli 2019).

Gunkel, Hermann. *Die Sagen der Genesis.* Göttingen: Vandehoeck und Ruprecht, 1901.

Günthner, Susanne, und Hubert Knoblauch. „"Forms are the food of faith": Gattungen als Muster kommunikativen Handelns." *Kölner Zeitschrift für Soziologie und Sozialpsychologie, 46(4),* 1994: 693–723.

Habermas, Jürgen. *Die Theorie des kommunikativen Handelns. 2 Bände.* Frankfurt am Main: Suhrkamp, 1981.

Habermas, Jürgen. *Zur Logik der Sozialwissenschaften.* Frankfurt am Main : Suhrkamp, 1977.

Haraway, Donna. *Simians, Cyborgs, and Women. The Re-Invention of Nature.* New York: Routledge, 1991.

Haus, Juliane. *Das ökonomische Laboratop. Eine soziologische Ethnographie des wirtschaftswissenschaftlichen Experimentierens.* Wiesbaden: Springer VS, 2021.

Hausendorf, Heiko, und Reinhold Schmitt. *Interaktionsarchitektur und Sozialtopografie. Umrisse einer raum-linguistischen Programmatik.Arbeitspapiere des UFSP Sprache und Raum (SpuR).* Zürich: Universität Zürich, 2013.

Heath, Christian. „Review of A. Kendon: Conducting Interaction Patterns of Behavior in Focused Encounters (Studies in Interactional Sociolinguistics 7).“ *American Anthropologist, 95(3)*, 1992: 705–706.

Heath, Christian. *Body movement and speech in medical interaction.* Cambridge: Cambridge University Press, 1986.

Heath, Christian. „Participation in the medical consultation: the co-ordination of verbal and nonverbal behaviour between the doctor and patient.“ *Sociology of Health & Illness, 6(3)*, 1984b: 311–388.

Heath, Christian. „Talk and recipiency: sequential organization in speech and body movement.“ In *Structures of Social Action: Studies in Conversation Analysis*, von J. Maxwell Atkinson und John Heritage, 247–265. Cambridge: Cambridge University Press, 1984a.

Hepp, Andreas. *Medienkultur. Die Kultur mediatisierter Welten.* Wiesbaden: Springer, 2013.

Hepp, Andreas, und Friedrich Krotz. *Mediatisierte Welten. Forschungsfelder und Beschreibungsansätze.* Wiesbaden: Springer VS, 2012.

Hodson, Thomas Callan. „Sociolinguistics in India.“ *Man in India*, 1939.

House, Juliane. „English as a Lingua Franca. A Threat to Multilingualism?“ *Journal of Sociolinguistics, 7(4)*, 2003: 556–578.

Husserl, Edmund. *Logische Untersuchungen. Theil 2. Untersuchungen zur Phänomenologie und Theorie der Erkennntis.* Halle an der Saale: Max Niemeyer, 1901.

Hymes, Dell. „Introduction: Toward Ethnographies of Communication .“ *American Anthropologist*, Dezember 1964: 1–34.

Hymes, Dell. „Shorter Notices. The Orgin of Sociolinguistics.“ *Language in Society, 8*, 1974: 141–150.

Hymes, Dell. „The Scope of Sociolinguistics.“ *Monograph Series on Languages and Linguistics. Number 25: 23rd Annual Round Table. Sociolinguistics: Current Trends and Prospects*, 1972: 313–333.

Hymes, Dell. *Soziolinguistik. Zur Ethnographie der Kommunikation. Eingeleitet und herausgegeben von Florian Coulmas.* Frankfurt am Main: Suhrkamp, 1979.

Hymes, Dell. „The ethnography of speaking.“ In *Anthropology and human behavior*, von Thomas Gladwin und William C. Sturtevant, 13–53. Brooklyn, NY: Gaus' Sons, Inc., 1962.

Hyon, Sunny. *Introducing Genre and English for Specific Purposes.* New York: Routledge, 2018.

Jacobs, Scott, und Sally Jackson. „Argument as a Natural Category: The Routine Grounds for Arguing in Conversation.“ *Western Journal of Speech Communication 45(2)*, 1981: 118–132.

Jakobson, Roman. „Linguistics and Poetics.“ In *Style in language*, von Thomas A. Sebeok, 350–377. New York: Wiley, 1960.

Jasanoff, Sheila, Gerald E. Markle, James C. Peterson, und Trevor Pinch. *Handbook of Science and Technology Studies.* Thousand Oaks, CA: Sage, 1995.

Jolles, André. *Einfache Formen: Legende, Sage, Mythe, Rätsel, Sprüche.* Tübingen: Max Niemeyer Verlag, 1968.

Kamadjeu, Raoul. „English: the lingua franca of scientific research.“ *The Lancet. Global Health, 7(9)*, 1.9.2019. September 2019: o.S.

Kamoche, Ken, und Miguel Pina e Cunha. „ Minimal Structure: From Jazz Im-provisation to Product Innovation.“ *Organization Studies, 22(5)* , 2001: 733–764.

Keller, Reiner. *Das Interpretative Paradigma. Eine Einführung.* Wiesbaden: VS Verlag für Sozialwissenschaften, 2012.

Keller, Reiner, Hubert Knoblauch, und Jo Reichertz. *Kommunikativer Konstruktivismus. Thoretische und empirische Arbeiten zu einem neuen wissenssoziologischen Ansatz.* Wiesbaden: Springer VS, 2013.

Kellogg, Katherine C., Wanda J. Orlikowski, und JoAnne Yates. „Life in the Trading Zone: Structuring Coordination Across Boundaries in Postbureaucratic Organizations." *Organization Science, Vol. 17(1),* 2006: 22–44.

Kendon, Adam. „Some Functions of Gaze-Direction in Social Interaction." *Acta Psychologica, 26,* 1967: 22–63.

Kendon, Adam. „Movement coordination in social interaction." *Acta Psychologica, 32,* 1970: 1–25.

Kendon, Adam. *Conducting Interaction: Patterns of Behavior in Focused Encounters (Studies in Interactional Sociolinguistics, 7).* Cambridge et al.: Cambridge University Press, 1990.

Kendon, Adam. *Conducting Interaction: Patterns of Behavior in Focused Encounters.* Cambridge: Cambridge University Press, 1990.

Kendon, Adam. *Gesture: Visible Action as Utterance.* Cambridge: cambridge University Press, 2004.

Kneer, Georg, und Markus Schroer. „Soziologie als multiparadigmatische Wissenschaft. Eine Einleitung." In *Handbuch Soziologische Theorien,* von Georg Kneer und Markus Schroer, 7–18. Wiesbaden: VS Verlag für Sozialwissenschaften, 2009.

Knoblauch, Hubert. *Die kommunikative Konstruktion der Wirklichkeit.* Wiesbaden: Springer VS, 2017.

Knoblauch, Hubert. „Die Performanz des Wissens. Zeigen und Wissen in Powerpoint-Präsentationen." In *Powerpoint-Präsentationen. Neue Formen der gesellschaftlichen Kommunikation von Wissen,* von Bernt Schnettler und Hubert Knoblauch, 117–138. Wiesbaden: Springer VS, 2007.

Knoblauch, Hubert. „Erving Goffmans Reich der Interaktion." In *E. Goffman, Interaktion und Geschlecht,* von Hubert Knoblauch, 7–49. Frankfurt am Main, New York: Campus, 1994.

Knoblauch, Hubert. „Grundbegriffe und Aufgaben des kommunikativen Konstruktivismus." In *Kommunikativer Konstruktivismus. Theoretische und empirische Arbeiten zu einem neuen wissenssoziologischen Ansatz,* von Reiner Keller, Hubert Knoblauch und Jo Reichertz, 25–48. Wiesbaden: VS Verlag, 2013.

Knoblauch, Hubert. *Kommunikationskultur. Die kommunikative Konstruktion kultureller Kontexte.* Berlin, New York: de Gruyter, 1995.

Knoblauch, Hubert. „Arbeit als Interaktion: Informationsgesellschaft, Post-Fordismus und Kommunikationsarbeit." *Soziale Welt, Heft 47,* 1996: 344–362.

Knoblauch, Hubert. „Die Video-Interaktions-Analyse." *Sozialer Sinn, 5(1),* 2004a: 123–138.

Knoblauch, Hubert. „Fokussierte Ethnographie." *sozialersinn, 2(1),* 2001: 123–141.

Knoblauch, Hubert. „Das Ende der linguistischen Wende." *Soziologie, Heft 2,* 2000: 46–58.

Knoblauch, Hubert. „Subjekt, Intersubjektivität und persönliche Identität: Zum Subjektverständnis der sozialkonstruktivistischen Wissenssoziologie." In *Subjekttheorien interdisziplinär. Diskussionsbeiträge aus Sozialwissenschaften, Philosophie und Neurowissenschaften,* von Matthias Grundmann und Raphael Beer, 37–85. Münster: LIT Verlag, 2004b.

Knoblauch, Hubert. „Transzendentale Subjektivität: Überlegungen zu einer wissenssoziologischen Theorie des Subjekts." In *Phänomenologie und Soziologie: Theoretische Positionen, aktuelle Problemfelder und empirische Umsetzungen*, von Jürgen Raab, Martina Pfadenhauer, Peter Stegmaier, Jochen Dreher und Bernt Schnettler, 65–74. Wiesbaden: VS Verlag für Sozialwissenschaften, 2008.

Knoblauch, Hubert, Christine Leuenberger, und Bernt Schnettler. „Erving Goffmans Rede-Weisen." In *Rede-Weisen. Formen der Kommunikation in sozialen Situationen. Herausgegeben von Hubert Knoblauch, Christine Leuenberger & Bernt Schnettler*, von Erving Goffman, 9–28. Konstanz: UVK, 2005.

Knoblauch, Hubert, René Wilke, und Eric Lettkemann. *Abschlussbericht DFG-Forschungsprojekt Bildkommunikation in der Wissenschaft am Fallbeispiel der Computational Neuroscience*. Abschlussbericht, unveröffentlicht, 2017.

Knoblauch, Hubert, und René Wilke. „Die Kommunikationskultur einer synthetischen Wissenschaft am Beispiel des „Group Talks" in der Computational Neuroscience." In *Kommunikative Wissenskulturen. Theoretische und empirische Erkundungen in Gegenwart und Geschichte*, von Michaela Pfadenhauer, Tilo Grenz und Christopher Schlembach, 97–114. Weinheim, Basel: Beltz Juventa, 2020.

Knoblauch, Hubert, und René Wilke. „The Common Denominator. The Reception and Impact of Berger and Luckmann's The Social Construction of Reality." *Human Studies, 39(1)*, 2016: 51–69.

Knoblauch, Hubert, und René Wilke. „Forschungsdateninfrastrukturen für audiovisuelle Daten der Qualitativen Sozialforschung – Bedarf und Anforderungen." *RatSWD Working Paper, 267/2018*, 2018: 47–58.

Knorr Cetina, Karin. „Spielarten des Konstruktivismus. Einige Notizen und Anmerkungen." *Soziale Welt, 40*, 1989: 86–96.

Knorr Cetina, Karin. *Wissenskulturen – Ein Vergleich naturwissenschaftlicher Wissensformen*. Frankfurt am Main: Suhrkamp, 2002.

Kotthoff, Helga. „Die Kommunikation von Moral in georgischen Lamentationen." In *Kommunikative Konstruktion von Moral*, von Bergmann Jörg und Thomas Luckmann, 50–79. Wiesbaden: VS Verlag für Sozialwissenschaften, 1999.

Latour, Bruno. *Reassembling the Social – An Introduction to Actor-Network-Theory*. Oxford: Oxford University Press, 2005.

Latour, Bruno. „Drawing things together." In *Representations in Scientific Practice*, von Michael und Steve Woolgar Lynch, 20–68. Cambridge, MA: MIT Press, 1990.

Latour, Bruno. *Science in Action, How to Follow Scientists and Engineers through Society*. Cambridge, MA: Harvard University Press, 1987.

Legge, James. *The I Ching. Translated by James Legge. Second Edition*. New York, New York: Dover Publications, 1963[1899].

Leigh Star, Susan, und James R. Griesemer. „Institutional Ecology, 'Translations' and Boundary Objects: Amateurs and Professionals in Berkeley's Museum of Vertebrate Zoology." *Social Studies of Science*, August 1989: 387–420.

Lettkemann, Eric. *Stabile Interdisziplinarität. Eine Biografie der Elektronenmikroskopie aus historisch-soziologischer Perspektive (Wissenschafts- und Technikforschung, 16)*. Baden-Baden: Nomos, 2016.

Lettkemann, Eric, René Wilke, und Hubert Knoblauch. *Knowledge in Action. Neue Formen der Kommunikation in der Wissensgesellschaft*. Wiesbaden: Springer VS, 2018.

Lettkemann, Eric, und René Wilke. „Kommunikationspraktiken. Wissenskommunikation im Group Talk." In *Wissen–Organisation–Forschungspraxis. Der Makro-Meso-Mikro-Link in der Wissenschaft*, von Nina Baur, Cristina Besio, Maria Norkus und Grit Petschick, 447–479. Weinheim und München: Juventus, 2016.

Lévi-Strauss, Claude. *Das wilde Denken*. Frankfurt am Main: Suhrkamp, 1973.

Levy, George C. „How Changes in Computer Technology Are Revolutionizing the Practice of Chemistry." *Journal of Computational Chemistry, 28*, 1988: 167–174.

Lin, Yuri, Jean-Baptiste Michel, Erez Aiden Lieberman, Jon Orwant, Will Brockman, und Slav Petrov. „Syntactic Annotations for the Google Books Ngram Corpus." *Proceedings of the 50th Annual Meeting of the Association for Computational Linguistics*. Stroudsburg, PA: Association for Computational Linguistics (ACL), 2012. 169–174.

Luckmann, Thomas. „Die kommunikative Konstruktion der Wirklichkeit." In *Neue Perspektiven der Wissenssoziologie*, von Dirk Tänzler, Hubert Knoblauch und Hans-Georg Soeffner, 15–26. Konstanz: UVK, 2006.

Luckmann, Thomas. „Grundformen der gesellschaftlichen Vermittlung des Wissens: Kommunikative Gattungen." *Kultur und Gesellschaft (Sonderheft 27) der ‚Kölner Zeitschrift für Soziologie und Sozialpsychologie'. Herausgegeben von Friedhelm Neidhardt, Rainer Lepsius & Johannes Weiß*, 1986: 191–211.

Luckmann, Thomas. „The Communicative Construction of Reality and Sequential Analysis. A Personal Reminiscence." *Qualitative Sociology Review, 9(2)*, 2013: 40–46.

Luckmann, Thomas. *The Sociology of Language*. Indianapolis: Bobbs-Merrill, 1975.

Luckmann, Thomas. *Theorie des sozialen Handelns*. Berlin, New York: de Gruyter, 1992.

Luckmann, Thomas, und Hubert Knoblauch. „Gattungsanalyse." In *Qualitative Forschung. Ein Handbuch*, von Ines Steinke, Ernst von Kardorff und Uwe Flick, 538–546. Reinbek: Rowolth Taschenbuch, 2000.

Lynch, Michael. „Silence in Context: Ethnomethodology and Social Theory." *Human Studies, 22*, 1999: 211–233.

Lynch, Michael. „Laboratory Space and the Technological Complex: An Investigation of Topical Contextures." *Science in Context, 1*, 1991: 51–78.

Lynch, Michael. *Scientific Practice and Ordinary Action. Ethnomethodology and Social Studies of Science*. New York: Cambridge University Press, 1993.

Lynch, Michael, und Steve (Hrsg.) Woolgar. *Representations in Scientific Practice*. Cambridge, MA: MIT Press, 1990.

Lytton, William W. *From computer to brain: foundations of computational neuroscience*. New York: Springer, 2002.

Maasen, Sabine, Martin Lengwiler, und Michael Guggenheim. „Practices of transdisciplinary research: close(r) encounters of science and society." *Science and Public Policy, 33(6)*, 2006: 394–398.

Malina, Roger. *The Impact of Computers on the Arts, Sciences and Humanities*. 2010. http://malina.diatrope.com/tag/computer-sciences/.

Malinowski, Bronislaw. *Argonauts of the Western Pacific. An Account of Native Enterprise and Adventure in the Archipelagoes of Melanesian New Guinea*. New York: Dutton, 1922.

Malinowski, Bronislaw. *Crime and custom in savage society*. New York: Harcourt, Brace & Co., 1926.

Mansilla, Veronica Boix, Feller Irwin, und Howard Gardner. „Quality assessment in interdisciplinary." *Research Evaluation*, April 2006: 69–74.

Mayring, Philipp. *Qualitative Inhaltsanalyse. Grundlagen und Techniken.* Weinheim, Basel: Beltz, 2010.

McLuhan, Marshall. *Understanding Media: The Extensions of Men.* Cambridge: MIT Press, 1994[1964].

Mead, George Herbert. *Geist, Identität und Gesellschaft aus der Sicht des Sozialbehaviorismus.* Frankfurt am Main: Suhrkamp, 1968/1973[engl. 1934].

Mead, Margaret. „Preface." In *The Small Conference. an Innovation in Communication,* von Margaret Mead und Paul Byers, V-VII. Paris, Den Haag: Mouton & Co, 1968.

Mead, Margaret. „The Conference Process." In *The Small Conference. An Innovation in Communication,* von Margaret Mead und Paul Byers, 3–54. Paris, Den Haag: Mouton & Co, 1968.

Mead, Margaret, und Paul Byers. *The Small Conference. An Innovation in Communication.* Paris, Den Haag: Mouton & Co, 1968.

Metzger, Norman, und Richard N. Zare. „Research: From Belief to Reality." *Science,* 1999: 642–643.

Meyer, John W., William R. Scott, und Terrence E. Deal. „Institutional and Technical Sources of Organizational Structure." In *Organization and the Human Services,* von Herman D. Stein, 151–178. Philadelphia: Temple University Press, 1981.

Meyer, Ulrich. *Die Kontroverse um Neuronale Netze. Zur sozialen Aushandlung der wissenschaftlichen Relevanz eines Forschungsansatzes.* Wiesbaden: Deutscher Universitätsverlag, 2004.

Miller, Carolyn R. „Genre as Social Action." *Quarterly Journal of Speech, 70,* 1984: 151–167.

Mittell, Jason. *Genre and Television. From Cop Shows to Cartonns in American Culture.* New York: Routledge, 2004.

Moine, Raphaelle. *Cinema Genres.* Malden, MA: Blackwell, 2008.

Münch, Richard. „Talcott Parsons." In *Klassiker der Soziologie, Band 2: Von Talcott Parsons bis Anthony Giddens,* von Dirk Kaesler, 24–50. München: C.H. Beck, 2007.

Neumann, John von. *First Draft of a Report on the EDVAC. Herausgegeben von Michael D. Godfrey.* Stanford: Stanford University Press, 1992[1945].

Ochs, Elinor, Patrick Gonzales, und Sally Jacoby. „"When I come down I'm in the domain state": Grammar and graphic representation in the interpretive activity of physicists." In *Interaction and Grammar,* von Elinor Ochs, Emanuel A. Schegloff und Sandra A. Thompson, 328–369. Cambridge: Cambridge University Press, 1996.

Ochs, Elinor, Sally Jacoby, und Patrick Gonzales. „Interpretive journeys: How physicists Talk and Travel through Graphic Space." *Configurations, 2(1),* 1994: 151–171.

Ochs, Elinor, und Sally Jacoby. „Down to the wire: The cultural clock of physicists and the discourse of consensus." *Language in Society, 26,* 1997: 479–505.

Okulska, Urzula, und Piotr Cap. *Perspectives in Politics and Discourse.* Amsterdam, Philadelphia: John Benjamins Publishing, 2010.

Orlikowski, Wanda J., und JoAnne Yates. „Genre Systems: Structuring Interaction through Communicative Norms." *Journal of Business Communication, 9(1),* 2002: 13–35.

Orlikowski, Wanda, und JoAnne Yates. „Genre Repertoire: The Structuring of Communicative Practices in Organizations." *Administrative Science Quarterly, 39,* 1994: 541–574.

Panofsky, Erwin. *Sinn und Deutung in der bildenden Kunst.* Köln: Dumont, 1975[1955].

Parsons, Talcott. *The Social System.* London: Routledge, 1991[1951].

Perkel, Donald. „Computational Neuroscience: Scope and Structure." In *Computational Neuroscience*, von Eric L. Schwartz, 38–45. Cambridge, MA: MIT Press, 1990.

Pfadenhauer, Michaela. *Professionalität. Eine wissenssoziologische Rekonstruktion institutionalisierter Kompetenzdarstellungskompetenz.* Wiesbaden: Springer VS, 2000.

Plessner, Hellmuth. „Zur deutschen Ausgabe." In *Die gesellschaftliche Konstruktion der Wirklichkeit. Eine Theorie der Wissenssoziologie*, von Peter L. Berger und Thomas Luckmann, V-XVI. Frankfurt am Main: Fischer Taschenbuchverlag, 1986/1969[engl. 1966].

Plessner, Helmut. „Die physiologische Erklärung des Verhaltens. Eine Kritik an der Theorie Pawlows." In *Gesammelte Schriften VIII*, von Günther Dux, Odo Marquard und Elisabeth Ströker, 7–32. Frankfurt am Main: Suhrkamp, 2003[1935].

Raab, Jürgen. *Visuelle Wissenssoziologie. Theoretische Konzeption und materiale Analysen (Erfahrung – Wissen – Imagination).* Konstanz: UVK, 2008.

Raab, Jürgen, und Hans-Georg Soeffner. „Sehtechniken. Die Medialisierung des Sehens: Schnitt und Montage als Ästhetisierungsmittel medialer Kommunikation." In *Technik und Sozialtheorie*, von Werner Rammert, 121–148. Frankfurt am Main, New York: Campus , 1998.

Rammert, Werner. *Die technische Konstruktion als Teil der gesellschaftlichen Konstruktion der Wirklichkeit.* Technische Universität Berlin: Working Papers, 2002.

Rammert, Werner. *Technik und Sozialtheorie.* Frankfurt, New York: Campus, 1998.

Reckwitz, Andreas. *Die Transformation der Kulturtheorien. Zur Entwicklung eines Theorieprogramms.* Weilerswist: Velbrück , 2000.

Reichertz, Jo. *Kommunikationsmacht. Was ist Kommunikation und was vermag sie? Und warum vermag sie das?* Wiesbaden: Springer VS, 2009.

Rendle-Short, Johanna. *The Academic Presentation: Situated Talk in Action.* Aldershot: Ashgate, 2006.

Rijcke, Sarah de, und Anne Beaulieu. „Networked Neuroscience: Brain Scans and Visual Knowing at the Intersection of Atlases and Databases." In *Representations in Scientific Practice Revisited*, von Catelijne Coopmans, Michael Lynch, Janet Vertesi und Steve Woolga, 131–151. Cambridge: MIT Press, 2014.

Rorty, Richard. *The Linguistic Turn: Recent Essays in Philosophical Method.* Chicago, London: The University of Chicago Press, 1967.

Rosenblatt, Frank. „The Perceptron. A Probabilistic Model for Information Storage and organization in the Brain." *Psychological Review, 65(6)*, 1958: 386–408.

Roth, Béatrice, und Elaine Snell. „Errungenschaften und Herausforderungen der Dekade des Gehirns." *EruoBrain, 2(1)*, März 2000: 1–6.

Sacks, Harvey, Emanuel Schegloff, und Gail Jefferson. „A simplest systematics for the organization of turn-taking for conversation." *Language, 50*, 1974: 696–735.

Sapir, Edward. „The Status of Linguistics as a Science." *Language, 5(4)*, Dezember 1929: 207–214.

Saussure, Ferdinand de. *Grundfragen der allgemeinen Sprachwissenschaft.* Stuttgart: Reclam, 2016.

Schegloff, Emanuel. „Reflections on Talk and Social Structure." In *Talk and Social Structure: Studies in Ethnomethodology and Conversation Analysis*, von Deirdre Boden und Don H. Zimmermann, 44–70. Cambridge: MIT Press, 1991.

Scheler, Max. „Wesen und Formen der Sympathie." In *Gesammelte Werke, Band 7*, von Max Scheler. Bern/München: Francke, 1973[1913].

Schmidt, Lisa-Marian. „Sehen und gesehen werden. Visualisierungen in der Neuroinformatik." In *Visuelles Wissen und Bilder des Sozialen. Aktuelle Entwicklungen in der Soziologie des Visuellen*, von Petra Lucht, Lisa-Marian Schmidt und René Tuma, 175–192. Wiesbaden: Springer VS, 2013.

Schmied, Gerhard. *Das Rätsel Mensch – Antworten der Soziologie*. Opladen, Farmington Hills: Verlag Barbara Budrich, 2007.

Schnettler, Bernt. „Vision und Performanz. Zur soziolinguistischen Gattungsanalyse fokussierter ethnographischer Daten." *Sozialer Sinn, 2(1)*, 2001: 143–164.

Schnettler, Bernt. *Thomas Luckmann*. Konstanz: UVK, 2006.

Schnettler, Bernt. „Zur Orchestrierung von Listen. Eine Videoperformanzanalyse." In *Powerpoint-Präsentationen: Neue Formen der gesellschaftlichen Kommunikation von Wissen*, von Bernt Schnettler und Hubert Knoblauch, 139–162. Konstanz: UVK, 2007.

Schnettler, Bernt, und Hubert Knoblauch. *Powerpoint-Präsentationen. Neue Formen der gesellschaftlichen Konstruktion von Wissen*. Konstanz: UVK, 2007.

Schubert, Cornelius. „Videographic Elicitation Interviews." In *Video Interaction Analysis*, von Ulrike T. Kissmann. Berlin, New York: Lang, 2008.

Schulze, Gerhard. *Die Erlebnisgesellschaft: Kultursoziologie der Gegenwart*. Frankfurt am Main: Campus, 1992[2005].

Schütz, Alfred. „Common-Sense und wissenschaftliche Interpretation menschlichen Handelns." In *Methodologie interpretativer Sozialforschung. Klassische Grundlagentexte*, von Jörg Strübing und Bernt Schnettler. Konstanz: UVK, 2004b.

Schütz, Alfred. „Das Problem der Personalität in der Sozialwelt. Bruchstücke." In *Theorie der Lebenswelt 1. Die pragmatische Schichtung der Lebenswelt*, von Martin Endreß und Iljar Srubar, 91–143. Konstanz: UVK, 2003.

Schütz, Alfred. „Das Problem der transzendentalen Intersubjektivität bei Husserl." In *Philosophisch-phänomenologische Schriften I. (Alfred Schütz Werkausgabe Band III.1)*, von Michael Thomas und Gerd Sebald. Konstanz: UVK, 2009.

Schütz, Alfred. „Der Fremde. Ein sozialpsychologischer Versuch." In *Gesammelte Aufsätze 2. Studien zur soziologischen Theorie*, von Alfred Schütz, 53–69. Dordrecht: Springer, 1972.

Schütz, Alfred. *Der sinnhafte Aufbau der sozialen Welt. Eine Einführung in die verstehende Soziologie*. Frankfurt am Main: Suhrkamp, 1993[1932].

Schütz, Alfred. *Gesammelte Aufsätze, Bd. 1 – Das Problem der sozialen Wirklichkeit*. Nijhoff: Den Haag, 1971.

Schütz, Alfred. „Parsons' Theorie des sozialen Handelns." In *Zur Methodologie der Sozialwissenschaften (Alfred Schütz Werkausgabe IV)*, von Thomas S. Eberle, Dreher Jochen und Gerd Sebald, 245–297. Konstanz: UVK, 2004a.

Schütz, Alfred. *Theorie der Lebensformen. Herausgegeben und eingeleitet von Ilja Srubar.* Frankfurt am Main: Suhrkamp, 1981.

Schütz, Alfred, und Thomas Luckmann. *Strukturen der Lebenswelt*. Konstanz: UVK, 2003.

Schütz, Alfred. *Strukturen der Lebenswelt Band 1*. Frankfurt am Main : Suhrkamp, 1979.

Schütz, Alfred. *Strukturen der Lebenswelt. Band 2*. Frankfurt am Main: Suhrkamp, 1984.

Schützenmeister, Falk. *Zwischen Problemorientierung und Disziplin. Ein koevolutionäres Modell der Wissenschaftsentwicklung*. Bielefeld: transcript, 2008.

Schwartz, Eric. L. *Computational Neuroscience*. Cambridge, MA: MIT Press, 1990.

Searle, John R. *Speech-Acts. An Essay in the Philosophy of Language.* Cambridge: Cambridge University Press, 1969.

Shuy, Roger W. „Introduction." *Monograph Series on Languages and Liguistics. 23rd Annual Round Table Sociolinguisitics: Current Trends ans Prospects,* 1972: V-VII.

Simmel, Georg. „Die Großstädte und das Geistesleben." In *Die Großstadt. Vorträge und Aufsätze zur Städteausstellung. Jahrbuch der Gehe-Stiftung Dresden. Band 9,* von Thomas Petermann, 185–206. Berlin: Hofenberg-Contumax, 1903[2016].

Simmel, Georg. „Exkurs über den Fremden." In *Soziologie. Untersuchungen über die Formen der Vergesellschaftung,* von Georg Simmel, 509–512. Berlin: Duncker & Humblot, 1908.

Simmel, Georg. *Ueber sociale Differenzierung.* Duncker & Humblot: Leipzig, 1890.

Slautterback, William H., und William B. Werther. „The third revolution: Computer-integrated manufacturing." *National Productivity Review, 3(4),* 1984: 367–374.

Soeffner, Hans-Georg. *Auslegung des Alltags – Der Alltag der Auslegung: Zur wissenssoziologischen Konzeption einer sozialwissenschaftlichen Hermeneutik.* Konstanz: UVK, 2004.

Srubar, Ilja. *Kosmion. Die Genese der pragmatischen Lebenswelttheorie von Alfred Schütz und ihr anthropologischer Hintergrund.* Frankfurt am Main: Suhrkamp, 1988.

Stichweh, Rudolf. „Differenzierung der Wissenschaft." *Zeitschrift für Soziologie,* Januar 1979: 82–101.

Swales, John. *Genre Analysis: English in Academic and Research Settings.* Cambridge, UK: Cambridge University Press, 1990.

Tardy, Christine M. „The role of English in scientific communication: lingua franca or Tyrannosaurus rex?" *Journal of English for academic purposes, 3(3),* 2004: 247–269.

Tereszkiewicz, Anna. *Genre Analysis of Online Encyclopedias. The Case of Wikipedia.* Cambridge, MA: Cambridge University Press, 2014.

Thompson Klein, Julie. *Interdisciplinarity: History, Theory, & Practice.* Detroit: Wayne State University Press, 1990.

Thompson, James D. *Organizations in Action. Social Science Bases of Administrative Theory.* St. Louis, San Francisco, Toronto, London, Sidney: Mc Graw-Hill Book Company, 1967.

Tomasello, Michael. *Die Ursprünge der menschlichen Kommunikation.* Frankfurt am Main: Suhrkamp, 2011.

Tseronis, Assimakis, und Charles Forceville. *Multimodal Argumentation and Rhetoric in Media Genres.* Amsterdam, Philadelphia: John Benjamins Publishing Company, 2017.

Tufte, Edward R. *The Cognitive Style of PowerPoint. Pitching Out Corrputs within.* Graphic Press, 2003.

Tuma, René. *Videoprofis im Alltag.* Wiesbaden: Springer VS, 2017.

Tuma, René, Bernt Schnettler, und Hubert Knoblauch. *Videographie. Einführung in die interpretative Videoanalyse sozialer Situationen.* Wiesbaden: Springer VS, 2013.

Tuma, René, und René Wilke. „Zur Rezeption des Sozialkonstruktivismus in der deutschsprachigen Soziologie. Geschichte und Rezeption eines Konzepts und seiner maßgeblichen Quelle." In *Handbuch Geschichte der deutschsprachigen Soziologie,* von Stephan Moebius und Andrea Ploder. Wiesbaden: Springer VS, 2016.

Turner, Ralph H. „The Real Self: From Institution to Impulse." *American Journal of Sociology, 81(5),* März 1976: 989–1016.

Turner, Ralph H. „The Role and the Person." *American Journal of Sociology, 84(1),* Juli 1978: 1–23 .

Volkmann, Ute. „Das schwierige Leben in der „Zweiten Moderne". Ulrich Becks „Risikoge-sellschaft"." In *Soziologische Gegenwartsanalysen I. Eine Bestandsaufnahme*, von Uwe Schimank und Ute Volkmann, 23–40. Wiesbaden: Springer VS, 2000.

Volosinov, Valentin Nikolajewitsch. *Marxism and The Philosophy of Language*. New York, London: Seminar Press, 1973.

Warschauer, Mark. „Technology and writing." In *The International Handbook of English Language Teaching* , von Chris Davison und Jim Cummins, 907–912. Norwell, MA: Springer, 2007.

Watson, John B. „Psychology as the Behaviorist Views it." *Psychological Review, 20,* 1913: 158–177.

Weber, Max. „Über einige Kategorien der verstehenden Soziologie." In *Gesammelte Aufsätze zur Wissenschaftslehre*, von Max Weber, 427–431. Tübingen: Mohr (Siebeck), 1922[1913].

Weber, Max. *Wirtschaft und Gesellschaft*. Tübingen: Mohr, 1922.

Weber, Max. „Wissenschaft als Beruf." In *Geistige Arbeit als Beruf. Vier Vorträge vor dem Freistudentischen Bund*, von Max Weber, 1–37. München, Leipzig: Duncker&Humblot, 1919.

Weick, Karl. *Der Prozess des Organisierens*. Frankfurt am Main: Suhrkamp, 1985.

Weiss, Johannes. „Schutz on Weber: A Weberian View." In *Alfred Schutz and his intellectual partners*, von Ilja Srubar, Hisashi Nasu, Lester Embree und George Psathas, 33–48. Konstanz: UVK, 2009.

Welbers, Ulrich. *Verwandlung der Welt in Sprache. Aristotelische Ontologie im Sprachdenken Wilhelm von Humboldts*. Paderborn: Verlag Ferdinand Schöningh, 2001.

Wilke, René. „Bilder der Wissenschaft. Die kommunikative Konstruktion von (wissenschaftlicher) Wirklichkeit." *Master-Thesis. Unveröffentlicht*. Berlin: Technische Universität Berlin, 2013.

Wilke, René. „Das Interpretations-Bild. Über die Repräsentation audio-visueller Forschungsdaten in soziologischren Publikationen." In *Handbuch Qualitative Videoanalyse*, von Christine Moritz und Michael Corsten, 485–500. Wiesbaden: Springer VS, 2018.

Wilke, René. „Rezension: Dokumentarische Video- und Filminterpretation. Methodologie und Forschungspraxis. 2., durchgesehene Auflage." *Zeitschrift für Qualitative Forschung, 20(2), im Erscheinen*, 2020: o.S.

Wilke, René, Eric Lettkemann, und Hubert Knoblauch. „Präsentationales Wissen. Die kommunikative Konstruktion von Evidenz am Beispiel der Computational Neuroscience." In *Knowledge in Action. Neue Formen der Kommunikation in der Wissensgesellschaft*, von Eric Lettkemann, René Wilke und Hubert Knoblauch, 239–272. Wiesbaden: Springer VS, 2018.

Wilke, René, und Eric Lettkemann. „Die Bewältigung interdisziplinärer Kommunikation im Group-Talk." In *Knowledge in Action: Neue Formen der Kommunikation in der Wissensgesellschaft*, von Eric Lettkemann, René Wilke und Hubert (Hrsg.) Knoblauch, 73–110. Wiesbaden : Springer VS, 2018.

Wilke, René, und Miira Hill. „On New Forms of Science Communication and Communication in Science. A Videographic Approach to Visuality in Science Slams and Academic Group Talk." *Qualitative Inquiry*, 2019.

Wilke, René, Willi Pröbrock, und Helen Pach. „Infrastrukturen für Forschungsdaten der qualitativen Sozialforschung. Überblick und aktuelle Herausforderungen." *Soziologie, 48(4),* 2019: 467–486.

Wilson, Thomas. „Conceptions of interaction and forms of sociological explanation." *Sociological Review, 35,* 1970: 697–710.

Wu, Tim. „What Ever Happened to Google Books?" *The New Yorker,* 2015: o.S.

Xue, Jiao, und Wenjing Zuo. „English Dominance and Its Influence on International Communication." *Theory and Practice in Language Studies, 3(12),* 2013: 2262–2266.

Yates, JoAnne, und Wanda J. Orlikowski. „ Genres of Organizational Communication: A Structurational Approach to Studying Communication and Media." *Academy of Management Review, 17,* 1992: 299–326.

Yates, JoAnne, und Wanda J. Orlikowski. „The PowerPoint Presentation and its Corollaries: How Genres Shape Communicative Action in Organizations." In *Communicative Practices in Workplaces and the Professions: Cultural Perspectives on the Regulation of Discourse and Organizations,* von Mark Zachry und Charlotte Thralls, 67–91. Amityville, NY: Baywood Publishing, 2007.

Zymner, Rüdiger. *Handbuch Gattungstheorie.* Berlin, Heidelberg: Springer, 2010.

The manufacturer's authorised representative in the EU is Springer Nature Customer Service Centre GmbH, Europaplatz 3, 69115 Heidelberg, Germany. If you have any concerns regarding our products, please contact ProductSafety@springernature.com

Printed and bound by CPI Group (UK) Ltd, Croydon, CR0 4YY
24/04/2026
02096345-0006